U0906743

中国玉器年鉴

（2016）

于　明／主编

科学出版社

北　京

内容简介

本书从事件到人物、从文化到理论、从作品到审美、从材料到价格、从企业到市场，全方位、多角度、系统地总结了2015年中国玉器行业的全貌。为读者介绍了2015年中国玉器行业的整体状况，并提供了翔实的参考资料，是国内外玉器玉文化研究者、玉界从业人员、艺术品投资人士和广大玉器爱好者必备的工具书。

图书在版编目（CIP）数据

中国玉器年鉴. 2016 / 于明主编. --北京：科学出版社，2016. 6

ISBN 978-7-03-049260-9

Ⅰ. ①中… Ⅱ. ①于… Ⅲ. ①玉器-中国-2016-年鉴 Ⅳ. ①K876. 8-54

中国版本图书馆CIP数据核字（2016）第149316号

责任编辑：孙 莉 雷 英/责任印制：肖 兴
封面设计：韩冰洁

科学出版社出版
北京东黄城根北街16号
邮政编码：100717
http://www.sciencep.com

文物出版社印刷厂印刷
科学出版社发行 各地新华书店经销

*

2016年6月第 一 版 开本：889×1194 1/16
2016年6月第一次印刷 印张：25
字数：702 000

定价：498.00元

（如有印装质量问题，我社负责调换）

《中国玉器年鉴（2016）》编委会

前　言

《中国玉器年鉴》走过了四周年。

年鉴，是以全面、系统、准确地记述上年度事物运动、发展状况为主要内容的资料性工具书。《中国玉器年鉴》是记述玉器行业一年内的重要事件、行业动态、人物报道、作品评析的年度连续出版的工具书。今年我们已经走过了第四年，我们已经将这几年的玉器历史留给了后人，留给了历史。我们看到《年鉴》在大家手中传阅，俨然成为玉器界的经典书籍，成为玉器收藏家的必读书，玉器雕刻家的必备书，玉器研究者的资料书，这是对我们工作的最大肯定和鼓励，更是对中国玉文化的最大关注和期待。

我们深知，我们今天的工作是为当代玉器界的千秋大业树碑立传，是为人类留下一部当代中国玉器的“史记”。我们的愿景宏伟，我们的责任重大，我们会用更高的标准要求自己，不遗余力地逐步完善《年鉴》。无论前程是坦途还是坎路，我们都会义无反顾、勇往直前、坚持不懈地走下去。

我们明确而且铭记：我们在续写中国文明史的中国玉器史，历史将在我们手中传承。这是时代赋予我们的使命，更是我辈之幸！我们将珍惜这一历史的机遇，兢兢业业、披肝沥胆、呕心沥血，决不辜负这份珍贵的殊缘。天佑中华！天佑中国玉器！

《中国玉器年鉴》编委会

目录

目 录

目　录

夕陽高枝有白雲寒
溪子落鶴先知聞涼
秋風水波起松鶴同
壽祝長春

大事记载

2015年，仍是玉石行业发展比较艰难的一年，也是中国玉器市场继续调整和行业洗牌的一年。

市场低迷，玉界同仁在观望，在思考，也在行动。纵观2015年玉石行业的一系列重大事件：一场场玉器专题展览，一场场高规格的论坛、研讨会，一场场规模盛大的玉石节、博览会，一场场人头攒动的展销会，一场场玉器拍卖，一次次玉器评奖活动。我们不难从中发现玉石行业从业人员在艰难中仍耕耘不辍、锐意进取的脚步。他们深挖玉器美学内涵、积极消化市场存量，创作适销产品、整合优势资源、创新销售模式，适应新常态、谋划新发展、孕育新希望，力争尽早找到振兴玉器市场的良策，让玉石行业再度出现应有的繁荣。

“2015年中国玉石行业大事记载”梳理了全年有关中国玉石行业的大小新闻，从中甄选出最具影响力的大事件，其标准是：首先，是和玉石行业有关的反映行业动态的新闻事件；其次，要具有一定的社会影响力；第三，要有一定的行业印记和典型意义。力争选取最具代表性的事件，反映出2015年中国玉石行业的整体风貌，以实言事，以事言史。

2015年中国玉石行业大事记载

王海峰

1月

中国地质博物馆举办翡翠玉石臻品展

2015年1月16日，迎新春“翡翠玉石臻品展”在北京中国地质博物馆开幕。本次展览由中国地质博物馆、北京珠宝玉石协会和广东省珠宝玉器协会主办，北京雍和天成宝玉石文化有限公司承办。展览的作品主要是翡翠、和田玉两大主流品种，展出作品数量多达几百件。作品普遍设计新颖、造型优美，具有深厚的文化内涵和鲜明的时代特征。雕刻艺术水准之高，代表了中国目前第一流的玉雕艺术水平。

明代金玉器珍品特展在江西省博物馆开展

2015年1月20日，为期两个月的“金玉满堂——南京市博物馆馆藏明代金玉器珍品特展”在江西省博物馆开展，共有75件（套）明代王公贵族墓出土的金玉器珍品公开亮相。此次展出的金玉器珍品中，不乏明代著名开国功臣徐达、沐英等家族成员墓。同时辅以部分江西省博物馆收藏的明代藩国“宁王”“益王”世系家族墓葬出土的珍贵文物。所展出的金玉器涵盖了冠饰、发饰、耳饰、指饰、腕饰、带饰、佩饰等贵族首饰及文玩陈设摆件，珠光宝气中尽显明代上层贵族的奢华气度。

1368年，明太祖朱元璋建立明朝，定都南京。为满足众多王公贵族生活之所需，南京开始逐渐成为中国金玉器生产的重要基地。明代金玉器一改唐宋以来的丰满矫健、清秀典雅的风格，呈现出浓艳华丽，富丽堂皇的特点，在装饰内容、表现手法、造型风格和工艺制作等方面都达到了空前水平。

玉石雕刻大师作品亮相上海懿德轩

2015年1月26日，“2015懿德轩特级玉石雕刻大师作品展”在上海恒隆广场懿德轩精品收藏馆拉开帷幕。懿德轩拥有几十位曾获得“天工奖”和“百花奖”

等玉雕界最高奖项的顶尖海派玉雕大师，如罗汉三杰——被尊为中国玉雕“四大天王”之一的吴德昇、弥勒大师洪新华、罗汉大家颜桂明，海派玉牌“中西风翟一刀”翟倚卫、“雕刻全才”刘忠荣、“半仙半神”的铭文大师易少勇，还有海派玉雕观音第一人于泾、玉雕教父倪伟滨、“炉瓶七君子”之一宋鸣放等的作品。懿德轩（上海）工艺品有限公司董事长钱振峰认为：投资翡翠、白玉就是投资未来，而投资大师的作品，投资设计独一无二的作品，更是智慧的选择。只有兼具稀有性、唯一性、传承性于一身的作品才可以代代相传。懿德轩作为业内顶级的当代工艺品制作、鉴赏、营销机构，本次特级玉石雕刻大师作品展卓力呈现其“懿于交心，德以会友”的理念宗旨，带领参观者感受精巧绝伦的当代玉石之美。

云南盈江举行第36届珠宝玉石公盘

2015年1月27日，第36届珠宝玉石公盘在位于中缅边境线上的云南盈江举行。今年开年以来，缅北局势一直不明朗，缅甸政府军与克钦独立军不时爆发激战，因为战争，缅北主要的翡翠开采区一度封闭。而与缅北地区接壤的云南盈江，则在本月25日至31日，进行第36届珠宝玉石公盘。参加此次公盘的货源均是珠宝商从缅甸购买，经陆路通道运入国内。目前国内有影响力的两个公盘，分别是广州平洲和云南盈江，而这两个公盘都属于从缅甸内比都公盘（原仰光公盘）拍卖回来后的二次公盘。由缅甸内比都经木姐，从云南姐告口岸进入中国，是目前性价比最高的玉石毛料官方通道。

2月

河南桐柏月河春秋墓出土玉器综合研究交流研讨会在北京召开

为进一步促进考古出土玉器的综合研究，展示阶段性研究成果，由中国社会科学院考古研究所文化遗产保护研究中心和北京“在山吟馆”古玉研究联合工作室共同举办的“河南桐柏月河春秋墓出土玉器综合研究”课题中期交流研讨会于2015年2月1日在北京中国社会科学院考古研究所召开。该项研究属于中国社会科学院“创新工程”项目——“考古出土玉器科学研究”课题的子课题，其内容是以河南省桐柏县月河一号春秋墓中发掘出土的400余件玉石器为研究对象，深入探究当时的用玉制度、玉器制作工艺及玉料来源等问题。

来自中国社会科学院考古研究所、河南省南阳市文物考古研究所、北京大学、中国地质大学、山东大学、广东省宝玉石协会等单位的15位专家学者、项目组成员及媒体记者共同出席了此次研讨会。与会人员就河南桐柏月河春秋墓出土玉器的历史背景、科学检测、工艺技术、文物保护等问题展开了广泛而深入的学术交流。

云南筹建全国首个省级线上珠宝馆

2015年2月1日，云南省珠宝玉石首饰行业协会与淘宝网拍卖会在昆明召开新闻发布会，宣布双方签署战略合作协议，在淘宝网平台筹建全国首个省级线上珠宝馆“云南珠宝馆”，昆百大珠宝、云地矿珠宝、朗玉集团、世纪融通珠宝等省内珠宝行业龙头企业将首批进驻。入驻的企业、商家将享受到部分政策倾斜，加速营销模式向互联网模式转型。

淘宝网拍卖会是中国互联网上最大的在线拍卖平台，专门以拍卖方式销售中国高端珠宝以及其他工艺品、奢侈品、艺术品等。据中国拍卖协会发布数据显示，2013年全国网络拍卖成交额达200亿元，其中淘宝网拍卖会就超过了100亿元。2014年第一季度，淘宝网拍卖会成交额即达120亿元。

华夏瑰宝展在匈牙利开幕

2015年2月6日，在中国国家文物局、匈牙利人力资源部和中国驻匈牙利大使馆的大力支持下，中国文物交流中心与匈牙利工艺美术馆合作主办的“华夏瑰宝展”在匈牙利工艺美术馆开幕。

“华夏瑰宝展”从陕西历史博物馆、南京市博物馆和承德市避暑山庄博物馆精心挑选了自新石器时代至清代中国主要历史时期的各类珍贵文物共计90件（组），展品包括陶器、青铜器、玉器、瓷器、金银器、丝织品等。其中既有享誉世界的秦兵马俑等出土文物，又有精美绝伦的皇家收藏。展览按照中华文明发展脉络，概括地向观众介绍了中国的历史和博大精深的中华文化。

新疆莎车现年代最早的新石器至青铜时代古城遗址

2015年2月25日，新疆文物考古研究所对外介绍莎车县兰干遗址考古发掘情况，他们在当地发掘了一座可能是新疆迄今发现的最早的古城。这座古城遗址位于新疆喀什地区莎车县喀群乡恰木萨勒村兰干自然村东北约2.4千米的叶尔羌河北岸，规模宏大、气势雄伟。整个遗址以古城为中心，分城内、城外、沟北、沟南四个部分。古城最长处约200米，城内面积约1万平方米，外包卵石的城墙全长约140米，虽坍塌严重，但主体结构基本完整。地表采集和探方发掘发现较多的石器，主要有马鞍形石磨盘、打制石器和穿孔石器、砍砸器、石镰、石斧等，其中马鞍形石磨盘最多，多为残块。城墙外有一条深约3米的护城壕，考古人员初步推测古城可能属于新石器时代至青铜时代。

安徽原副省长倪发科获刑17年

2015年2月28日，山东省东营市中级人民法院公开宣判安徽省人民政府原副省长倪发科受贿、巨额财产来源不明案。认定被告人倪发科犯受贿罪、巨额财产来源不明罪，判处有期徒刑17年，没收个人财产人民币100万元。

法院经审理查明：2000年至2012年，被告人倪发科利用职务上的便利为有关单位谋取利益，其本人或通过特定关系人或与他人共谋，先后49次非法收受有关单位负责人丁劲松、黄劲松、吉立昌等9人给予的人民币、玉石、玉器等财物，共计折合人民币1296万余元。其受贿、巨额财产来源不明中绝大部分为玉石、字画，数额为889.22万元。

3月

中国（十堰）绿松石行业发展研讨会召开

2015年3月21日，由十堰市轻工行业投资促进中心、市旅游局主办，《十堰日报》社、十堰万达广场等单位承办的中国（十堰）绿松石行业发展研讨会在十堰市武当国际大酒店召开。与会嘉宾就十堰绿松石产业的规范化、规模化、产业化、品牌化、纵深化、持续化发展进行深入交流、建言献策，达成了诸多共识。

中华玉美学研究探讨观摩座谈会在北京举行

2015年3月22日，由我国20余位知名院校学者、玉学专家、美学专家、玉雕大师和当代玉器展示机构研究人员以及媒体代表在北京国玉新疆和田玉文博馆举行了中华玉美学研究探讨观摩座谈会。会议建议构建中华玉美学体系，传承优秀中国玉文化。这是我国研究玉文化领域分量最重、议题最广、代表性最强的一次关于玉美学的专题探讨，并首次尝试性提出我国玉美学学科构建、框架内容、传承发展、审美标准和历史与当代意义等重要课题。

中国传统文化促进会玉文化研究委员会主任于明、北京大学考古文博学院赵朝洪教授、北京大学王时麒教授、故宫博物院研究员徐琳、新华社记者汪永基、国玉新疆和田玉文博馆馆长杨翔宇等参会人员围绕玉美学主题阐述观点、建言献策。座谈会针对我国古代出土玉器和当代玉雕大师作品进行美学评估与审美标准研讨，一致认同中华玉美学的形成发展自始至终在中华文明构建中做出的重要贡献。中国传统玉文化的研究和认知已经进入公共社会的层面，玉美学体系的建立非常重要，在不同审美对象的人群当中也应有一个基本的美学判断标准。

中外首工美术馆举办2015中国玉器春季展暨大师新品发布

2015年3月22日，由中外首工美术馆举办的“玉为何来——2015中国玉器春季展暨大师新品发布”在中外首工美术馆盛大开幕。展出了曹志涛、常世琪、崔磊、崔奇铭、李东、刘建华、陆爱凤、孟庆东、宋鸣放、宋世义、苏然、田健桥、汪德海、王金兰、王树文、王小哲、吴灶发、袁广如、张铁成、赵敏、赵琦、朱金忠等22位国家级、省级玉雕大师的近200件作品，其中不乏料工俱佳的玉器精品，也不乏大师近来创作的时代新作，更不乏符合人们各种需求的摆件、挂件、手镯、把件等，活动当中，部分参展大师莅临活动现场与广大玉友共同欣赏其精品新作，一起畅谈当下玉器收藏的时代新风。

旅游景点翡翠抽查超八成不合格

2015年3月23日，江苏省质监局发布了翡翠首饰的监督抽查质量分析报告，40个批次的翡翠样品中，合格的共有26个批次，合格率只有六成半。旅游景点购买的翡翠合格率只有17.7%，不到两成，以次充好、以假充真的现象严重。这次抽检中，翡翠的合格率分布情况与很多消费者的主观感受比较吻合，和翡翠价格也有明显的关系。百货商场的珠宝大多不便宜，而且都有鉴定证书，翡翠抽检合格率100%。网购的翡翠共抽查了5个批次，选取了品牌直营网店和知名的网购平台，合格率也达100%。而对于旅游景点，质监部门选取了南京的夫子庙、中山陵景区和南艺后街采集的翡翠样品，结果发现了不少假冒和劣质的翡翠首饰，不到两成的合格率正说明了问题。

2015北京春季珠宝展在国家会议中心举办

2015年3月31日，2015北京春季珠宝展在国家会议中心拉开帷幕。该展览是由中国珠宝玉石首饰行业协会主办的专业珠宝展，展览面积11,500平方米，展位数约500个。参展的宝石类展品有钻石、翡翠玉石、红宝石、蓝宝石、海蓝宝石、祖母绿、琥珀、珊瑚、碧玺、欧泊等，首饰类有玉石首饰、珍珠首饰、钻石首饰、铂金首饰、黄金首饰、白银首饰等。本届展会邀请了台湾展团、水贝展团、欧泊展团、琥珀展团、东贸珠宝展团、番禺展团等实力展团参加。除了国内的著名品牌齐聚一堂外，还有国际级的珠宝阵容前来参展。

2015北京春季珠宝展展会现场

4月

香港苏富比春拍清雍正白玉九螭钮方玺“雍正御笔之宝”再破亿元

2015年4月7日，香港苏富比2015年春拍“雍廷聚瑞——雍正御制珍品”专场在香港会议展览中心举槌，其中一方清雍正白玉九螭钮方玺“雍正御笔之宝”以2800万港元起拍，经过多番竞夺，最终以9200万港元落槌，包含佣金为1.0492港元。据了解，这件“雍正御笔之宝”是一位海外华裔富商买走的。

雍正的印玺没有准确数量上的记载，乾隆元年对雍正的宝玺进行清理，得到的数目是204方，绝大部分都留下来了，北京故宫有160方。一般认为，皇帝印玺是宫廷收藏的最高境界。清朝皇帝的印玺大多都收藏在北京故宫博物院和台北故宫里，市场上所见的流通量并不很多。迄今为止，在国际拍卖市场上，乾隆印玺出现在20方左右，康熙玉玺只拍过七八组，雍正玉玺也只露过一次面。近些年，清代皇帝印玺的收藏方兴未艾，拍卖价格屡创新高。2011年北京保利秋拍，清乾隆帝御宝题诗“太上皇帝”圆玺以1.61亿元成交，成为了迄今最贵的皇帝玉玺。

清雍正 白玉九螭钮“雍正御笔之宝”方玺

瑞丽珠宝翡翠博物馆开馆

2015年4月12日，由云南省德宏州瑞丽市文产办、瑞丽市宝玉石协会主办的瑞丽珠宝翡翠博物馆开馆典礼隆重召开。瑞丽珠宝玉石文化历史源远流长，文化底蕴深厚。瑞丽珠宝翡翠博物馆的建成，将对提升瑞丽珠宝产业层次、展示珠宝文化魅力、扩大瑞丽珠宝影响和提高瑞丽珠宝的知名度起到积极的推动作用。

第十届“百花·玉缘杯”中国玉石雕精品奖评选揭晓

2015年4月16日，第十届“百花·玉缘杯”中国玉石雕精品博览会在江苏扬州国际展览中心举行。本届博览会由中国工艺美术协会、扬州市人民政府共同主办，来自全国各地的600余件玉、石雕精品汇聚扬州，同场角逐“百花·玉缘杯”。由唐克美、庄南鹏、马达、梁远远、张宇等共11位来自不同地区的权威专家、教授及大师组成的评审委员会，经对参评作品进行认真审查、评议，采取无记名投票的方式评选，第十届“百花·玉缘杯”评审活动最终产生金奖作品70件、银奖89件、铜奖96件、优秀奖103件。

2015重庆珠宝展暨第二届中国玉石雕刻“九龙奖”评奖活动开幕

2015年4月16至19日，由重庆宝玉石产业协会主办的2015中国重庆珠宝展览会在南坪国际会展中心开幕，吸引了来自全国各地近百家珠宝商参展。

展会期间，第二届中国玉石雕刻作品“九龙奖”评奖活动也同期举行。“九龙奖”评选活动是西南地区玉雕界最高级别的评奖活动，评选旨在建立重庆宝玉石产业玉雕大师团队，为渝派玉雕的崛起奠定基础，促进重庆宝玉石产业的文化交流及行业发展。本次参加“九龙奖”的大师及新秀共300余人，参赛作品将近1500件。作品种类也相当丰富，有和田玉、翡翠、南红玛瑙、绿松石、独山玉、水晶等玉雕作品。经过各协会严格的审查和筛选，共计427件参赛作品入围评奖决赛。主办方特别邀请了中国玉石雕刻大师、中国工艺美术大师吴德昇加盟评委团，同时还邀请了玉雕界的“百花奖”“神工奖”“陆子冈杯”等多个著名玉雕大赛的主办者来担任本届“九龙奖”的评委，最终评选出特别金奖8个，金奖38个，最佳工艺奖6个，银奖66个，铜奖37个。

大师玉雕定制中心在沪成立

2015年4月21日，由大师玉雕定制中心主办，上海工艺美术行业协会、玉恒堂、上海商报《艺术品投资》、御客会协办，上海宝玉石行业协会、海派玉雕文化协会、安徽省玉文化研究会、徽派玉雕文化协会、苏州玉石文化行业协会等单位支持，特约传媒《国家艺术》杂志、《华人艺术家》杂志、上海一个圈文化传播有限公司承办的“大师玉雕定制中心”在玉恒堂上海总部正式启动挂牌。

大师玉雕定制中心的成立，旨在继承与发扬中华玉石文化，是向着稳定、可持续方向迈进的一个举措，开创了当今玉雕行业新模式，带动玉雕艺术创作与收藏价值步入崭新的发展阶段。定制中心平台为多方合作平台，目的在于将收藏家的购买方向与玉雕技艺完美结合，在互助、双赢的平台内共谋玉雕文化艺术产业的未来发展走向。

望山桥一号楚墓出土54件玉器

2015年4月21日，湖北省荆州博物馆召开望山桥一号楚墓室内整理新闻发布会，宣布望山桥一号楚墓墓主人为楚中厩尹，属楚国主管马匹的高级官员。经过近3个月的现场考古发掘与室内整理，望山桥一号楚墓共清理出各类文物766件套，主要为竹木漆器、玉器、青铜器、铁器、骨角器、丝织物等。其中玉器54件，完好带鞘铜剑4柄，铜鬲6件。此前棺内清理过程中，考古专家发现棺底有竹席残件，并发现墓主人遗骨很凌乱，有些骨头穿进了玉璧孔内。墓主人头部处发现一把玉梳，在墓主身上发现一套组玉佩，由璧、环、珩、龙形佩、管、牌饰、珠等组成。墓主人腿部两个玉璧在下葬时，被打破成两块。这在寻常墓葬中很难见到。据此，专家推测该墓可能为二次葬，墓主人下葬前或许已经战死沙场。

华夏古玩城举办玉雕博览会

2015年4月22日至26日，北京华夏古玩城举办首届古玩艺术藏品博览会，第二届艺术藏品竞买会也同步开展。亮相本次博览会的玉雕作品汇集了中国玉雕界主要的三大主流门派——“苏帮”“海派”和“北派”的百余位玉雕大师的经典之作，包括《望天吼》《玉骨寒香》等“百花奖”金奖作品，《仙影》《彩凤拂枝》等“神工奖”金奖的作品以及《三清一品》等“天工奖”金奖作品。

中原地区110件古玉精品亮相江西

2015年4月28日，由江西省博物馆和河南博物院联合主办的“天地之灵——河南博物院藏古代玉器精品展”在江西省博物馆开展，展览为期三个月。展览展出了中国中原地区古代玉器精品110件（套），分为礼仪玉、佩饰玉、丧葬玉、玩赏陈设玉和玉石鉴赏五个单元。此次展出的文物多为历年来考古出土的上古三代（夏、商、周）与战汉时期玉器，品类丰富、涵盖面广。其中以河南安阳殷墟出土商代玉器和三门峡虢国墓地出土两周玉器数量最多，品质最精。

老庙黄金·第七届上海“玉龙奖”评选活动在上海举行

2015年4月28日，由上海宝玉石行业协会主办的2015老庙黄金·第七届上海“玉龙奖”评选活动在上海城隍庙老庙黄金旗舰店隆重举行。本届“玉龙奖”的主题是“中国梦，大师情。新人新品新意，大师大艺大爱。”本届评选活动共收到来自海外及全国各地的参选作品700余件，材质多样、题材丰富，充分展示了当代中国玉雕多元化的发展趋势，是一次中国玉雕精品的整体展示。

5月4日下午，“玉龙奖”颁奖典礼在上海国际会议中心举行，经过评委会公平、公正、公开及严肃、严谨、严格的评选，共评出了特别金奖、特别工艺大奖、特别创意大奖各一件作品，金奖83件、银奖119件、铜奖99件、最佳工艺奖69件、最佳创意奖38件、优秀奖307件。

南阳举办第三届中国玉石雕刻“玉华奖”评奖活动

2015年4月28日，由南阳市人民政府和中国珠宝玉石首饰行业协会联合主办的中国·南阳第十二届玉雕节暨国际玉文化博览会在南阳开幕。大会期间举办了玉雕精品展览展销、第三届“玉华奖”评选及颁奖、中国玉石雕刻大师创意设计论坛、经贸洽谈及项目签约等活动。

4月29日，举行了第三届中国玉石雕刻“玉华奖”颁奖仪式。经过专家评委的评选，本届“玉华奖”从来自全国各地送评的700余件作品中，共评出金奖10件、银奖20件、铜奖40件、最佳工艺奖10件、最佳创意奖10件、优秀作品奖311件。

中国玉石雕刻“玉华奖”是中国珠宝玉石首饰行业协会在南阳设立的一个国家级专业奖项，旨在发现新品佳作，培养激励人才，促进创意设计和雕刻技艺不断创新发展。

2015中国玉雕高峰论坛在南阳成功举办

2015年4月28日，由中国珠宝玉石首饰行业协会主办，南阳市人民政府、国际玉文化博览中心承办的2015中国玉雕高峰论坛在河南南阳举办。数十位来自全国各地的玉雕大师、行业专家、学者以及玉雕从业者齐聚一堂，就当前玉雕的生产、收藏等问题进行讨论与交流。论坛上，中国地质大学何雪梅教授作了题为《因材施艺物尽其美》的专题讲座。正大集团中国区总裁杨海浩对玉石艺术品收藏投资进行了分析。德国著名雕刻大师麦克·普斯特和亚历山大·克雷也分别就各自研究领域的雕刻技巧与大家进行了分享。

南阳开建珠宝玉雕学院

2015年4月29日，在南阳第十二届玉雕节暨国际玉文化博览会举办期间，南阳珠宝玉雕学院奠基仪式在镇平县石佛寺玉雕湾赵河西畔隆重举行。南阳珠宝玉雕学院奠基，是南阳玉文化产业转型升级具有里程碑意义的一件大事，对加快玉文化产业转型升级具有重大的推动作用，将为打造南阳玉产业千亿工程提供高端的专业技术人才。

南阳珠宝玉雕学院位于镇平县玉文化产业园区核心地带，一期规划占地面积318亩，建筑面积16.2万平方米，预算投资2.5亿元。

5月

501吨重石龟落户河北曹妃甸

2015年5月3日，经过国内众多能工巧匠精雕细刻，重达501吨重的“神龟”在河北省唐山市曹妃甸区柳赞镇蚕沙口村神龟潭精彩亮相，并于3日至11日的中国·曹妃甸第二届妈祖之光文化艺术周期间对外免费开放。重达501吨的“神龟”采用墨玉石材质，高3.7米，宽5.7米，长9米。拥有超重“神龟”的神龟潭坐落在渤海湾畔该村妈祖庙西侧，占地200亩，总投资2300万元。

2015上海国际珠宝首饰展览会隆重举行

2015年5月6日，2015上海国际珠宝首饰展览会在上海世博馆隆重开幕。展会由中国珠宝玉石首饰行业协会、国土资源部珠宝玉石首饰管理中心、上海黄金交易所、上海钻石交易所、上海黄金饰品行业协会、深圳市黄金珠宝首饰行业协会、上海宝玉石行业协会主办。

本次展会展览面积52,000平方米，展位2600多个，有来自日本、韩国、斯里兰卡、美国、法国、英国、伊朗、俄罗斯、泰国以及内地和港澳台等22个国家和地区的1300多家企业参展。展览面积、展位参展商数量及国际化程度再创历史新高。

本次展会有25个特色展团集体亮相，首次亮相上海的南阳玉雕展团展现了南阳雕刻特色。由上海宝玉石协会组织的“中国玉雕大师作品展区”今年邀请了更多的国内顶级的玉石雕刻大师展出了他们最具有代表性、体现当代海派玉雕工艺特点的雕刻作品。

2015年珠宝玉石首饰特色产业基地工作会议在上海召开

2015年5月6日，2015年中国珠宝玉石首饰特色产业基地工作会议在上海召开。深圳罗湖、江苏东海、广州番禺、云南龙陵、广东伦教、广东平洲、河南镇平、浙江诸暨、苏州渭塘、云南瑞丽、云南腾冲、辽宁阜新、广西北海、山东泰安、辽宁抚顺、河北宣化等特色产业基地、主要产业集聚区政府的领导或代表近50人与会。会议总结了中宝协近年来在推进特色产业基地建设和发展方面所做的工作，并计划了2015年的主要工作。会议认为，未来珠宝玉石首饰特色产业基地建设要科学规划，合理开发。搭建平台，带动产业发展。直面市场，适应大众需求。注重人才培养，重视互联网+时代的新特点。

商周出土玉器精品在上海松江展出

2015年5月15日至7月12日，中国社会科学院考古研究所与上海市松江区博物馆合作推出“玉出昆冈——中国社会科学院考古研究所发掘出土商与西周玉器精品展”。

此次展览，共展出河南殷墟妇好墓、陕西长安张家坡西周贵族墓地、山东滕州前掌大薛国墓地发掘出土的商周玉器精品160件（套），是我国考古发掘出土的商代晚期至西周早中期玉器中最为精致的一批。展出的玉器种类异常丰富，其中玉礼器形制规范，装饰品精致多样，各种动物玉雕作品活灵活现，集中反映了殷商西周贵族使用玉器的状况以及这时期的玉雕工艺技术和玉器种类与造型的特点，从一个方面展示了璀璨的商周文明。

独山玉国家标准正式发布

2015年5月15日，国家质量监督检验检疫总局和国家标准化管理委员会发布了《独山玉命名与分类》国家标准（GB/T 31432—2015），该标准于2015年6月1日正式实施。

《独山玉命名与分类》国家标准是由河南省地质博物馆、河南省珠宝玉石首饰行业协会、南阳市国土资源局共同起草，历时5年，反复探讨研究，不断修改完善，于2015年4月27日通过了全国珠宝玉石标准化技术委员会组织的评审会严格审查。独山玉国家标准内容科学严谨、特色鲜明，具有广泛性、实用性和可操作性，具有自主知识产权，对我国进行独山玉的分类及鉴定具有重要指导意义，填补了珠宝玉石行业长久以来独山玉分类标准的空白，将有助于规范市场行为，合理开发利用和保护日益珍稀的独玉资源，并大幅提高独山玉在国内外市场的知名度、影响力和竞争力，积极促进独山玉产业健康有序发展。

2015中华玉雕精品展在北京中国地质博物馆举办

2015年5月16日上午，“2015中华玉雕精品展”在北京中国地质博物馆拉开帷幕。

活动由中国商业联合会珠宝首饰委员会、中国工商联玉雕艺术研究中心、中国地质博物馆主办，青海昆玉实业投资集团有限公司、新疆工商联珠宝商会、广东荟圣珠宝行、云南德宏州心信华龙残疾人玉石雕刻职业培训学校协办。展览汇聚了全国各地“南派”“北派”“扬派”“海派”“云南”的数十位国家级工艺美术大师、玉石雕刻大师、省市级大师的玉雕精品。

16日下午，“中华龙奖”“中华玉雕艺术大师”“中华玉雕艺术十杰”颁奖仪式在全国政协礼堂隆重举行。280件作品获得“中华龙奖”金、银、铜奖，最佳创意奖和最佳工艺奖。

第二届中国玉石雕“玉英奖”评选作品展在安徽合肥举办

2015年5月21日，由中国民间文艺家协会、中国艺术产业研究院主办，安徽徽派玉雕文化协会承办的“玉英·乙未祯祥”第二届中国玉石雕“玉英奖”评选作品展在安徽省博物馆老馆隆重举办。此次展会汇聚了郭万龙、万伟、汪洋、王金忠、曹国斌等国内知名的安徽籍玉雕大师的精品佳作，部分大师将自己的玉雕作品捐赠给安徽省博物馆作永久珍藏。

5月24日，“玉英奖”颁奖典礼在合肥元一希尔顿酒店举行。共颁发特别金奖、金奖、银奖、铜奖、最佳工艺奖、最佳创意奖、最佳新人奖7项大奖，并向一直以来支持徽派玉雕协会工作的中国艺术产业研究院颁发特别贡献奖。本次活动还授予了郭万龙、汪洋、万伟、王金忠、曹国斌、万德旭、陆凤龙、曹伟、杨勇、王如东、郭忠广、徐斌、王陈、孙光海、熊明星、黄汉徽、方红根、郭震、汪镜明、彭志勇、孙广清21位玉雕大师“安徽省玉石雕刻大师”荣誉称号。

辽宁朝阳警方破获新中国成立以来最大盗墓案

2015年5月26日，公安部发布消息，在公安部直接组织指挥下，以辽宁省朝阳市公安局为主组成的专案组会同河北、内蒙古、山西等6省份公安机关同步开展集中行动，历时9个月破获“11・26”特大盗掘古文化遗址古墓葬案，打掉盗掘犯罪团伙10个，抓获犯罪嫌疑人175名，追回涉案文物玉猪龙、勾云形玉佩、马蹄形玉箍、方形玉璧等珍贵文物1168件（套）。其中一级文物125件，二级文物86件，三级文物200件，一般文物757件，价值逾5亿元。(注：后续又有一批涉案人员被抓获，一批文物被追缴。)无论是抓捕人数还是追缴文物数量，都创下新中国成立以来数量之最，堪称“共和国涉文物第一大案”。

自2014年6月22日以来，朝阳市公安局相继发现朝阳市境内的牛河梁红山文化古遗址保护区连续发生多起盗掘案件，一批古文化遗址、古墓葬、积石冢群文物本体和原历史风貌遭到严重破坏和损毁，大量文物被盗。案件发生后，公安部高度重视，全程指挥案件侦破工作，并将此案列为部督案件。辽宁公安机关迅速抽调精干警力组成专案组，全力开展工作，历时9个月，终于侦破这起案件。

北京潘家园举办首届南红玛瑙精品展览交易会

2015年5月30日至6月14日，潘家园旧货市场与南鸿薛京东南红的商户举办南红玛瑙精品展览交易会，展销为期16天。本次展览展出的南红玛瑙汇集了云南保山与部分四川凉山的南红玛瑙精品，品类繁多，有南红手串、戒面、摆件、雕刻艺术品、南红原石等。展览力求通过南红玛瑙精品的展示，带动潘家园南红市场的繁荣，使广大收藏爱好者充分了解南红玛瑙的特征与辨别方式，全面感受南红玛瑙色泽纯正，质地厚朴，蕴含着人们对中国传统“红文化”的深情推崇。

北京博观2015春拍圆满收官

2015年5月31日，北京博观春拍的四个专场在朝阳区三间房东路1号（懋隆文化产业创意园）17栋博观艺术中心顺利举行。本次春拍总成交额达到了23,280,600元（含佣），四个场次各自的总成交额分别为：“夜宴”7,590,000元（含佣），“凝碧”5,885,700元（含佣），“清隽”4,819,650元（含佣），“小酌”4,985,250元（含佣）。

四个场次中成交价最高的作品分别是：翁祝红水晶长寿佛摆件3,150,000元，18k金镶满绿翡翠金枝玉叶吊坠1,300,000元，侯晓峰弥勒挂件一套480,000元，陈冠军和田玉籽料湖山雅韵牌125,000元。此外，杨曦、吴金星、吴灶发、王金忠、葛洪、朱玉峰、俞挺、庞然等玉雕艺术家的作品也备受青睐，表现不俗。可见客户对大师、名家之作抱有更大的兴趣，也更加信赖它们的艺术价值和收藏价值。

中古陶2015春拍翡翠专场市场惜售价格坚挺

2015年5月31日，中古陶拍卖“华翠堆雲——珍品翡翠专场”正式开槌，此次上拍的拍品均为A货翡翠，以种水俱佳、设计精美引人注目，其中数百万及数千万的顶级翡翠挂件、手镯、戒面更是吸引了广大藏家的关注。由于当前收藏级高端翡翠市场价格较为坚挺，并且由于原料的枯竭导致卖家惜售，出现了成交量少的局面。珍品翡翠专场上拍的271件拍品最终成交37件，成交率15%。但由于上拍的多为收藏级珍品翡翠，专场的总成交额仍然达到近9000万元。本场成交的37件拍品中，过千万的就有3件，其中4041号拍品高冰种满色翡翠“一鸣惊人”挂坠成交价就达2600万元，另外还有一只高达830万的手镯和一件高达780万的缅甸天然翡翠春带彩山水摆件。

《中国玉器年鉴（2015）》出版发行

2015年6月1日，在中国当代玉器领域最权威最具影响力的行业年鉴——《中国玉器年鉴（2015）》由科学出版社和北京辉煌前程图书公司联合出版发行。

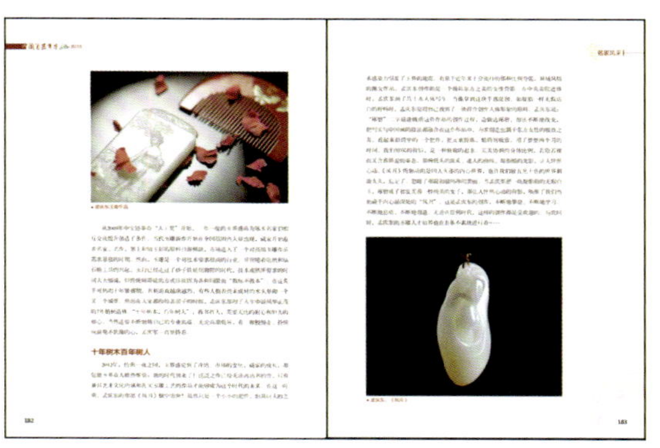

《中国玉器年鉴（2015）》

《中国玉器年鉴》是国内唯一一本介绍中国当代玉器年度整体状况的专门年鉴，自从2013年首卷出版至本卷面世，一直备受关注，获得广泛好评。全书从“大事记载”“名企风貌”“玉界摇篮”“玉器展馆”“名家风采”“佳作赏析”“学界心语”“权威奖项”“市场概况”“材料状况”“价格指数”等方面全方位、多角度系统地总结了过去一年中国玉器行业的整体状况，是中国玉器玉文化研究者、玉器行业从业人员、艺术品投资人士和广大玉器爱好者有益的参考书籍。

《中国玉器年鉴》完整、客观地记录着中国当代玉器发展的足迹，每年一卷的出版，也必将累积成为记录中国当代玉器发展史的珍贵史料。

孔祥熙家族珍藏系列珠宝及翡翠首饰总成交额过亿港元

2015年6月2日下午，2015香港佳士得春拍“孔祥熙家族珍藏系列珠宝及翡翠首饰”专场于香港会议展览中心收槌，本场拍卖总成交额为1.126亿港元，以逾七倍拍前估价成交。本场拍卖中有3件翡翠拍品分别以1804万港元、1024万港元、1324万港元成交，超过拍前估价约30倍。

第三届中国当代玉文化高层论坛在上海召开

第三届中国当代玉文化高层论坛

2015年6月6日，由上海“雅园玉道”和上海“尚善堂”主办的“第三届中国当代玉文化高层论坛”在上海举行。

会议由中国传统文化促进会玉文化研究委员会主任于明主持，全国知名玉器专家、地质学家、考古学家、玉石雕刻大师及玉石经营者汇聚一堂，本届会议主要围绕和田籽料展开讨论。中国地质大学珠宝学院施光海教授代北京大学地质学系王时麒教授作了题为《和田籽料形成原因》的发言，为大家详细讲解了和田籽料的形成年代及成因。故宫博物院研究员徐琳报告的题目为《和田籽料在清宫中的应用》。青海地矿局原副局长范晓华先生为大家介绍了青海玉的开发历程。徐州玉道馆董事长倪润杰先生根据他多年在和田地区购买籽料的经验和研究心得，为大家详细讲述了不同地段和田籽料的不同特点。

6月7日上午，与会人员参观了位于上海新华路的尚善堂会馆。馆内收藏了中国玉石雕刻大师的精品力作数百件，多为当代玉雕艺术的典范之作。在尚善堂，各位专家就当代玉石行业的现状与未来以及当代玉文化的发展问题再次进行了座谈。

辽宁岫岩举办第六届玉文化艺术节暨“玉星奖”评比活动

2015年6月16日，由辽宁省岫岩县人民政府与中国珠宝玉石首饰行业协会联合主办的中国岫岩第六届玉文化艺术节暨中国玉石雕刻“玉星奖”评比活动在中国玉雕会展中心举办。首届“全国玉雕原料博览会”也同期开幕，世界各地的玉雕、石雕原料、玉雕设备等也齐聚岫岩。

“玉星奖”评选活动是此次玉文化节的重头戏，来自全国10多个省市的玉雕大师和玉界精英展示、参评了得意之作。本届筹委会共收到报名作品820件，经过专家认真评选，291件入围，108件获奖，其中金奖10件、银奖23件、铜奖47件、最佳工艺奖16件、最佳创意奖12件、优秀作品奖183件。6月18日，举行了“玉星奖”颁奖仪式。仪式上，孙凤民和张鑫分别代表中国珠宝玉石首饰行业协会和岫岩县政府签署了2016年—2021年继续在岫岩举办“玉星奖”评选活动的合作协议。

工美大厦南北玉雕大师神韵展开幕

2015年6月19日，在北京市西城区德胜门工美大厦三楼当代大师艺术交易中心，由北京工美集团携手北京工艺美术行业协会联合主办的“中国传统工艺美术大全汇展——南北玉雕大师神韵展”开幕。

唐克美、葛洪、张铁成、叶金龙、蒋喜、宋世义、李博生、袁广如等行业巨匠参加开幕式。本届南北两派国手玉雕行业巅峰汇首次将南北派玉雕大师汇聚一堂，参展大师及玉雕名家40余位，展品全部是代表当代玉雕行业艺术水平的名师精品。

潘家园首届青金石精品展览交易会开幕

2015年6月20日，潘家园旧货市场携手“天石坊”举办了首届青金石精品展览交易会。青金石原石、精品雕件、精美珠串配饰等精品出现在展览现场。

青金石作为一种历史悠久的玉石，有着深厚的文化底蕴。据《清会典图考》载：“皇帝朝珠杂饰，唯天坛用青金石……皇帝朝带，其饰天坛用青金石”。由于青金石的蓝色“色相如天”，故清代时期不论朝珠或朝带，都受到帝王的重用。阿拉伯国家视其为“瑰宝”，阿富汗将它当做“国石”。

第52届缅甸玉石公盘落下帷幕

2015年6月24日至7月6日，缅甸玉石公盘在内比都麻尼耶德纳大厅隆重举行。本届公盘的翡翠玉石原料共8943份，其中暗标8608份，明标335份，相较上一届公盘的7454份多出1489份。翡翠原石的价格终于告别了不断飙升的时代，好料的价格比往年降了两成，品质稍差的原料价格更是下降五成，总成交金额约30亿元，成交额比去年总体下降近70%。参与公盘竞争的人数也大幅减少，且缅甸本土商人首次多于中国商人。根据官方公布，办证入场的中国商人

2015缅甸公盘翡翠原石

2015缅甸公盘翡翠原石

大约为2200名，缅甸国内商人约为3800名，来自中国的玉商与往届相比有较大幅度的减少。本届公盘高品质的玉石数量不多，同时由于本届实行新的保证金制度和缅甸政府税收的问题，本届公盘玉石底价较高。本届公盘中标率在八成左右。

缅甸公盘即缅甸政府组织的翡翠原料石拍卖与交易会，是全世界规模最大的翡翠交易会，同时也是全球翡翠市场的风向标，更是国内翡翠市场的缩影。中国国内约90%以上的翡翠毛料是从缅甸进口，其中公盘竞投部分占全年进口量的80%。从本次公盘玉石价格来看，国内的翡翠市场已经趋于理性。

7月

尚品润博第五届尚品美玉拍卖会收锤

2015年7月5日，北京尚品润博第五届尚品美玉中国当代玉雕名家精品拍卖会在北京亚洲大酒店圆满收官。本次拍卖会，于雪涛、杨曦、葛洪、瞿利军、吴金星、赵显志、侯晓峰、程磊、林光、李剑、郭万龙、吴灶发、徐志浩、张焕庆、黄杨洪、蒋宏利、豆中强、叶清、万伟、李俊杰、卢志勇、李康、吕德、张克山、范佰成、王如东、王永芳、陈祖雄、倪展勇、扬中伟、陈春波、曹伟、汪洋、姜丙雷、龚克勤、方小伟、唐伟琪、裘军毅、宋瑶、高俊华、高居华、李清燕、孙澎、汪恒等近50位国家级玉雕大师和玉雕名家精心雕琢的227件作品中，209件成交，成交率为92%，成交总额为635.49万元（含佣）。吴金星的和田玉籽料我如意挂件最终以22万元（不含佣）的价格成交，在本场拍卖会拔得头筹。

苏州光福镇雕刻艺术展圆满落幕

2015年7月5日至25日，“巧夺天工——光福雕刻艺术展”在北京国家大剧院展出。此次展览展出了苏州市吴中区光福镇30多位工艺师的50余件精美雕品。苏州市吴中区光福镇被誉为“中国工艺雕刻之乡”，是近代玉雕、核雕、红木雕、佛雕的重要发源地。光福雕刻工艺技艺精湛，文化内涵深厚，继承和发扬了传统苏作“苏工”以精巧细腻著称的特点。光福玉雕是苏州玉雕的一个分支。早在宋、元时期，光福就有玉雕作坊，明、清时，光福玉雕业十分发达。目前玉雕产业已遍布光福迂里、府巷、福利、邓尉及东崦湖等村，“工艺街”“玉器城”“中国工艺文化城”等成为全镇玉雕产品的销售中心。2015年，光福镇全镇有玉雕经营户469户，从业人员6808人。

“玉叶金枝——江西明代藩王墓出土文物精华展”在南京开展

2015年7月10日，由南京市博物馆与江西省博物馆携手举办的“玉叶金枝——江西明代藩王墓出土文物精华展”在江苏南京朝天宫南京市博物馆多功能展厅开展。展览共展出金玉类文物计90余件（套），绝大多数出自江西地区明代藩王及其家族成员墓葬，尤以金玉器最富特色，其造型、纹样及技法都达到了明代金玉工艺的巅峰水准。这些精雕细琢、雍容华美的随葬文物，不仅是明代藩王锦衣玉食生活的真实缩影，为我们提供了当年王府奢华场景的想象空间，同时也是明代工艺美术研究的珍贵实物资料。

朱元璋建立大明王朝后，封藩建国，将皇子皇孙分封各地。其中，分封在江西境内的藩王有南昌地区的宁王系、鄱阳地区的淮王系、建昌地区的益王系三大系。半个多世纪以来，江西省考古工作者发掘了数十座藩王及其家族成员的墓葬，出土文物数千件，有金银器、玉器、陶瓷器、丝织品、漆木器等。

齐国历史文化展在秦陵博物院开幕

2015年7月16日，“泱泱大国——齐国历史文化展”在陕西秦始皇帝陵博物院开幕，这是继“晋文化展”之后的第三个东周时期地域文化展，也是全国首次以齐国历史文化为主题的大型展览。该展览由山东省文物考古研究所、齐国故城遗址博物馆、山东博物馆、新泰市博物馆、上海博物馆、海阳市博物馆、中国国家博物馆和秦始皇帝陵博物院联合举办。展览汇集了7家文博单位的194件（组）精品文物，主要包括青铜器、陶器、玉器等。展览以“封邦建国”“首霸春秋”“雄冠战国”“终归一统”和“齐风余韵”五部分内容展示了齐国历史的发展进程和动人事迹，再现了齐国开国至由盛而衰的发展历程。

2015北京夏季珠宝展开幕

2015年7月23日，由中国珠宝玉石首饰行业协会主办的2015北京夏季珠宝展在中国国际展览中心（老馆）开幕。本次展会是夏季以来北京规模最大的一次专业性珠宝展。汇聚众多国内外一线制造商、知名珠宝玉石企业参展，我国台湾展团、韩国展团、斯里兰卡展团、水贝展团、天雅展团等特色展团汇聚团体影响优势参与本届展会。国家珠宝玉石质量监督检测中心现场提供珠宝鉴定。

2015北京夏季珠宝展展会现场

齐家文化玉器展在北京艺术博物馆开幕

2015年7月28日，由北京市文物局、甘肃省文物局、青海省文物局、宁夏回族自治区文物局、中国社会科学院考古研究所主办的《玉泽陇西——齐家文化玉器展》在北京艺术博物馆开幕。这是北京艺术博物馆连续几年的“中华文明之旅”中国古代玉文化系列展之一。本次展览共计展出213件（套）齐家文化玉器，向公众集中展示齐家玉文化这一有代表性和影响力的史前玉文化。展品集中了分藏在甘肃、青海、宁夏三省区博物馆和市、县级博物馆中考古出土、采集、征集的齐家文化玉器以及中国社会科学院考古研究所、甘肃省文物考古研究所、青海省文物考古研究所、宁夏回族自治区文物考古研究所历年来发掘出土的齐家文化玉器。

玉泽陇西——齐家文化玉器展

齐家文化是新石器时代晚期至铜石并用时代黄河上游重要的文化遗存，因最早发现于甘肃省广河县齐家坪而得名。齐家文化分布地域广泛，主要分布于甘肃、青海东部、宁夏南部、陕西北部及内蒙古西南部地区。玉文化是齐家文化重要的组成部分，齐家文化玉器以素面为主，多不做纹饰雕刻，古朴素雅。玉器造型以璧、环、多璜联璧、琮、刀、铲形器、管、珠为主。玉料材质多种多样，主要有透闪石、蛇纹石、大理石等各种材质。迄今已在甘青宁三省区近百处遗址发现了齐家文化玉器约3000件，器型种类20多种。

2015北京工艺美术博览会开幕

2015年7月31日，由工业和信息化部工业文化发展中心和北京工艺美术行业发展促进中心共同主办，北京艺承文化有限责任公司承办的2015年北京（国际）工艺美术博览会在中国国际展览中心（老馆）开幕。本次博览会展出规模为1万平方米，云集了来自北京、河北、天津、山西、福建等地区的500余家企业参展。玉器、象牙雕刻、景泰蓝、雕漆、红木小件、首饰等参展优秀作品达2万件以上。本次展会还吸引了如王树文、张铁成、苏然等上百位全国工艺美术大师最新创作的200余件精品首次亮相。

8月

侯马虒祁遗址祭祀坑发掘出土玉器400余件

2015年8月4日，山西省文物考古研究所对外公布，该所利用一年时间对侯马虒祁遗址内的祭祀坑和墓葬进行了抢救性考古发掘，出土玉器400余件。

虒祁遗址位于侯马市高村乡虒祁村西北约1.5千米，由夯土建筑、墓地、祭祀遗址三部分组成。自1996年8月至2012年8月曾先后对该遗址进行了八次大规模的考古发掘，清理古墓葬2000余座，祭祀坑3000余座，陶窑数座及夯土墙基和铸铜遗址。出土铜、铁、陶、玉石、骨器万余件。2014年9月到2015年7月间，为配合基本建设，山西省考古研究所侯马工作站对建设区域内1.3万余平方米的祭祀坑和墓葬进行了抢救性考古发掘，共清理祭祀坑822座，墓葬37座。发掘出的822座祭祀坑绝大多数为长方形圆角或长方形方角坑，有个别为小方坑或椭圆形坑。在南区祭祀坑中多发现有壁龛，在壁龛内多置有玉石器1至2件。共清理出玉器400余件，有玉环、玉璧、玉龙、玉璜、玉饼、玉琮、玉圭、玉琥、玉戈及制作玉器的废料玉片和玉块等，其中3件玉片上发现有墨书的字迹。

2015宣化战国红玛瑙文化博览会开幕

2015年8月14日，2015中国·宣化战国红玛瑙文化博览会在河北省张家口市宣化县洋河南镇宣化青泉战国红玛瑙交易市场开幕。博览会由中国珠宝玉石首饰行业协会、宣化县人民政府主办，宣化上谷战国红玛瑙行业协会协办。这是宣化县继去年成功举办首届中国·宣化战国红玛瑙文化博览会后再次举办的高规格、高水准、大规模的战国红玛瑙文化盛会。博览会期间举办了战国红玛瑙珠宝研讨会、战国红玛瑙精品展览会、鉴宝大会等一系列活动。

近年来，产自宣化县的上谷战国红玛瑙，以完整性较高、色彩浓郁、纹理变化多样等特点深受收藏爱好者喜爱追捧。

“问玉昆仑——新疆和田玉历史与现状考察”活动全面启动

2015年8月15日，由中国传统文化促进会玉文化研究委员会发起、新疆和田玉行业协会和北京国玉新疆和田玉文博馆鼎力支持，故宫博物院、北京大学、中国地质大学、徐州玉道馆等单位参加的“问玉昆仑——新疆和田玉历史与现状考察”活动拉开帷幕。考察队计划2015年—2016年用两年的时间对新疆“昆仑山一

“问玉昆仑”考察团在塔什库尔干大同玉矿

阿尔金山”沿线古今各个玉矿、各条“玉河”和各地的玉器市场进行一次全面深入的调查。旨在把“昆仑山——阿尔金山”新疆和田玉的历史与现状调查清楚、形成结论。给真正热爱新疆和田玉、研究新疆和田玉的人们以正确的参考和科学的指引。

8月15日至10月25日，考察队沿“昆仑山—阿尔金山”一线自西向东，实地考察了喀什—塔什库尔干—莎车—泽普—和田—洛浦—策勒—于田—民丰—且末—若羌—敦煌玉门关等多个地方。历时两个多月，行程6000多千米，上昆仑、下玉河、访村落、走市场，通过全面深入地调查研究，掌握了大量关于新疆和田玉的一手资料，收集了许多珍贵的玉料标本，圆满完成了“问玉昆仑”第一阶段的考察任务。

康雍乾宫廷国宝重器集中亮相龙美术馆

2015年8月18日，由龙美术馆主办的“盛清的世界——康雍乾宫廷艺术大展”在上海龙美术馆西岸馆正式开幕。这是龙美术馆中国古代宫廷艺术品大展世界三部曲的系列之二，所有展出文物来自全球范围内中国宫廷艺术品重要藏家的私人收藏。此次大展共计展出盛清宫廷文物260余件（套），包括书画、古籍善本、缂丝、瓷器、玉器、漆器、玻璃器、珐琅器、紫檀家具等十余个门类，汇聚了二十年来全球中国艺术品市场公认的顶级作品。为配合本次展览，龙美术馆还举办了“重估与展望——盛清宫廷艺术史学术研讨会”，邀请北京故宫博物院、台北故宫博物院、浙江省博物馆、美国大都会博物馆、北京大学、中国社会科学院、中央美术学院、香港中文大学、北京圆明园管理处等单位数十位专家学者围绕盛清宫廷艺术的一系列学术问题进行了研讨。

中原古代玉器展在哈密地区博物馆开幕

2015年8月21日，为庆祝新疆维吾尔自治区成立60周年，进一步促进河南与新疆的文化交流，由河南省文化厅、哈密地区行政公署、河南省文物局主办，河南博物院、哈密地区文化体育广播影视新闻出版局承办的中原古代玉器展在哈密地区博物馆隆重开幕。

此次展览共展出河南博物院收藏玉器精品133件，分为礼仪玉、佩饰玉、丧葬玉、玩赏玉、玉缘——玉石鉴赏常识五个部分，展览从不同侧面反映了中原玉文化包括礼制、佩饰、葬制、治玉工艺等方面的嬗变轨迹，并通过这一特有的文化现象揭示中原古代经济、文化和社会生活等方面的历史面貌。本次展览是继2012年“河南出土夏商周文物展”之后，河南博物院精品文物再次以专题展的形式来到哈密地区博物馆展出。

丝绸之路与玉文化研讨会在新疆玛纳斯召开

2015年8月23日至27日，由中国文物学会玉器专业委员会主办的“丝绸之路与玉文化研讨会”在新疆玛纳斯县召开。中国文物学会副会长兼秘书长黄元、中国文物学会玉器专业委员会名誉会长杨伯达以及来自全国各地从事玉器玉文化研究的专家学者60余人参加了会议。

本次研讨会共收到论文近30篇，有7位专家从不同角度进行了精彩的大会发言，发言题目分别是：郭福祥《乾隆宫廷与玛纳斯碧玉研究》、邓淑苹《从何家村玉杯、兀鲁伯玉杯论西域玉作》、于平《明清碧玉文物工艺特点浅析及通过无损科技检测探究其与玛纳斯碧玉的关系》、殷志强《天之色、君之德——试论西域碧玉的历史价值》、周晓晶《中国古代“丝绸之路”上的玉石东传》、张广文《和田玉与清代宫廷玉器》、许晓东《契丹、蒙古与西域玉雕——兼及新疆在中国玉雕传统西传过程中的特殊地位》。

9月

第十二届“国石杯”新疆玉雕精品展示会在乌鲁木齐举办

第十二届“国石杯”新疆玉雕精品展示会现场

2015年9月7日，由新疆珠宝玉石首饰行业协会主办的第十二届“国石杯”新疆玉雕精品展示会在乌鲁木齐新疆玉都玉器城拉开帷幕。

“国石杯”新疆和田玉玉雕精品展评会是中国唯一和田玉玉雕作品评奖活动，参加本届“国石杯”新疆玉雕精品展的企业有一百多家，送展作品605件。“国石杯”和田玉玉雕作品评奖活动的评委会成员由新疆珠宝玉石首饰行业协会、国家玉雕大师和新疆珠宝玉石质检部门等多位专家组成，就作品的工艺、创意、材质、题材等进行反复比较、观摩、打分，最终评选出获奖作品。9月12日举行了“国石杯”颁奖典礼，共颁发最佳工艺奖18件、最佳创意奖31件、金奖19件、银奖34件、铜奖126件、优秀作品奖181件。本届“国石杯”的优秀作品将被推荐参加“天工奖”评选。

第八届“神工奖”评选暨海派玉雕艺术大展在上海举行

2015年9月10日，第八届中国玉石雕“神工奖”作品在上海展览馆展出。与

2015中国玉雕品牌博览海派玉雕艺术大展开幕式

此同时，为期四天的“2015中国玉雕品牌博览海派玉雕艺术大展”也正式拉开帷幕。本次活动由上海海派玉雕文化协会和中福古玩城联合主办，获评“神工奖”的玉雕精品及全国数百名玉雕工作者的千余件作品参展，最终评选出“中国神工创新大奖”“中国神工工艺大奖”“中国神工创意大奖”和首次评出的“中国神工玉饰大奖”作品各一件，金奖作品99件、银奖220件、铜奖227件、创意奖12件、工艺奖26件。

9月10日，第八届中国玉石雕“神工奖”颁奖盛典在上海国际会议中心举行。颁奖典礼以微电影《神工学院》开场，评委会主任唐克美，副主任孙敏、吴元全宣布了各个奖项的结果。本届神工奖监审委主席、中国工艺美术大师宋世义发表了监审意见。

第二届山西文博会工艺美术“神工杯”评选揭晓

2015年9月9日，以“文化三晋・美丽山西”为主题的第二届山西文化产业博览交易会在中国（太原）煤炭交易中心启幕。本届文博会由山西省委宣传部、山西省文化厅和太原市人民政府主办，山西日报传媒（集团）有限责任公司承办。参展企业有1000多家，分别来自亚非欧的24个国家，国内31个省（市、自治区）以及港澳台地区，参展展品上万种。本届文博会还举办了“神工杯”工艺美术精品奖评选，最终选出金奖142个，银奖126个，铜奖126个。

2015深圳国际珠宝展盛大开幕

2015年9月10日，2015深圳国际珠宝展览会、深圳珠宝节同时在深圳会展中心拉开帷幕。本届展会展览面积6万平方米，展位3300个。有1100家国内外参展商参展，吸引了全球超过28个国家与地区的逾四万名专业买家莅临参观、洽淡和交易。9号馆面积15,000平方米，展位近800个，展出产品包括黄金、钻石、翡翠玉石、银饰、珍珠，等等。

自2000年初办，历经15年，深圳国际珠宝展览会已逐步发展成为一个集珠宝首饰新品展示、商业交易、科技创新、品牌推广、文化传播、信息交流和学术研讨等为一体的国际化、综合性的平台，为提升深圳乃至全国珠宝产业水准、扩大终端零售发挥了深远影响，也已成为中国珠宝展会业的金字招牌，名声享誉国际。

辽宁阜新举办第十届玛瑙博览会

2015年9月10日，第十届中国·阜新玛瑙博览会暨名优食品博览会在辽宁阜新辽西会展中心开启帷幕。

本届博览会由中国珠宝玉石首饰行业协会、辽宁省文化厅、省国土资源厅、省旅游局、省珠宝玉石首饰行业协会及阜新市政府联合主办。博览会期间还举办了第十届中国玉石雕刻“天工奖”入围作品评选暨第八届辽宁省玉石雕刻大赛“玉玦杯”评奖活动。

国家博物馆“近藏集粹展”诉说国宝回归路

2015年9月11日至12月10日，“近藏集粹——中国国家博物馆新入藏文物特展”在中国国家博物馆举行。最近十余年，国家博物馆新入藏珍贵文物藏品40多万件。本次展览从中遴选出近年征集的120余件（套）文物精品，分为“宗邦重器”“文人翰墨”“出世神韵”“传世良工”“国宝回归”五个主题单元进行展示。其中“国宝回归”展示了国博近年从海外征集的国之重器。

国家博物馆目前收藏了有关中华光辉灿烂文化的文物120余万件，成为我国唯一能用文物系统展示中华文明通史的博物馆。国家博物馆的藏品来源主要有国家调拨、社会捐赠、组织征集、考古发掘等几种途径。

根据中国文物学会统计，流失海外的中国文物约有1000万件之多。联合国教科文组织的不完全统计显示，全世界47个国家的200多家博物馆藏有164万余件中国文物，剩下的大量文物仍散落在海外私人藏家和机构手中，成为现在国际文物拍卖市场的主角之一。

北京举办技工院校首届“燕京八绝”作品展

2015年9月12日，旨在培养青年技能人才、传播中华传统文化的北京技工院校首届“燕京八绝”作品展系列活动在北京隆安寺正式启动。活动由北京市人

“燕京八绝”作品展

力社保局、市文化局、北京工美集团等六家单位联合举办。“燕京八绝”即景泰蓝、玉雕、牙雕、雕漆、金漆镶嵌、花丝镶嵌、宫毯、京绣八大工艺门类，充分汲取了各地民间工艺的精华，是最具北京文化特色的艺术瑰宝。

活动展出的作品中，有郭培、钟连盛、李志刚、苏然、孟庆东等大师作品46件，北京市工艺美术高级技工学校、北京轻工技师学院、北京市工贸技师学院的519件作品参展，涵盖了“燕京八绝”的全部工艺门类。主办方邀请权威专家对739件“燕京八绝”作品进行了评比，共评出“燕京八绝红星杯”金奖9个，银奖20个，铜奖30个，优秀作品奖50个。本次展览中的玉雕作品以北京轻工技师学院、北京市工艺美术高级技工学校学生的作品为主，作品以全新的视角向世人展示了年轻一代玉雕师的技艺水平。

第四届广东省玉雕作品“玉魂奖”评选结果揭晓

2015年9月12日至22日，第四届广东省玉雕作品“玉魂奖”暨玉雕艺术精品展在广州市荔湾区陈家祠道传统工艺美术中心展出。作为广东玉雕作品的最高奖，“玉魂奖”自启动以来至今已成为广东省玉雕界一年一度的盛事。

本届“玉魂奖”共征集到650件玉雕作品，作品荟萃了广东、新疆、河南、云南等地具代表性工艺品种，包括了翡翠、和田玉、广绿玉、白山玉、南方玉等玉石料雕琢而成的玉雕精品，大部分来自四会、平洲等产业基地。本届“玉魂奖”专设了广东省玉石雕刻大师作品展区，现场展现21位大师的110余件作品。经以中国玉石雕刻大师顾永俊领衔的评委会评选，共评选出金奖24名、银奖

46名、铜奖68名、最佳创意奖24名、最佳工艺奖19名、优秀组织奖25个。9月22日，第四届广东省玉雕作品“玉魂奖”暨玉雕艺术精品展颁奖仪式在荔湾区平安大戏院举行。

山西兴县碧村发现新石器时代石城和玉器

2015年9月13日，山西省考古研究所对外公布，碧村遗址考古发掘取得重大成果，首次在晋西高原发现龙山时期石城及大型石砌房址，其中史前遗址12处，出土有丰富的陶器。碧村遗址位于吕梁市兴县高家村镇碧村北，遗址面积约75万平方米，含仰韶、龙山、汉代、辽金、明清等阶段堆积，以龙山时期遗存最为丰富。在对遗迹进行小规模发掘中，在小玉梁台地上共清理龙山时期房址2座，灰坑13座。在城墙圪垛台地清理了一段宽约3米的龙山时期石砌城墙。出土遗物以陶器为主，器形有鬲、甗、管流盉、蛋形瓮、高领罐、粗柄豆、大口尊等。

考古人员在调查中还见到了民间人士收藏的部分碧村玉器。据了解，这些玉器主要出土于小玉梁及附近区域，数量近百件，种类有璧、环、臂钏、琮、刀、钺、璜等。其中玉璧形式多样，有环形璧、牙璧、多璜联璧等，这批玉器多素面，玉质多为青白玉，还有少量墨玉，细腻温润。可见片切割工艺、钻孔技术发达。碧村遗址玉器的发现，为玉文化传播路线探索在黄河东岸找到了新的重要支撑点。

第八届“子冈杯”玉石雕精品暨国际玉雕艺术家作品博览会开幕

2015年9月19日，2015中国（苏州）“子冈杯”玉石雕精品暨国际玉雕艺术家作品博览会在苏州太湖国际会议中心开幕。本届博览会由中国工艺美术协会、中国文化产业协会、苏州市经济和信息化委员会主办，苏州市玉石雕刻行业协会、吴中区光福工艺美术行业协会承办。参加本届博览会展出的作品来自北京、上海、天津、浙江、广东、河南、河北、云南、安徽、辽宁、新疆、福建、山东以及江苏扬州、南京、徐州、连云港、苏州等地，还有来自英国、新西兰、美国、加拿大、罗马尼亚、俄罗斯等国玉雕家的众多作品。

本届“子冈杯”评比，突出工艺与创意，突出题材内容的艺术性与时代性，强调新颖、独特、精湛，有较高的工艺水平。最终在国内参评的650余件作品中，共评选出38个金奖，59个银奖，76个铜奖，7个最佳创意奖，2个最佳工艺奖及一批优秀奖。9月20日，“子冈杯”颁奖典礼在苏州昆剧院举行。博览会期间，组委会还命名了十五家“苏作”玉雕品牌工作室，并举办了“子冈杯”中外玉雕高层论坛。

2015阿拉善玉“神驼奖”评奖活动顺利举办

2015年9月22日，中国珠宝玉石首饰行业协会受内蒙古阿拉善左旗人民政府委托，组织部分中国玉石雕刻大师、玉雕名师及首饰设计专家对2015阿拉善玉“神驼奖”的玉雕及首饰设计作品进行了评奖工作，分别评出了“神驼奖”特等奖、金奖、银奖、铜奖及优秀作品奖。

第六届“玉满乾”杯龙陵黄龙玉雕刻大赛落幕

2015年9月23日，第六届“玉满乾”杯龙陵黄龙玉雕刻大赛颁奖典礼在云南龙陵县珠宝城举行。

此次活动由中国珠宝玉石首饰行业协会、龙陵县黄龙玉协会、云南厚博黄龙玉文化传播有限公司共同主办。活动汇聚了来自北京、上海、广西、福建、广东、浙江等地22个省市的黄龙玉精品360多件（套）。通过客观、公正的初评、终评，评选出金奖6名，银奖12名，铜奖20名，最佳创意奖10名，最佳工艺奖10名，大众最喜爱的黄龙玉作品10名，优秀奖80名。

据不完全统计，目前在全国经营黄龙玉的商家已达5800多户，其中龙陵境内从事黄龙玉加工销售的个体私营企业有3800多户，从业人员达25,000多人。

惊天翡翠投资骗局吸金7亿

2015年9月23日，惊天翡翠投资骗局涉案的翡翠交易平台“中华文化产权交易所”及深圳市中瑞隆信托资产管理有限公司的4名高管在深圳福田区法院受审。其中3人被控集资诈骗罪，一人被控集资诈骗罪及擅自设立金融机构罪。

2013年，温州商人郑旭东在深圳利用香港中华文化产权交易所、深圳中瑞隆信托公司以及深圳中贷信创、杭州国临创投、上海锋逸创投三家P2P网贷平台，布下惊天翡翠投资骗局。通过广东省地质科学研究所制作翡翠真实性的鉴定证书，再请亚洲珠宝联合会的专家作出数千万元甚至上亿元的天价评估，随后将翡翠摆件作为资产包份额化处理后发布到中华文交所交易平台，让投资者进行一级市场的申购以及二级市场的交易。同时，翡翠资产包也是网贷平台上的主要投资标的，而中瑞隆信托公司则为上述平台提供无限担保以及资金托管。2014年1月13日，交易平台停止交易，投资人投资款无法提取，公司实际控制人郑旭东（另案处理）卷款逃匿。据统计，现有784名被害人提交报案材料，损失金额为1.8亿元。根据受害者的统计，受害者共有3000多人，涉案金额达到7亿元。

工商总局公布艺术品广告涉嫌违法案例

2015年9月27日22点57分，中央电视台财经频道播出了国家工商总局公布的

2015年涉嫌违反《广告法》的十大典型案例：虎符兵印大阅兵纪念宝玺、十大传世名画、十二幅书画真迹大全套、金斗寻宝、五套人民币收藏、陈老师泄油瘦身汤、一碗泄油瘦身汤、郑多燕减肥晚餐、冬虫夏草胶囊、舒尼迩滴耳油。侯耀华、李金斗、郑多燕涉嫌违法。

其中的“虎符兵印大阅兵纪念宝玺”广告中说：“这九尊虎头宝玺都是由中国知名的九种玉制作，其中有一种和田老坑玉，总共加在一起是7.5千克，有巨大的升值空间，赶到大阅兵，现在我们白送。”广告中“九种玉制作”“和田老坑玉”“7.5千克”“白送”等虚假欺骗性宣传用语有违玉器材质和玉器市场常识，荒谬至极，但仍有很多电视购物消费者上当受骗。

2015成都国际珠宝展举行

2015年9月28日至10月2日，2015成都国际珠宝展在成都世纪城新国际会展中心隆重举行。

成都国际珠宝展是西部地区最高端、最具规模的国际化和专业化的珠宝展。本次展会由中国珠宝玉石首饰行业协会和四川珠宝玉石首饰行业协会共同主办。展出面积达到1万平方米，展位数近600个。成都本地优秀品牌天鑫洋、六喜、爱恋等汇聚一堂。我国台湾展商、香港展商及韩国展商等纷纷参与。海派玉雕大师、揭阳翡翠玉雕大师、河南玉雕大师携精品亮相。国内知名珠宝企业健兴利、千叶、秋眉翡翠、天使之泪等也精彩呈现。

10月

近30套明代皇家王室玉带精品在江西展出

2015年10月1日，“带承天下——江西省博物馆藏明代王室玉带精品展”在江西省博物馆首次面向公众免费开放展出。本次集中展示的近30套明代皇家王室玉带都是江西历年来发现的近50余座明代藩王系墓出土的玉带精品。因物主清楚、地位显赫、玉质莹润、雕琢精美、技法多样，在明代玉带板中占据重要的地位。它们不仅是鉴赏明代玉器不可多得的标本，也是研究明代服饰礼仪、琢玉工艺和用玉制度的珍贵实物。

玉带是一种由数块乃至十数块扁平玉板镶缀的腰带，始兴于唐代，终于明代。有方形、长方形、桃形等，表面常雕琢各种图案。玉带作为中国古代皇帝和官僚贵族革带上的配饰，是等级和地位的象征。

贵州罗甸玉石文化高峰论坛成功举办

2015年10月2日，在贵州罗甸红水河文化旅游活动周之际，罗甸宝玉石观赏石博览会同期开幕，博览会汇集了北京、安徽、辽宁、山东等地250余位奇宝玉石收藏家的藏品进行展示展销。当天，举行了中国·贵州罗甸玉石文化高峰论坛。来自中国珠宝玉石首饰行业协会、北京大学、同济大学等珠宝玉石行业的专家、学者、玉雕大师、企业代表等100余人参加了论坛。专家们纷纷就罗甸玉发现的意义、罗甸玉的基本特征、罗甸玉石地矿及成因、红水河流域玉石文化探源及罗甸玉的开发等问题进行了交流。

罗甸玉具有悠久的历史文化，早期有“罗斛布依贡玉”之称，用玉历史可追溯到3000年前。2011年，罗甸红水河一带相继发现透闪石玉石矿种后，经省政府组织省科技厅、省地矿局专家进行科考，证实其化学成分、物理光学特征与新疆软玉相同，玉石硬度达6.0—6.7，岩石中的透闪石含量在95%以上，属于优质透闪石软玉矿。经野外勘察，预测罗甸软玉矿资源量达74.6万吨，可直接利用资源量14.9万吨。

云南瑞丽姐告举办首届玉石毛料二次公盘

2015年10月3日，由中国珠宝玉石首饰行业协会，缅甸玉石珠宝协会主办，瑞丽利民贸易集团承办的首届瑞丽姐告玉石毛料二次公盘在瑞丽姐告举办。今年

3月份，云南省瑞丽市人民政府与缅甸玉石珠宝协会签订了《合作举办二次公盘及珠宝贸易协议书》，在瑞丽姐告举办玉石毛料二次公盘，公盘毛料来源为缅甸内比都首次公盘完税后的玉石毛料。在瑞丽姐告举办玉石毛料二次公盘，缅方玉石毛料可自由进入姐告参与公盘交易，无须缴纳中国关税，此举可极大地降低玉石毛料成本，公盘后的玉石毛料需要进入瑞丽和中国内地才需办理报关手续和缴纳关税。

瑞丽姐告二次公盘是对缅方公盘的有益补充，能进一步盘活缅方玉石资源，扩大销售市场。近年来在缅甸内比都毛料公盘上，中标率一直居高不下，但提标率却出现了节节下滑的态势。为了充分利用好这些毛料，中缅双方产生了在瑞丽姐告举办二次公盘的意向。在瑞丽姐告举办玉石毛料二次公盘，“玉回云南”将会更近一步。缅甸毛料走水运全程有4000多千米，而缅甸从仰光迁都至内比都，缅甸每年毛料公盘均是在首都进行，这也使得缅甸毛料到瑞丽的运输距离缩短了400多千米，从内比都至瑞丽的路上距离也就700多千米。这些年，翡翠行业在瑞丽的贸易更多是毛料的买卖，一旦这个公盘开幕，将会对瑞丽这个行业的加工、销售带来积极的作用。

《良渚玉工》学术成果发布会在京召开

2015年10月9日，由浙江省文物考古研究所、香港中文大学中国考古艺术研究中心和中国社会科学院考古研究所联合主办，中国社会科学院古代文明研究中心、中国社会科学院-香港中文大学中国考古联合研究基地和中国社会科学院考古研究所公共考古中心承办的《良渚玉工》学术成果发布会暨良渚文化玉器与中国古代玉器工艺学术座谈会在北京召开。

《良渚玉工》是浙江省文物考古研究所和香港中文大学长期合作的成果，将人类文化中最重要的技术、社会、精神文明三个方面，以玉器研究串联起来，集中展示了近年来在良渚玉器研究方面的最新成果。座谈会上，与会专家学者各抒己见，对本书的成果、意义和价值及其对中国考古学发展的影响给予了高度的评价，并从自身研究领域出发，提出对这一研究方法的具体应用。作为《良渚玉工》主编之一的香港中文大学教授邓聪介绍了本书的几点创新之处。

第五届中国云南·昆明国际珠宝展开幕

2015年10月15日，第五届中国云南·昆明国际珠宝展在昆明国际会展中心开幕。中国云南·昆明国际珠宝展是继北京、上海、深圳国际珠宝展之后的中国第四大专业珠宝展，是中国西南地区规模最大、专业性最强的珠宝展会。本届展会展览总面积达30,000多平方米，展位近1500个，吸引了来自东南亚、南亚10余个国家和地区以及中国内地的近千家知名珠宝企业参展。本次展会以“玉出云南，珠宝天堂”为主题，展出了翡翠玉石、钻石、宝石、黄金、铂金、白银首饰、珍珠、珊瑚、琥珀、碧玺等流行首饰。

2015中国（昌乐）国际宝石博览会开幕

2015年10月16日，中国（昌乐）国际宝石博览会在山东省昌乐县隆重举行。博览会由商务部流通产业促进中心、中国珠宝玉石首饰行业协会、潍坊市人民政府主办，由山东省珠宝玉石首饰行业协会、昌乐县人民政府承办。来自韩国、斯里兰卡、印度、泰国、澳大利亚、巴基斯坦、马达加斯加、波兰、阿富汗、匈牙利、港澳台地区等300多家国内外知名的珠宝展商和中国宝石城内2000多家珠宝企业参会，全面展示了国际宝石、国内特色珠宝、省内矿产及珠宝产品。博览会期间还举行了国际宝石博览会珠宝展、中央电视台《寻宝——走进昌乐》、国际彩色宝石发展高峰论坛、中国精品蓝宝石评比大赛多项精彩活动。

昌乐县内蓝宝石资源丰富，已探明蓝宝石有矿面积450多平方千米，储量数10亿克拉，是目前国内最大、世界罕见的大型蓝宝石矿区之一，与泰国、澳大利亚、斯里兰卡并称世界四大蓝宝石矿区。

当代和田玉网举办中国玉雕大师精品展销拍卖会

2015年10月16日至25日，当代和田玉网举办的中国玉雕大师精品展销拍卖会在国防大学红山瑞廷酒店举办。

拍卖会荟萃了当代玉雕展品、拍品近500件，全部来自当代玉雕界不同地域流派、不同艺术风格的十余位中国玉雕大师和玉雕名家，包括苏然、倪伟滨、蒋喜、杨曦、吴金星、葛洪、侯晓锋、瞿利军、赵显志等。展拍玉器以玉雕大师籽料精品为特色，以玉质上乘、工艺精湛、能代表当代玉雕艺术最高水平为标准，将当今最优秀、最具品位、最具价值的玉雕艺术品奉献给收藏家与投资者。展销期间，举办方还特邀玉器专家于明、林男，玉雕大师苏然等举办了和田玉投资、鉴赏专题讲座。

广东海关截获195吨价值上亿元走私水晶

2015年10月20日，广州拱北海关召开新闻发布会，对外公布破获“2.11”团伙走私水晶、干果系列案情况。其中，经统计，涉案“阿斯福”牌水晶共计1.78亿粒，案值1.15亿元。这是近年来我国海关破获的最大走私水晶案件。

在新闻发布会现场，海关展示了部分缴获样品，晶莹剔透的水晶被切割成不同形状摆在展示桌上，在灯光照射下耀眼夺目。据拱北海关副关长兼缉私局局长庞启明介绍，“2.11”团伙走私水晶、干果系列案总案值达10.25亿元。根据案情和团伙情况，该案分立5起案件，走私水晶案1起、干果案4起。

2014年初，拱北海关接群众举报称，中山某灯饰有限公司走私水晶牟取暴利，缉私局马上派人进行摸查。2015年3月21日，在海关总署缉私局、广东分署缉私局的指挥协调下，在南宁、广州、深圳、江门、湛江、天津、杭州海关以及有关地方公安的大力协助下，该关缉私局出动警力291人，分成36个行动小组，在广州、深圳、珠海、中山、江门、佛山、肇庆、湛江、南宁、天津、杭州等地同时展开抓捕搜查行动，共抓获涉案人员33名，主要目标人物悉数落网。行动中，查扣伊朗、美国等地进口的干果2000余吨，埃及产“阿斯福”牌人造水晶195.3吨，一举打掉6个走私团伙。

第七届中国苏州玉石文化节暨第五届“陆子冈”杯精品展开幕

2015年10月26日，第七届中国苏州玉石文化节暨第五届中国玉石雕刻“陆子冈”杯精品展在朵云轩盛大开幕。

本届“陆子冈”杯评选，共收到来自全国各地的参展作品1500件。参展作品的玉材种类丰富，有和田玉、岫玉、独山玉、寿山石、翡翠、南红玛瑙、战国红玛瑙、绿松石、水晶、印尼金田黄、琥珀等。最终评选出86枚金奖、124枚银奖、120枚铜奖、260枚优秀奖。吴茂云的《百子吉祥如意》获最佳金奖，范栋强的《白玉长寿瓶》获最佳工艺奖。“陆永良玉雕工作室”（陆永良）、“艺扬玉雕艺术有限公司”（柴艺扬）、“雲石玉雕工作室”（陈华）三家玉雕工作室获评第二届“陆子冈品牌工作室”。张铁成、樊军民、崔磊、于雪涛、孟庆东、薛春梅、唐伟琪、范同生8名著名工艺美术大师、玉雕大师被组委会授予“陆子冈艺术成就奖”。

第十三届中国·东海国际水晶节开幕

2015年10月28日，第十三届中国·东海国际水晶节在江苏省东海县水晶城盛大开幕。水晶节期间，中国珠宝玉石首饰行业协会与东海县人民政府还举办了2015年首届中国天然水晶雕刻品、饰品“晶华奖”评选活动。

东海县水晶储量30万吨，占全国的7成以上，是闻名中外的“中国水晶之都”。当地水晶从业人员近25万人，拥有各类水晶加工企业2000多家，形成了年产3000万件水晶首饰、500万件水晶工艺品的生产规模，年交易额突破百亿元，成为国内最大的水晶专业市场和世界水晶的重要集散地。“东海水晶”获评国家地理标志保护产品，并入选“江苏符号”。

2015北京·中国文物国际博览会在北京全国农业展览馆开幕

2015年10月29日，2015北京·中国文物国际博览会在北京全国农业展览馆新馆开幕。本届博览会是第十届中国北京国际文化创意产业博览会的分会场项目，北京琉璃厂文化街和北京天坛古玩城的两大分会场也于同期先后开展系列活动。

本届文物博览会展会总面积13,000平方米，8大展区共有来自海内外的200余家展商参展。共设置展览展卖、分会场活动、论坛讲座三大板块几十场活动。本届文物博览会延续“文化引领城市发展，典藏促进世界交流”这一经典主题。在秉承“国际视角，高端品质”的传统之外，突出“经典、融合、创新、时尚”等多个特色主题。此次文博会主会场八大展区中的“古董珍玩”“香港艺术品商会”“中华古玩城联盟”三大展区，为海内外顶尖古玩商、诚信商户、著名藏家搭建起了展览、展示、展卖平台，参展商涵盖了来自美国、中国香港和北京世界几大中国文物艺术品交易中心的古玩精英，汇集了全国各大古玩城的诚信商户，彰显了北京·中国文物国际文物博览会的规模地位，实现了文物艺术品交易最高级别的资源整合。

第十六届中国工艺美术大师作品暨国际艺术精品博览会在扬州开幕

2015年10月29日，第十六届中国工艺美术大师作品暨国际艺术精品博览会在扬州国际展览中心开展。博览会由扬州市人民政府、中国工艺美术协会、中国工艺美术（集团）公司共同主办。本届展会展览面积达到15,000平方米，800个国际标准展位。共有来自国内北京、上海、天津、河北、河南、江苏、江西、浙江、福建、广东、广西、贵州、湖南、山东、山西、安徽、新疆、云南等23个省、市、自治区及尼泊尔、老挝等国的共计400多家展商参展。雕塑工艺品（玉、木、石、牙等）、漆器、珠宝首饰、金属工艺品、抽纱刺绣、地毯挂毯、美术陶瓷、民间工艺品、天然植物纤维编织工艺品、工艺花画、工艺礼品、旅游纪念品等展品覆盖了全部工艺美术类别。

参加本届展会的玉器品类多样，题材丰富，雕刻精美，大师玉雕作品云集。本届工美大师展还进行了2015“百花杯”中国工艺美术精品奖评选及颁奖活动。

11月

北京正道当代玉雕首拍圆满收槌

2015年11月1日，北京正道当代玉雕首拍在北京昆仑饭店圆满收槌，249件拍品成交220件，成交率为88.35%，成交总额为832万元（含佣）。从拍卖结果来看，文房器皿依然是收藏热点，俏色巧雕的有特色拍品受到藏家追捧。北京正道拍卖延请了“王玉工作室”展览事业部设计总监刘小普先生担纲此次展览的设计工作，刘小普先生多次承担设计了邱启敬先生个人玉雕艺术作品展，每次个展都在业内引起了强烈反响。这场拍卖会的另一大亮点是传统拍卖与移动互联网的无缝结合，引入了“互联网+”的概念，与淘宝同步拍网络拍卖平台合作，完全做到了线上与现场同步。本场成交价212,750元的中国玉石雕刻大师黄罕勇创作的“和田玉籽料辟邪佩”便是由同步拍在线买家购得。

妇好墓出土玉器综合研究项目启动

2015年11月9日，妇好墓出土玉器综合研究开题报告会在中国社会科学院考古研究所举行。该研究是中国社会科学院“创新工程”项目——“考古出土玉器科学研究”课题的子课题之一，是继山东龙山文化西朱封、南阳桐柏春秋国君墓、湖北枣阳郭家庙楚墓、偃师二里头、晋侯墓地后的又一玉器综合研究课题。

妇好墓出土玉器综合研究开题报告会

中国考古学会理事长、中国社会科学院考古研究所所长王巍出席报告会并讲话，会议由中国社会科学院考古研究所文保中心主任、本课题负责人杜金鹏主持。目前整个项目课题暂定为16个研究方向，分别为：前言、殷墟出土商代玉器综述、妇好墓出土玉器概论、从甲骨文看商代玉文化、妇好墓玉器的矿物学研究、妇好墓玉器的治玉工艺研究、妇好墓玉器的次生变化研究、妇好墓玉器的功用研究、妇好墓玉器的艺术成就、妇好墓玉器所见殷商社会、妇好墓玉器的历史与文化传承、殷墟宫殿区玉料坑发现与研究、迁台殷墟玉石器研究、商周玉器的改制探索、妇好墓玉器影像资料提取、结语。

1976年，中国社会科学院考古研究所安阳工作队对妇好墓进行发掘，共出土器物1928件，其中玉器755件，占出土文物总量的大多数，包括礼器、仪仗器、装饰品、工具、生活用具、杂器6大类，种类齐全。

岭南玉雕艺术第六届“平洲玉器”精英奖大赛圆满结束

2015年11月12日，岭南玉雕艺术第六届“平洲玉器”精英奖大赛结果出炉。本次比赛有来自深圳、四会、平洲的各路高水准的玉石雕刻师报名参加，玉雕作品题材广泛，创意独特。大赛共评选出一、二、三等奖和优秀奖共计130件获奖玉雕作品。获奖作品于11月12日至22日在平洲珠宝玉器协会二楼翡翠精品展厅展出。平洲玉雕文化艺术促进会和平洲珠宝玉器协会计划明年接收全省乃至省外的玉雕作品，搞一次规模更大的比赛。

2015年中国玉·石雕刻艺术“百花奖”在京揭晓

2015年11月14日，2015年中国玉·石雕刻艺术“百花奖”评选活动在北京华夏古玩城落下帷幕。中国工艺美术“百花奖”始于1981年，是中国工艺美术最高奖项。中国轻工联合会和中国工艺美术学会是历届“百花奖”的主办单位，此次的“百花奖”评比由中国工艺美术学会玉石雕刻艺术专业委员会承办。

本次参评的作品来自全国各地，材质丰富、题材广泛、风格多样。本届“百花奖”评审委员会经过一个多月的紧张而严谨的初评，从5300多件玉雕作品中精选出800余件，从3000多件石雕作品中精选出400余件，最终以1200多件（套）玉·石雕作品入围此次评比。最终评出金奖、银奖、铜奖、最佳工艺奖、最具文化创意奖以及优秀作品奖等若干奖项，易少勇等人的80件作品获得“百花奖”玉雕组金奖。

南昌西汉海昏侯墓主椁室考古发掘启动

2015年11月14日，备受关注的江西南昌西汉海昏侯墓主椁室考古发掘工作正

式启动，国家文物局局长刘玉珠、副局长童明康，江西省领导姚亚平、朱虹、龚建华等出席启动仪式。当天，为期一周的“南昌西汉海昏侯墓考古发掘成果展”在江西省博物馆开展。

14日上午9时，考古队员正式进入海昏侯墓主椁室，拉开对这座千年古墓核心区考古发掘的帷幕。当两层顶椁盖被机器吊开，海昏侯墓主椁室重见天日，全貌一目了然。专家称，这个东寝西堂“两居室”结构，属于标准的西汉列侯葬制，是目前我国发现的最完整的一个。

在当天上午的考古发掘中，考古工作人员在墓葬主椁室西室发现了一组漆器屏风和两块马蹄形状鸡蛋大小的金器。在后期对海昏侯墓棺椁的进一步发掘清理中，又出土了大量珍贵的文物，包括一批非常精美的玉璧、玉具剑、玉耳杯、韘形玉佩、玉带钩、玉印等汉代玉器，尤其是在内棺墓主人遗骸的腰部位置发现的刻有“刘贺”二字的白色玉印，最终成为判断墓主身份的直接证据。

17吨重巨型玉雕《富春山居图》亮相苏州

2015年11月14日，苏州当代玉文化博物馆试营运。高3.8米，重17吨的“富春山居图”玉山作为该馆的镇馆之宝也正式揭开盖头。该博物馆于今年4月策划、设计、动工，历时半年于10月全面竣工。博物馆集中国当代玉文化的收藏、保护、展览、教育、科研为一体，藏品从红山文化、良渚文化到当代玉雕大师之作，数量有数百件。

第十四届中国（揭阳）玉文化节开幕

第十四届中国（揭阳）玉文化节开幕式

2015年11月21日，第十四届中国（揭阳）玉文化节在广东省揭阳市镛汇阳美玉都广场开幕。来自缅甸、泰国等东南亚国家以及全国各地玉商团体代表出席了开幕式。揭阳是“亚洲玉都”“中国玉都”。中国（揭阳）玉文化节是揭阳市乃至业界享有盛名的品牌节会，经过多年发展，已成为树立玉都品牌、反映揭阳发展成就的重要窗口，成为展示揭阳玉文化产业发展成就、推进行业交流与合作的国际化平台。

本届玉文化节由中国轻工业联合会、缅甸玉石珠宝协会、中国轻工珠宝首饰中心、揭阳市政府主办，蓝城区管委会、揭阳市珠宝玉器商会承办。玉文化节以阳美玉都为主会场，以乔南国际玉器中心、乔西白玉市场为分会场。玉石节期间举行了公益拍卖晚会、中缅玉商座谈会、“玉都杯”评奖及作品展示、2015年中国职业技能大赛广东省玉石雕刻工“海泉湾杯”职业技能竞赛等活动。

缅甸玉石矿场发生山体滑坡致一百多人遇难

当地时间2015年11月21日、22日，缅甸东北部的克钦族自治邦内一处玉石矿场发生山体滑坡，事故导致至少104人遇难，近百人失踪。这是缅甸近年来最严重的玉石矿场山体滑坡事故。缅甸玉石矿场山体滑坡事故经常发生。据当地居民称，今年以来已发生过五次，但为了生计，许多矿工仍冒着生命危险到矿区内挖掘采矿。

帕敢是缅甸最大、也是全球知名的翡翠产地，每年为当地带来数以十亿计美元的收入，吸引缅甸各地的人前往，在废弃的矿坑挖掘玉石为生。

根据总部设在伦敦的“全球见证组织”2015年10月份公布的数据，缅甸去年的玉石产业收入高达310亿美元，占国内生产总值的48%。

痕都斯坦玉器精品在香港展出

嵌金丝玉盖碗

菊瓣纹玉盘

2015年11月27日，由故宫博物院、香港中文大学文物馆联合主办的“仙工奇制——故宫博物院藏痕都斯坦玉器精品展”在香港中文大学文物馆举行。本次展览主要以莫卧儿王朝玉器为主，另有少量中亚玉器及清代制作的仿莫卧儿王朝玉器。40件展品由故宫博物院超过500余件相关藏品中精选而出，绝大多数从未展出过。展品样式新颖，气质精美，独具特色，表现了莫卧儿王朝玉器艺术的成就和清代仿莫卧儿王朝玉器的特色，体现了清代皇室与西域各国的文化艺术交流的成果。

15世纪中亚以及帖木儿萨菲、莫卧儿、奥斯曼土耳其各王朝的玉器，被清代文献称之为“痕都斯坦玉器”，其中尤以莫卧儿王朝制作的玉器最为精致。该王朝玉器曾在18世纪大量进贡清代宫廷，类别多样，有纷繁多变的几何形状，主要用作各类器皿、碗盘和高脚杯。

120余件精美玉器亮相北京保利艺术博物馆古代玉器展

2015年11月28日，“智慧无限Ⅱ——古代玉器展览”在北京保利艺术博物馆开幕。展览共遴选出唐至清120余件（套）各时期代表作品。本次展出的唐宋元玉器，表现出较强的民俗化倾向，表现出当时人们生活的多个方面，花鸟纹大量出现，动物纹饰也更加真实。明清及其后的玉器，器皿中大量出现茶具、餐具、文具、文玩作品，并出现了大量的玉陈设品。

2015中国国际珠宝展隆重开幕

2015年11月28日，由中国珠宝玉石首饰行业协会和国土资源部珠宝玉石首饰管理中心联合主办的2015中国国际珠宝展在北京隆重开幕。

2015中国国际珠宝展展会现场

本届展会创国内珠宝行业展会规模之最，首开一展两地先河——中国国际展览中心（旧馆）和国家会议中心（新馆）同时召开，保持中国国际展览中心（老馆）的原有规模，新增国家会议中心分会场。展览面积由去年的6万平方米增加至7.5万平方米。展位数由3000个增加至4200个，展商数由1300多家增加至1800多家。参展国家及地区也由原来的19个增加至23个，中国国际珠宝展的国际化程度及行业影响力进一步提高。

国家会议中心展馆以“天工奖”玉石雕刻、上市品牌企业、全国产业基地、矿物晶体及各地博物馆、淘宝展团等为主线，打造高端大气上档次的珠宝殿堂。老展馆中国国际展览中心布局品牌企业、国际展区、台湾展团、首饰设计师展团、珠宝行业院校展团等特色展区。

第六届中国玉石雕刻大师评定结果公布

2015年11月29日晚，在2015“天工奖”颁奖典礼上，中国珠宝玉石首饰行业协会副会长史洪岳宣读了“第六届中国玉石雕刻大师”评定结果并由中国珠宝玉石首饰行业协会会长徐德明、名誉会长陈洲其为获得荣誉称号的大师颁发了证书。

依照《“中国玉石大师”荣誉称号评定、管理实施办法》，经第六届中国玉石雕刻大师评定委员会按规定程序完成各项议程，确定了本届“中国玉石大师”荣誉称号获得者共计24名：马洪伟、王世伟、王东光、王金高、刘东、刘昱廷、刘晓波、孙有庚、杨冰、何马、张春风、张炳光、陈健、陈越、范德龙、林敏、卓凡、罗永东、周志国、庞然、黄杨洪、黄余呈、谢麟、魏敦旭。

由中国珠宝玉石首饰行业协会组织开展的“中国玉石雕刻大师”评选工作，历经十五年的发展，得到了行业内外和社会各界的高度关注和一致好评。一大批优秀的中国玉石雕刻大师在玉石文化、雕刻技艺的传承与创新上贡献卓著，在人才培养和市场开拓等方面成就显著，为我国玉石雕刻事业的繁荣发挥了重大作用。

2015中国玉雕石雕作品“天工奖”评选结果出炉

2015年11月29日晚，2015“天工奖”颁奖典礼在国家会议中心隆重举行。中国珠宝玉石首饰行业协会会长徐德明、名誉会长陈洲其、常务副会长兼秘书长孙凤民、中国国家博物馆艺术品鉴定中心主任岳峰，中国玉石雕刻大师宋世义等出席颁奖典礼并为获奖者颁奖。特邀专家学者、中国玉石雕刻大师、“天工奖”获奖作者以及玉雕工作者等数百人参加了颁奖典礼。本届“天工奖”最终评出《大雪满弓刀》等12件作品荣获金奖，《锦上添花》等31件作品摘得银奖，《同巢和

2015"天工奖"颁奖典礼现场

歌》等47件作品获得铜奖，最佳工艺奖则被《仿古饕餮》等19件作品摘得，《大吉羊（祥）》等15件作品获得最佳创意奖，另有327件作品获得优秀作品奖。

中国玉雕、石雕作品"天工奖"评选活动是中国珠宝玉石首饰行业协会于2002年创立的一项专业评比活动，迄今已经走过了14年的风雨历程，已被业界公认为中国玉石雕刻行业最具广泛性和权威性的奖项。

南阳玉文化特色产业基地成就展在京举办

11月28日至12月2日，南阳玉文化特色产业基地成就展在北京中国国际展览中心、国家会议中心隆重开展。

展会由河南省南阳市人民政府主办，南阳市节会活动办公室、镇平县人民政府、南阳市玉文化产业发展促进会、南阳市宝协、镇平县宝协、南阳市独山玉矿有限公司承办，借助2015中国国际珠宝展这一世界盛会集中展现南阳玉文化产业十年来发展的巨大成就。这次南阳玉文化特色产业基地成就展主要有三项内容：一是借助中国国际珠宝展这一高端平台，于开幕首日在国家会议中心召开《南阳独山玉国家标准》发布会。二是集中展示、宣传南阳市十余年来玉文化产业发展成就。三是南阳玉雕精品展。

12 月

北京博观秋拍曹杨《四大佛山》玉牌以960万高价拍出

2015年12月6日下午，北京博观2015年秋拍在国家会议中心会议厅圆满结束。本次秋拍共计六个专场："小酌——当代玉雕精品无底价拍卖专场""清隽——当代玉雕名家精品拍卖专场""夜宴——顶级和田玉珍品专场""悦色——台山玉玉雕精品专场""如日方升六——当代实力派名家精品无底价专场""大玩家八——中国玉石雕刻大师精品拍卖会"。

本次秋拍落锤总额达到了22,424,000元。本次拍卖最抢眼的非"夜宴"场次中曹杨大师的2014年"天工奖"金奖作品《四大佛山牌》莫属，最终以960万高价拍出，充分展现了高档玉器市场的潜力。

美国归还中国16件古玉器在内的一批走私文物

2015年12月10日，美国向中国归还一批美国土安全部在海关查获的走私文物，这批文物的移交仪式在中国驻华盛顿大使馆举行。这次归还的22件珍贵文物包括一块1.2亿年前的古生物小盗龙化石、16件玉器、5件青铜器和1件陶器。数量最多的玉器中，有红山文化玉人、商代三联玉璧、汉代玉卮等。

中国驻美大使崔天凯致辞感谢，他表示，此次交接仪式见证了中美两国政府和各界之间的紧密合作。美国助理国务卿莱恩表示，能够将这些文物和化石归还中国，对于美国政府和中国政府来说是一项重大成功，她说："我们这样做，是因为我们尊重中国的历史、传统和文化。"

全球首家三维数字古玉博物馆启动揭幕

2015年12月19日，在北京昆仑饭店举行的2015CACIF第四届中国艺术品收藏投资高峰论坛上，全球首家三维数字古玉博物馆——玉道艺术馆正式亮相并现场启动了揭幕仪式。

珍贵的古董玉器、瓷器、陶器、书画、碑刻乃至文物建筑，通过非接触式"一键式"全自动化三维重建，以流畅细腻的3D影像方式呈现，材质的纹理、时光的斑驳都被清晰留存。以上三维技术为文化遗产保护和研究提出了一个全新的概念，这意味着以往需要在博物馆贴着玻璃看的珍贵文物和艺术品，如今可以通过手机、电脑屏幕全方位翻转细细欣赏。2015年3月，四维时代建成国内首家三维数字化中心。短短一年时间里，包括故宫博物院、广东省博物馆在内的很多文保机构都成了他们的合作伙伴。

石家河遗址再出土250余件距今4300年精美玉器

2015年12月19日至20日，“纪念石家河遗址考古60年学术研讨会暨中国考古学会新石器时代考古专业委员会成立大会”在湖北天门市举行。150余位文物考古专家、学者以及亲自参加过石家河考古发掘的老专家参会。

会上，湖北省文物考古研究所对外公布，天门石家河遗址近期又出土250余件距今4300年的精美玉器。除了以前在该遗址发现的玉人头像、玉蝉、玉虎头像、玉管、玉璜、玉笄，本次还发现有虎脸座双鹰玉玦、虎形玉如意、玉虎、玉鹰，这些玉器类型丰富，造型奇特，工艺六平高超。石家河文化的玉器代表了江汉平原史前玉雕的最高水平，这批出土的精美玉器无疑又激发了学界对于石家河文化的新思考。

在为期两天的研讨会上，湖北省考古文化研究所介绍了石家河考古的最新进展以及下一步的发掘计划。30多位专家、学者围绕石家河遗址群在中华文明形成中的地位、石家河文化与其他地区文化的比较等话题进行了深入探讨。

红山文化与中华文明学术研讨会在大连召开

2015年12月22日，由辽宁师范大学主办，辽宁省红山文化与中华文明协同创新中心和辽宁师范大学历史文化旅游学院承办的“五千年文明见证——红山文化与中华文明学术研讨会”在大连召开。来自国内外30余家高等院校、科研院所和

“五千年文明见证——红山文化与中华文明学术研讨会”活动现场

考古学界的专家学者参加了会议。郭大顺、刘国祥、王仁湘、田广林等与会专家学者围绕红山文化时期的聚落形态、社会结构、观念意识、玉器研究、生态环境等方面，阐释了红山文化研究的重要意义，对红山文化及相关研究进行了历史回顾，并展示了新资料、新成果。

红山文化与中华文明协同创新中心是由辽宁师范大学牵头，利用辽宁师范大学历史学一级学科博士学位授权点的学科优势，整合中国社会科学院考古研究所在红山文化考古学研究方面的优势，依托朝阳市人民政府、朝阳师范专科学校、赤峰学院在基础研究和应用基地方面的资源环境，构筑起的新型协同创新发展平台。自2013年8月筹建以来，已开展了一系列的调查研究工作，取得了一批高质量的研究成果。

大汶口国家考古遗址公园落成

2015年12月24日，山东泰安大汶口国家考古遗址公园落成。

作为国家立项的重点文化项目，大汶口国家考古遗址公园总投资30亿元，目前，遗址公园一期工程已完成大汶口文化博物馆、主题公园区、遗址核心区、古镇开发区和滨河景观带“一馆、三区、一带”建设。大汶口遗址是新石器中期文化遗存，1959年发现以来，经过三次大规模的发掘，共探明遗址区面积82万平方米，发掘7200平方米，发掘墓葬189座，出土随葬品2100余件，出土文物内涵十分丰富。

1982年，大汶口遗址被国务院公布为“全国重点文物保护单位”。2010年，大汶口遗址已被列入国家“十二五”大遗址保护规划，同时被列入国家第一批考古遗址公园立项名单。

中华玉文化中心第五届年会暨第七届中国古代玉器研讨会召开

2015年12月24日，“中华玉文化中心第五届年会暨第七届中国古代玉器与传统文化学术研讨会”在浙江杭州召开。近百位来自全国各地、港澳台地区及省市区的考古专家和学者齐聚余杭，共同探讨本届年会主题：良渚遗址价值对比研究之“春秋战国时期玉器玉文化”。在研讨会的大会发言和分组讨论上，共有31位学者就史前和历史时期的玉器类型、用玉制度、图像解析、跨地域和跨文明比较等进行了深入的探讨。

大会当天，“玉魂国魄——湖北枣阳九连墩楚墓玉器特展”在良渚博物院开幕，该展览汇聚了190件（组）来自湖北枣阳九连墩楚1号和2号墓出土的春秋战国时期的精品玉器。

西泠印社2015秋拍中国当代玉雕大师作品专场落锤

2015年12月27日，西泠拍卖中国当代玉雕大师作品专场在浙江杭州世界贸易中心开拍，拍品总数272件，成交率82.72%，总成交额4888.705万元。此前，西泠春季拍卖会也举办了中国当代玉雕大师作品专场拍卖，228件拍品成交率79.39%，总成交额3469.320万元。4月18日在扬州国际展览中心举行的另一场“中国当代玉雕大师作品专场”拍卖，233件拍品成交率88.41%，总成交额4903.255万元。西泠全年的三次当代玉雕大师作品专场拍卖都取得了理想的成绩。

台北故宫博物院南部院区开馆

2015年12月28日，台北故宫博物院位于嘉义的南部院区开馆试营运。该馆占地约68公顷，耗资109.34亿新台币，历时11年完工。包括博物馆区、景观园区和人工湖区，策展重点放在亚洲艺术文化方向。

台北故宫南院首展由5个常设展、3个特展和2个国际借展组成，凸显亚洲文化多元与交流，分别为：“佛陀形影——院藏亚洲佛教艺术之美”“锦绣缤纷——院藏亚洲织品展”“芳茗远播——亚洲茶文化展”“越过昆仑山的珍宝——院藏伊斯兰玉器特展”“蓝白辉映——院藏明代青花瓷展”“尚青——高丽青瓷特展”“扬帆万里——日本伊万里瓷器特展”“奔流不息——嘉义发展史”和“认识亚洲——新媒体艺术展”，以及台北故宫博物院知名展品“翠玉白菜”特展。

辽宁特大盗掘古文化遗址、古墓葬案作出一审判决

2015年12月31日，辽宁省朝阳市中级人民法院对11·26特大盗掘古文化遗址、古墓葬案第一批案件作出一审判决。以盗掘古文化遗址、古墓葬罪分别判处许某等5名被告人无期徒刑，判处林某等25名被告人有期徒刑3至15年不等并处罚金。本次判决，还追缴被盗文物54件，其中一级文物29件、二级文物13件、三级文物10件及一般文物2件。判决没收非法出土文物226件，包括一级文物67件、二级文物78件、三级文物75件、一般文物6件。

此案系公安部督办第一号盗掘具有历史、艺术、科学价值的红山古文化遗址、古墓葬系列犯罪案件，是新中国成立以来追缴被盗文物最多、单案抓获犯罪嫌疑人最多的案件。本次判决的是第一批案件，相关的其他案件预计在2016年审理判决。

中国社会科学院考古学论坛公布2015年中国考古六大新发现

由中国社会科学院主办、中国社会科学院考古研究所和《考古》杂志社承办的“中国社会科学院考古学论坛·2015年中国考古新发现”在北京举行。会上

揭晓了2015年中国六大考古新发现，分别为：海南东南部沿海地区新石器时代遗址，江苏兴化市、东台市蒋庄良渚文化遗址，陕西宝鸡市周原遗址，江西南昌市西汉海昏侯墓，汉魏洛阳城宫城太极殿遗址和辽宁“丹东一号”清代沉船遗址。

中国社会科学院学部委员、考古研究所所长王巍表示，6个考古新发现中反映出来的明确的学术目标、宽广的学术视野、先进的学术理念以及强烈的社会责任感等，彰显了新世纪以来我国考古学的不断进步，预示着中国正在由考古大国向考古强国迈进。

2015年中国十大考古新发现出炉

由国家文物局和《中国文物报》社等单位组织的“2015年度全国十大考古新发现”公布，按时代排列分别为：云南江川甘棠箐旧石器遗址；江苏兴化、东台蒋庄遗址；浙江余杭良渚古城外围大型水利工程的调查与发掘；海南东南部沿海地区新石器时代遗存；陕西宝鸡周原遗址；湖北大冶铜绿山四方塘遗址墓葬区；江西南昌西汉海昏侯刘贺墓；河南洛阳汉魏洛阳城太极殿遗址；内蒙古多伦辽代贵妃家族墓葬；辽宁“丹东一号”清代沉船（致远舰）水下考古调查。

共有2015年度的25个考古项目入围终评，评选要求考古发现在学术上有突破性意义，强调调查与发掘程序的规范性和科学性，鼓励新方法新技术的探索和应用，并强调发掘过程中及发觉后遗址、遗迹和出土文物的保护等。

行业奖项

八千年的中国玉文化，为我们留下了难以数计的玉器瑰宝，滋养着我们民族的心灵。中国玉文化尤其是玉雕技艺传承、发展至今，更是百花齐放、瑰丽纷呈，大师精品、新人佳作如雨后春笋般涌现出来，为人们的生活增添一抹亮丽的色彩。

当代玉雕奖项的评选活动，即是为创意、设计、工艺俱佳的优秀玉雕作品提供展示的舞台及交流的平台。通过评选表彰活动，宣传和展示当代优秀玉雕作品，发现和培养优秀玉雕人才，弘扬中国玉文化，引导玉雕艺术的走向，进而引领中国玉石行业健康、有序地发展。

2015年，中国玉石行业的评奖活动可谓百花齐放、琳琅满目。本篇重点介绍“天工奖”“百花奖”“玉龙奖”“神工奖”“陆子冈杯”“子冈杯”“百花玉缘杯”“玉华奖”“玉星奖”“国石杯”“玉英奖”“玉魂奖”“九龙奖”13项在2015年中国当代玉器行业颇有影响力的重要评奖活动情况。

2015年中国玉石行业重要奖项

王海峰

随着中国玉石行业以及玉雕艺术的蓬勃发展，当代玉器的行业评奖活动也在不断增加。既有全国性的行业协会组织举办的，也有地方政府和地方行业协会举办的，还有以展会或博览会为依托举办的。有的评奖面向全国选评，有的则在特定区域内评选。有的评奖作品材质涵盖多种玉石，有的则限定单一玉石品种。

一项好的玉器评奖活动，不仅能评出创意新、工艺精的优秀玉雕作品，对玉雕专业人士起到一定的方向指引作用，也有助于提高藏家们的鉴藏能力，对玉器市场的健康发展、对弘扬中国玉文化起到积极的推动作用。同时，一个有影响力的玉雕奖项评比平台，对优秀的玉雕工艺师而言，更是一个绝好的表现舞台，在获得奖项荣誉的同时，不仅提高了玉雕师的知名度，也使自己作品的价值得到极大的提升。

2015年，全国各种与玉雕相关的评奖活动很多，有多年连续下来的传统奖项，如“天工奖”“百花奖”“子冈杯”“神工奖”等，也有新出现的奖项，如在2014年初创，今年刚刚第二届的安徽“玉英奖”、重庆“九龙奖”。在琳琅满目的众多玉器奖项中，并非所有的评选活动都具有权威性及公正性，本篇重点介绍几项在2015年中国当代玉石行业有影响力的13个重要评奖活动情况。

天工奖

2015年中国玉雕石雕作品“天工奖”

中国玉雕、石雕作品“天工奖”评选是由中国珠宝玉石首饰行业协会主办的一项玉石雕刻类的专业性、公益性的评比活动。“天工奖”自2002年创立迄今已经走过了14年的风雨历程，已被业界公认为中国玉石雕刻行业最具广泛性和权威性的奖项，成为国人品鉴玉石文化、感受艺术创作魅力的最好载体。

为不断提高“天工奖”作品整体水平，将这一奖项办成玉石雕刻行业顶尖作品的年度大展，本届入围作品数量限定在400件以内。参赛作品要求玉雕、石雕作品题材不限，作品所使用的材质包涵现有已知玉种和新发现的适于雕刻的玉、石原料。作品为近年来完成的未参加过其他全国性评比的作品。传统题材作品能准确、完整地表现传统的规制和艺术风格；现代题材作品在设计上应有所创新，能反映鲜明的时代特征。作品在个性化方面具有独特之处。原料利用合理，玉石应有的美感得到充分展现。作品工艺精湛，处理到位，能代表当代最佳的工艺水平或某一地区独特的工艺特色。作品整体具备完整的艺术效果。参赛作品产权归属无争议，作品创作署名权无争议。“天工奖”评选分初评与终评两个阶段。

2015年11月29日晚，2015“天工奖”颁奖典礼在国家会议中心隆重举行。中国珠宝玉石首饰行业协会会长徐德明、名誉会长陈洲其、常务副会长兼秘书长孙凤民、中国国家博物馆艺术品鉴定中心主任岳峰，中国玉石雕刻大师宋世义等出席颁奖典礼并为获奖者颁奖。特邀专家学者、中国玉石雕刻大师、“天工奖”获奖作者以及玉雕工作者等数百人参加了颁奖典礼。

本届“天工奖”最终评出《大雪满弓刀》等12件作品荣获金奖，《锦上添花》等31件作品摘得银奖，《同巢和歌》等47件作品获得铜奖。最佳工艺奖则被《仿古饕餮》等19件作品摘得，《大吉羊（祥）》等15件作品获得最佳创意奖，另有327件作品获得优秀作品奖。

百花奖

2015年中国玉·石雕刻艺术“百花奖”

2015年11月14日，2015年中国玉·石雕刻艺术“百花奖”评选活动在北京华夏古玩城落下帷幕。此次参评作品来自北京、上海、天津、广东、江苏、浙江、安徽、湖北、福建、广西、云南、河北、辽宁、黑龙江、内蒙古、新疆等全国各地。参评作品材质丰富、题材广泛、风格多样。在创作上，许多参赛作品将传统玉雕工艺与现代艺术设计相融合，体现出地域文化与融合、传统与时尚互补的特色。

本届“百花奖”评审委员会经过一个多月的紧张而严谨的初评，从5300多件玉雕作品中精选出800余件，从3000多件石雕作品中精选出400余件，最终以1200多件（套）玉·石雕作品入围此次评比。近三十位中国工艺美术大师组成的综合评审委员会，本着公平、公正、公开和严肃、严谨、严格的“三公”“三严”原则，从传统、文化、工艺、专业等不同角度对作品进行全方位评选。最终评出金奖、银奖、铜奖、最佳工艺奖、最具文化创意奖以及优秀作品奖等若干奖项，易少勇等人的80件作品获得“百花奖”玉雕组金奖。

中国工艺美术“百花奖”始于1981年，是中国工艺美术最高奖项，其历史悠久、社会影响力大、艺术和学术权威性高，得到全国工艺美术界的广泛认可。中国轻工联合会和中国工艺美术学会是历届“百花奖”的主导单位，此次的中国玉·石雕刻艺术“百花奖”评比由中国工艺美术学会玉石雕刻艺术专业委员会承办。

玉龙奖

2015年上海第七届“玉龙奖”

2015年4月28日，由上海宝玉石行业协会主办的2015老庙黄金·第七届上海“玉龙奖”评选活动在上海城隍庙老庙黄金旗舰店举行。本届“玉龙奖”的主题是“中国梦，大师情。新人新品新意，大师大艺大爱”。旨在更好地弘扬珠宝玉器文化，优化人才成长环境，促进人才脱颖而出，提升创新设计能力，激励多出精品，推动行业发展，促进行业规范和市场繁荣。

本届评选活动共收到来自海外及全国各地的参选作品700余件，材质多样、题材丰富，充分展示了当代中国玉雕多元化的发展趋势，是一次中国玉雕精品的整体展示。

5月4日下午，“玉龙奖”颁奖典礼在上海国际会议中心举行，经过评委会公平、公正、公开及严肃、严谨、严格地评选，共评出了特别金奖、特别工艺大奖、特别创意大奖各一件作品，金奖83件、银奖119件、铜奖99件，最佳工艺奖69件、最佳创意奖38件、优秀奖307件。

上海“玉龙奖”由上海宝玉石行业协会主办，以弘扬中国珠宝玉器文化为己任，以推进中国玉雕艺术创作为宗旨，创新发展、兼容并蓄。具有立足上海面向全国的开放性、注重设计思想的创造性和业内外多方参与的多元性，至今已举办了七届，是当代玉雕界的一大盛事，是在全国范围内具有影响力的玉雕评选奖项之一。

神工奖

2015年上海第八届中国玉石雕“神工奖”

2015年9月10日，第八届中国玉石雕“神工奖”作品在上海展览馆展出。与此同时，为期四天的“2015中国玉雕品牌博览海派玉雕艺术大展”也正式拉开帷幕。来自全国各地的玉雕精品汇聚一堂，展现出了中国玉雕艺术的独特魅力。

第八届中国玉石雕“神工奖”评选活动由上海海派玉雕文化协会和上海中福古玩城联合主办，由中国民间文艺家协会、上海市文化广播影视管理局和上海市文学艺术界联合会共同指导。获评“神工奖”的玉雕珍品及全国数百名玉雕工作者的千余件精品参展，最终评选出“中国神工创新大奖”“中国神工工艺大奖”“中国神工创意大奖”和首次评出的“中国神工玉饰大奖”作品各1件，金奖作品99件、银奖220件、铜奖227件、 创意奖12件、工艺奖26件。

9月10日，第八届中国玉石雕“神工奖”颁奖盛典在上海国际会议中心举行。颁奖典礼以微电影《神工学院》开场，评委会主任唐克美、副主任孙敏、吴元全宣布了各个奖项的结果。本届“神工奖”监审委主席、中国工艺美术大师宋世义发表了监审意见。

中国玉石雕“神工奖”由上海海派玉雕文化协会创办于2007年，迄今已成功举办了八届。“神工奖”立足于上海，辐射全国，体现广泛的参与性，在激发广大玉雕工作者的创作热情、促进玉雕技艺水平的提高、推动当代玉雕的创新与发展等方面发挥了重要作用，“神工奖”现已成为业界具有影响力的玉雕评选奖项之一。

陆子冈杯

2015年第五届中国玉石雕刻“陆子冈”杯

2015年10月26日，第七届中国（苏州）玉石文化节暨第五届中国玉石雕刻“陆子冈”杯精品展在苏州朵云轩开幕。

本届“陆子冈”杯评选，共收到1500件作品，来自北京、上海、重庆、新疆、河南、广东四会和揭阳、四川凉山、云南保山和瑞丽、内蒙古赤峰和阿拉善、浙江杭州、辽宁岫岩、安徽桐城、福建福州和莆田以及江苏扬州、徐州、苏州。参展作品的玉材种类丰富，有和田玉、岫玉、独山玉、寿山石、翡翠、南红玛瑙、绿松石、战国红玛瑙、水晶、印尼金田黄、琥珀等。最终评选出86枚金奖、124枚银奖、120枚铜奖、260枚优秀奖。吴茂云的《百子吉祥如意》获最佳金奖，范栋强的《白玉长寿瓶》获最佳工艺奖。

苏州市玉石文化行业协会会长陈健宣读“陆子冈品牌工作室”命名决定，“陆永良玉雕工作室”（陆永良）、“艺扬玉雕艺术有限公司”（柴艺扬）、“雲石玉雕工作室”（陈华）三家玉雕工作室获评第二届“陆子冈品牌工作室”。这一举措可以有效激励各玉雕工作室、玉石企业不断加强行业自律，促进苏州玉雕市场更加有序、规范、繁荣，走出一条诚信经营、品牌发展之路。

陆子冈作为玉雕界一代宗师，其精神一直深深影响着做玉人。为表彰对弘扬陆子冈玉雕艺术做出杰出贡献的人，组委会还授予8名全国著名工艺美术大师、玉雕大师“陆子冈艺术成就奖”，分别是张铁成、樊军民、崔磊、于雪涛、孟庆东、薛春梅、唐伟琪、范同生。

子冈杯

2015年苏州第八届“子冈杯”

2015年9月19日，2015中国（苏州）“子冈杯”玉石雕精品暨国际玉雕艺术家作品博览会在苏州太湖国际会议中心开幕。

本届博览会由中国工艺美术协会、中国文化产业协会、苏州市经济和信息化委员会主办，苏州市玉石雕刻行业协会、吴中区光福工艺美术行业协会承办。参加本届博览会展出的作品来自北京、上海、天津、浙江、广东、河南、河北、云南、安徽、辽宁、新疆、福建、山东以及江苏扬州、南京、徐州、连云港、苏州等地，还有来自英国、新西兰、美国、加拿大、罗马尼亚、俄罗斯等国玉雕家的众多作品。参展作品800余件，参展企业与个人三百家以上。其中参展的工艺美术大师、玉雕大师、玉雕艺术家100余人。

本届博览会“子冈杯”评比，突出工艺与创意，突出题材内容的艺术性与时代性，强调新颖、独特、精湛，有较高的工艺和艺术水平，或在材质、体量、创意、做工等方面有独特之处。经北京、上海、河南、扬州、苏州地区的国大师、省大师和行业协会负责人组成的专家委员会评选，在国内参评的650余件作品中，共评选出38个金奖，59个银奖，76个铜奖，7个最佳创意奖，2个最佳工艺奖及一批优秀奖。9月20日，“子冈杯”颁奖典礼在苏州昆剧院举行。

本届博览会期间，组委会还命名了15家“苏作”玉雕品牌工作室，举办了“2015‘子冈杯’中外玉雕高层论坛”。

“子冈杯”玉石雕精品展览评比活动于2008年创立，并从2012年起成为全国性的展示平台，至今已连续举办八届。

百花玉缘杯

2015年扬州第十届“百花·玉缘杯”

2015年4月16日，第十届“百花·玉缘杯”中国玉石雕精品博览会在江苏扬州国际展览中心举行。本届博览会由中国工艺美术协会、扬州市人民政府共同主办，来自全国各地的600余件玉、石雕精品汇聚扬州，同场角逐“百花·玉缘杯”。

由唐克美、庄南鹏、马达、梁远远、张宇等11位来自不同地区的权威专家、教授及大师组成的评审委员会，经对参评作品进行认真审查、评议，采取无记名投票的方式评选，第十届“百花·玉缘杯”评审活动最终产生金奖作品70件、银奖89件、铜奖96件、优秀奖103件。

“百花·玉缘杯”中国玉石雕精品奖是于2006年由扬州玉器厂中国驰名商标“玉缘”与中国工艺美术的最高奖项“百花”联合冠名，由中国工艺美术协会、扬州市人民政府主办的中国精品玉石雕刻评选活动，是全国玉雕行业的国家级奖项，每年举办一次，至今已在扬州成功举办了十届。

玉华奖

2015年南阳第三届中国玉石雕刻“玉华奖”

2015年4月28日，由河南省南阳市人民政府和中国珠宝玉石首饰行业协会联合主办的中国（南阳）第十二届玉雕节暨国际玉文化博览会在南阳开幕。大会期间举办了玉雕精品展览展销、第三届“玉华奖”评选及颁奖、中国玉石雕刻大师创意设计论坛、经贸洽谈及项目签约等活动。

4月29日，举行了第三届中国玉石雕刻“玉华奖”颁奖仪式。经过专家评委的评选，本届“玉华奖”从来自全国各地送评的700余件作品中，共评出金奖10件、银奖20件、铜奖40件、最佳工艺奖10件、最佳创意奖10件、优秀作品奖311件。

中国玉石雕刻“玉华奖”是中国珠宝玉石首饰行业协会在南阳设立的一个国家级专业奖项，旨在发现新品佳作，培养激励人才，促进创意设计和雕刻技艺不断创新发展。

目前，南阳市共有玉雕专业市场17个，各类玉雕工艺加工企业2万多家，精品门店3000多个，从业人员35万人，年产值400多亿元。每年2000多万件玉器的生产量约占全国一半左右，摆件、饰品、实用保健三大体系10多个门类、1千多个品种的玉雕产品从南阳出发，源源不断销往全国各地。“万户柴扉内，红砂琢玉矶”“十个玉器匠，九个南阳人”是对南阳玉雕产业规模、从业队伍的写照。“村村可闻雕琢声，户户可见玉生辉”是对镇平玉器加工景象的真实描述。

玉星奖

2015年岫岩第六届中国玉石雕刻“玉星奖”

2015年6月16日，由辽宁省岫岩县人民政府与中国珠宝玉石首饰行业协会联合主办的中国岫岩第六届玉文化艺术节暨中国玉石雕刻“玉星奖”评比活动在岫岩中国玉雕会展中心举办。同时，首届全国玉雕原料博览会也在岫岩开幕，世界各地的玉雕、石雕原料、玉雕设备等也齐聚岫岩。

“玉星奖”评选活动是此次玉文化节的重头戏，来自全国10多个省市的玉雕大师和玉界精英展示、参评了得意之作。本届“玉星奖”评委会共收到报名作品820件，经过专家认真评选，291件入围，108件获奖，其中金奖10件、银奖23件、铜奖47件、最佳工艺奖16件、最佳创意奖12件、优秀作品奖183件。6月18日，举行了“玉星奖”颁奖仪式。仪式上，孙凤民和张鑫分别代表中国珠宝玉石首饰行业协会和岫岩县政府签署了2016—2021年继续在岫岩举办“玉星奖”评选活动的合作协议。

中国玉石雕刻“玉星奖”评比活动是在2010年由中国珠宝玉石首饰行业协会联合岫岩县人民政府举办的玉雕评选活动，至今已经成功举办了六届。“玉星奖”象征中青年玉石雕技工是行业的希望之星、魅力之星、玉业之星，预示中青年玉石雕刻专业人员是玉雕界的灿烂群星。“玉星奖”作为一个发现、挖掘、鼓励玉雕新人的平台，已受到越来越多玉雕工作者的喜爱和认可。

国石杯

2015年新疆第十二届“国石杯”

2015年9月7日，由新疆珠宝玉石首饰行业协会主办的第十二届“国石杯”新疆玉雕精品展示会在乌鲁木齐新疆玉都玉器城拉开帷幕。新疆维吾尔自治区地矿局、自治区文化厅、自治区技术监督局、和田市委、和田地区国土资源局等单位领导出席了本次活动的开幕式。

参加本届“国石杯” 新疆玉雕精品展的企业有100多家，送展作品605件。“国石杯”和田玉玉雕作品评奖活动的评委会成员由新疆珠宝玉石首饰行业协会、国家玉雕大师和新疆珠宝玉石质检部门等多位专家组成，就作品的工艺、创意、材质、题材等进行反复比较、观摩、打分，最终评选出获奖作品。9月12日举行了“国石杯”颁奖典礼，共颁发最佳工艺奖18件、最佳创意奖31件、金奖19件、银奖34件、铜奖126件、优秀作品奖181件。本届“国石杯”的优秀作品将被推荐参加“天工奖”评选。

“国石杯”新疆和田玉玉雕精品展评会是中国唯一以和田玉为主要参评对象的玉雕作品评奖活动，从2004年起已连续举办了12届。目前，新疆玉石产业以及玉雕人才队伍已初具规模。据不完全统计，全疆从事玉石生产、加工、销售的企业已超过8000家。新疆现有中国玉雕大师9名、新疆玉雕大师41名、新疆玉雕工艺师97名。

玉英奖

2015年安徽第二届中国玉石雕“玉英奖”

2015年5月21日，由中国民间文艺家协会、中国艺术产业研究院主办，安徽徽派玉雕文化协会承办的“玉英・乙未祯祥”第二届中国玉石雕“玉英奖”评选作品展在安徽省博物馆老馆举办。此次展会汇聚了郭万龙、万伟、汪洋、王金忠、曹国斌等国内知名的安徽籍玉雕大师的精品佳作，有部分大师将自己的玉雕作品捐赠给安徽省博物馆永久珍藏。

5月24日，“玉英奖”颁奖典礼在合肥元一希尔顿酒店举行。颁奖典礼上共颁发特别金奖、金奖、银奖、铜奖、最佳工艺奖、最佳创意奖、最佳新人奖7项大奖，并向一直以来支持徽派玉雕协会工作的中国艺术产业研究院颁发了特别贡献奖。周继青、陈太宋、孙志刚、陈文辉、顾化成、金保李、张小峰、张炎、夏少光9位“玉英奖”参赛者获得最佳新人奖。本次活动还授予了郭万龙、汪洋、万伟、王金忠、曹国斌、万德旭、陆凤龙、曹伟、杨勇、王如东、郭忠广、徐斌、王陈、孙光海、熊明星、黄汉徽、方红根、郭震、汪镜明、彭志勇、孙广清21位玉雕大师“安徽省玉石雕刻大师”荣誉称号。

徽派玉雕起源于凌家滩文化，于宋代初现雏形，是具有徽派雕刻技法与雕刻主题的玉雕风格的总称，属于全国四大玉雕流派之一。安徽徽派玉雕文化协会成立于2013年5月，协会组织的徽派“玉英奖”奖项是徽派玉雕业界从业人员在艺德、技术方面取得显著成就的荣誉称号。“玉英奖”评选活动深入研究徽派玉雕文化根源，传承徽派玉雕技艺，为中国玉雕艺术家搭建了一个透明、公正、公平的交流平台。

玉魂奖

2015年广东第四届玉雕作品“玉魂奖”

2015年9月12日至22日，第四届广东省玉雕作品“玉魂奖”暨玉雕艺术精品展在广州市荔湾区陈家祠道传统工艺美术中心展出。近500多件作品参加此次展览，作品形式新颖，风格多样。本届“玉魂奖”共征集到650件玉雕作品，作品荟萃了广东、新疆、河南、云南等地具代表性工艺品种，包括了翡翠、和田玉、广绿玉、白山玉、南方玉等玉石料雕琢而成的玉雕精品，大部分来自四会、南海平洲等产业基地，也有广宁、台山、信宜等新兴本地玉种参赛。本届“玉魂奖”专设了广东省玉石雕刻大师作品展区，现场展现21位大师的110余件作品，将广东当前玉雕艺术雕刻水平做了一次集体大亮相。

经以中国玉石雕刻大师顾永俊领衔的评委会评选，本届“玉魂奖”共评选出金奖24名、银奖46名、铜奖68名、最佳创意奖24名、最佳工艺奖19名、优秀组织奖25个。9月22日，第四届广东省玉雕作品“玉魂奖”暨玉雕艺术精品展颁奖仪式在荔湾区平安大戏院举行。

作为广东省玉雕作品的最高奖，“玉魂奖”自启动以来至今已成为广东省玉雕界一年一度的盛事。

九龙奖

2015年重庆第二届中国玉石雕刻“九龙奖”

2015年4月16日，第二届中国玉石雕刻“九龙奖”评奖活动在重庆市举行。“九龙奖”评选，是在2015重庆珠宝展期间由重庆宝玉石产业协会特别策划启动的玉石雕刻评奖活动，是西南地区玉雕界最高赛事，今年已经是第二届评选。“九龙奖”评选旨在建立重庆宝玉石产业玉雕大师团队，为渝派玉雕的崛起奠定基础，促进重庆宝玉石产业文化交流及行业发展，确立重庆在西南地区宝玉石产业标杆地位。

与第一届评选相比，本届参赛作者覆盖地域更广，参赛大师也更多，知名度更高。本次参加“九龙奖”的大师及新秀共300余人，参赛作品将近1500件。作品种类丰富，有和田玉、翡翠、南红玛瑙、绿松石、独山玉、水晶等玉雕作品。经过各协会严格的审查和筛选，共计427件参赛作品入围评奖决赛。主办方特别邀请了中国玉石雕刻大师、中国工艺美术大师吴德昇加盟评委团，同时还邀请了玉雕界的“百花奖”“神工奖”“陆子冈杯”等多个著名玉雕大赛的主办者来担任本届“九龙奖”的评委。并邀请了政府领导、行业专家、媒体总编共十人组成“九龙奖”监委会，对本次评选的评审活动进行监督。最终评选出第二届“九龙奖”特别金奖8个，金奖38个，最佳工艺奖6个，银奖66个，铜奖37个。

自2014年首届“九龙奖”评选活动启动以来，“九龙奖”评选得到了中国工艺美术学会玉文化专业委员会、上海海派玉雕文化协会、河南省珠宝玉石首饰行业协会、苏州市玉石文化行业协会、苏州市相王路玉雕专业委员会、苏州市南红专业委员会、河南省镇平县宝玉石协会、西昌市大凉山南红玛瑙文化协会以及其他省市玉石协会的大力支持，在玉雕界引起了广泛关注。

特别报道

巍巍昆仑（摄影：王涛）

问玉昆仑

——“新疆和田玉历史与现状考察”2015年活动纪行

王海峰

前言

中国8000年的玉文化，前人之述备矣。其源远流长，博大精深，魅力无穷，至今不减。玉器作为玉文化的载体，对中国古代的政治、礼仪、宗教、信仰乃至生活习俗和审美情趣所产生的深刻影响，是其他任何古器物所无法比拟的。在制作玉器的诸多产地的玉料中，和田玉——昆仑山出产的和田玉玉质最为上乘，用新疆和田玉制作的玉器是以玉比德的依据。所以，无论是从历史的角度，还是从文化的角度，或是从现实的角度看，中国新疆和田玉，不但是中国玉材中的精品，更是中国玉器玉文化的重要组成部分。

关于新疆和田玉的产地、开采、运输、贸易、加工等方面，历史记载和现代研究的著述、文章、观点有很多，其中有些问题已经很明确，但有些内容仍然比较模糊，也有很多矛盾的说法，有些甚至以讹传讹。尤其是最近几十年，中国当代玉器市场的快速发展，也带动着新疆昆仑山沿线和田玉的勘探开采情况发生了很大的变化。史实真相如何，开发现状如何，是应该拿出一份真正能讲清道明新疆和田玉历史与现状的全面、权威的答卷，用真知灼见给众多关心和喜爱新疆和田玉的国人、给处在发展的十字路口的中国当代玉器以正确导引的时候了。

使命在肩，重任在前。2015年8月，由著名玉器专家、中国传统文化促进会与文化研究委员会于明主任发起、新疆和田玉行业协会和北京国玉新疆和田玉文博馆协助，故宫博物院、北京大学、中国地质大学、徐州玉道馆等单位参与的“问玉昆仑——新疆和田玉历史与现状考察”考察团正式成立。计划在2015年和2016年用两年的时间对中国新疆维吾尔自治区“昆仑山—阿尔金山”沿线的古今各个玉矿、各条“玉河”和各地的玉器市场进行一次全面深入的调查梳理。

文章作者王海峰也是考察团成员之一，全程参与了“问玉昆仑”的考察活动。文章记述了考察活动的大概行程和主要活动，吉光片羽，以飨读者。由于作者文字表达水平和玉器研究水平有限，拙文拙句不能尽现玉路之艰险、玉石之美和南疆的人文景观，文中如有描述不妥之处还望谅解。意为分享，文求斧正。

乌鲁木齐

2015年8月15日下午，“问玉昆仑——新疆和田玉历史与现状考察”活动领队、中国传统文化促进会玉文化研究委员会主任于明和王海峰，北京国玉新疆和田玉文博馆董事长杨翔宇、总经理孙怡，徐州玉道馆馆长倪润杰，故宫博物院研究员徐琳等考察队员乘班机先后飞抵乌鲁木齐，新疆和田玉行业协会会长孙玉先生安排乌鲁木齐“国玉”人员到机场迎接。

下午稍晚，几路队员在乌鲁木齐市国玉新疆和田玉文博馆聚齐后，考察团召开了第一次考察工作会议，进一步明确了本次考察活动的重要意义、目标任务、行程计划、人员分工、组织纪律、安全保障等事项。确定参加“问玉昆仑”2015考察活动第一段“乌鲁木齐—阿克苏—塔什库尔干—喀什—和田”的人员为：中国传统文化促进会玉文化研究委员主任于明和王海峰，故宫博物院研究员徐琳及其所带的研究生彭芳，北京国玉新疆和田玉文博馆董事长杨翔宇、总经理孙怡，新疆和田玉行业协会孙志刚、吴剑雷，徐州玉道馆馆长倪润杰以及《乌鲁木齐晚报》随队记者杨苏生，共计10人。8月16日从乌鲁木齐市出发，考察完西昆仑几个地点后，8月22日到达和田市与北京大学王时麒教授一行3人和若羌天泰矿业董事长王守成先生等人会合，继续进行下一阶段的考察活动。

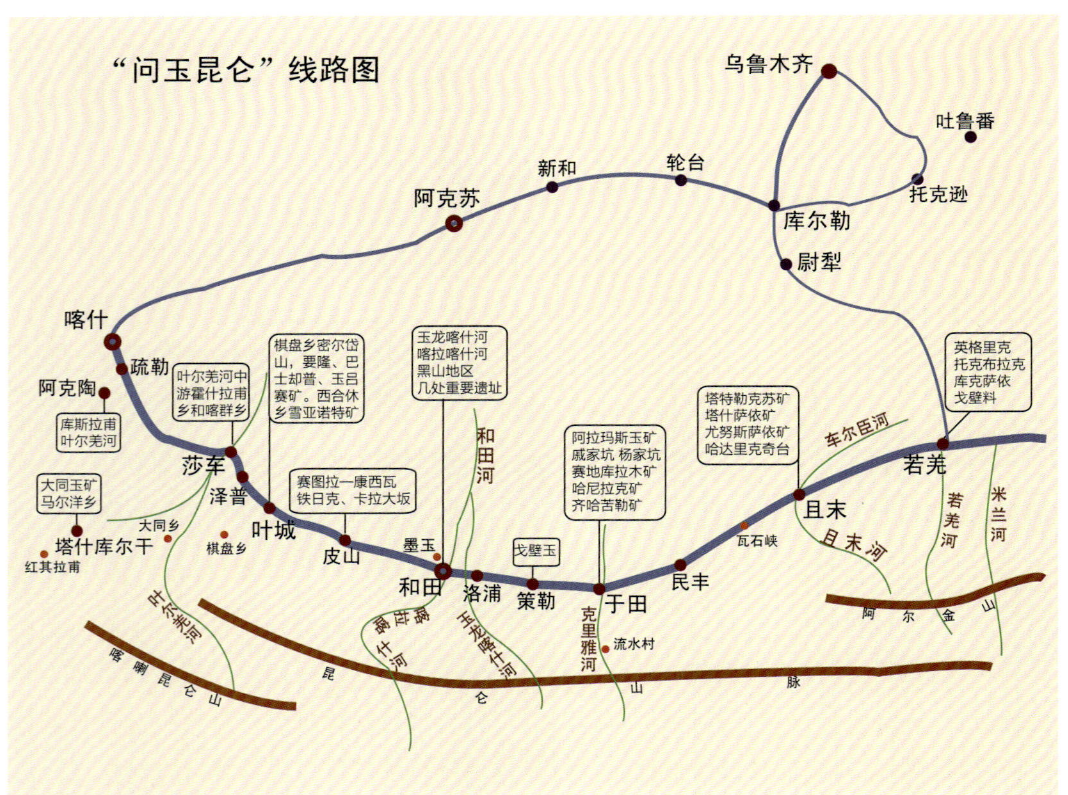

“问玉昆仑”考察线路简图

乌鲁木齐—阿克苏

“问玉昆仑”考察团乌鲁木齐整装待发

8月16日早上9点，简单的出征仪式后，10名考察队员分乘新疆和田玉行业协会提供的3辆越野车出发，计划今日长途行进至阿克苏市。从乌鲁木齐开车到阿克苏的总行程里数为1006千米，预计开车时间需要十几个小时。好在所有的考察队员个个都是技能娴熟的驾驶员，可以轮流开车。

车队驶出市区上连霍高速公路，南行一段后再转向吐和高速。下午3点钟在库尔勒市吃饭后继续前行，沿途都是茫茫戈壁，偶见一小片的绿树和庄稼。天气逐渐变坏，漫漫灰沙，能见度越来越低。晚十点半，到达阿克苏市，考察团一行人入住明华大酒店。

阿克苏（博物馆、玉器市场）—喀什

阿克苏市位于新疆天山南麓、塔克拉玛干沙漠西北边缘、塔里木河上游，素有“塞外江南”之美誉。古为西域三十六国的姑墨、温宿两国属地，是古丝路重镇，也是龟兹文化和多浪文化的发源地。

8月17日上午10点，考察团一行人参观阿克苏博物馆。

阿克苏博物馆坐落于阿克苏市西广场，占地面积8.7亩，建筑面积为5309平方米。博物馆建筑外观为红、黄、蓝、绿色块相间的钢结构，外形上提取了最能反映“龟兹文化”的代表性元素“菱形格”和最具新疆维吾尔族民族特点的“艾德莱丝绸色块”组合的美感和精髓。阿克苏博物馆是一座集历史、艺术、民俗、自然为一体，体现“龟兹文化”和“多浪文化”特色、反映阿克苏深厚历史文化底蕴的博物馆。藏品数量2163件，其中一级文物4件，二级文物16件，三级文物35件。所有藏品分为三大类：

考察团参观阿克苏博物馆

一是出土文物陈列，二是民族民俗文物陈列，三是新疆古代钱币陈列。考察团完整地参观了博物馆的所有展陈，重点关注了玉石类文物和与“丝绸之路”有所联系的内容。参观结束，杨馆长安排我们到贵宾厅交流。于明老师非常想了解的一个问题是：阿克苏作为历史上和田玉料运输的一个重要中转站，清代甚至更早时期，和田地区玉料到阿克苏是否有关于水运方面的史料记载。杨馆长讲，根据他的记忆，几十年前，塔里木盆地的塔里木河的几条支流（如阿克苏河等）季节水量还是比现在大很多。杨馆长又找来一本《阿克苏地区志》，书中也讲到“丝绸之路东西贯穿其境，北越天山通伊犁，南可顺水线至和田，自古即为交通要道……”这一发现对于于明老师的观点有很强的佐证意义，于老师很兴奋，决定以此为突破口，进一步搜集相关资料做更深入的研究。

听说考察团几位队员都是国内大名鼎鼎的玉器专家，馆里又拿出几件在库房存放的玉器让几位专家鉴定赏评。几位玉器专家一致认为这几件玉器都是真品，称赞阿克苏博物馆征集文物把关严、质量高。

博物馆参观讨论结束，已是下午两点，阿克苏地区观赏石协会庞大山会长带我们继续考察阿克苏玉器市场情况。“阿克苏玉器收藏市场”临街有十几家比较像样的玉器店面，同街的另一处市场“阿克苏玉都”，共有四十几家商户，经营以中低端大路货为主，也有经营低档籽料和假籽料的摊位。整个市场生意似乎也都不太好。

考察完阿克苏玉器市场，庞会长招待我们吃了一顿正宗地道的柯坪羊肉，烤排、烤串、清炖，队员各个大快朵颐、赞不绝口，庞会长所言“全疆羊肉数柯坪”果然名不虚传。饭后，一行人又到庞会长的“和生玉器店”参观。道别庞会长，考察团从阿克苏出发奔喀什。出城时，过阿克苏河大桥，阿克苏河河面宽阔、水流湍急。

2011年开建的阿克苏至喀什高速公路日前刚刚建成通车，全长428千米。新修的高速路路况很好，有些路段在进行通车测试还没有收费。

晚上8点，车队到达喀什，因为新疆和内地两个小时的时区差别，天还没有黑。进入市区前的检查站明显严于之前一路上所遇到的各个检查站，街上基本都是穿戴民族服装的维吾尔族人，市区也随处可见一些伊斯兰风格建筑。考察队一行入住五星级银瑞林国际大酒店。

喀什，全称“喀什噶尔”，维吾尔语意为“宝玉石集中的地方”。喀什古称“疏勒”，是历史上是著名的“安西四镇”之一，是具有2000多年历史的古老城市，是举世闻名的古“丝绸之路”的南道、北道、中道的交汇点和交通枢纽，是客商云集、享誉中外的国际商埠，呈现过“货如云屯，人如蜂聚”的繁荣景象，被誉为“东方开罗”“丝路明珠”。喀什地区总面积1056平方千米，人口约70万，其中维吾尔族占到80.5%。喀什地区与巴基斯坦、塔吉克斯坦、吉尔吉斯斯坦、阿富汗、印度、土库曼斯坦、乌兹别克斯坦、哈萨克斯坦八国接壤，边境线长达888.5千米，有红其拉甫等5个边境口岸对外开放，“五口通八国，一路连欧亚”。喀什著名的人文和自然景观很多，有喀什古城、艾提尕尔大清真寺、香妃墓、高台民居等。喀什是国家级历史文化名城，是最具有新疆特色和维吾尔民族风情特点的地方，是新疆的缩影。人们都说，如果不到喀什，就不算真正到过新疆。

考察团本次喀什段的考察重点是塔什库尔干县大同乡和马尔洋乡、莎车县霍什拉甫乡和喀群乡等地的古今玉料出产情况。

晚上，我们在酒店边的户外美食街吃晚饭。在这里吃饭的大都是住在旁边银瑞林国际大酒店的外地来喀什的客人。饭间，意外相识了邻桌来自北京和江西在库斯拉甫乡开金矿的刘先生一行，他们计划明天从喀什出发去矿上，也是大同乡方向。一般从喀什出发去大同乡，都走314国道奔塔什库尔干再向大同，形如半个括号“（”，大概450千米，若跟随刘先生他们的路线不到300千米。里程缩短，但路况会差许多，不过考虑到既能结伴同行，又可以途径我们计划考察的库斯拉甫乡叶尔羌河段，就决定走这条路线。

为了本段考察活动安全、顺利起见，倪润杰馆长又通过喀什当地的朋友联系了驾驶技术娴熟、也多次去过大同乡并且会维吾尔语的谭师傅明天也驾驶一辆越野车作为向导和维吾尔语翻译与我们同行。

此次考察活动的队员兼“后勤部长”——北京国玉新疆和田玉文博馆孙怡经理顾不上吃晚饭就忙着检修车辆、加油，采购接下来几天赶路和上山用的矿泉水、食品、棉大衣等物品。

喀什 香妃墓

喀什—阿克陶县库斯拉甫乡—塔县大同乡库如克栏杆村

8月18日早上9点，向导谭师傅准时开车来到酒店，谭师傅虽是汉族人，但土生土长在新疆，魁梧的身躯、黝黑的面庞、浓重口音的“维普”，咋看都像维吾尔族人。开金矿的刘先生一行人早上8点钟已经出发，他派来在金矿已经有几年工作经历的吴海龙工程师给我们带路。因为大同乡属于喀什地区塔什库尔干塔吉克自治县，沿途会有多个边防检查站，外地人员需要办理边防证。因为都没有办边防证的经验，谭师傅就带领我们去喀什武警边防检查站办理。我们几位来自北京和其他省份的队员按照目的地去塔什库尔干方向办理了7天期限的边防通行证，而几位来自新疆乌鲁木齐的队员，按规定还要到公安局办理相关手续。几经周折办妥证件已经中午12点，车队出市区，走315国道，过疏勒县，上吐和高速公路向东南方向行进。

车行一个多小时到达英吉沙县。英吉沙原名“英吉沙尔”，维吾尔语意为“新城”，是古代陆地丝绸之路的驿站。英吉沙是著名的“中国小刀之乡”和“中国达瓦孜之乡”。在这里吃午饭后继续赶路，戈壁土石路虽有些颠簸，但越野车还能跑得起来，路两边的戈壁沙滩上，一簇簇沙柳、杂草顽强地生长着，几百米宽阔的河道只有一小条河水蜿蜒流淌。沿途的几个小村落能看到一些树木的绿色，低矮的土屋诉说着萧条与贫困。

过克孜勒陶乡，接下来的路程是翻越特给乃奇克达坂。西昆仑的崇山峻岭就在眼前，山高路险，弯弯绕绕的盘山道究竟有多少盘真是数不清。从车窗望出去，清晰可见陡峭的山上坡上羊吃草踩踏出的“羊道”，也能看到牧民散放的牦牛在很高很陡的山坡上吃草。用了近两个小时的时间终于到达山顶，站在特给乃奇克达坂高山之巅，回望上山路，一条弯弯曲曲的白线消失在深远的视野里，山路，好险！景色，壮观！

翻越特给乃奇克达坂

问玉之路才刚刚开始，我们已经无限感慨。一路前行，一次次攀越，孕育着通灵神玉的巍巍昆仑，将一层层揭开神秘的面纱……

路边玩耍的孩子

下山的坡路略为平缓一些，阿克塔拉牧场沟底宽阔，水源丰富。在一些山谷转弯处有牧民居住的帐篷和土石结构的房屋，有果树、庄稼。快到山下时，看到有的牧民人家房前还停放有摩托车和汽车。

道路越走越宽阔，终于走出山岭。途经一条叶尔羌河支流，水流不大，但非常清澈。沿河村落居住的是柯尔克孜族，看上去条件非常艰苦，沿途河谷两岸都是光秃秃的陡峭岩壁，没有一点绿色。只有在河流转弯处形成的狭长或三角地带才有一些绿色，有树木，有小片的玉米，有村庄——或许也不能称之为村庄，因为从稀疏简陋的土坯房看，可能只有一户两户、最多几户人家居住而已。每户住家房前屋后都有几棵杏树，院落里还散晒着杏干，大人在做事，孩童在玩耍。

下午6点，到达库斯拉甫乡。库斯拉甫乡属于克孜勒苏柯尔克孜自治州阿克陶县管辖。“库斯拉甫”系维吾尔语，由“库萨艾热甫”演变而来，意为“胡子稀少的人”，因为传说很早以前在这里有一个独特的胡子稀少的人而得名。库斯拉甫乡地处西昆仑山区，属帕米尔高原的组成部分，总面积1039平方千米，人口一千多户近4000人，有维吾尔、柯尔克孜两个民族，其中维吾尔族占89%。经济以农牧业为主，农牧民年人均纯收入只有几千元。

车队的几个司机去找加油站加油，其余的人则迫不及待地奔向村边的叶尔羌河。

叶尔羌，维吾尔语意为“土地宽广的地方”。叶尔羌河，又名葱岭南河，该河源头由拉斯开木、阿克塔盖两河在喀喇昆仑山口黑巴龙克汇合而成，穿过昆仑山系的山区，全长996千米，自西南流向东北，是喀什地区的第一大河流，流域面积为10.8万平方千米，每年5月到9月为洪水期。整条河流，上游在山谷中蜿蜒奔腾，宣泄而下，两岸陡峭的山峦长有红柳、杂草，可以放牧牲畜，但交通很困难。下游自喀群山以下，地势逐渐低平，两岸与一望无际的平原相连，成为叶尔羌河的主要灌溉区域。

叶尔羌河沿岸多地出玉，历史上早有记载。《天工开物》写有“凡玉入中国，贵重者尽出于田、葱岭”。“葱岭”是古代对今帕米尔高原及昆仑山、喀喇昆仑山西部诸山的统称，也就是叶尔羌河上游所处区域。清代姚元之《竹叶亭杂记》中记载：“叶尔羌、和阗皆产玉，和阗为多。”《西域闻见录》中说：叶尔羌河所产之玉“大者如盘如斗，小者如拳如栗，有重三四百斤者，各色不同……”。

叶尔羌河上游及其支流已知的最著名的原生玉石矿有大同玉矿和密尔岱玉矿。库斯拉甫乡有过断续的山料开采，但规模都不大，出产的玉料主要是青玉，玉料品质不佳。叶尔羌河冲出崇山峻岭至库斯拉甫乡后，河道逐渐变宽，水流相对平缓。历史上叶尔羌河库斯拉甫段也有过捡拾籽料（当地人称作“水玉”）的记载，这些年仍有当地人在开阔的河道河滩中捡玉捞玉。

莽莽昆仑，冰川雪原喷涌出万涓雪水，形成蜿蜒曲折、生生不息的叶尔羌河，滔滔奔腾，一泻千里。我们眼前的叶尔羌河河道宽阔，水流很大，由于近日上游洪水的缘故，河水浑浊。因为河对面有一处山崖突出的地势挡阻，在此段形成一处扇形冲击面，地势比较平坦开阔。河里、滩上全是大大小小的各种卵石。

大家见到了久慕盛名的叶尔羌“玉河”都很激动兴奋，都在河滩卵石中认真仔细地寻找，希望有幸觅得一块籽料。几个年轻人也摆出或严肃、或自豪、或搞怪的各种姿势拍照留念。玉道馆倪润杰馆长索性把自己脖子上佩戴的和田玉龙喀什河籽料羊首挂件摘下来，放进叶尔羌河流淌的水中，慢慢地濯洗，细细地品味。倪润杰，这位倾心于和田籽料十余载的痴痴玉人，此时此刻，他独自一人蹲在河岸边，脚浸叶尔羌玉河水，手持和田凝脂籽玉，倾听滔滔水声，放眼莽莽昆仑……他的心境和感受恐怕和旁人会有所不同吧。“沧浪之水清兮，可以濯我缨。沧浪之水浊兮，可以濯我玉……倪总，出发啦！”王海峰把倪馆长从凝思中唤醒。

我们跟随几个骑摩托车来河边的自称有玉石的维吾尔族小伙子返回村里，村头路口聚集了十几个带着玉料的村民，一共几十块大大小小的籽料，都是青玉，品质一般，有几块是从河里捡来的卡瓦石。我们选购了几块玉石作为标本。

玉道馆馆长倪润杰叶尔羌河“濯玉”

从库斯拉甫乡出发，20多分钟车程到达吴工程师的金矿刚刚建成不久的厂部。吴工要安排他们场部雇佣的一个本地维吾尔族人带我们去大同乡。谭师傅会讲维吾尔语，交流后觉得他对下一步的安排也是没有特别的把握。谭师傅本人曾开车去过几次大同乡，自己对去大同乡的路就比较熟悉，最后还是决定谭师傅做我们下一步的向导，今天赶到大同乡，明天再想办法上矿。

下午7点，在谭师傅的带领下，队员们不顾疲劳驱车继续向前。世事难料，有些事情往往天不遂人愿，接下来沿叶尔羌河逆流而上的路途，考察队遇到了一系列的困难。

土石路更难走了，路面坑洼不平，道路不宽，石块越来越多，很多有尖角的石头露在外面。谭师傅是老司机，又几次走过这段路，所以车还能勉强跑起来。孙志刚驾驶的第三辆车在队尾，小孙虽然年纪不大，但已是有十几年驾龄的老司机了，技术娴熟又很稳重。正在我们称赞丰田霸道车就是“皮实”时，唉！爆胎了。好在正是一处较平缓的路段。小孙和车上的杨翔宇、王海峰、杨苏生几个人赶紧下车查看、换备胎。几个人紧密协作，半个小时就换上了备胎。这时，前车经验丰富的谭师傅也发现了异常，判断我们就是车辆出了故障，返回来救援。

沿叶尔羌河逆流方向河岸边的简易道路前行，滔滔的叶尔羌河在昆仑山悬崖峭壁间的山谷中蜿蜒曲折奔腾向前。越往前行，河道不断变窄，水流越来越湍急。沿河岸的道路也越来越难行，已经没有一段平坦的道路，车轮碾压在石块上，车子不停地前后左右颠簸，车速都慢了下来。路上没有其他车辆，只有我们三辆车孤独前行。

其实，说是路，实际就是在河岸边异常陡峭、怪石林立的山崖下凿出的简易通道，用大小石头填充铺平而已，大部分路段宽度只能容下一辆车勉强通过。队员们颠

杨翔宇、王海峰、孙志刚更换轮胎

簸在车里，开始时还有说有笑，品评赞叹这奇景险境，也时不时把相机探出车窗拍一些照片。但道路越走越险，车轮左边紧贴着深十几米的河岸，河道水流湍急、咆哮，岸边、崖上随处可见长着狼牙巨角的怪石。车子尽量贴着右边凿路露出的崖壁前进。有的地方，岩石就悬在车顶，似乎随时可能掉落。有些地方遇到路基塌陷，队员们就下车搬来石头填上。遇到塌方落石的地段，就将石头移开。

终于到一处相对开阔转弯的山谷，大家下车稍事放松。看着壁立千仞的悬崖、绵延不尽的山岭和滔滔不绝的叶尔羌河，那几辆在都市里也算庞大威武的越野车和我们这支十几人的队伍显得是那么的渺小，那么的孤单。老谭讲，前面的路况仍然很差，如果不出意外的话，还要再走三个小时才能到大同乡，走夜路更加危险，我们还是应当尽量争取时间在天黑前多赶路。

晚上9点钟，新疆的天还没有黑，我们到达一处公安边防检查站，人员全部下车拿身份证和边防证登记。这个地方是克孜勒苏柯尔克孜自治州阿克陶县和喀什地区塔什库尔干塔吉克自治县的交界处。检查站的几间房子四周都用金属网围着，站上的四五名工作人员隔着铁丝网查验登记证件。几十米开外高处有一个岗楼，上面有战士持枪站岗执勤。这里的维吾尔族工作人员只能讲简单的汉语，谭师傅便和他们用维吾尔语交流。他们得知我们一行人要去大同乡，告诉我们前面去往大同乡的路已经塌方断路几十天了，现在是否修通还不得而知。根据以往断路的经验，因为里面人烟稀少，近期修复道路的可能性不大，也有可能今年都不会修通了。正好有路过检查站的几个塔吉克族人就是要回大同乡的，他们也讲，塌方断路确实已经很久了，他们回大同乡也是要从塌方地段翻山过去，车辆无法通过。

这个消息对我们已经长途跋涉一整天、历尽千辛万苦的考察队员来说简直就是晴天

车队沿叶尔羌河逆行而上

检查站临时会议

霹雳！怎么办？现在已是晚上九点，天马上就要黑了，今天原路退回去已不可能。考察大同玉矿的计划要落空吗？考察队队长于明老师召集全体队员商议，认为“问玉昆仑”第一站不能就这样半途而废。困难摆在面前，但只要大家团结一致，有不畏艰险、不达目的誓不罢休的精神，办法总比困难多。大同老乡能从塌方处翻山过去，我们也可以；我们准备了充足的食物和饮水，又备有棉大衣，晚上完全可以在车上过夜。

统一了思想，明确了方向，不能再耽搁时间，马上上车出发。过幸福6号桥，塔什库尔河清澈碧蓝的河水在这里汇入裹挟泥沙的灰黄浑浊的叶尔羌河，从桥上看下去，交汇的水流界限格外分明。桥头的一个小村子路边的沙枣树、杨树翠绿茂盛。穿过小村庄，接下来的路仍然奇险无比，天也黑了下来，亮起车灯，放慢车速。队员们都已经很疲惫，相互之间也不再交谈，车里静悄悄的，但肯定没有一个人瞌睡。车窗外仍然不见灯火，没有人烟。

深山中、暗夜里，三点光亮，一支队伍，一群不畏艰险的昆仑问玉人，沿着滔滔叶尔羌河凝神静气、砥砺前行。

晚间10点半，车队到达大同乡库如克栏杆村，这里又有一处检查站，大家下车登记。检查站的人员讲，前面几千米处就是塌方路段，山崖下一点路都没有了，车辆根本不可能开过去。今天我们也只能在此停下，夜已漆黑，气温也明显降低，我们都穿上了棉大衣。又累又饿又冷的考察队员看来只能吃点带来的面包火腿肠，然后就地车里休息了。好在这里已经有了手机信号，热心的谭师傅还是心不甘，一遍遍联系各方面能帮忙想办法的朋友，终于能够协调可以到栏杆村里塔吉克人家住下。

库如克栏杆村，也称“栏杆村”，俗称“三小队”，是大同乡下辖的一个行政村，就在我们现在所处的检查站过叶尔羌河的对面。好在前两年政府为方便村民过河出山，在叶尔羌河上修了一座简易的钢索斜拉吊桥。桥面不宽，且承重有限，我们的车辆只能单辆慢慢小心翼翼地开过去。

进村后，村民们显然都已经入睡。村书记卡热曼・卡地尔给我们打开了村委会的大门，把车辆停放在院里，又安排我们到一户塔吉克村民家里过夜。村里的治安员来检查了我们的边防证，收走了身份证。

我们入住的塔吉克人家，小院子是正房加厢房的平房结构。我们住西厢房，有里外大小两间，都是通铺，主人给我们送来几套新的被褥。我们搬出来随车带的水、馕、面包、火腿肠等食品，在房间简单吃一点就算是今天的晚饭了。于明老师又做了明天的安排：9点出发，到达塌方处从山上翻越过去，然后再乘坐谭师傅联系的大同乡方面来的车辆去往大同玉矿。

这样的时间、这样的地方、这样的条件，就别谈什么洗漱了。吃点东西之后，男女队员分住大小两个房间，躺在大通铺上开始休息。一天下来，走戈壁、越峻岭、翻达坂、钻山沟，悬崖道路崎岖，叶尔羌河惊涛拍岸。早上还在五星级酒店，夜晚就借宿在了喀喇昆仑深山中的塔吉克人家。大家都颇有感慨，躺在炕上，不免也多了一些调侃。8个大男人睡在一个大通铺上说说笑笑，乐趣倒也不少。大家都觉得，这样的经历恐怕人生只一次而已。

因为我们已经身处南疆偏远的深山中，又是极其陌生的环境，心中难免也有一些对安全的担心。玉道馆倪润杰馆长自告奋勇当起“门卫”，他把门在里边反锁上，在门里的外间地下简单铺上一层褥子，盖上军大衣过夜，“时刻准备着”。他自己说是因为自己是环塔摩托车拉力赛获奖选手，又是健美运动员，身体棒，战斗力强。这确也不假，但真正的原因，用后来他常评价别人的话讲，就是：“这个人，玉德好。”

夜宿栏杆村

塔什库尔干县：大同乡

8月19日早，天刚刚亮，大家就陆续起床。早上的气温也很低，有的队员依然穿着棉大衣。塔吉克主人也起来破例给我们烧了一大壶开水用来洗脸。村里人家用的是引自叶尔羌河的自来水，这来自喀喇昆仑雪山的河水实在是太凉了，大家都兑上一点热水刷刷牙洗洗脸。我还看到一个细节，女主人洗脸时，只是将壶里的冷水倒在手心一些，然后洗一下脸，反复两次，用的水量很少。尽管我们已经只是刷一刷牙、洗一下脸，都没有洗头，但我们用水和他们相比显然是很浪费了。说起节水，在整个西部内陆，尤其是常年雨量稀少、靠雪山融水生活的人们，大都知道水的珍贵，留下了节约用水的传统。尤其是像库如克栏杆村这里几乎常年没有雨水的地方，光山秃岭、壁立千仞，没有一点植被，走到哪里，山上山下都是岩石。只有流过的叶尔羌河水，是他们的生命之源，这样想来，他们有很多节约用水的习惯也就很容易理解了。

洗漱后，队员们纷纷走出小院，在村里走一走、看一看。因为昨晚来到这里已经是深夜，没法看到村落的面貌，只听到叶尔羌河的涛涛的流水声。现在才看到，这个小小村落原来竟是坐落在叶尔羌河边一处高约300米笔直陡峭的山下，出门看到的就是岩壁，昂起头才能望见天空，村边土垣下的沟谷也有一条溪水流淌，水声潺潺，溪边有杨树、沙枣树，村里有些人家院落里也有杏树。这里居住的塔吉克人除了放牧，没有什么事情可做，他们过的是慢节奏的生活，虽然天已经大亮，村民们却都还没有起床，村里静悄悄的。村部的院里，平房的檐下一排大字醒目："无邪教活动、无黄赌毒、无刑事案件、无群体性事件、无上访事件发生。""村务公开栏"上有关于栏杆村的简介：库如克兰干村，位于大同乡东南部约10千米，距县城158千米，周边与莎车县达木斯乡、阿克陶县塔尔塔吉克民族乡相邻。面积约420平方千米，平均海拔3600米，

栏杆村与塔吉克一家三口合影

耕地面积579亩，草场5.9万亩。全村塔吉克族321人，村党支部共有党员23人，2014年人均纯收入6114元。

这是个偏僻的村落，是一个贫穷的村落，也是一个静谧的村落。

我们依然是简单地吃了一点自带的方便食品并给主人家的小男孩留下了一些，北京国玉杨翔宇董事长又给主人几百块钱表示酬谢。考察队和他们一家三口合影留念，致谢道别。联系了村里的治安员取回身我们的身份证件。于明队长一声令下，全体队员上车出发，赶往本站考察的重要目的地——大同乡。

再见，美丽静谧的库如克栏杆村。再见，纯朴善良的塔吉克朋友，若有缘，再来看你。

出村后，行进约两公里，就到了塌方断路的地方。这里已经有几辆汽车、摩托车停放着，也是去大同乡方向拦在了这里，车上的人们徒步翻山过去了。

眼前塌方截断的道路，位于一段河流的急弯处，已经完全没有了路的痕迹。大部分塌方体早已让河水冲走，湍急的水流猛烈地冲刷着裸露的巨石，浪花飞溅，发出巨大的响声。贴着路边，头顶就是凿路悬空的山岩，抬头可见高耸陡峭的山上倾泻下来的土石，有些石头就浅浅地贴附在山体有70°坡度的塌方斜面上，随时有可能滚落下来。

原计划翻山过去，但现在能看到在山腰塌方的斜坡上已经有人走过留下的足迹，说明这是一条较为便捷的路径，但却比较危险。既要小心下面不能滑落河中，又要防止上面有碎石滚落。几位男队员都表示可以翻过去，于明老师又安排体质好的男队员保护并协助两位女队员。方案确定，队员们分小组略有间隔拉开队形，开始翻越这一危险路段。爬过河水正在舔舐的巨石，攀上落石交错的陡坡，蹬着不断下滑的松土，手脚并用。使劲推他一下，用力拉他一把，队员们互相帮助、互相鼓励，并交替瞭望

大同乡叶尔羌河塌方路段

山上情况，防止突然滑坡落石。经过艰难的半个多小时的努力，终于翻越过这段塌方险境。到了前方的路上，再回头看上去，还真是有些后怕。于明老师说：“有玉神护佑，我们一切都会平安顺利的。”大家都开心地笑了，顿时轻松了许多。

这里距离大同乡不到20千米，谭师傅联系的人开来一辆吉普车接我们，好不容易挤进车里7个人，余下倪润杰、王海峰、记者小杨、谭师傅四人便步行前往。

流经大同乡的叶尔羌河支流以前没有名字，近年来人们索性就叫它“大同河”了。这条河水流清澈，河水冲刷着河道中大块的卵石，激起朵朵洁白的水花。沿山脚下的土路奔大同乡，这一段的路已经比较平坦也比较开阔。步行的四个人走出约两千米，谭师傅拦了一辆正好回村的汽车，塔吉克小伙儿痛快地答应带我们一段。

沿途的塔吉克人家，都是不大的院落，低矮的房屋，矮矮的土石院墙。但院里院外都打扫得非常干净。塔吉克人属欧罗巴人种，都是高鼻、深目、宽宽的额头和洁白的皮肤。沿途看到塔吉克妇女都穿戴着民族服饰，老人在院子里的木床上休息，孩童在院外玩耍。路边、院子里有杨树、杏树，河滩边的地里种的主要是玉米，也有青稞、胡麻。这里的村落比我们之前路上看到的都要大很多，绿树掩映，庄稼成片，生机勃勃，我们的心里也敞亮了许多。

大同在塔吉克语意为“峡谷”，我们要去的大同乡位于塔什库尔干县东南部，境内全部为高山和峡谷，地形复杂，乡政府距县城180千米。辖区4个村，人口1955人，塔吉克族占99%。大同乡有“世外桃源——杏花村”的美誉。

接下来要进行的就是本站考察活动最重要的内容：大同乡新玉矿和古玉矿口。

大同“新矿”就离村边不远，我们到达矿部时，大门紧闭，正赶上有武警车辆在厂里卸炸药，管理和警戒相当严格。矿老板暂时婉拒我们进入，要等到炸药安全交接

大同乡塔吉克人家

入库后再接待我们。于明老师安排留下部分人员由徐琳老师负责调查了解这个玉矿的情况，自己带领王海峰、吴剑雷、孙志刚、记者小杨几人去老玉矿。

塔吉克司机讲，奔老矿过河、上山的道路非常难走，车子只能开到几千米外的大同河边，就是这几千米，前几天的洪水也把有些路段冲毁了。正常时候，徒步涉水过河后进山要走几千米，然后要再转向另外一个山谷上山，可能有十几千米，紧贴崖壁的极窄羊肠小道前行，有时毛驴也过不去，极其危险，遇到落石塌方可能还通不过。这段路没有几个人敢走，出过危险也死过人，所以强烈建议我们不要去。

于老师还是将信将疑，坚持要亲自实地探查一下。到了河边，确实车辆已经不能通过。眼前的大同河河道宽阔，大概有200米，有几条河汊，河道里堆积着大量卵石。河的对面就是陡峭的山崖、连绵的峰峦，史上著名的大同玉矿就隐藏在那边的深山中。

我们试图以增加酬劳的方式让塔吉克司机带我们过河上山，但他马上摇头说："这个嘛，不是钱的事情。那边嘛，不能去的。大水，路嘛，没有的。命嘛，没人去的。"

站在大同河岸边，望着对面的高山，于明老师一动不动，凝思远眺……

我们能想见，作为一生钟情于中国玉器、深耕在中国玉学玉文化领域的实干型专家，于明老师对于大同古玉矿是多么的向往；作为"问玉昆仑"考察团领队，带领队员们连日奔波、历尽艰险来到大同乡，现在似乎已经感受到了老矿白玉在深山中跳动的脉搏，考察就此止步吗？我们几名队员都不讲话，静静地看着于老师。他脱下鞋子，走下河岸，趟过河水向前走去，王海峰几人也一样跟着下河向前走。年近六十的于老师尚且如此，我们年轻人岂能犹豫。不管怎样，于老师走，我们就随！河水没过膝盖，真是刺骨的凉。小杨记着带着摄影器材过河困难，水流又很急，险些倒在河中，呆呆地立在河中央不能前行，幸好河边的一位塔吉克村民快速赶来帮助小杨脱险。

过大同河去古玉矿

大同新矿

我们已经过了两道河水，离岸边两百多米时，谭师傅几人赶来大声呼喊并向我们招手示意返回。因为他们在村里已经得知，现在发过洪水的路根本不可能走到古矿口，即使抛开危险不说，光这塔吉克人所说的“十公里”，在有路可走的情况下，平时往返一趟也要一天时间。

只好暂时取消古玉矿的考察计划，返回大同新玉矿。徐琳、杨翔宇、倪润杰等队员正在和玉矿的樊总一边看玉料一边交流，樊总已经知道了我们的来历，热情地招呼于老师我们几人落座，又拿出了几块矿上采出的玉料和小同村山上的东陵石供我们研究。

樊总来自喀什，他的玉矿工作面就在厂部边大同河对面的半山腰上，距场部的直线距离也就1千米，山上的采掘工作面在场部抬头可见，一览无余。站在厂部后院，还能看到山上的挖掘机、架子、电线、管道以及山坡剥落倾泻下来的岩石。樊总现在的玉矿，已经有七八年时间，以前是乡里开采。他们接手后边修路边开采，已经投入几千万，但矿脉不稳定，出料也不多，主要也是青玉。矿上也找过几位地矿专家来查看分析，决定继续向上炸山开路，向山尖后边探挖。

樊总介绍，他本人也没有去过山里的古玉矿，具体情况他不是很清楚。只知道山里开采的玉矿名叫“拜斯提亚”，这个矿最近几年已经转手过两次，据说矿权还存在一些纠纷，今年也没有开采。至于我们要进山上矿，确实是不太可能了，因为向前两千米后再进山的8千米的小路非常艰险，有的地方悬崖边仅容一人通过，坍塌落石随时会发生，即使是矿工和当地牧民上去也不容易。长时间没人上矿再加上最近的几次洪水，路况肯定变得更差，未知的困难还会很多。要想上矿，还应当做更充分的准备。虽然这次没能亲自去到大同古玉矿口是个遗憾，但樊总还是给我们提供了关于山里古矿点非常多的信息，作为在大同开玉矿的专业人士，他所介绍的情况也应当是最真实、最权威、最有价值的了。

樊总的这个玉矿，由于矿点位于半山腰陡峭的岩壁上，非常危险，近期放炮作业频繁，落石较多，为安全起见，樊总没有安排我们上去考察，但已经非常详细地指点给我们每一处的修路、开山、炸石、矿脉、出料等情况，我们在矿部就能看得很清楚了。樊总知道我们是做学术研究而非商业目的，还慷慨地赠送了我们几块玉石，这是我们做研究最需要的实地标本。

离开大同新玉矿，于明老师仍想弥补一下这次没能亲自到古矿口的遗憾，要访遍大同所有有玉石的人家，找到更多的大同玉料标本。我们所租用车子的司机就是这里有石头的人，他先是带我们去了其他几户有玉石的人家看料，尽管也是鱼龙混杂，但于老师还是选出了几块大同河的青玉籽料，虽然品质不怎么好，但作为研究标本，还是很有价值的。最后来到司机艾尔肯·江家，他家是一个较大的院落，有正房和厢房，院子打扫得非常干净，院内一辆小推车上晒着杏子，西厢房里有一堆石头——实际上也确实好多都是“石”而非玉。于老师仍然是选了几小块当地普通的青玉料做标本，问艾尔肯多少钱，他讲随便给，王海峰便付了200元，应当也是超过艾尔肯的预期了。

买完石头正要走，艾尔肯的父母热情地迎上来，非要我们进屋坐坐。我们因为要忙着返回，也不想麻烦主人，就想推辞。这时，曾当过乡干部、能讲汉语的一位名叫阿克里的大叔对我们说，不接受塔吉克老人的热情招待是不合适的。恭敬不如从命了，我们到了正房进门的正间大屋，屋顶彩绘的藻井，有开口可以通风采光，屋子很宽敞，进屋门北、东、西三面是连着的床，床上、墙壁、柱子都是塔吉克民族风格装饰，非常漂亮。中间地下放着长方形桌子，我们围桌坐下，女主人就端上来自制的酸奶、馕、干杏子、瓜子。他们都不坐过

大同乡塔吉克人家

来，而是站在一旁招呼我们享用。我们还是不好意思，阿克里大叔就说："千万不要客气，一定要多吃一些，主人才高兴。"我们就把馕蘸着酸奶吃起来，虽吃不习惯，但这肯定是最正宗的。阿克里大叔也讲到塔吉克民族不但热情淳朴，而且从古至今一贯热爱祖国、反对分裂。他还介绍了一些他当乡干部时大同玉石矿的情况，并把他在塔什库尔干开玉石店的女儿的电话留给我们，想看塔青料可以找她。

塔吉克族老人

大同玉料

临别时，我们想和热情的塔吉克老人合影留念，阿克里大叔把我们的意思翻译给两位老人后，两人快步地离开了房间，过一小会儿返回来。哦，原来已经换上了新的民族服装和帽子，两位老人真是太可爱了。塔吉克族的帽子最具特色，男子一般戴黑绒高统帽，女子戴圆顶绣花帽，帽的后半部垂有后帘，帽外加披方形白头巾。合影后道别，老人又让我们把两盘杏干瓜子带上，推辞中，老奶奶把它倒进了徐琳老师的挎包里。塔吉克人的淳朴热情如传说中的大同白玉一样，纯洁无瑕，质朴厚重。

这趟大同乡的考察，收获也很多，但遗憾没能到达大同古玉矿矿口。而"问玉昆仑"下一步的考察行程早已安排妥当，也不能在此拖延时间。因此，于明老师决定：把对大同古玉矿的考察工作再次纳入到2016年"问玉昆仑"考察活动的第二阶段进行。

塔什库尔干的另一个乡——马尔洋乡也是历史上有文献记载的产玉的地方，而且断续开采至今，那里产的"塔青料"，颜色介于青玉到碧玉之间，有黑点，有人称之为"黑碧""黑青"。由于考察队明年还要来大同乡考察，所以原计划去马尔洋乡的考察计划也临时取消，将其合并到明年再次来大同乡考察的行程中一并进行。

下午3点，结束大同乡的考察，到武警边防派出所取回证件，带上要返乡探亲的武警小战士，队员们分乘两辆车到达塌方断路地点，能看到原来的山体和河道又有一些变化，想必又发生了几次小的塌方。我们再次翻越塌方路段，同来的时候一样艰险、一样费力。

为避开来时从库斯拉甫乡到检查站的那段惊心动魄的险峻道路，在向导老谭的建议下，考察队对去下一站莎车县霍什拉甫乡和喀群乡的路线做了调整：改从栏杆村返回到检查站路口，转走向西的道路奔塔什库尔干县，调查一下"塔青"料情况后重返

离开大同乡再过塌方路段

喀什，然后再去莎车县考察。

从检查站往西，顺着塔什库尔干河奔塔县的道路虽然也算不上好走，但相比昨天白天的路况已经好得很多了。道路左边的山不算太高，山脚下的塔什库尔干河河水清澈。不停向西行进，路边的绿色逐渐多了起来。沿途经过克孜勒苏柯尔克孜自治州阿克陶县的塔尔塔吉克族乡和塔什库尔干县库科西鲁克乡、提孜那甫乡的很多村庄，有的地方正在修路建桥。越接近塔县的地方，就越有生机：库科西鲁克乡的吉勒给提牧场和提孜那甫牧场草滩开阔、牛羊成群；班迪尔乡境内塔什库尔干河上的下坂地水利枢纽水库群山环抱、碧波荡漾；帕米尔高原洁白的雪峰依稀可见。

一路美景，一路欢歌，追逐梦想，放飞心情。车队快速驶入塔什库尔干县城。晚上9点钟，考察队入住凯途温泉酒店。终于可以放松下来，队员们都痛痛快快地洗漱一番，美美地吃了一顿塔吉克特色晚餐。

塔什库尔干，在维吾尔语里意为“石头城”。塔什库尔干塔吉克自治县（简称“塔县”），地处祖国西部边陲，位于“万山之祖、万水之源、世界屋脊”的帕米尔高原东麓，与巴基斯坦、阿富汗、塔吉克斯坦及克什米尔地区接壤，是全国唯一一个与陆地三国接壤的边境县。全县总面积2.5万平方千米，总人口4.1万人，是全国唯一的塔吉克民族自治县，有塔吉克、维吾尔、汉、柯尔克孜等15个民族，其中塔吉克族31,867人，占总人口的81.6%。县域境内雪峰连绵，沟壑纵横，平均海拔4000米以上。

晚饭后，考察团开会，总结上一阶段的工作，安排下一步的行程。决定明天上午放松一下，参观中巴边境红其拉甫口岸；午饭后考察塔县玉器市场，重点是塔青料情况；然后出发奔喀什，在喀什略作休整；再从喀什出发去下一站——莎车县的叶尔羌河中游霍什拉甫乡和喀群乡考察。

塔什库尔干县：红其拉甫 古驿站 石头城遗址 塔青料

8月20日，早饭后，考察队一行前往中国和巴基斯坦边境的红其拉甫口岸参观。

红其拉甫口岸俗称红其拉甫山口，在塔什库尔干县城向南125千米314国道的尽头，是中国通往巴基斯坦唯一的陆路进出境通道，是国家对外开放的一类口岸。红其拉甫口岸早在2000多年前就是著名的古代丝绸之路上一个重要的关隘，这里风光壮美，但环境恶劣，素有死亡山谷之称。根据中巴两国政府的协议，口岸每年12月1日闭关，次年 4月1日开关。

从塔什库尔干县城到红其拉甫口岸314国道的路况非常好，车辆也不多，开车一个小时即到达。一下车，眼前果然是“万山堆积雪，积雪压万山”的壮美景色！湛蓝的天空下是洁白的雪峰，洁白的雪峰下是灰色的山峦，灰色的山峦下是碧绿的草滩，草滩近前是潺潺的溪流。车辆排队等候，检查验证后，参观人员要分批步行100多米走到国门口岸。这里海拔5000多米，氧气含量不足平原的50%，气温明显下降，几名队员穿上了棉大衣。大多数队员都有了不同程度的高原反应：头痛，呼吸困难。

2009年新建的“国门”威严肃穆，“国门”正中悬挂着国徽，国徽下方“中华人民共和国”七个金色大字格外醒目。我们一行人不顾高原缺氧，奔跑到国门前，肃穆而立，此刻，千言万语说不了它的巍峨与尊贵，唯有向着祖国的方向行注目礼。此时再看红其拉甫哨所蓝天下高高飘扬的五星红旗，让人胸中热流奔涌。那一刻，我感到了温暖，感到了力量。

著名的“7号界碑”中方一面刻着国徽和“中国”两个大字，界碑反面是巴基斯坦的月牙星国徽。中方一侧参观旅游的人员很多，巴方那侧虽不及中国人多，但也是络绎不绝。两国的边防执勤人员不断地提醒着为了拍照而跨过几步边界的游客，但气氛

红其拉甫口岸

和谐并不紧张，中巴两国的友谊在此也体现了出来。因为要后面来参观的游客还在等待分批进入，半小时后我们一行人离开国门口岸。

驱车返回塔县，路边不时看到有塔吉克少年手抓待售的雏鹰向游人招手示意。鹰与塔吉克族人的关系非常密切：塔吉克人的民间舞蹈名叫“鹰舞”，最具塔吉克民族特色的乐器是由鹰的翅骨制成的“鹰笛”。塔吉克族人中广泛流传着有关鹰的各种传说故事，在这些故事中，鹰总是与塔吉克人生死与共，息息相关。

沿途帕米尔高原起伏连绵，山顶白雪皑皑。山脚下，塔什库尔干河蜿蜒曲折奔流向前，蓝蓝的天空飘着朵朵白云，广阔的平原草场上成群的牛羊、洁白的毡房、美丽的姑娘。这就是帕米尔高原塔吉克牧民美丽的家乡，这就是电影《冰山上的来客》故事发生的地方。

路上我们还参观了著名的“吉日尕勒文化遗址”。遗址就在道路西侧的草滩上，塔什库尔干河在此处拐了一个大大的“S”形弯，河道宽阔，河水清澈，河滩上卵石堆积。遗址包括旧石器时代文化遗址和汉唐时期亚尔特拱拜孜古驿站两部分：旧石器文化遗址距今约一万年，有用火遗址、灰烬、动物肌骨和石器遗存；古驿站是一个上圆下方两层结构的土块建筑，门朝东开，屋内左边有一台阶，右边一烟道，估计是灶台。墙壁2米高处有一道不宽的平台，台上就是土块垒的穹顶，顶尖处有一天窗，应当是室内通风采光之用。室内墙壁及穹顶已被千年烟尘熏黑，写满了历史的沧桑。这里是穿越“瓦罕走廊”、往来“丝绸之路”的必经之地，这里是唐玄奘西行取经住过的驿站，这里是西汉大将军李广利西征经过的驿站，13世纪意大利旅行家马可·波罗东游大唐也曾到过这里。

从古驿站到塔县40千米的距离正好是古代骑马或步行一天的路程，选择在这里设一处驿站自然非常合适。而今天，我们开着越野车，半个小时就到了塔什库尔干县城。

亚尔特拱拜孜古驿站

塔什库尔干宝玉石协会的塔青料

赶回塔什库尔干县城吃过午饭后，考察队分成两个小组：于明老师、徐琳研究员等六人调查塔县玉石市场和“塔青”料情况；另一组，王海峰、吴剑雷等四人考察石头城遗址。

塔什库尔干县城总共有十几家经营玉石和宝石的商户，有本地人，也有内地人，还有巴基斯坦人在经营。玉石中有“塔青”料，也有其他地区出产的各种和田玉玉器。宝石类有海蓝宝石、碧玺、水晶等。

在塔什库尔干宝玉石协会玉器培训学校门口有两块大玉料：一块几吨重的青白玉和一块几吨重的碧玉。宝玉石协会赵严柯会长热情接待了考察队，详细介绍了塔什库尔干地区玉料产地和玉石特点，并带领考察队员看了库房存放的玉料，介绍了办公室存放的各种玉料标本，参观了玉器加工车间。故宫博物院徐琳研究员看了加工车间内的碧玉，认为与故宫乾隆年间杯盘的玉料很相似，而且塔青料也最适合做容器。赵会长还介绍了近几年市场越来越多见的巴基斯坦玉的一些情况。临行时赵会长向考察队赠送了几块“塔青”料标本。

考察队另一路队员来到了塔什库尔干县城北著名的石头城遗址。塔什库尔干在维吾尔语里意为“石头城”，即因城北有古代石砌城堡而得名。根据史料记载和考古调查，古石头城被认为是公元初期塔吉克人的先祖建立的“朅盘陀国”的都城，2001年国务院将其列为全国重点文物保护单位。

石头城遗址

石头城位于一个高约20米的孤丘上，分内外两部分，内城城围呈椭圆形，周长1300多米，城基由石块砌筑，上部为土石城墙，墙上有垛口及瞭望口，东西两侧各有城门。走进石头城遗址，古老的大门仿佛在向世人诉说它的沧桑岁月，遗址内修建了多条供参观者行走的木质栈道。城中布满乱石，原有建筑已全部坍塌。现存晋唐时期城址、寺院、居址和清代的官署。外城方圆3600米，已遭严重破坏，只能见到城墙、炮台和民居的残址。城外建有多层或断或续的城垣，隔墙之间石丘重叠，乱石成堆。在石头城遗址旁边的另一个山丘上，还有一处“拜火教寺庙遗址”。

石头城初建于汉代称“蒲犁”，毁于唐代晚期。朅盘陀的历史结束后，开元年间，唐朝政府统一西域后，在这里设置了葱岭守捉所。元朝初期，又大兴土木建设城郭。清朝光绪二十八年（1902年）在这里建立蒲犁厅，对石头城又进行了增补和修缮，现存的石头城遗址基本上反映了清代的建筑格局。

古代，自喀什、英吉沙、叶城、莎车至帕米尔高原的几条山路均汇集于此，西去中亚的几座主要大山自此也都有天然谷道可通达。这里是商旅进入南亚、西亚贸易的隘口，为古代“丝绸之路”上一个极有战略地位的城堡。

石头城下有一片面积达3.5万亩的阿拉尔金草滩，是国家一类保护湿地，目前已设立了湿地公园。阿拉尔金草滩水草丰美、牛羊遍地、风景如画，一派牧场风光。如此大面积的草场，几千年来都是高原牧民的“金草地”。也正是依靠这样的草场，石头城又能居高临下，历史上才能孕育出兵强马壮的国家。站在这里，可以一览无余地看见伫立在金草滩边的石头城，它依山而建，城墙从山顶一直延伸到山脚下，虽不完整，但其宏大的建筑规模依然令人震撼。远处层层叠叠的山峦一望无际，洁白的雪山与蓝天白云交映生辉。

阿拉尔金草滩

"冰山之父"慕士塔格峰

完成塔什库尔干的考察任务，已经是下午6点钟。从塔县到喀什距离291千米，314国道部分路段正在修路，比较难行。沿途公路两旁峻岭连绵、冰峰耸立、沟壑纵横、丘陵起伏。在距离塔县70千米的国道314线上，能最近距离看到海拔7546米的世界著名山峰"慕士塔格峰"，当地人称作"慕士塔格阿塔"，维吾尔语就是"冰山之父"。慕士塔格峰终年积雪，冰川高悬，险峻奇丽，仪态万千，巍峨庄严，纯洁高雅。山脚下的喀拉库勒湖在群山怀抱之中，湖畔水草丰美，有柯尔克孜牧民在此驻牧。慕士塔格峰与周边的公格尔峰、公格尔九别峰三山耸立，如同擎天玉柱，屹立在美丽的帕米尔高原上。

314国道喀什到塔县段改造升级工程规模很大，国道老路因施工推挖得坑坑洼洼、破烂不堪，施工运输的车辆和机械往来穿梭，尘土飞扬。有建桥的地方就要从边上临时简易的便道通过。有时遇到施工爆破作业，还要停车等待。

过布伦口白沙山、白沙湖，再翻越苏巴什达坂，沿盖孜河河谷下山，巨石横卧在河谷里，河水湍急水声涛涛。过了检查站，山谷变得越来越开阔，河道也逐渐变宽，水流也越来越平缓，道路也越来越好走。

晚上11点，考察团到达喀什市，再次入住银瑞林国际大酒店。

我们下一步的考察目的地是莎车县的霍什拉甫乡和喀群乡。由于安全的原因，老谭建议我们不要住在莎车，可以考虑从泽普县前往莎车县的霍什拉甫乡和喀群乡。倪馆长赞同老谭的建议，而且他还有办法把我们这个有影响的重要的活动，通过一定的关系协调，可以得到泽普当地公安部门的支持协助。于明老师同意了这个方案，明天即去泽普县开始下一阶段的考察。

喀什—泽普县—莎车县（霍什拉甫乡、喀群乡）

8月21日，考察队再次从喀什出发，上吐和高速公路，沿昆仑山北麓向东南方向行进，过疏勒县、英吉沙县、莎车县，奔泽普县方向，全程210千米，行驶两个多小时下高速进入泽普县城。

我们此行要考察的历史上叶尔羌河有过“捞玉”记载的霍什拉甫乡和喀群乡，行政区划属于今天的莎车县。莎车县因汉代时是西域三十六国之一的“莎车国”而得名。莎车是古丝绸之路的交通要冲，是人类口头和非物质文化遗产——维吾尔音乐经典“十二木卡姆”的故乡。莎车县总人口约85万人，有维吾尔族、塔吉克族、回族、乌孜别克族等20多个民族，少数民族人口占总人口的97%以上。2013年12月30日，莎车县曾发生过一起严重的暴恐事件，9名暴徒持砍刀袭击莎车县公安局，投掷爆炸装置，纵火焚烧警车。公安民警果断处置，击毙8人，抓获1人。

泽普是叶尔羌河冲积孕育的一片神奇的绿洲，这片绿洲维吾尔语称之为“波斯喀木”，意为“流淌着金子的河”，汉语称之为“泽普”，是“泽普勒善”（塔吉克语“黄金之河”）的简称。张骞出使西域后，汉朝军队曾在这里屯田，是古丝绸之路上的重要驿站。今天的泽普县北与西北以叶尔羌河为界同莎车县相望，东和东南隔提孜那甫河与叶城县为邻，西南亦接叶城县界。总面积为989平方千米，总人口20多万人，有维吾尔、汉、塔吉克等19个民族，少数民族人口约占80%，是南疆最富饶的城市之一。

倪润杰馆长昨晚和今天上午两次通过个人关系与泽普县公安局联络协调，局领导对于“问玉昆仑”考察活动非常重视，愿意提供支持协助。考察队到达泽普县城后，负责城区安保的休警官接待了我们。饭间，休警官向考察队员介绍了泽普县的基本情况和治安状况。听了我们的考察计划，他对我们深入南疆山区调查的勇气佩服有加。虽然局里对我们的考察活动很重视，但还是希望我们要慎重决定霍什拉甫乡和喀群乡的考察计划。于明队长和大家商议后，认为霍什拉甫乡和喀群乡作为有记载的古代叶尔羌河中游捞玉之地，非常重要。多年来还没有研究玉器的专家学者来此实地调研过，在学术研究上是一个空白区。所以，还是希望克服困难，考察能够成行。休警官也理解我们的心情，不断请示领导、反复修改方案。最终得到局领导的指示，休警官向执行本次安保任务的四名维吾尔族便衣警员下达任务：开地方牌照车辆带路；务必确保人员的安全；天黑之前必须返回。

从泽普县城出发，沿途路过几个维吾尔族人村庄。在一个村头路边，我们看到一群维吾尔族男人手持铁锹棍棒挨家挨户搜查。随行的警官讲，应当是发生了什么事件，正在搜捕嫌犯。车行大概一个小时就到了莎车县霍什拉甫乡地界。

霍什拉甫维吾尔语意为“河流会合的地方”，因这里地处山区，许多沟水汇入叶尔羌河而得名。霍什拉甫乡东面与喀群乡相邻，南部与叶城县的棋盘乡接壤，西部与达

考察霍什拉甫乡叶尔羌河段

木斯乡相连，距莎车县城96千米，距泽普县城70千米。全乡总人口约1.6万人，基本都是维吾尔族。

路上我们下车仔细观察几段河道，河道宽阔，卵石堆积，但水流却很小。原来，叶尔羌河流到此处，在上游的一个地段因地形地势变化分成了两条河道，这边是小的分支，水流大的分支在山岭的另一边。于明老师分析，既然有记载霍什拉甫乡地段曾经是古人捞玉之所，那么，古代或者历史上某一时期，这边或许曾是水量很大的主河道。

继续向前行进，路边有一家玉石店，但门锁着，路上也不见一个人影。原来，今天是周五，穆斯林主麻日，人们都去清真寺做乃玛孜去了。我们继续向前走一段，停下车来，上到高处观察河谷河道地形，深入河道分析石头种类、捡拾标本。返回时我们又到玉石店停下，随行的警员艾利给我们联系了店主。过了好久，一位维吾尔族大爷才赶过来，却忘记了带房门钥匙。随行的几位维吾尔族警员和大爷用维吾尔语交流一番后，可能是征得了大爷的同意，用石头砸开了门锁。屋里桌上地下堆放了一些玉石，青玉居多，有些大大小小的青玉籽料。于老师从中挑选了4块当地的青玉籽料作为标本，价格讲到150元，付给200元后，维吾尔族老人又送了一块3千克的大料。

按着休警官必须天黑前返回的指示，几位警员催促我们赶紧出发赶往下一站——叶尔羌河流经的喀群乡。

原路返回一段后，转向另一条路奔喀群乡。喀群乡位于县城西南，距县城60千米，人口不到两万，均为维吾尔族。

叶尔羌河喀群引水枢纽长一千多米，引水枢纽上有“望江亭”，枢纽的南北两面各竖一座又高又大的牌楼，分别写着“南出昆仑”“北育绿洲”。八个汉文大字一语道尽了叶尔羌河和这座水利枢纽的重要地位和磅礴的气势。

过叶尔羌河喀群引水枢纽不远处停下来观察，渠坝下河道开阔，河面也有六七百米宽，水流平缓。河道中、河滩上全都是卵石，远处河滩上有人在卵石堆里找玉。通过沿河岸仔细探查并走访几位当地老人后，经过认真的分析，考察队得出结论：这段河道以及继续延伸到上下游的相当长的一段宽阔平缓的河段，即是文献中记载的古代叶尔羌河捞玉之所。

在考察走访过程中，几位维吾尔族警员始终紧紧跟随着我们，并给我们一些必要的提醒，他们的专业、警觉和周密的安排，是我们本站考察活动取得圆满成功的重要保障。

下午6点多钟，我们顺利返回泽普县城。考察队要赶时间进行下一阶段的任务，几位警员把我们送到高速路口，我们向他们表示衷心的感谢。

今天考察队要按计划赶往和田市，与前来参与下一阶段考察活动的北京大学王时麒教授3人、若羌天泰矿业董事长王守成2人会合。

车队跑了一段吐和高速路，接着走315国道，沿昆仑山北麓继续向东南方向行进。沿途经过叶城、皮山，行驶约300千米，夜间11点钟到达和田。快进入市区时，倪馆长的朋友张强开车来接应我们，考察团一行人入住西湖国际酒店。

一天15个小时连续赶路—考察—赶路，有些队员已经非常疲倦，直接回房间休息了，余下五六个队员随专门前来迎接倪馆长的四位维吾尔族朋友去饭店吃饭。吃饭时，进一步谈到考察队在和田地区的几个考察地点：关于玉龙喀什河和喀拉喀什河籽料的调查活动，由多年来一直与和田籽料打交道、并且现在自己就有挖籽料的沙石料场的张强来安排。至于出产“山流水”的黑山矿，因为矿主就是倪总和张强的朋友，最准确的信息是前些天的大水已经把上山道路全部冲毁，洪水甚至把挖掘机都冲走了，故近期上矿已经绝无可能，黑山矿的考察活动放在2016年“问玉昆仑”第二阶段进行。

喀群乡叶尔羌河段

和田：玉龙喀什河 38 公里 玛丽艳六闸口

和田，是和田玉最重要的产地，也是“问玉昆仑”考察活动最重要的一段，本站考察的重点是和田籽料。

和田地区位于新疆维吾尔自治区最南端，南枕昆仑山和喀喇昆仑山，北入塔克拉玛干大沙漠。和田地区辖和田市、和田县、墨玉县、皮山县、洛浦县、策勒县、于田县、民丰县。全区总人口约226万人，其中维吾尔族约占96%。兵团十四师是和田地区的重要组成部分，人口3.67万人。和田市是和田地区的政治、经济、文化、交通和金融中心，是古丝绸之路上的南疆重镇，被称为“世界玉都”“丝路名城”。

和田古称“于阗”，清初称“于阗”为“和阗”，1959年“阗”字简化为“田”。

和田自古出美玉，史书多有记载。《汉书》：“于阗国，王治西城，去长安九千六百七十里。……于阗之西，水皆西流，注西海；其东，水东流，注盐泽，河原出焉。多玉石。”《魏书》：“于阗国，在且末西北，葱岭之北二百余里，……于阗城东三十里有苴拔河，中出玉石。土宜五谷并桑麻，山多美玉，有好马、驼、骡。”《梁书》：“其地多水潦沙石，气温，宜稻、麦、蒲桃。有水出玉，名曰玉河。……书则以木为笔札，以玉为印。……大同七年，又献外国刻玉佛。”《隋书》：“于阗国，都葱岭之北二百余里。其王姓王，国中大城有五，小城数十，……土多麻、麦、粟、稻、五果，多园林，山多美玉。”《旧唐书》：“于阗国，西南带葱岭，与龟兹接，……其国出美玉。俗多机巧，好事祆神，崇佛教。”

8月22日，“问玉昆仑”考察团15名队员在和田市全部聚齐。早餐会上，于明老师、王时麒教授、徐琳研究员、天泰矿业王总以及武汉地质大学珠宝学院杨明星院长等人围绕昆仑山沿线山料、籽料的成因和特点阐述了各自的观点，进行了交流探讨。于明老师对未来几天围绕和田籽料的考察活动做了安排部署。

今天的和田籽料相关考察活动由倪馆长的朋友张强为我们安排。张强，三十多岁，小个子，皮肤黝黑，是在新疆土生土长的汉族人，他和他的哥哥多年来一直做籽料，在和田玉石圈很有名气。这两年他又承包了一处沙石料场，也就是在和田古河道上挖沙石、淘沙金、找籽料，他在和田称得上是一位真正的籽料行家。在张强的带领下，车队过玉龙喀什河一桥，出市区奔玉龙喀什河总闸口，做籽料的人也称这里为“0公里”。站在这里可以远望茫茫昆仑，玉龙喀什河从大山深处一路走来。

玉龙喀什河也称“白玉河”，发源于昆仑山北坡的冰川，流经洛浦县，在阔什塔什与喀拉喀什河（“墨玉河”）汇流成和田河。玉龙喀什河是一条著名的“玉河”，其产玉的历史，在《史记》《魏书》《唐书》《水经注》《山海经》《天工开物》《马可波罗游记》等很多史书文献上都有记载。几千年来，玉龙喀什河里就没有断过采玉人，所采玉石通过“玉石之路”源源不断地运到中原内陆。就像元代维吾尔诗人马祖常《和田即事诗》所说："波斯老贾渡流沙，夜听驼铃识途赊。采玉河边青石子，收来东国易桑麻。"只不过古代采玉是人工捡玉和捞玉，现在是大规模的机械挖掘开采为主了。

在"0公里"总闸口过检查站后，我们没有沿现在的玉龙喀什河河道向上游行进，而是沿古河道坑坑洼洼的土石路驶往被当地人称为"38公里"的曾经出籽料的古河道斜坡，沿途挖掘机翻过的砂石坑堆清晰可见。（后来求证：当地人习惯称呼的"38公里"处是距离市区的距离，如果从"0公里"处计算的话，大概有18公里的距离。）

车子开到"38公里"一处地势较高的开阔坡地停下。中国地质大学施光海教授的博士生姜颖和硕士研究生张晓冲测量了这里的坐标：北纬36°50′51″，东经79°52′21″，海拔1728米。

站在这里观察，玉龙喀什河古河道非常宽阔，一眼望不到尽头，少说也有十几千米。我们所处的位置是山脚下向现在的河道过渡的斜坡，距如今的河道有几千米的距离。王时麒教授讲，再往山上边的地形地貌是二级阶地和三级阶地，分别有5万年和8万年。我们所站的位置是一级阶地，只有3万年左右，地面上见到的洪积下来的石头都还是有棱有角的。张强介绍：在这里找籽料，需要把上面的沙土推掉，往下挖十几米甚至几十米，剥掉洪积层，直到下面的冲积层到河卵石堆积的地方才能找到籽料，这段河道出的多是白皮籽料。另外，这里也出沙金，一台机械一般每个月可以淘出500克金子，基本上够机械燃油和工人的工资费用，若能找到籽料，就是赚到的利润了。

站在"38公里"山脚斜坡由近及远看去，各处都是淘沙金和找籽料挖掘过的土石坑堆。脚下地面随处可见碎小渣块和片状的石英岩、云母，这也正是石英脉型金矿的外围岩石，难怪在这里会有沙金存在。

考察队员大都是第一次站在向往已久的、神秘又神圣的、孕育神奇籽玉的玉龙

白玉河38公里

白玉河38公里沟壁卵石堆积层

喀什古河道。穿越时空的凝眸，朝圣般的感觉。

接下来，大家又下到一处洪水冲刷形成的深十几米的沟谷进一步观察。在这里的沟壁坡面上，既能清楚地看到各种大小的卵石的堆积，还能看到不同特征砂石交替的地层截面。王时麒教授从地质学和矿物学的角度就金和沙金、玉和籽玉的成因给大家做了生动形象、深入浅出的讲解。

眼前全是籽料一样的卵石，我们又处在毫无疑问出产旷世美玉的玉龙喀什河古老的河道。带着好奇，更带着期待，大家在惊叹之余，无不全神贯注地把目光凝聚在脚下和沟壁上的卵石中，仔细地寻觅，期待着发现一块神奇籽玉的好运降临。

“哈哈！大家注意啦，注意啦！”“我发现了宝贝，就在我们共同的视线范围内，我先不动，看谁能找到？”

“哇！”大家都吃了一惊，纷纷驻足在刚刚说话的张强的位置，屏气凝神向布满卵石的沟壁和脚下的石堆看，唉！足足一分钟，愣是没人发现宝贝在哪儿。

不服不行，还得说张强，凭着多年找籽料炼就的火眼金睛，抑或是玉神对他的格外恩宠，顺着他手指的方向看去，就在他站立位置3米外的沟壁裸露的密密麻麻的卵石层中，一小块细长的青色石头露出了一点点，夹杂在卵石丛中，和其他石头并

白玉河38公里发现的小籽料

无明显不同，真的是太难发现了。然而，这的的确确就是一块真正的青玉小籽料！

张强对自己的发现也颇为得意，笑眯眯地给我们讲：玉毕竟是玉，籽玉和其他石头还是不同的。籽玉的油润致密特性，使得它不易黏土，表面比较光洁。所以，有经验的寻玉人还是比较容易在一堆卵石中发现籽玉的。大家都无比兴奋，纷纷凑上去细细观赏、轻轻抚摸、拍照留念。随后也都更聚精会神地找了起来，可惜最终都没有收获。看来，寻玉还是要有经验，也要靠一些运气，这就是“玉缘”吧。

“38公里”这段和田玉籽料考察非常重要，考察队花费了较长的时间，各方面的工作都做得很细致，拍摄了很多图片，收集了一些标本，采集了一些数据，现场的分析讨论形成了一些共识和初步结论，也有一些新的发现和新的思路。

“38公里”考察结束，考察队下一站要赶往张强的沙石料厂。下午三点，我们路过一处名为“中玉新疆和田玉石城”的巴扎停下来。这个巴扎地方不算大，人员显得还很拥挤，都是维吾尔族人。十几个卖籽料的小摊位和一些小吃摊混在一起，中间穿梭着手拿籽料的卖者。我们一伙外地人的加入立刻就吸引了所有的卖家纷纷围拢，有的维吾尔族人能讲几句简单的汉语，只会讲维吾尔语的就只能靠张强来翻译了。于明

玛丽艳六闸口沙石料厂

玛丽艳六闸口籽料挖掘现场

老师讲，总体来说，这个市场的料子还可以，真货率约占八成，价位也算适中。

在市场摊档吃过午饭后，考察队便赶往籽料考察的下一个地点——“玛丽艳六闸口”，也就是张强所承包的挖籽料的沙石料场所在地。路上路过一个叫“英阿瓦提村”的小村庄，对这里非常熟悉的倪馆长介绍，前几年这里也曾有一个籽料小巴扎。这两年由于籽料的产出情况和玉石交易市场的变化影响，这个小巴扎已经不存在了。

去玛丽艳六闸口的路况也很差很难走，先是一段石子路，接下来就是松土路，有的地方松土甚至没过半个车轮。前车驰过尘土扬起，在后边几十米的车子几乎看不见前面的路。

到达玛丽艳六闸口张强的沙石料场，考察队员一下车，即刻被眼前的挖掘现场景象所震撼：机器轰鸣、烟尘四起，场面非常壮观！光眼前的一处挖掘现场，就有四五十台大型挖掘机，在四五百亩面积范围内轰隆隆穿梭往来，在不同的作业点上挖沙取石。这处场地已经露天挖到地面下一二十米，深的地方地下水渗出积成水池，抽水机在不停地向外排水。一方面，正好利用这里的水冲洗沙石和淘沙金用。同时，水位降低后还要继续向下挖，一直挖到有籽料的卵石层为止。

挖掘机掘出的一斗斗的卵石，一趟趟集中运到路边一处筛选场地。十几名维吾尔族工人三五人为一组站在挖掘机倾倒卵石的翻斗前，几个人手拿“7”字形钩锄一层层扒下砂石，另外几个人则并排站立眼睛紧紧地盯着慢慢翻倒下来的砂石，全神贯注地搜寻着隐藏在其中的神奇籽料。

就在我们六七个考察队员好奇地围观选料现场的时候，突然间，一位维吾尔族老工人快速跨上前一步，迅速伸出右手在不停落下的砂石中抢出一块石头——红皮籽料！

玛丽艳六闸口现场挖出的籽料

此时，此地，此玉。太神奇啦，太幸运啦！这是一块拳头大小的籽料，用清水洗过后，她色泛青，肉细腻。表面全裹皮色，皮色很重，一面红褐色，一面深黄色。大家纷纷围拢上去，争抢着看一看、摸一摸，捧在手心。那一刻无比神圣、无限感慨。

昆仑母亲孕育了千万年，集日月之精华、山川之灵气，她刚出襁褓、才露真容，我们即有幸上手一睹风采。中国千千万万的痴痴玉人，有几个能有这样的幸运呢？

在挖掘现场，我们还看到了水洗小砂石的机械传送设备。一方面，水洗时可以把小砂石中的小籽料选出来。最主要的是可以淘出沙金，这也是高价承包沙石料场很重要的降低风险的收入来源。因为古河道挖出籽料的机会、数量也不是太多，还要靠运气。

考察队员在挖掘现场进行了详细的调查和仔细的分析，又在场部简陋的办公室听取了张强和他的维吾尔族合伙人对于和田籽料开采方方面面的详细介绍，历史、现状、人物、事件、趣闻、传说、经验、问题、市场、未来……围绕和田籽料这个中心，话题广泛、讨论热烈。

在距离玛丽艳六闸口几公里的地方是和田著名的“买力克阿瓦提古城遗址”。遗址位于和田城东南25千米的玉龙喀什河西岸的一处台地上，是汉唐时期的古城。现在，遗址周围有铁丝网围栏保护，遗址上散布几个高大的土堆，地面沙地上有许多红、灰色陶器残片。该遗址曾出土过玉器、铜佛像、泥塑佛像残件、陶器及古钱币等文物。

天色渐晚，考察队返回和田市。再次路过“玛丽艳六闸口”时，沙石料场的维吾尔族工人也都骑着摩托车下班回家。看着这些穿着破旧的衣衫在土路烟尘中颠簸的辛苦朴实的维吾尔族人，我问了张强一个问题：他们的工资多少钱？答案又很出乎我们的意料：没有工资。工人们都是附近村子自愿而来的维吾尔族人，愿来就来，想走就走。他们的收入是靠发现籽料——谁在挖掘机倾倒砂石时或在石堆中发现了籽料，第一个拿到手的人，将来这块籽料售出时价格的15%左右就归他所有。至于几个人一组中的其他人有没有份，他们维吾尔族人应当另有约定。看来玉器界的特殊规矩在哪个环节里都有啊。

返回和田市时已经很晚了，倪馆长的维吾尔族朋友如则·买买提带我们到一家高档的维吾尔族饭店用餐。餐前，于明老师主持了简短的会议，对今天的考察活动进行了总结。安排明天上午去策勒县考察，明天下午考察喀拉喀什河。

和田：策勒县 喀拉喀什河

8月23日，今天去策勒考察的向导是昨晚招待我们的维吾尔族籽料商人如则・买买提。出和田市区向东沿315国道，过洛浦县奔策勒县方向行进。一过洛浦县就遇到了大风沙尘天气，风沙漫漫，遮天蔽日。

策勒县距离和田市100千米，也曾经有过几处玉矿开采，但储量和品质都不佳，在整个昆仑山沿线和田玉的开采中无足轻重，也不是我们此次考察的重点。之所以要到策勒，主要是要看一下戈壁玉的情况，因为策勒县南部为昆仑山区和山口冲积扇，中部为砾石戈壁与冲积平原，北部为沙丘与流动沙漠，这里广阔的戈壁滩曾经是戈壁玉的重要出产地。

考察队几辆车迎着风沙沿戈壁公路前行，在快到策勒的恰哈公路的路口时，路边两大块青玉料吸引了我们。下车仔细察看，两块玉料约有10吨，主体青绿色，应当是蛇纹石，有透闪石成分，边缘附有白色大理岩。

进入策勒县城，沿街转了几个弯，原来有的几家玉石店已经不在。买买提下车打听后告诉我们，由于市场行情不好，原来的几家玉石店有的转行不做了，有几家搬迁到和田去经营了。这样看来，今天的策勒县已经基本没有规模化的玉石交易了。

下午两点多，考察队原路返回，风沙更大了。又到恰哈公路时，队员们还是不顾风沙，下车走进路旁的戈壁滩寻找戈壁玉。疾风沙尘中，大家走向戈壁深处，猫腰低头仔细寻找，年轻人满怀期待自不必说，就连年纪大的王时麒教授和于明老师也和我们一起迎着风沙认真寻觅、仔细观察、凝神分析。最后还是没有人找到戈壁玉，但都捡到了奇特的戈壁风凌石留作纪念。看来，经过2000年之后的三四年的大规模开发，戈壁玉资源已经接近枯竭了。如则・买买提讲，如果天气好的话，再向南奔昆仑山方

策勒县恰哈公路边戈壁滩

向的戈壁深处去，也还会捡到戈壁玉，但不会很多。我觉得买买提说的也可信，毕竟这里到昆仑山脚下的戈壁滩有上百千米、方圆几千平方千米的范围。

更大的风沙伴着返程路，能见度已经不足50米。下午五点钟返回和田市，如则·买买提在自己开的饭店招待我们吃饭，就算是午餐吧。

考察队计划今天下午去考察和田的另一条著名“玉河”——喀拉喀什河（“墨玉河”）。现在，时间已经有些晚，考察队员们已经比较疲惫。但倪馆长昨天已经联系好墨玉河那边的维吾尔族朋友，他们都做好了准备仍在等着我们。倪馆长讲，他的这些做籽料的维吾尔族朋友都是多年交往的在当地有威望有影响的“阿吉”“阿訇”，和维吾尔族朋友打交道，约定好的事情不可失约。于是，考察队马不停蹄，立刻出发再奔喀拉喀什河。

出和田市行驶27千米，远远就望见高16米巍巍壮观的喀拉喀什河渠首。该渠首是一座拦河悬板分层式引水枢纽工程，具有引水、泄洪、排砂等功能。其左岸闸孔灌溉墨玉县，右岸闸孔灌溉和田县。昔日孕育和田美玉的喀拉喀什河，今天又担负起了两岸近90万亩耕地的灌溉和数十万人畜用水的任务。

墨玉河渠首

渠首水闸下来的这段河道宽几十米，河水清澈，水流湍急。沿着河岸边的道路继续向前走，道路两旁，杨树成排，高大茂盛。田地里的玉米也长势不错。这样生机勃勃的景象，在进南疆考察这些天真是所见不多。连续多日看惯了荒山秃岭、茫茫戈壁，现在突然行进在林荫道上、驶过几公里的“葡萄长廊”，感受真是惬意，这才正是“新疆好地方”啊。

墨玉河阿吉家的籽料

买买提带我们在河边一个村庄停下车，来到一个大“阿吉”的家中。“阿吉”在当地很有威望，家里算是很气派，大院子大房子，应当是当地维吾尔族的大户人家。新建的房子屋里全是木雕的廊柱和穹顶，雕梁画栋。家里女人和孩子看上去也不少，倪馆长说，“阿吉”应当有几个妻子。我们一行人刚一进院子，主人就热情地奉上几大盘葡萄、鲜核桃、哈密瓜和西瓜招待我们。

我们来到之前，“阿吉”就已经召集了附近十几个有玉石的人带着“石头”来到了他的家里等候。大大小小的籽料还真是不少，白、青白、碧玉总共有三四十块，有些皮色也非常漂亮，也有稍差一些的，但总体品质还是很不错，有一块十公斤左右的洒金皮大块籽料很是抢眼，大家都认真地鉴赏品评，当然，好籽料的价格也不菲。几位专家仔细研究看遍了所有的玉石。在买买提和倪馆长的翻译和协助谈价后，考察团买了几块万元以下的籽料做研究标本。徐琳老师本阶段考察主要想对和田碧玉做一些深入研究，也买了一块手掌大小的碧玉籽料。倪馆长这个籽料大买家看好的一些“石头”，约定改日再次单独和卖家详谈。

墨玉河阿吉家看籽料

道别“阿吉”一家和维吾尔族老乡，考察队又到几公里外的另一户人家看“石头”，这家院子里堆积的石头不少，但大都是河里捞的有点玉性的卵石、卡瓦石，有一块重约一吨的碧玉质地也不好，徐琳老师仔细地研究了一番并取下了一小块标本。

墨玉河畔维吾尔族人家

墨玉河河谷

接下来，考察队一行又驱车赶往一处山坡观察喀拉喀什河道。站在高坡上，视野开阔，坍塌了几十米深的土崖下边就是喀拉喀什河河道。放眼望去，这是一处河道转弯处开阔的河谷平滩，河滩上也有挖沙采玉的砂石堆积，但没见到昨天去玉龙喀什河玛丽艳六闸口那样大规模的挖沙采玉场面。据买买提讲，喀拉喀什河有些河段挖掘沙石寻玉的规模也很大。

晚上十点多返回西湖国际酒店，酒店老总（倪馆长的朋友）设宴款待考察团一行。餐前，于明老师主持召开近几日考察活动阶段总结会，王时麒教授、倪润杰馆长、徐琳研究员、杨翔宇董事长等结合考察团近几天的调查走访材料，围绕和田籽料的形成与开采、材料与市场等发言，队员们也都积极参与讨论。会议梳理了近期的考察成果，并对下一步考察任务、行程计划、联络与安全等方面做了进一步的优化调整。

晚宴结束已经是夜里12点多，买买提等几个维吾尔族朋友带了一批籽料送到宾馆房间，几位专家继续看料研究，倪馆长以这批籽料为标本，结合自己十几年来看料买料、题材设计、大师加工、市场销售的一系列经验和体会，给大家做了详细的分析和讲解。他从玉料到产地、从皮色到玉质、从形状到表现题材、从料子成本到成品售价，娓娓道来，如数家珍，条条是道。在和田玉籽料圈十几年的摸爬滚打，果然练就了他非凡的手眼身法，确实是实践出真知，大家无不叹服。最后倪馆长花近100万元留下了看中的几块料子。天泰矿业的王总也把一小块重约30克、色白质细、一片红皮形似小天使的籽料以8万元的价格买给了自己的夫人。

和田：玉龙喀什河 81 公里 开发区巴扎 和田籽料

8月24日，考察队分两路行动：一路由王时麒教授带领中国地质大学的研究生姜颖、张晓冲和《乌鲁木齐晚报》记者杨苏生，沿玉龙喀什河逆流方向直到81千米处进行地质地貌调查。另一路由倪馆长带领其他人员走市场、看籽料，计划用两天时间详细调查研究和田籽料情况。

王时麒教授的考察小组沿玉龙喀什河从“0公里”过总闸口继续向上游方向进发，河床逐渐变窄，河两侧阶地剖面明显。沿途零星可见河两岸有找籽料的采玉人的帐篷和挖掘机，向导老黄介绍说，这样的规模一般是一个家庭为单位。玉龙喀什河30千米处的一块人工绿洲上建有一处私人庄园，再往上走路过野猪林（通古孜鲁克）、通古孜大桥、库玛提村；到47千米处，河道变得更窄，河谷宽100—200米，砾石层距水面约30米； 62千米处，正在修建达克曲克水电站大坝；67千米处，河水宽20—30米，可见明显基座阶地，砾石层距水面40—50米，河谷宽200—300米；到达玉龙喀什河81千米处，河谷宽100—200米，河水面宽约20米，砾石层距离水面70—80米，河水落差很大，流水切出的河道两边，仍然有机械在挖籽料。据向导老黄讲，这里出的籽料白皮料较多。

下午4点，王时麒教授一行考察完玉龙喀什河81千米返回和田市，随后又应邀去参加和田地质和质检部门联合组织的和田玉学术研讨会议。

另一组考察队员研究和田籽料，在倪馆长和几位维吾尔族朋友的安排下，不断有一拨一拨的维吾尔族朋友把籽料送到宾馆房间。他们有的用袋子提来，有的干脆用塑料整理箱把“石头”泡在水中抬来。我们则把每一块籽料上手观察皮肉、比较分析。倪馆长不停地和队员交流，还不时和非常熟识的维吾尔族朋友用“维普”调侃。有队员负责给每块籽料拍照记录。

王时麒教授在白玉河81千米处

和田市开发区玉石巴扎

下午五点多钟，开发区玉石巴扎开始陆续上人了，我们便出发前往。

开发区玉石巴扎在一个清真寺路边，没有固定摊位，就是买卖籽料的人和车聚集在一起的一个交易市场。下午六点钟，人员聚集逐渐多起来。有的手拿一两块玉石，有的塑料袋里水泡着几块小籽儿，料多一些的则把籽料浸水放在塑料整理箱内，或摆在路边，或放在打开盖子的汽车后备箱里。整个巴扎在人员最多时大概有一两百人，看到我们几个外地人来到巴扎，聚拢过来的人就明显多起来。

这个开发区巴扎第二天下午我们又来过一次，两次都拍了一些籽料照片资料，也花十几万元买了几块标本。这里的料子全都是籽料，也有个别切开的明料。大部分是和田真籽料，以几十克到几千克重的为主。带皮籽料居多，黄皮、红皮、洒金皮、白皮、黑皮都有。价格方面，由于玉器市场销售的不景气，导致今年籽料原石价格也比往年下降20%左右。就我们考察的这个巴扎所见情况，现在，一般中等品质的带皮青白较细料，以200克重为例，售价大概在6到10万元之间居多。要是明显再好一些的料子，卖到20万元甚至更高也是正常的事。

晚饭后，回到宾馆房间，又有一批批人送来“石头”，倪馆长带着我们继续认真看料。几个小时过去，队员们逐渐都熬不住，陆续回房间休息。倪馆长却精神头始终不减，一直坚持看到凌晨5点多。

和田：一桥巴扎 开发区巴扎 和田籽料

8月25日上午8点多，考察团前往玉龙喀什河一桥巴扎。

站在玉龙喀什河一桥上放眼发去，玉龙喀什河河道宽阔，可见河道水流中、河滩上有人在寻玉。但这些人找到籽料的机会微乎其微，因为这里的河道多年来已经被挖掘筛选过很多遍了。

人们常提的“一桥巴扎”，正式名字是“和田玉石交易中心”。市场依玉龙喀什河一桥边的河岸而建，1000多米长，有一排门面房、三排摊档。摊主不停地往摊位上的石头上喷水，流到地下人行通道上有些泥泞湿滑。市场大都是维吾尔族人在经营，也有一些河南人。经营的各种玉石以籽料为主，中低档居多，当然也有一些品质很差的料子甚至磨制染色的假籽料混迹其中。市场也有一些玉器出售。要想在这里买到合适的和田玉，也必须要靠眼力，非专业人士或普通游客莫以为到了和田买玉就能“捡漏”“得宝”，出手还需谨慎。

两个小时逛完巴扎，几位专家买了几块不同皮色的小籽料做研究标本。今天随行的向导老黄请我们到离巴扎不远的一个饭店吃和田特色烤包子，店名叫“玉龙喀什有名爱可德木烤包子”，有好多人在排队，据说这是上过专题片《舌尖上的中国》的名吃

玉龙喀什河河道的采玉人

一桥巴扎

和田籽料

和田籽料

名店。吃新疆的烤包子还真是个技术活，要从烤得焦硬滚热的包子底部用力捏开包子皮一角，然后一点一点掰下来，蘸着流着鲜香滚烫的羊肉馅油汁吃，再吃包子里边的羊肉馅。小口嚼咽、细细品味，确实非常好吃，名不虚传。

午后回到宾馆房间，继续看一批一批送过来的籽料。

下午六点多，再次去开发区巴扎看料。

晚上回到宾馆房间，仍然继续约人送料、看料、拍照、分析、研究。

这几日，考察队共采集到和田各个地段、河段出产的不同质地、不同皮色的籽料标本数据1000多份。

和田段连续4天的考察活动，项目全面、调查深入、安排紧凑，整个考察队上至专家教授，下至年轻队员，积极协作、紧密配合、不怕疲劳、连续作战，取得了丰富的成果。

和田段考察结束，“问玉昆仑”2015年的考察活动已过半程。回想起来，“问玉”之路何其艰险，“问玉”之人何其执著。况且，条件更为险恶的昆仑山几处高海拔玉矿，如冰舌下的黑山矿、海拔5000米的于田阿拉玛斯玉矿、山高路险的棋盘乡密尔岱古玉矿等我们都还没有到达。

“问玉昆仑”前路漫漫，任重道远……

不过，一切困难都阻挡不住考察队继续前进的脚步，“问玉昆仑”这支团结一心、敢于攻坚克难的队伍，为了目标、为了使命，收拾行装，向着下一站——出发！

和田—且末

胡杨树

8月26日，考察团奔下一站且末县。从和田市到且末县，行车距离大概610千米。出和田市区，继续沿昆仑山北麓塔克拉玛干沙漠南缘的315国道向东行进。今天天气不错，没有风沙。路边开始是戈壁滩，后来就逐渐有了一些矮灌木植被，草滩、胡杨也越来越多，还有成片的胡杨林。胡杨，是一种既古老又长寿的树种，被誉为“活着的化石树”。它扎根地下几十米，抗干旱、斗风沙、耐盐碱，生命力极其顽强。“生而一千年不死，死而一千年不倒，倒而一千年不朽”，世人称为“英雄树”。我们所见的胡杨树枝叶翠绿茂盛，干裂的黄褐色树皮尽显雄壮中的沧桑。到了深秋，胡杨树叶一片金黄，非常独特秀美。

晚上8点多，考察团到达且末县城，天泰矿业王总早已安排好人员接待，我们一行人入住玉都宾馆。

且末县位于塔里木盆地东南缘，昆仑山、阿尔金山北麓，东与若羌县交界，西与和田地区的民丰县毗邻，北部伸入塔克拉玛干大沙漠。且末县属新疆巴音郭楞蒙古族自治州管辖，总面积约14万平方千米，面积仅次于若羌县，为中国面积第二大县。

且末县开采和田玉历史悠久，是新疆和田玉的主要产地。《新疆志物》记载有“于阗产玉之山三：曰流水山，在县城二百五十里，曰觉可沙依山……曰乌鲁克苏（北宋时，且末归于阗管辖，乌鲁克苏就是且末境内发源于阿尔金山的车尔臣河上游的主要支流）”。马可·波罗在1272年到过且末，他在《马可·波罗游记》中记载：“沙昌省（今且末县）……境内有几条河流，也出产和阗玉和碧玉，这些玉石大部分销往契丹，数量十分巨大。”清代，且末也有塔特勒克苏和塔什萨依玉矿开采的记载。新中国成立后的20世纪70年代，新疆且末、于田、玛纳斯等地建了玉石矿。80年代，全疆每年计划开采和田玉25吨，且末占21吨左右。且末和田玉储量丰厚，著名的矿区除塔特勒克苏外，还有塔什萨依、尤努斯萨依、布拉克萨依、哈达里克奇台等。且末和田玉品种齐全，白玉、青玉、青白玉、糖白玉、糖玉产量都很可观，尤以青白玉、糖包玉著称。

来到且末县城，感觉和之前南疆西部的喀什、和田地区氛围完全不一样了，这里街上的汉族人明显多了，做玉器生意的内地人也不少。且末县是“国家卫生县城”“自治区优秀平安县”，县城街道干净整洁，治安环境也非常好。走在街上，放松了许多，轻松了许多。

且末：天泰矿玉料 玉器市场

8月27日，今天正赶上天泰矿业卖料，要将近期天泰矿和金山矿上下来的玉料分类定价售卖。上午九点多钟，天泰矿业的门口小路上已经停满了小汽车、摩托车，来买料的当地人站满了小楼一层的办公室。接待我们的刘会计和赵经理介绍，本次要出售的几吨玉料在地下室的几间库房中，已经按品质等级分类分堆编号，公司的几个股东代表正在下面给每堆玉料按公斤单位定价格。

玉都宾馆大堂内重1502千克的“且末玉王”

定价完毕，打开库房门，购料的人们一拥而下。几十平方米的地下库房堆放着十几份玉料，喷过水的且末料糖色很重。今天要售卖的这批料子总共只有3吨多，中等品质，都是糖白、青白料。挤在前面的人凭着对且末料的丰富经验直扑向好料堆，有的几个人同时争抢一堆料子而发生争执。持续一个多小时，在拥挤争吵和抱怨声中，不断有人选定了中意或半中意的料子。选定的玉料装进麻袋，用简易升降电梯运至地面院子里称重付款。

买料的人们散去后，刘会计和赵总又打开地下库房的其他存料房间让考察队员研究。这里面存放的都是十几千克到上百千克的大块玉料，品质都不错。其中一块重150千克的大青白料，应当是手镯料，售价每千克3000多元。

天泰矿的纯糖料存放在离县城几千米外的一个废弃工厂的大院子里，院墙周围有十几只藏獒护院。院内高墙下，好的和差一些的糖料分类堆放着，共计有几百吨，好一些的糖料售价在每千克千元以内。

且末玉石交易中心

看完玉料后，考察队和天泰矿方面人员召开了且末玉情况座谈会。现在的天泰矿是曾经在辽宁岫岩开玉石矿的王总在2012年以“若羌天泰矿业”的名义用总价款近一亿元的价格拍得的采矿权，接下来大规模大投入修路而后开采。天泰矿采玉的方式也很特别，不是硐采或沿矿脉点状、线状开采，而是整体削山推石式的挖掘找矿。基本是梯形下挖探料，然后整体

推平。机械、人员投入很大。现在天泰矿有的山头最多已经推下五六百米。粗略计算，光今年就推挖土石300多万方。目前为止，今年已经下山玉料近400吨，预计到11月底入冬前还能再出玉料100吨左右。

目前，且末县开玉矿的大大小小有几十家，但大部分都不成功，很多都因实力不够或方法不当半途而废。现在成规模开采的有天泰矿、金山矿和国润矿。昔日的金山矿如今已经被王总的天泰矿收购，天泰、金山实为一家。金山矿目前正往8号矿修路，8号矿的玉料白度好，之前主要靠人工开采，产量很少。再有一个月修通路后，大型机械上去，出料量应当会大幅增加，公司对这里的几个矿点有很高的期待。

下午再次考察且末玉器市场：玉料方面，基本都是几千元一小堆的通货糖料，也有一些磨出光面的糖白料，玉料品质和今天天泰矿业卖出的料子相当，走通货大概在每千克一两千元。新建的且末玉石交易中心的商户大概有四五十家，有很多是河南、福建的内地人经营，玉料、玉器基本都是且末料。玉器品种以挂件、把件、手镯为主，基本上家家都有白、糖白且末料玉器。且末白加糖料的巧雕作品也较多，糖白俏色玉器近几年越来越受人们的欢迎。在这里，南阳机雕的中低端玉器较多，价格相对不算高。有几家档次较高的玉器店也有一些且末优质白玉的作品出售。市场内也有几家有戈壁玉出售。在玉石交易中心对面的市场里，也有分散的十几个玉器店，有几家是前店后厂。

“问玉昆仑”本次且末之行，暂不安排上矿考察。一是因为于明老师在2013年9月份曾经组织国内研究玉器的专家学者对且末天泰矿、金山矿和“皇家玉矿”古矿口进行过一次考察，收集了一些资料。二是考察团已经计划在明年第二阶段考察时，到塔特勒克苏、塔什萨依、尤努斯萨依几个玉矿进行一次补充调查。

且末玉料

且末玉料

且末—若羌

8月28日，早饭后出发，从且末到若羌，全程350千米，车队继续沿着315国道向东行驶。虽然路况很好，路上车辆也不多，但因为大部分路段限速60至80千米，再加上我们路上几次停车找戈壁玉、赏胡杨林，从且末到若羌也用了近6个小时。到达若羌后，考察队入住楼兰宾馆。

若羌县地处巴音郭楞蒙古自治州东南部，塔克拉玛干沙漠东南缘，西接且末县，北部有塔里木盆地，东南部和南部为昆仑山—阿尔金山山地，阿尔金山巍峨雄伟，气势磅礴，山势陡峻。若羌县行政面积20.23万平方千米，是全国辖区总面积最大的县。境内沙地面积56,231平方千米，占全县总面积的27.8％。若羌县总人口5万多人，有汉族、维吾尔族、回族、蒙古族、东乡族等15个民族，少数民约占总人数的42%。若羌西汉为西域婼羌、楼兰（鄯善）国地，境内有楼兰古城遗址、米兰古城遗址、小河墓地、神秘的罗布泊、阿尔金山自然保护区等名胜古迹。

若羌产玉历史悠久，是除且末外阿尔金山新疆和田玉原料的又一重要产地。若羌也是“玉石之路”南线的重要一站，再向东进入沙漠向敦煌阳关、玉门关方向。沙漠深处的楼兰古城附近出土过多件玉斧，小河墓地也出土过玉珠。

玉斧（公元前3000—前2000年）
楼兰古城附近出土

若羌市场上的戈壁料

若羌玉矿点分布于若羌县城的西南和南部从瓦石峡到库如克萨依一带，玉石以青白玉和青玉为主，略带黄色。每年从若羌出产的玉石原料占了新疆玉石产量很大的比重，尤其若羌的黄口料近几年名气也越来越大。若羌的黄玉以英格里克玉矿区为中心，这里是标准的黄玉矿，矿体相当大，年产量30吨左右。瓦石峡河上游的红头沟、托克布拉克玉石矿、康拉克河上游四周、米兰河上游等地的玉矿也都有不同品质的黄玉产出。若羌糖料主要以青白料子为主，偏青黄色，质地细腻。若羌也是戈壁料的主产地之一，好的戈壁料在颜色、硬度、润度等方面都可以媲美籽料，但现在戈壁料越来越少了，寻找戈壁料的过程也是十分艰苦的。

若羌的治安环境很好，街上人不太多，人们都很闲散。我们走了几家玉器店，好几个店面都是河南人过来开的。经营的玉器以若羌料和且末料为主。

若羌（玉器市场）—库车

若羌玉器市场“玉源坊”

8月28日上午，考察若羌的玉器市场。目前，若羌县从事玉器经营的商户共有百十家，大部分集中在占地34亩的“楼兰玉都”玉器市场。市场由玉石街和沿街的三层楼结构仿古风格的门面房组成。一个门口名字是“楼兰玉都”，另一个门口牌楼题名“玉源坊”。牌楼门口的几个摊档主要经营戈壁玉、戈壁玛瑙，都是当地人去戈壁沙漠里捡来的，小块的价格都是几十元。也有一些当地产的较差的青玉、青黄玉料出售，没见到好的若羌黄玉。市场也是比较冷清，里边的店面经营各种杂件，以糖玉、糖白较多，若羌、且末糖白料为主，也有一些黄玉黄口料，市场上普通玉器的价格并不贵。

于明老师在2013年10月份曾组织国内20多位玉器和地矿方面的专家学者对若羌的富国矿进行过考察。考察队这次来若羌没有上玉矿考察，但计划在2016年“问玉昆仑”考察的第二阶段再次来若羌上另外几个玉矿考察。

若羌站考察结束，“问玉昆仑”考察活动2015年第一阶段暂告一段落。

8月28日下午，考察队开始返回乌鲁木齐的行程。

从若羌出发，沿218国道一路向北穿越塔克拉玛干沙漠。沿途草滩、红柳、胡杨林，塔里木河两岸大漠绿洲，风景如画，美不胜收。过农二师34团场的大西海子水库，再过33、31团驻地，过尉犁，到达库尔勒市。行至此，“问玉昆仑”考察团已经驱车环整个塔克拉玛干沙漠一周。我们本可以从库尔勒直接向北返回乌鲁木齐，但辛苦奔波了半个月的考察队员都想感受体验一下号称“中国最险最美公路”的独库公路。于是，队员们从库尔勒继续驱车西行。晚间10点在轮台县匆匆吃了一顿杨伯达先生赞叹过的轮台羊肉，于夜间12点到达库车县，入住塔里木酒店。

独库公路—玛纳斯

8月29日，考察队挑战独库公路，翻越天山。

独库公路修建于20世纪70年代，是由国务院、中央军委下令修建的战备国防公路。该路段全长562千米，北起独山子，南至库车。解放军工程某部在长达10年的建设中，有168名战士因雪崩、泥石流等原因而长眠于乔尔玛烈士陵园，平均每3千米就牺牲一名战士。独库公路是中国最险的公路，是中国最美的公路，也是一条用鲜血和汗水铸就的生命之路。

独库公路之险，确实令人惊叹。险在它穿越深山峡谷，有三分之一是悬崖绝壁，五分之一的地段处于高山永冻层，跨越了天山近十条主要河流，翻越终年积雪的四个冰达坂。道路狭窄急弯不断，塌方落石随时出现，其驾驶难度可想而知。

独库公路之美，美在沿途的石林峡谷，悬崖峭壁，高山巍峨，大雾弥漫，达坂飘雪，林海苍翠，河水清澈，牛羊成群。

经历了“一日四季”的无限风光，经过了“从火焰到海水”的心路历程，我们行驶了10个小时终于到达独山子。

8月30日上午，考察队又到玛纳斯考察了玛纳斯碧玉的情况。下午到达乌鲁木齐，新疆和田玉行业协会孙玉会长设宴欢迎考察团圆满完成考察任务胜利归来。

独库公路

乌鲁木齐："问玉昆仑"阶段总结会

"问玉昆仑"第一阶段总结会

8月31日，"问玉昆仑——新疆和田玉历史与现状考察"2015第一阶段总结会在乌鲁木齐国玉新疆和田玉文博馆举行，于明老师主持会议，他高度赞扬了全体考察队员不畏艰险、连续奋战、团结一心、密切协作、专业高效、探本求真的精神。会议回顾了"问玉昆仑"第一阶段考察活动的整个行程，汇总了全部队员和各个小组的资料信息，总结了考察活动的丰硕成果并对后续的相关工作做了进一步的分工安排。会议还计划了2016年"问玉昆仑"第二阶段考察活动的时间和行程。

总结会议结束后，考察队就地解散。乌鲁木齐"新疆和田玉文博馆"的朋友要陪内地来疆的考察队员在乌鲁木齐放松几天，走走玉器市场，看看风景名胜。于明老师和王海峰两人则直接取道敦煌，考察玉石之路的重要关口——"玉门关"。

新疆和田玉行业协会 乌鲁木齐国玉新疆和田玉文博馆

甘肃敦煌：玉门关

紧张惊险的“问玉昆仑”第一阶段考察结束后整理资料时，我突然发现，我们此番南疆“问玉”之行所走的真是一条不平常的道路，我们的足迹不经意间踏在了悠远的“丝绸古道”和“玉石之路”上。

我们在考察活动前半程所到过和经过的地点，连起来正是“丝绸之路”古道上重要的“塔莎古道”。历史上的“塔莎古道”，从塔什库尔干县到莎车县线路有两条：塔什库尔干—班迪尔—库科西鲁克乡—塔尔塔吉克乡—大同乡—库斯拉甫乡—霍什拉甫乡—喀群乡—莎车县城。西汉时期，古“丝绸之路”南道与中道在莎车交汇后，便经“塔莎古道”沿叶尔羌河折向西南，沿昆仑山、登帕米尔高原出国境，再取道赴印度、巴基斯坦、阿富汗。经冯其庸老先生考证，这条路也正是唐玄奘取经回归所经之路。

“丝绸之路”东段以西汉时期长安为起点（东汉时为洛阳），南北中三线到武威、张掖汇合后沿河西走廊经酒泉、瓜州至敦煌；中段出玉门关、阳关向西至葱岭；西段从葱岭往西经过中亚、西亚直到欧洲。中段的南道东起玉门关、阳关，沿塔克拉玛干沙漠南缘，经若羌（古鄯善国）、且末尼雅（古精绝国）、和田（古于阗国）、莎车至葱岭。

“丝绸之路”兴起后，新疆的玉料也源源不断地运往中原内地，是丝路贸易的重要内容。根据历史记载以及国内外考古工作者和玉器专家从地理、文化等方面的考证，“玉石之路”向东的路线，南路由和田、策勒、于田、民丰、且末、若羌、米兰、罗布泊、楼兰、玉门关至敦煌；北路由和田、皮山、叶城、莎车、英吉沙、喀什、库车、阿克苏、轮台、库尔勒、吐鲁番至敦煌。和田玉经过玉门关后，经过河西走廊，进入中原，成为帝王皇宫最珍贵、最精美的宫廷用玉，中国玉文化也逐渐进入以和田玉为主体的时代，和田玉被儒家赋予“德”之内涵，成为中国文化的重要载体。

这样的南北两条“玉路”，我们本次“问玉昆仑”考察团都已经沿途走过，只差和田玉进入内地的重要关口——“玉门关”了。

9月1日，于明老师和王海峰二人从乌鲁木齐出发，转机西安飞赴敦煌。9月2日驾车前往阳关、玉门关进行考察。

敦煌市位于甘肃省西北部，河西走廊最西端，是甘肃、青海、新疆三省区的交汇点。敦煌东峙峰岩突兀的三危山，南枕气势雄伟的祁连山，西接浩瀚无垠的塔克拉玛干大沙漠，是世界文化遗产莫高窟和汉长城边陲玉门关、阳关的所在地。历史上的敦煌曾是中西交通的枢纽要道、丝绸之路上的咽喉锁钥、对外交往上的国际都会、经营西域的军事重镇，在中华历史的长卷上占有光辉的篇章。

阳关，位于敦煌市西南75千米南湖乡“古董滩”上。因其坐落在玉门关之南而取名“阳关”。阳关始建于汉武帝年间，在河西“列四郡、据两关”，阳关即是“两关”之一。阳关作为通往西域的门户，又是丝绸之路南道的重要关隘，是古代兵家必争的战略要地。

今天的阳关景区，门口是高大的木头搭建的联亭式营门，景区由阳关博物馆、阳关烽燧、青山梁烽燧、红泉坝烽燧、阳关遗址、古董滩南墩、西土沟墓群遗址等组成。现仅存的一座汉代烽燧遗址，耸立在一处高高的墩台上，它是阳关历史唯一的实物见证。墩台处在阳关的制高点，依靠这座墩台，远近百里尽收眼底。

古代的阳关凭水为隘、据川当险，与玉门关南北呼应，再加上敦煌郡就构成了一个能攻易守的三角形，成为汉王朝防御西北游牧民族入侵的重要关隘。

前往玉门关的路上，在玉门关遗址附近有一段保存较为完整的汉长城、烽燧遗址。西汉王朝为抵御匈奴侵扰，保卫边疆及丝路沿线畅通，在秦长城的基础上修筑了汉长城。我们所看到的这段汉长城遗址，虽经两千多年的风雨洗礼，残高仍有2.6米，基地宽约3米。它不是像明长城采用砖石砌墙修筑，而是利用地理环境采取就地取材、因地制宜的方法建造。西汉时，这一段水草茂盛，生长着大片芦苇、罗布麻、红柳等植物，修筑长城就采用一层柴草、一层砂砾夯筑而成，层层相接，粘连非常牢固。

长城沿线，每隔5千米修筑有烽燧一座，烽燧大都建在较高的地方，一般都高达7米以上。烽燧顶部，四边筑有不高的女墙，形成一间小屋。有的顶部现在还可以见到屋顶塌陷的遗迹和残木柱等。古时，每座烽燧都有戍卒把守，遇有敌情，白天煨烟，夜晚举火传递消息，所燃烟火远在15千米之外都能看到。

玉门关，又称小方盘城，东距敦煌约90千米，南距阳关也是90千米，西距罗布泊东沿约150千米。玉门关位于河西走廊最西端疏勒河南岸，处在周边戈壁、荒漠、河

敦煌汉长城遗址

玉门关

流、湖滩的地理环境之中，北与马鬃山相望，南与祁连山呼应。玉门关大遗址以小方盘城遗址为中心包括2座城址、20座烽燧、17段长城边墙。整个遗址保存了汉代交通防御体系的整体格局，真实地传递着汉代边疆防御、屯田戍边、丝绸之路、交通要隘等历史信息。

玉门关建在一个沙石岗上，南边有盐碱沼泽地。北边不远处是哈拉湖，水草丰茂，牛羊成群，水中还有野鸭、大雁等水鸟栖息。再往北是长城，长城北是疏勒河故道。现在遗存的关城呈方形，东西长24米，南北宽26.4米，面积约633平方米，四周城垣保存完好，为黄胶土夯筑，西、北各开一门。城墙高约10米，上宽3米，下宽5米。城顶四周有宽1.3米的走道，设有内外女墙。城内东南角有一条宽不足1米的马道，靠东墙向南转可上去直达顶部。

玉门关关城遗址虽然不算大，但在风沙之中已经矗立了两千多年的玉门关仍不失大漠雄关的巍峨庄严。登上关城，举目远眺，四周沟壑纵横，长城蜿蜒，烽燧兀立，胡杨挺拔，沼泽遍布，水丰草美，与古关雄姿交相辉映，怀古念今，百感交集。遥想当年的玉门关，驼铃悠悠，人喊马嘶，商队络绎，使者往来，热闹繁华。正是这座小小的方城，紧紧守护着丝绸之路的安全。古关之下，进出过各国的商队，驰骋过英雄的战马，飘拂过使节的旌旗，印下过僧侣的足迹……

距玉门关10千米有“河仓城”遗址，因为比小方盘城大，所以又称为“大方盘城”，这里是汉代玉门关守卒的粮草军械仓库，现只存断垣残壁，但仍可见当年之气势。

玉门关及其周边城址和烽燧的地下曾出土许多有价值的文物，包括文具、织锦、狩猎工具、生活用品和武器等。国内出土的第四块汉纸就是在这里发现的，这块纸的生产要比蔡伦造纸早一百多年。更重要的是大量汉简，有诏书、奏记、檄文、律令、药方等。这一大批出土文物为研究汉代的边塞屯戍、生活、文化、外交等方面提供了珍贵的资料。

从玉门关的地理位置、置关背景、关名由来和“玉门关陈列馆”的资料以及大量的古文献记载看：作为丝绸之路的最重要关口，毫无疑问，玉门关也正是“玉石之路”新疆和田玉进入中原的必经关口。

阳关、汉长城、玉门关的考察行程用了一整天的时间。

9月3日，于老师和王海峰又参观了敦煌博物馆、敦煌莫高窟，晚间逛了敦煌的夜市。因为敦煌是个旅游城市，所以晚间来夜市排档的游客很多。敦煌地处沙漠边缘，又属酒泉市管辖，因此街市上卖戈壁玛瑙、蛋白石、托帕石、祁连玉“夜光杯”的商户很多。敦煌市主营玉器的正规商户有几十家，我们走访了几个玉器店，经营的玉器品种和档次与其他中小城市的情况都差不多，仍是韩料、俄料、青海料的普通玉件为主。

9月4日，结束敦煌考察行程，于明老师和王海峰二人返回北京。

北京—新疆于田

2015年8月份的“问玉昆仑”考察活动因故未去于田县的玉矿，而于田县在整个昆仑山新疆和田玉玉料产地中又是非常重要的地段，这里有白玉故乡之称的“阿拉玛斯”，有著名的“戚家坑”，出过神奇的“95于田料”。为了使于田玉矿的考察内容全面细致、考察行程安全顺利，8月31日，“问玉昆仑”第一阶段考察结束回到北京后，于明老师一面忙着安排考察队员进行工作总结和资料整理，一面通过玉器界的朋友直接联系上了于田东山集团的欧阳斌董事长，两人进行了很好的沟通和深入的交流。东山矿业非常欢迎于老师带人上矿考察，并且做了充分的接待准备。矿上决定将冬季下撤的时间再延长一周，等待我们前去考察。

时间紧张，又担心天气突变山上下大雪封路。沟通妥当后，事不宜迟，暂时放下手头的一切工作，2015年10月19日凌晨，中国传统文化促进会玉文化研究委员会于明主任带上办公室主任王海峰，从首都机场急飞乌鲁木齐。在乌鲁木齐机场等待几个小时，会合另外几位玉器专家后一起飞赴和田，当日晚上9点钟抵达和田机场。于田东山矿业张建国总经理带几辆车来接机，驱车4个半小时，于夜间1点钟到达于田县。

于田县位于和田市东部，距和田市中心180千米。东邻民丰县，西与策勒县相毗邻，北邻塔克拉玛干沙漠，南倚昆仑山。面积3.95万平方千米，总人口22万多人，有维吾尔、汉、回、哈萨克、柯尔克孜等民族，其中维吾尔族约占总人口的98%。于田县境内的山区峰峦叠积，海拔6596米的柳什塔克山峰终年积雪，冰川如银梭穿行于高山之间。位于昆仑山脉中段的喀拉塔什山被誉为“群玉之山”。

于田，维吾尔语称“克里雅”。于田县历史悠久，属地早在一万年前就有人类活动，人们用自己的辛勤劳动和聪明才智，创造着绿洲文明。西汉时，于田属西域都护所领三十六国之扜弥国。到了东汉时期，扜弥国开始衰落，于阗国逐渐强大。三国时，扜弥国被于阗国吞并。清乾隆二十年（1755年），清朝平定了准噶尔部统一了新疆，当时和田地区下属六城，即额里齐、哈喇哈什、玉陇哈什、克勒底雅、齐尔拉、塔克，其中“克勒底雅”当系“克里雅”的同音异译，即今天的于田县城。清光绪八年（1882年）始置于阗县，建县时县址在哈拉哈什城（今墨玉），1885年将于阗县址迁移到克里雅，县境介于古鄯善、于阗两国之间。1913—1944年，从于阗县先后分置出且末县、策勒县、民丰县。1949年9月26日，新疆和平解放。1950年元月中国人民解放军进驻于阗县城，成立于阗县人民政府。后为简化汉字，再根据于阗产玉改名为“玉田县”，但因与河北省玉田县同名，所以国务院决定将“于阗县”改名为现在的“于田县”。

从古至今，于田始终是和田玉重要的产地。于田山料油润细腻的质地、温润而泽的凝脂感、返青为白的特点，堪称新疆和田玉山料中的精品。成立于2007年的和田东山矿业有限公司目前拥有于田县赛地库拉木矿、阿拉玛斯矿、哈尼拉克矿、齐哈苦勒矿4个玉矿的采矿权。

于田县："流水村" 赛地库拉木矿 阿拉玛斯矿 "戚家坑"

10月20日早上8点钟，天还没有亮，东山矿业张建国经理和公司办公室的小伙子王涛来宾馆接上我们出发，奔距离于田县城约100千米的阿羌乡喀什塔什村。东山矿业开矿的厂部——上矿的大本营就设在这里。

于田县城去往喀什塔什村，前半段是柏油路，路边的沙漠中有沙柳、蒿草、黑刺等植被。后半程变成了土路，比较难走。距喀什塔什村约20千米开始，路上松土有一尺多深，车轮深陷沙土中费力前行，上下颠簸、左右滑动，带起沙尘滚滚。行驶两个小时，顺利到达喀什塔什村东山矿业厂部。

喀什塔什村也称"流水村"，坐落在高山草场边的开阔的沟谷中，这里是克里雅河上游的一个小绿洲。村里生活着两百多户1000多人口，村民的生活来源以农业、畜牧业为主。自东山矿业进驻流水村修路开矿以来，公司每年都拿出几十万元资助一些村里的老人、困难户并赞助一些公益活动。东山矿业下大气力修通了上矿的道路，也给村民们上山放牧带来了很大的便利，村民对东山矿业都有好感，民、企关系融洽。

流水村

2002—2005年，中国社会科学院考古研究所边疆考古研究中心对流水村墓地进行了发掘，共清理各类墓葬65座。随后对采集人骨所作的碳14测年结果为距今2950年±50年，墓葬中出土了陶器、铜器、石器、玉器等。玉器主要有玛瑙珠和玉饰，这是昆仑山地区出土的迄今最早的玉器。

于田县阿羌乡流水墓地出土玉饰

东山矿业的厂部设在刚要入村的“之”字形下坡路的村头，这里曾是以前于田县玉石矿的厂部所在地。院子很大，干净整洁，车辆设备和后勤物资排放有序。一排几十年前矿工住的窑洞还保存完好，每间窑洞里都是能住十几个人的大通铺，现在已经换上了防盗门，但现在闲置着。东山矿业新盖了一片砖混结构的房子，用作厨房、餐厅、宿舍、办公。还装修了五六个标准间，供前来的客人住用。

在厂部餐厅吃了早饭，11点钟出发上矿。开车沿着克里雅河一条支流边的千百年来的古老玉道，在山梁与河谷间向东行驶。以前的人行小路，经过东山矿业多年大规模的挖石推土、筑坝改道，现在已经修成了能通行车辆的土石路。牧民们以前放牧进山一趟要六七个小时住在山上，现在可以骑摩托车一两个小时就能进山，照看一下牛羊，随时可以回到村里。

越往山里走，山谷变得越窄，坡度越来越大。经过洪水冲刷的河道也越来越深，乱石堆积，很多巨石立在河道中、堆在河岸边。路上，越野车遇到有托底或难通过的地方，司机小王就下车在路边立上几块石头。他说，矿上路过的铲车看到这个标记就会及时处理。

流水村东山矿业厂部

约30千米的上山路走了两个小时，最后接近矿点的几千米陡峭的盘山路完全是用开山挖玉的石头铺就。下午1点钟的时候到达赛地库拉木矿下的一个工作点。这里海拔3800米，在一处100多平方米的平台上建有两间简易板房，屋外堆放一些燃煤，还有几罐备用的液化气。我们下车稍事休息，也适应一下高原反应。站在这里环顾四周，到处是开山凿壁的石堆。回望上山来时路，这时才感到无比的险峻，蜿蜒曲折的盘山路消失在脚下崇山峻岭的山谷中。再向高处仰望，山顶洁白的雪线连着碧蓝的天空。雪线之下，或是陡峭的绝壁高耸，或是整坡面的石头堆积。在这里还能清楚地望见远处一个开在半山腰的矿点，大量的废石倾泻下来，形成了一条灰色的“石瀑”。

再走一段更陡峭的石头路，越野车开上了海拔4300多米的赛地库拉木矿采矿点。车子停在一处平台上，在平台边上已发现的玉石矿脉周围，有十几个工人、几台钻机和挖掘机在作业。刚一下车，于明老师立刻被已经剥露出两米多高的一大块青玉料吸引，不顾高原反应，疾步冲上前去。眼前这块巨大的青玉体，是发现此处矿脉后，张建国总经理采取了谨慎的保护性开采方法，已经花费了几个月的时间，人工、机械和炸药相结合，一点点剥去围岩，现在已经漏出的部分有一人多高、长宽两三米的样子。单就这一窝已经露出部分的青玉而言，肯定有几十吨重了。

今天，张建国总经理（也是玉矿总工程师）为了迎接考察队到来，把不同矿点的四个矿长都召集到了这里。张总向考察队介绍了赛地库拉木矿近几年探矿、修路和开采的情况，又重点介绍了眼前这块大青玉料的情况。于明老师仔细观察了此处的矿脉和围岩情况，并和张总及几个经验丰富的矿长探讨了赛地库拉木玉矿的地形地质、玉脉特征、玉料特点、开采前景。理论与实践结合、学术与经验碰撞，双方的好多看法都非常一致。王海峰对此矿点进行了全面细致的拍照，并多点多样地提取了玉料和围岩矿物标本，待回到北京做进一步的综合分析研究。

下午两点多钟，该吃午饭了。在这海拔4300米的昆仑神玉面前，我们和工人一样都是不畏艰险的寻玉人。每人一份矿下工作点送上来的热乎乎的盒饭，大家散坐在平台上的挖掘机旁，看着那块大青玉边吃边聊。有趣的是，我们快要吃饭的时候，有几只乌鸦在头上盘旋，司机小王说：“等着吧，还有几十只呢，一会儿就都飞来了。”

赛地库拉木矿采矿点吃午饭

原来，这几十只乌鸦是来吃工人们倒掉的剩饭粒的。据说最初只有几只，后来就逐渐多起来，每天一到吃饭时间准时飞来。时间久了，他们也成了山上寂寞的旷工的朋友，工人们每餐也都故意多剩一些米饭留给它们吃。更有趣的是，工人们讲，因为他们这些四川、湖南工人吃的菜都放辣椒，所以这群乌鸦也都喜欢上了辣椒。

赛地库拉木矿的乌鸦

站在昆仑山上，脚下是一块巨大的神奇美玉，抬头是洁白的昆仑雪山，放眼是绵延的崇山峻岭，面前是采玉矿工一张张黝黑的憨厚面庞，周围一群乌鸦飞来飞去鸣叫啄食……这是我今生吃的最有韵味的一顿午餐。

我们“问玉昆仑”考察队为着一个伟大的目标而来。而此时，就在“万山之祖”孕育出的神奇美玉面前，我们却显得那么的渺小。巍巍昆仑，仰之弥高；神奇美玉，钻之弥坚。此时此刻，昆仑之巅，登高望远，心无旁骛，超然开脱。冥冥之中似乎感悟到远古先人“巫”以“玉”事“神”的境界。

采山玉比采籽玉更难。山玉在昆仑雪山之巅，山高路险，高寒缺氧。正如《太平御览》记：“取玉最难，越三江五湖至昆仑之山，千人往，百人返。百人往，十人返。”玉不像其他矿，选一个矿点或矿脉就可以连续采几年甚至几十年。开玉矿是碰运气，找一条玉脉最宽的两三米，是“鸡窝矿”，一次开完了就要再去探。所以，采山玉难，一是难在工作环境艰苦，二是难在找到好的矿脉不易。矿工们说：“都知道和田玉好，可是谁知道玉石都是拿命换来的？”

赛地库拉木矿采矿点

张建国经理介绍，东山矿业经过几年艰苦的修路，才通到了赛地库拉木矿区。大型机械上来后，出料量确实增加了很多。赛地库拉木矿出产的玉料主要是青玉和青白玉，颜色稍欠但却油润细密。

考虑到考察队员高山缺氧和寒冷的适应力问题，张总经理原本计划今天的考察活动就集中完成赛地库拉木这一个矿区，明天再去海拔更高的阿拉玛斯矿区和“戚家坑”考察。但此时考察队年纪最大的于明老师体力尚佳，精神头也蛮足，又担心即将入冬季节的阿拉玛斯随时会下大雪。于老师和张总商量后，决定连续作战，一鼓作气，争取在5个小时内完成对阿拉玛斯“戚家坑”的考察，力争天黑前安全下撤。

时间紧张、任务艰巨。张总带上矿上最有经验的负责阿拉玛斯矿、哈尼拉克矿、赛地库拉木矿和齐哈苦勒矿的几个矿长协助我们一同前往阿拉玛斯。

从赛地库拉木矿区到阿拉玛斯矿区的路，8千米的距离却艰难地修了两年多的时间，不久前才刚刚贯通。站在赛地库拉木矿能看到这段路几乎是悬贴在山崖下，不由心生恐惧。修往阿拉玛斯的路，之前是想在坡谷中盘旋上去，但两年多几经尝试，终因路基始终不牢固而放弃。最后还是来挑战这段悬崖绝壁，左边依崖壁炸山凿石，右边沿山谷堆积石头并用大石块垒砌成边脊，形成车体宽的路基后上面再铺上石头就成了现在的“路”。

因为阿拉玛斯矿人员已经下撤，这段路已经有些天没有上去过。张总安排一辆铲车在我们越野车前边探路引导，遇有落石和毁损的地方就随时修补。车子颠簸在石头堆砌的路上摇摇晃晃非常缓慢地前移，左边紧贴悬崖，右边是不见底的深谷。有几段坑洼路我们都要下车走过去。半路上，张总还指给我们一处位于雪线上的矿点，据说十几年前有人在那里也开出过几吨很好的玉料。

车子开到阿拉玛斯达坂，前面积雪结冰，车子停下，担心返回时开不上来，不敢再下坡了，人员便全部下车步行前往“戚家坑”方向。这里的海拔约4500米，气温明显更低，考察队员都有了一些高原反应，呼吸急促并伴有一点头疼。而张建国总经理和司机小王却一点儿反应也没有，几个常年在山上工作的矿长更是说说笑笑一身轻松。

过阿拉玛斯达板就是阿拉玛斯矿区的范围。前行两千米，张总指点：右边的深山

于明老师（后排中）同张建国总经理（后排右四）及部分矿长矿工赛地库拉木矿合影

阿拉玛斯矿区

险谷清晰可见“之”字形真正的十八盘山路，这是另一条通往阿拉玛斯矿的道路。这条小路历史上就存在，经过东山矿业整修后，将来可以把大型机械开上来。张总还介绍，阿拉玛斯矿区有好几个矿点，都在我们所走的路右边山谷陡峭的坡壁上，有的矿洞年代久远，已经掩埋得只剩下一点遗迹。其中一处称为“11号矿”的地方，历史上应当出产过好的玉料，因为在它的边上、斜上方都有矿洞，应当是当年发现了好料后奔同一条矿脉而去。一会儿我们登上“戚家坑”，就能清楚地看到这边的几个矿洞。明年，两个方向的道路都修上来以后，东山矿业将对举世闻名的阿拉玛斯矿区包括前面山上的“戚家坑”区域进行全面的勘探开采。我们期待着“白玉之乡”再现奇迹。

我们现在所处的阿拉马斯矿区，位于昆仑山中段的喀什塔什塔格，自古就是新疆著名的和田山料产地，以盛产白玉著称。阿拉玛斯开采的历史可以追溯到清代乾隆时期，虽无史料明确记载，但清乾隆二十四年（1759年）在克里雅（今于田）设立了四品阿奇木伯克，很可能就与阿拉玛斯玉矿开采有关，因为打这以后于阗的贡玉数量大幅增加了。清道光时期废止贡玉制度停采，到了清光绪年间，据传说又有猎人托达奎戏剧般地重新发现了优质白玉矿。早些年于田县玉石矿在此开采时，也在几个矿点发现过清代采玉人留下的遗迹。

民国时期天津人戚春甫、戚光涛兄弟在阿拉玛斯开始开矿，采玉矿坑几十米，出产优质白玉、青白玉，影响较大，被称为“戚家坑”。后来又有天津商人杨明轩也来阿拉玛斯建矿开采，也采出了优质白玉，引起轰动，人们称之为“杨家坑”。以后，在玉石界，“戚家坑”和“杨家坑”就成了阿拉马斯矿区甚至整个和田玉山料产地优质白玉矿的代名词。1957年，于田县成立了玉石矿，又在此矿区连续开采了几十年。

继续缓慢前行，脚下多处有积雪和结冰。远处群山连绵，山顶积雪。“戚家坑”就在我们所能望见的一公里之外的山上。

一鼓作气，登上“戚家坑”！真正的挑战开始了。

前面接近山顶的“戚家坑”，目测直线距离约一千米。但已经彻底无路可走，必须沿乱石堆积、积雪覆盖的陡坡斜插上去，再沿一处山脊侧面登上去。我们稍事休息积攒体力，增加了衣服。张总给我们讲了在积雪乱石上登山的技巧，又安排几个矿长协助保护考察队员向上攀登。开始的一段陡坡，左边是山峰，脚下是风化滚落下来堆积的大小石头，有些覆盖着积雪。右边延伸斜下的山坡上全是落石覆盖，一直深入几千米的谷底。这段险峻的山坡走起来非常困难，脚下石头稍有松动滚落或脚底积雪打滑，都有滚落山下的危险。越往上走，超过4500米海拔的高原反应不断加剧，速度稍快或用力过猛都明显感到气短气喘。我们几分钟歇息一下。年近60岁的于明老师体力稍差些，但也和我们一样凭着坚强的毅力坚持着。走过一百多米，翻过乱石积雪坡面，抬头已经可以望见“戚家坑”地点。近在眼前，望坑兴叹！余下几百多米的路更加艰难。我们休息一下，继续攀登。接下来一段积雪完全覆盖的陡坡，一位矿长在前边探路，后边的人踩着雪窝中的脚印前进。有的地方要蹲下身子手扶石头或手伸到雪里侧身贴着地面小心翼翼通过，有的地方需要互相拉拽上去。越接近“戚家坑”，越来越高、越来越险，我们也越来越累，高原反应越来越强烈，体力、心理几近极限。随行的小王和几位矿长背上了考察队员的背包，张总也不断鼓励，给我们打气。气喘吁吁的队员在一处山脊的豁口处再次停下歇息十分钟，准备对“戚家坑”发起最后冲刺。这里的气温已经低至零下，天空飘起了雪粒。在这个位置，能看到我们刚刚攀上来的险峻道路，也能看到刚才张总所讲过的阿拉玛斯的几个矿洞。

阿拉玛斯去往“戚家坑”

攀登“戚家坑”途中休息

最后一百米的距离，更险、更累、更冷。用尽气力，顽强攀登，走几步歇一歇。到这个时候支撑我们的已经不是体力，完全是靠信念和意志。

耗时一个多小时，终于登上了神秘、神圣、向往已久的“戚家坑”！

我们兴冲冲登上了“戚家坑”坑口旁边的一处平台，激动和兴奋一扫疲惫和恐惧。这个平台有十几平方米，是山顶凿出的一处豁口。上面散落的石块中有一些以前的小玉料矿渣，有几个锈迹斑斑的铁架子、机器壳子和几个零部件，这应当是以前于田县玉石矿遗留下来的。旁边的一条山谷有前人采玉倾倒矿渣的痕迹，据说也有人又翻挖过，也曾捡到过小玉料。

过平台左转十几步就是著名的“戚家坑”。坑口在山顶直切下十几米处的崖壁底下，昔日的“冰坑”景象早已不见，深坑早已被石头填埋。隐约可辨的坑口约有20平方米，坑口及周围都是一些大块的石头，有一些是采玉剥离的围岩。崖壁上和坑口周围，有的石头透着一条条的淡绿色，应当是有透闪石和蛇纹石的成分。

在戚家坑口，以于明老师带队的考察队员和张建国总经理为首的东山矿业的各矿点矿长，看着眼前的景象，就“戚家坑”成矿原因、矿脉走向、围岩特征、玉料特点、采玉历史、开采方法、出玉前景、遗址保护等一些问题进行了交流和讨论。真乃是：古有“华山论剑”，今有“昆仑论玉”。

考察队长于明老师和张建国总经理在“戚家坑”口

考察队员王海峰和三位矿长在“戚家坑”侧洞

雪下得越来越大，气温也降得更低，冻得每个人脸色青紫，持相机不停拍照的王海峰和王涛手都已冻得麻木。有人想用手机拍照留念，但低温下手机已经死机。我们又沿着“戚家坑”侧面的斜坡下去十几米，这里有一个遗留下来的矿洞，洞口外积雪没过脚面，洞内地面结了厚厚的冰。洞口的冰凌冰柱“冰帘洞”景观非常独特漂亮，就连之前曾来过这里的几个矿长见了也感到很惊奇。“冰为骨骼玉为神，洗尽铅华不染尘”，美景难得一见。我和几个年轻的矿长进洞看了里面的情况，在洞里待了一会儿，实在太冷了，真有“琼楼玉宇，高处不胜寒”之感。出来后几个人坐在“冰帘洞”口拍照留念，还随手掰下一段冰凌吃了几口，口感真不比冰棍儿差，就是太凉了。眼前冰清玉洁的景象，不由得想起西王母与周穆王在瑶池相会的神话传说，那时西王母的玉宫就是这样的吗？

雪还在不停地下，估算一下，从“戚家坑”下撤，再走到停车的达坂，返回赛地库拉木矿区，然后返回“流水村”，时间已经很紧张了，张总和于明老师便先行下山。王涛和几个矿长又要到这个矿洞再往下边的一处矿洞看一下情况。我一个人便留在上边的两处矿口继续拍照并挑拣一些不同特征的矿渣标本。

从“戚家坑”下撤

气温降得很快，雪也越下越大。我独自一人站在昆仑之巅、“戚家坑”口，环顾

登上“戚家坑”的考察队员兴奋不已

莽莽群山，眼前雪花飘飘，脚下峭壁峥嵘。“登昆仑兮回望，心飞扬兮浩荡”。念天地之悠悠，顿生神圣自豪之感，恍然自己是个孤独的剑客，又有英雄般的凛然……

不到半个小时，下一层矿洞的几个人上来，我们便马上下撤。下山的路当然也很艰险，但总是体力支出比上山小些，且已经积累了一些攀爬经验，在危险地段我们还是相互协助保护。不到一个小时便安全下到了山路上。再回望“戚家坑”，已经掩映在飘飘洒洒的雪花中。

张总对于老师和考察队员的表现充分肯定、大加赞赏。登上“戚家坑”的人并不多，有好几拨来访者都是走到这里就已经力不从心，就此止步了。有几家知名媒体来这里拍过纪录片，像《玉石之路》《昆仑采玉人》《寻玉昆仑》几个剧组也都上去过，那也是几多坎坷颇费周折。有一组人员是艰难上去后不能顺利下来，扎上帐篷在上边住了一晚。还有个栏目记者登到半路实在坚持不住，但仍不想放弃，最后硬是几个矿工架着登上去的，同行的几个矿长对此印象深刻，说起这件事还不停地笑。

相传，周穆王西行巡狩登上昆仑山，赞“万山之祖”的昆仑山：“惟天下之良山，宝玉之所在。”

当年瑶池相会时，西王母作歌曰：“白云在天，山陵自出。道里悠远，山川间之。将子无死，尚能复来！”周穆王对歌道：“予归东土，和治诸夏。万民平均，吾顾见汝。比及三年，将复而野。”歌毕，两人唏嘘涕零，不能自已。第三天，在云蒸霞蔚的晨光中，他们依依惜别了。但不知何故，周穆王三年后却没有来瑶池再见西王母。今天，我要说：“再见，‘戚家坑’！再见，阿拉玛斯！我们一定还会再来的！”

至于人们常与“戚家坑”并提的“杨家坑”，张建国总经理讲，事实上，多年来包括老玉石矿的人根本就没有确定哪个地方是“杨家坑”，“杨家坑”的具体地点现在还是一个谜。因为据记载“杨家坑”是在距“戚家坑”不远的地方。而多年来人们并未在“戚家坑”附近发现过别的矿坑，阿拉玛斯其他几个地点也是“硐采”遗迹，都不能称之为“坑”。因此，张建国总经理推断：或者是“杨家坑”不在“戚家坑”附近，或者就是后来杨家人在“戚家坑”续采，“杨家坑”和“戚家坑”或为同一个地点。这个观点如果成立，在玉器界也算是个重大的成果，会因此改写很多历史记录。但结论如何，还有待进一步考证。我想，在这个问题上，最终还应当是那些寻玉足迹踏遍了阿拉玛斯矿区所有山崖沟谷的“东山人”最有发言权。

下午6点多钟，我们走到了停车的达坂，身后的阿拉玛斯矿区已经是漫天大雪，看来于老师今天及时上来的决定又非常英明。如果这样的大雪不停地下起来，明天再来阿拉玛斯和“戚家坑”是绝对不可能的事情了。真是幸运！我们这群与玉结缘的人在“问玉昆仑”的路上再一次得到了玉神的庇佑。

出产过“95料”的哈尼拉克矿和齐哈苦勒矿都不在赛地库拉木和阿拉玛斯这片范围。哈尼拉克玉矿在流水村南面，距离流水村大概35千米。从流水村出发经过三小队，向克里雅河上游行进，中间需要攀爬海拔4500米的达坂。途中要攀爬岩壁、穿越激流。矿区气候变化无常，有终年不化的冰层。目前已知矿点7个，出产白玉、青白玉、青玉、青花，玉石品质好，颜色质地上乘。哈尼拉克矿基本是人工开采，开采条件艰苦，采到的玉料要靠人背驴驮运下山。东山矿业2012年开始修建到哈尼拉克矿的道路，现在已施工4年，修建上矿道路约25千米。

哈尼拉克矿点

齐哈苦勒矿俗称“青花矿”，在哈尼拉克同一方向，矿区平均海拔4700米。上山中间需要在克里雅河上溜索道，上矿的道路从海拔约3400米爬升到4500米，全是在70°左右的山体上攀爬，十分危险。齐哈苦勒矿区已知矿点5个，矿点工作面狭小，开采都要做安全绳防护。出产的“青花”白如凝脂黑如墨，采出的玉料需要工人背到中转站，再由中转站派毛驴小队运送下山。

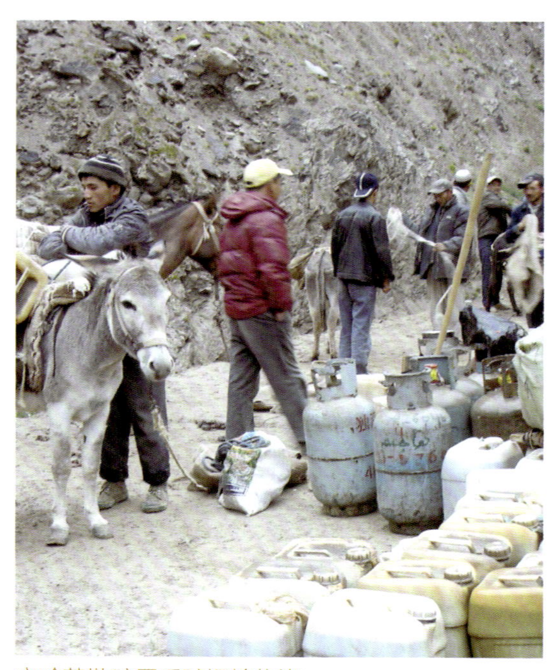
齐哈苦勒矿用毛驴运输物资

前些天，哈尼拉克和齐哈苦勒两个矿的人员已经下撤。待到明年下半年道路再向前修一段后，考察队要到这两个矿点进行实地考察。

从阿拉玛斯撤到赛地库拉木矿后，又用了一个半小时的时间下山回到了流水村。原本计划今晚住在厂部的“三星级宾馆”，张总也安排好了晚上烤全羊招待我们。这时，东山矿业欧阳斌董事长来电话，他已经从外地赶回于田，还有上海尚善堂老总晏贺林和扬州金鹰玉器厂厂长刘月朗两位玉界大腕也到了于田，这两位也都是于明老师的老朋友。欧阳董事长希望于老师若能坚持的话，最好赶回于田，他在家中设宴招待。商议后，我们决定赶回于田。

这时天渐渐黑下来，小王驾车走另一条经高山草原通往于田县城的路。开始的一段路比较好走，路边草原开阔，不时看见几头高大的骆驼静静立在草原高岗上，映衬在晚霞中，落日余晖，驼峰旷野，简直是一幅绝美的图画。后来的路却越发难走，高山草原上车辆长期碾压形成的深陷地下两米的土沟仅能容下一辆车通行，松土有半个车轮深。多亏是中东版“无敌霸道”，也是司机王涛车技高超、经验丰富。走高山石头路和草原土路有不同的驾驶技巧，小王并不走车道中间，有时看到车子几乎冲到沟壁再猛一打轮回到路中来躲避松土深坑，左拐右冲，车辆颠簸得厉害，但仍然快速前行。

走了近3个小时的夜路，夜间11点赶到了于田县城欧阳董事长家中。晏贺林、刘月朗和和田玉器圈的几个朋已经在欧阳董事长家中等候。欧阳董事长家乡来的厨师做了一桌丰盛的湘菜招待这批客人。席间，大家交流了玉料玉器方面的一些见解。有一位于田当地的维吾尔族朋友还讲了他当年倒手过两吨“95于田料”的旧事，大家都说要是放到现在他也成了亿万富翁了。不过遗憾归遗憾，这位维吾尔族朋友还是不后悔，因为当时他是和朋友合伙在银行贷款购入了两吨“95料”，一年后还是赚到了20万元，这在当时也是非常成功的一笔买卖了。

于田东山矿业：看玉料 参观加工车间 座谈会

10月21日，考察队员前往东山集团总部。东山集团是于田县实力很强的企业，目前的主营业务是建筑和采矿，集团在于田县城中心位置有自己独立的院落和办公楼。自从2000年承包玉石矿进行开矿准备工作，到后来不断修路的过程中挖出的玉料，再到近几年几个矿点大规模出料。这十几年所有开采出来的玉料一块也没有出售，都存放在公司库房中。

存放玉料的库房在办公楼地下一层，共有四个大间，在这里堆放的玉料有300多吨，只做了简单的分类，还没有细分等级，有些玉料还装在矿上封装的麻袋中。其中一个小库房存放有十几吨青花料。几间库房存放的玉料重量以几百克到几千克的居多，也有少量几十千克的大块料，主要是青玉以及青白玉。虽然没有特别白细的料子，但于田玉料结构致密、油性好的特点都明显具备。于田料和且末、若羌料在色泽、润度、玉性方面还是有着明显的区别。

看料、品料、论料过程中，大家不断交流，并选择了几种表面特征不同的料子，拿到加工车间切开来仔细分析。刘月朗先生则根据自己多年对于田料的研究心得，结合眼前的玉料情况，讲了一些切身的体会和独到的见解。刘月朗是扬州金鹰玉器厂董事长，他几十年来一直和于田料打交道，自“95料”刚一出现他就开始不断购买、加工，每两三年就要买进一些供自己的玉器厂加工使用，一直买到今天。每千克几百、几千、几万、十几万、几十万的价格他都买过，而且一直是从拥有那批玉料最多的维吾尔族人尼亚孜手里直接购买。也许是因为用惯了洁白细腻的“95料”，刘先生对于库房的这批主要产自赛地库拉木矿的玉料给了相对保守的评价。后来，张建国经理又给我们提供了几块产自阿拉玛斯矿和哈尼拉克矿的玉料，细腻度、油润度已经是相当的

专家解析于田玉料

于田白玉俏色鹅

于田青玉匜

于田白玉牌

好，如果再白一点的话就能达到“95料”的品质了。不过，这样的好料东山矿业具体已经产出多少，存放哪里，应当还是商业机密的事情，我们不也便细问。但可以预见的是，随着阿拉玛斯和哈尼拉克矿区道路修通，大型机械上去大规模开采后，很可能会发现高品质的玉料，“95于田料”的神奇再现亦非遥不可及的梦想。

东山矿业的玉石加工团队在2012年开始组建，选派人员赴北京投奔名师学习玉雕技术。现在玉器加工车间的工作人员基本都是从北京学成归来的。车间有十几台机器，十几个人在工作。专业设计、手工雕刻、打磨抛光、机器精雕等一应俱全。100多平方米的玉器展厅，展出了于田玉料加工的多种作品，镯子、牌子、把件、摆件等。也有几件像“青玉匜”“白玉连年有余水丞”等工艺比较复杂的作品。尽管作品总体效果还不尽完美，但对于由一批年轻的玉雕师刚刚组建的玉器加工厂而言，这已经是很不错的成绩了。东山矿业自己的加工厂有着独特的玉料优势，再加上欧阳董事长“走出去，请进来”的发展思路，玉器加工水平不断进步、完善、成熟的步伐肯定也会走得很快。

21日下午，几方面人员在东山集团会议室联合召开了“于田玉历史、现状与未来”主题座谈会。会上，东山矿业张建国总经理介绍了近些年东山矿业修路探采的情况；欧阳斌董事长介绍了东山集团的企业价值和核心理念以及集团玉石板块的发展构想。东山集团之所以多年来把其他产业的收益不断地向玉矿投入，至今没有出售过一块玉料，就是一直在酝酿和谋划

于田青花料

哈尼拉克料

于田“95料”

着，要把于田县产的“根正苗红”的、承载着中国玉文化内涵的真正意义上的“和田玉”以她应有的姿态推向市场，把最正宗的新疆和田玉玉料和货真价实的和田玉玉器奉献给那些喜欢和田玉的人们。为此，公司也在做全盘的规划。矿上争取开出更好的玉料，下游为走向市场做进一步的准备工作，厚积薄发；于明老师则重点围绕于田玉矿和玉料的开采历史、重要地位以及如何把玉器更多地注入中国玉文化元素等发表了看法。于老师还饱含深情、特别郑重地建议欧阳董事长，哪怕少出一些玉料、减少一些收益，也要把阿拉玛斯“戚家坑”这个中国唯一完整保留下来的有历史记载的古矿口保护起来。欧阳斌董事长也是一位很有社会责任感的企业家，欣然接受了于老师的建议；刘月朗和晏贺林两位玉界名家则就于田玉料的特点、市场价格和玉器加工的思路等几个方面谈了各自的看法。

于明老师还说，就他所走过的众多玉矿情况看，目前东山矿业的于田玉矿矿区覆盖范围广阔、开发合理有序。于田出玉历史悠久、影响巨大，下一步如何更科学地勘探、如何更高效地开采、如何更合理地用料、如何设计加工出有玉文化元素的玉器、于田玉料应以什么样的方式推向市场等等，是摆在眼前的重要课题。很有必要组织一次由国内著名地矿专家、知名玉文化学者和玉雕大师参加的于田玉高级研讨会来探讨解决这些问题、规划未来前景。于老师的提议欧阳董事长欣然同意，两人一拍即合：于老师负责召集组织，东山矿业接待。时间暂定在2016年七八月份，那时阿拉玛斯的路修到“戚家坑”，专家们上矿会更容易些。

座谈会结束后，刘月朗先生通过多年来购买“95料”的渠道，又去看了一批“95料”，最终以平均每千克超过十万元的价格果断拿回来80千克，其中一块重32千克。以前只是听说扬州“金鹰玉器”刘老板做生意有魄力，今天果然见证了他出手够狠，两袋石头砸下1000万，确实是“万里寒空只一日，金眸玉爪不凡材”。当晚，我们在欧阳董事长的家中逐块认真仔细地研究、品鉴了这批“95料”。“95料”果然名不虚传，其白度、细腻度、油润度确实称得上是所有和田玉山料中的极品！我们猜想，那块32千克的玉料一定会是扬州玉雕大师的山子雕首选，“95料”加上大师工，最后的作品价格恐怕要近千万了。

和田—且末—若羌

此次二赴新疆，重点就是考察于田玉矿。圆满完成任务后，10月22日至25日，中国传统文化促进会玉文化研究委员会主人于明和王海峰、新疆和田玉行业协会会长孙玉、北京国玉和田玉文博馆董事长杨翔宇和总经理孙怡等人再次对和田市的几个玉石巴扎籽料情况进行了调查。随后又赶到且末县，看了天泰矿和金山矿新下来的一批小白料、糖白料、糖料。天泰矿业负责玉料开采的赵总经理非常热情地接待了我们，我们也获得了且末玉矿更多有价值的信息。一行人还再次去了若羌县，敲定了明年上矿实地考察的计划，而后考察队长途驱车返回乌鲁木齐。

本次再赴南疆，圆满完成了于田玉矿的考察任务，并又访和田、且末、若羌，使得“问玉昆仑”考察活动第一阶段的任务超额完成，也减少了2016年第二阶段的考察工作量。

塔克拉玛干沙漠

结语

至此，“问玉昆仑——新疆和田玉历史与现状考察”活动第一阶段圆满结束。考察团沿“昆仑山—阿尔金山”一线自西向东，按计划实地考察了喀什—塔什库尔干—莎车—泽普—和田—策勒—于田—且末—若羌各地新疆和田玉的情况。考察活动前后历时20多天，总行程8000多千米，上昆仑、下玉河、访村落、走市场，通过全面深入地调查研究，掌握了大量一手资料，收集了许多珍贵的玉料标本，并有一些新的重要的发现。考察成果丰硕，收获巨大。作为考察团成员之一，笔者本人有幸与国内著名的玉器和地矿专家一同参与调查研究，为“问玉昆仑”贡献绵薄之力。同时自己也获益良多，深深体会到“纸上得来终觉浅，绝知此事要躬行”的道理。

2015年“问玉昆仑”第一阶段考察活动的实地调研部分已经按计划如期完成，接下来还有很多工作要做，后续任务还很繁重：要把实地考察搜集到的各种信息资料进行梳理总结；有些数据还要进一步核实，涉及历史方面的，还要查阅各种文献资料加以充实；所采集的玉料标本要交给地质和矿物专家进行实验室分析；在最后综合归纳总结时，可能也要参考借鉴一些别人的研究成果，最终才能形成科学、严谨、全面、权威的结论。

后记

2016年“问玉昆仑”第二阶段的考察活动，是查漏补缺的阶段。重点是要考察叶城县棋盘乡密尔岱古玉矿；到黑山矿考察“山流水”玉；在于田县召开一次于田玉高级别研讨会；再去一次塔什库尔干大同乡的古玉矿和马尔洋乡皮里村的玉矿；再上一次且末玉矿和若羌玉矿。除此而外，还要对任何所得资料不全或信息不准确的地方再派考察小组“杀回马枪”。总之，本次考察活动一定要下决心花大气力把新疆“昆仑山——阿尔金山”沿线新疆和田玉的历史与现状调查清楚、形成结论，去伪存真，激浊扬清。给真正热爱新疆和田玉、研究和田玉的人们以正确的参考和科学的指引，让那些总爱发表一些关于新疆和田玉的奇谈怪论混淆视听的人偃旗息鼓。

玉出昆冈，大美新疆。

“问玉昆仑”，我们留下了坚实的足迹，收获了丰硕的成果。

笃志明理，躬行求真。

“问玉昆仑”，今年我们一切顺利，明年我们会更加努力！

本文只对“问玉昆仑——新疆和田玉历史与现状考察”活动的行程活动做了简略记述。关于本次考察活动对新疆和田玉调查研究方面的一些具体数据以及考察成果、科学论断等内容仍在整理和研究中，亦非本文所要表达的重点，所以并未详细披露。本次“问玉昆仑”考察活动的一切成果皆属于“中国新疆和田玉综合研究”课题之一部分，本部分科学、严谨、全面、权威的结论将成为2017年出版的新疆和田玉研究的权威著作——《中国和田玉》内容之一部分，若有兴趣，敬请关注。

如有读者想了解“问玉昆仑”考察活动更多的细节和南疆的人文、自然景观，可加《中国玉器年鉴》公众号或本文作者王海峰的微信。以玉为媒，因玉结缘，我们一起交流探讨神奇美丽的新疆和田玉。所有喜欢和田玉的朋友，不分彼此，我们都在“问玉”的路上！

玉门关外疏勒河谷

美玉出于田 “东山”谱新篇

——新疆于田县东山矿业玉石开采现状

张建国 王海峰

和田东山集团董事长欧阳斌先生在赛地库拉木矿

自古至今，于田始终是新疆优质和田玉最重要的产地。其境内著名的阿拉玛斯被称为“白玉的故乡”，闻名遐迩的“戚家坑”一度成为优质白玉矿的代名词。哈尼拉克矿神奇的“95于田料”更是创造了于田山料的天价神话。

于田县位于和田市东部，距和田市中心180千米。东邻民丰县，西与策勒县相毗邻，北邻塔克拉玛干沙漠，南倚昆仑山。面积3.95万平方千米，总人口22万多人，有维吾尔、汉、回、哈萨克、柯尔克孜等民族，其中维吾尔族约占总人口的98%。

于田，维吾尔语称“克里雅”，因克里雅河而得名。于田县历史悠久，属地早在1万年前就有人类活动，人们用自己的辛勤劳动和聪明才智，在克里雅河流域创造着绿洲文明。西汉时，于田属西域都护所领三十六国之扜弥国，成为我们伟大祖国不可分割的重要组成部分。到了东汉时期，扜弥国开始衰落，于阗国逐渐强大。到了三国时，扜弥国被于阗国吞并。清乾隆二十年（1755年），清朝平定了准噶尔部统一了新疆，当时和田地区下属六城，即额里齐、哈喇哈什、玉陇哈什、克勒底雅、齐尔拉、塔克，其中克勒底雅当系克里雅的同音异译，即今天的于田县城。 清光绪八年（1882年）始置于阗县，开始建县时县址在哈拉哈什城（今墨玉），1885年将于阗县址迁移到克里雅，县境介于古鄯善、于阗两国之间，包括有现在的于田、且末、民丰、策勒四县之地。1913—1944年，从于阗县先后分置出且末县、策勒县、民丰县。 1949年9月26日，新疆和平解放。1950年元月中国人民解放军进驻于阗县城，4月经中共和田地委批准成立了中国共产党于阗县工作委员会，同时成立于阗县人民政府。1959年，“于阗县”简化为“于田县”。

于田县境内的山区峰峦叠积，海拔6596米的柳什塔格终年积雪，冰川如银梭穿行于高山之间。位于昆仑山脉中段的喀拉塔什山被誉为“群玉之山”。和田地区有两条主要的河流发源于喀拉塔什山，西边的一条称玉龙喀什河，东侧的一条为克里雅河，玉龙喀什河产籽玉，克里雅河上游的阿拉玛斯玉矿则以产出优质白玉闻名遐迩，于田也有“中国玉石之乡”的美称。

美丽的阿拉玛斯（摄影：王涛）

毛驴运输队

历史上的于阗国自古出美玉，史籍多有记载。《史记·大宛列传》："汉使穷河源，河源出于阗，其山多玉石。"《汉书》："于阗国，王治西城，去长安九千六百七十里……于阗之西，水皆西流，注西海；其东，水东流，注盐泽，河源出焉。多玉石。"《魏书》："于阗国，在且末西北，葱岭之北二百余里。东去鄯善千五百里，南去女国二千里，去朱俱婆千里，北去龟兹千四百里，去代九千八百里。其地方亘千里，连山相次。所都城方八九里，部内有大城五，小城数十，于阗城东三十里有苴拔河，中出玉石。土宜五谷并桑麻，山多美玉，有好马、驼、骡。"《隋书》："于阗国……土多麻、麦、粟、稻、五果，多园林，山多美玉。"《新疆志物》记载有"于阗产玉之山三：曰流水山，在县城二百五十里，曰觉可沙依山……"。因为历史上于田县所属区域曾归属过于阗国，所以这些关于于阗国产玉的记载中，有"水"出玉，主要指今"白玉河""墨玉河"和叶尔羌河，"山"多美玉，或有于田县境内昆仑山中的产玉矿区。

总之，自古至今，于田始终是和田玉重要的产地。于田山料油润细腻的质地、温润而泽的凝脂感、返青为白的特点，堪称新疆和田玉山料中的精品。于田玉在中国玉器玉文化的发展史上留下了浓墨重彩的一笔。

于田玉最早的开采历史，史料并没有明确的记载，究竟自何时开采，今已无从考证。但于田最负盛名的阿拉玛斯玉矿开采的历史应当可以追溯到清代乾隆时期，虽也无明确的史料记载，但清乾隆二十四年（1759年）在克里雅（今于田）设立了阿奇木伯克（四品官员，隶属于和阗办事大臣），很可能就与阿拉玛斯玉

上山

山间休息

人工运输玉料过河

矿开采有关，因为从这以后于阗的贡玉数量大幅增加了。清道光时期废止贡玉制度停采后，到了清光绪年间，新疆建省，废除了阿奇木伯克官职。据传说，就在光绪年间，又有当地猎人托达奎戏剧般地重新发现了优质白玉矿。民国时期天津人戚春甫、戚光涛兄弟在阿拉玛斯开始开矿，采玉矿坑几十米，出产优质白玉、青白玉，影响较大，被称为“戚家坑”。

1957年，于田玉矿成立，当时在册员工48人，玉矿1957—1964年间的财务报表这样记载：

1957年，出产玉石8吨质量差未售出。

1958年，出产玉石8.5吨，每千克5.5元售出。水晶石2.5吨，质量好的800千克，每千克15元。冰川石2吨每千克5元。石棉800千克，每千克13.5元。石英石1250千克，每千克1.5元。石磙子264个，每个13.5元。

1959年，出产玉石11.5吨，只销售1吨半54,464.74元。

1960年，出产玉石6吨，销售6吨241,501.24元。

1961年，出产玉石7399千克未售出。

1962年，出产玉石5吨质量差未售出。

1963年，资料缺失。

1964年，出产玉石2649千克，卡瓦石3500千克。员工73人，骆驼14头、马14匹、毛驴30头。

于田县玉石矿也出产过一些大块的优质玉料。1963年阿拉玛斯玉矿开采出

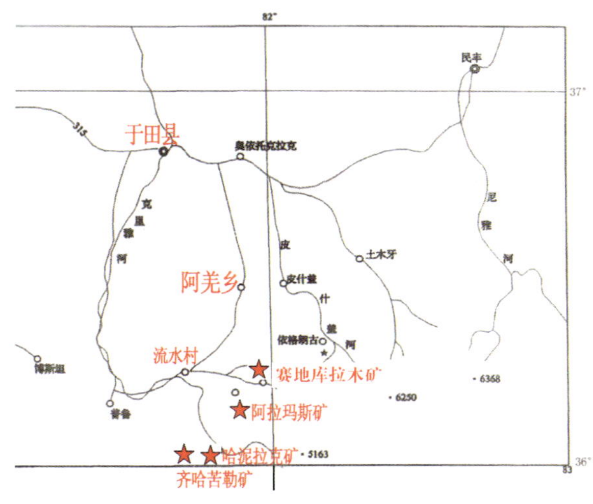

于田县玉矿位置图

一块重170千克和一块重190千克的白玉，分别销往上海和锦州。1976年采出一块178千克的青白玉，送到毛主席纪念堂。1977年采出玉石11.26吨，创玉石矿最高纪录。1978年阿拉玛斯玉矿采出一块重249千克的青白玉，北京玉器厂雕成玉女牵狮，被北京故宫博物院收藏。1985年采出的一块优质白玉卖给了扬州玉器厂，雕成一件宝塔炉，收藏于中国工艺美术馆。

20世纪80年代后，阿拉玛斯玉矿高品质的矿脉逐渐采空，按照当时的生产条件和交通状况，于田玉矿的老矿区大多没有再开采的经济价值，采玉工作逐渐停滞下来。直到1994年，在于田县哈尼拉克玉矿发现了著名的“95矿”，又拉开了于田玉辉煌的大幕。

成立于2007年的和田东山矿业有限公司，目前拥有于田县赛地库拉木矿、阿拉玛斯矿、哈尼拉克矿、齐哈苦勒矿4个玉矿的采矿权。

东山矿业采矿团队

东山矿业开矿的厂部、上矿的大本营在距离于田县城约100千米的阿羌乡喀什塔什村（俗称“流水村”）。从于田县至阿羌乡为60千米公路，由阿羌乡至流水村为40千米简易道路。流水村坐落在高山草场边的开阔的沟谷中，村里生活着两百多户一千多人口，这里是克里雅河上游的一个小绿洲。自东山矿业进驻流水村修路开矿以来，公司每年都拿出几十万元资助一些村里的老人、困难户并赞助一些公益活动。东山矿业下大气力修通了上矿的道路，也给村民们上山放牧带来了很大的便利，村民对东山矿业都有好感，民、企关系融洽。

东山矿业在流水村的厂部是以前于田县玉石矿的厂部所在地。院子很大，干净整洁。几十年前县玉石矿矿工住的一排窑洞如今还保存完好，每间窑洞里都是能住十几个人的大通铺，现在已经换成了防盗门，都已经保护起来并没有住人。东山矿业又新盖了一座新房，用作厨房餐厅和办公住宿。

赛地库拉木矿位于流水村东南方向，由流水村至该矿点是27千米的山路。矿区海拔约4600米，基本无植被覆盖。以前上山的人行小路，经过东山矿业多年大规模的挖石推土、筑坝改道，已经沿着克里雅河一条支流边的古老玉道修成了能通行车辆的土石路，从流水村上矿，在山梁与河谷间向东，大概两个小时就能到达赛地库拉木矿区。

阿羌乡流水村（摄影：王涛）

赛地库拉木矿区

赛地库拉木矿修路

赛地库拉木矿点

赛地库拉木矿作业场景

赛地库拉木矿区是东山矿业在张建国总经理的带领下大规模修路开发的第一个矿区，其修路之艰难、采玉之艰辛自不必说。但也正是在这个过程中，东山团队积累了丰富的修路经验，形成了一套科学而又实用的找矿和采玉的方法，锤炼出了一支敢于攻坚克难、英勇善战的坚强队伍。而且，值得一提的是，在生产过程中，东山矿业多年来始终坚持严格管理、规范作业，在如此高海拔的高危作业环境下，从未出过大的安全生产事故，没有人员伤亡，这在整个昆仑山沿线的古今玉矿开采史上也算是一个奇迹。

阿拉玛斯矿区，位于昆仑山中段的喀什塔什塔格，自古就是新疆著名的和田山料产地，以盛产白玉著称。由流水村至阿拉玛斯矿点为35千米山路，从赛地库拉木矿区到阿拉玛斯矿区8千米的距离修了两年多的时间，2015年底才刚刚贯通。

翻过阿拉玛斯达坂，就是著名的阿拉玛斯矿区，这里海拔约4500米。阿拉玛斯矿区有好几个矿点都在路右边山谷陡峭的坡壁上，有的矿洞年代久远，已经掩埋得只剩下一点遗迹。其中一处称为“11号矿”的地方，历史上应当出产过好的玉料。

“戚家坑”坑口在阿拉玛斯一处海拔4600多米的山上，海拔高，气温低，常年下

阿拉玛斯矿区

“戚家坑”

雪。历经几个阶段的开采，坑口边上有一处十多平方米的平台。“戚家坑”坑口就位于这个平台边上一个小山头凿下十几米处的崖壁下。于田县玉石矿成立以后，仍然在此处开采多年。以前从坑底到坑口深达60米左右，坑内基本被冰填充。现在，昔日的“冰坑”景象早已不见，深坑早已被石头填埋，坑口及周围都是一些大块的石头。

2016年，从两个方向奔阿拉玛斯矿区的道路都修通后，东山矿业将对阿拉玛斯矿区包括“戚家坑”地区进行全面的勘探开采。

哈尼拉克玉矿在流水村南面，距离流水村大概35千米。从流水村出发，经过三小队向克里雅河上游行进。到矿点路程艰险，大部分全是上行，中间需要越过海拔4500米的达坂。上达坂6个小时，下达坂4个小时，途中要攀爬岩壁、穿越激流，这对采玉人的体力与毅力都是极大的考验。哈尼拉克矿区海拔平均4500米左右，气候变化无常，有终年不化的冰层。矿脉分布点多，目前已知矿点7个，出产白玉、青白玉、青玉、青花，玉石品质好，颜色质地上乘。哈尼拉克矿以前基本是人工开采，开采条件艰苦，工具是十字镐、钢钎、榔头，开采工艺原始，玉石产量低，采到的玉料要靠人背驴驮运下山。

哈尼拉克矿就是出产了那批神奇的“95于田料”的矿。当年，一个在山上牧羊的小巴郎捡了一块巴掌大的雪白山

哈尼拉克毛驴运输物资

哈尼拉克矿攀崖上矿

“95料”矿洞

料，卖给了在附近承包玉矿的矿主。矿主看到这块玉非常兴奋，这块料的颜色和质地是他采了这么多年玉从未见过的。矿主给了这个小巴郎150元钱，让他带路去寻找发现山料的地方，这个地方就是“95矿”。1995年于田县玉石矿将“95矿”承包给了维吾尔族工人买提尼亚孜，当年他开采出了15吨优质玉石，其中白玉和优质青白玉居多。由于哈尼拉克矿区路途遥远险峻，物资和玉石的运输全靠人背驴驮，全程需2—3天，而且如此多的产量超出组织者的预估，“95矿”的开采一直持续了整个冬季，由于矿区海拔在4500米左右，冬季十分寒冷，条件异常恶劣，加上采矿人员当时对该玉矿玉料的珍贵程度认知不够，在开采时没有刻意保护，很多美玉都被炸成了碎块。到1996年时，下一任承包者仍然在该矿点开采出了2吨多玉石。同时在距离“95矿”20米处又发现了一个新的矿点，当年又采出5吨左右的玉石，虽然品质上略逊于“95料”，但仍然是少见的优质白玉，其中一部分品质与“95料”相比也不相上下。

东山矿业有限责任公司2011年开始筹划修建到哈尼拉克矿区道路，2012年正式施工，到现在已施工4年，修建上矿道路约25千米，预计2017年能全线打通矿区道路。因为海拔3500米以上的矿区道路占全程的70%，起伏落差大，施工难度也非常大，所以修路进度比较缓慢。

齐哈苦勒矿也在流水村南面，距离哈尼拉克矿不远。齐哈苦勒矿俗称“青花矿”，矿区平均海拔4700米，上山中间需要在克里雅河上溜索道。上矿的道路从

齐哈苦勒矿采矿点空间狭小

去齐哈苦勒矿中途要溜索过河

海拔约3400米爬升到4500米，全是在70°左右的山体上攀爬，十分危险。

齐哈苦勒矿区目前已知矿点5个，出产的“青花”白如凝脂黑如墨。齐哈苦勒矿采矿点工作面狭小，每日开采都需要做安全绳防护，采玉条件艰苦且十分危险。现在该矿仍是人工使用十字镐、钢钎、榔头等简易工具开采，开采工艺还是比较落后。玉工驻地没有水源，需要在峡谷河底背水，采玉的艰辛程度可想而知。齐哈苦勒矿采出的玉料需要工人背到中转站，再由中转站派毛驴小队运送下山。东山矿业近两年尚无向齐哈苦勒矿方向修路的计划。

于田县产的玉料同昆仑山——阿尔金山沿线其他地区玉矿的玉料比较，有着非常鲜明的特征：无论是白玉、青白玉还是青花玉，于田玉的特点是细腻致密。以“95料”和“戚家坑”白玉为代表，白玉颜色纯正、脂份足，雕琢打磨后油亮润泽，佩戴或盘玩时间越长油性越足；青白玉泛色好，材料整齐绺裂少，特别是哈尼拉克和阿拉玛斯矿的青白玉，玉石原料底色白里泛青的品种，制成略小的成品或者薄胎产品后近乎白玉；青玉质地坚韧细密，水头足，是制作器皿的好原料，稍有不足是颜色不够纯正。

和田东山集团是实力很强的企业，目前的主营业务是建筑和采矿，集团在于田县城中心位置有自己独立的院落和办公楼。东山矿业从1997年开始承包于田玉矿采玉，到2007年成立矿业公司专

哈尼拉克矿玉料

阿拉玛斯矿玉料

赛地库拉木矿玉料

齐哈苦勒矿玉料

于田青玉羊

于田青白玉挂件

业开采和田玉，期间不断投入对矿区道路的修建，并不断更新开采设备、改进开采技术，玉矿产量也随之提高，探矿的优势也体现出来。东山矿业这些年开采出来的几百吨玉料都没有出售，全部集中存放在公司库房中。

东山矿业在2012年开始组建了自己的玉器加工团队，选派人员赴北京投奔名师学习玉雕技术。现在玉器加工车间的工作人员基本都是从北京学成归来的，专业设计、手工雕刻、打磨抛光、机器精雕等一应俱全。东山矿业的玉器加工，因为有着独特的玉料优势，再加上欧阳董事长“走出去，请进来”的发展策略，东山矿业玉器加工水平不断进步、完善、成熟的步伐也会走得很快。

近些年，伴随着中国经济的快速发展和人们文化品位的不断提升，中国玉器玉文化也迎来了前所未有的繁荣，玉器消费带动玉料的需求量也大幅增加。现在的“和田玉”一词也已经不是一个地域概念而成为一个玉石标准，和田产的玉、新疆产的玉、昆仑山产的玉乃至韩国、俄罗斯、加拿大等国出产的透闪石玉都可以称之为“和田玉”。业内人士尚且迷惑，普通消费者更是雾里看花。承载着中国玉文化核心内涵的新疆和田玉——于田产的新疆和田玉，在中国当代玉器蓬勃发展的喧嚣中却藏入深闺，已经沉寂了近20年。其开采、开发现状究竟如何，也引起了国内众多专

于田玉青花水牛摆件

家学者、玉界同仁和新闻媒体的广泛关注。《玉石之路》《昆仑采玉人》剧组都曾来到于田玉矿拍摄。2012年，中央电视台《远方的家》栏目组到于田赛地库拉木矿和阿拉玛斯矿拍摄了专题片《寻玉昆仑》。2014年至2015年，国内一批批玉器专家、地矿专家、玉雕大师也不断前来赛地库拉木矿和阿拉玛斯玉矿考察，2015年10月20日，“问玉昆仑——新疆和田玉历史与现状”考察团年近六旬的玉器专家于明老师亲自登上了阿拉玛斯“戚家坑”。2016年初，经众多玉界专家和消费者推举，和田东山矿业评获新疆风尚之巅活动“年度和田玉行业明星企业”奖。

东山集团董事长欧阳斌先生表示，作为和田的本土企业，他们不仅对于田玉本身情有独钟，更有着强烈的责任感和使命感。历史悠久、品质上乘的于田所产和田玉，既是于田本地的优势资源，更是中华玉文化的重要载体。“开发玉石资源、造福于田百姓、繁荣玉器市场、弘扬中华玉文化”是东山人的历史使命。东山集团之所以多年来把其他产业的收益不断地向玉矿投入，不计眼前利益，至今不曾出售过一块玉料，就是一直在酝酿和谋划着要把于田县出产的“根正苗红”的、承载着中国玉文化内涵的真正意义上的“和田玉”以她应有的姿态推向市场，把最正宗的和田玉玉料和货真价实的和田玉玉器奉献给喜欢和田玉的人。为此，公司也正在做全盘规划和总体布局。矿上争取开出更好的玉料，下游为走向市场做更充分的准备工作，统筹谋划，厚积薄发，只待瓜熟蒂落、水到渠成，于田玉将再度绽放，这一天的到来已经为时不远。

东山矿业总经理张建国陪同玉器专家于明在赛地库拉木矿考察

东山集团管理层与到访大师合影

玉有五德，君子贵之。倾心玉石产业的东山集团，既是一个具有现代管理体系的企业，也是一个具有社会责任感的企业，更是一个有着包容开放胸襟的企业。东山集团董事长欧阳斌先生和东山矿业总经理兼总工程师张建国先生非常欢迎中国玉器玉文化方面的专家学者和玉雕界的行家里手为于田县出产的最正宗的新疆和田玉的开发利用出谋划策，建言献计，大家携手为弘扬中华玉文化、为繁荣中国玉器市场作出贡献。东山矿业将联合新疆和田玉行业协会、中国传统文化促进会玉文化研究委员会、中国玉器研究所、中国地质大学、北京大学、中国社会科学院考古研究所、故宫博物院、中国国家博物馆、新疆质检院等单位组织一次“中国于阗玉历史、现状与未来”高级别学术研讨会。目前，各项筹划准备工作正在积极进行中，研讨会将于2016年七八月间在于田县流水村举行。

玉出于田，看我“东山”。

随着东山矿业对于田玉持续加大投入、有序开采、科学规划、综合开发等多措并举，我们坚信：承载着厚重历史、凝聚着万众期待的于田美玉，必将谱写新的乐章，迎来新的辉煌。

殊胜善缘　福植两岸

——苏然大师台湾行侧记

白　静

多年以来，苏然大师精研佛教艺术，她曾多次走访名寺古刹，亲赴皇家寺院雍和宫，请高僧大德开示；不远千里去青海拜访塔尔寺第十三世宗康活佛等多位学识渊博的堪布，探讨汉藏佛学义理，考察佛教艺术遗产；曾重走丝绸之路，带学生同去甘肃敦煌、山西大同等地参观各个历史时期的石窟造像，实地临摹写生；尤其值得一提的是，2016年初，苏然大师曾到台湾佛光山得到九十岁高龄的星云大师接见，星云大师赠送其“一笔字”书法作品，称赞其“心源活水”。

一、“燕京八绝”宫廷艺术展

2016年 2月8日至3月9日，“京津冀佛光山2016春节文化月”活动在台湾佛光山佛陀纪念馆举办，这次活动对进一步弘扬中华传统文化，促进海峡两岸文化、艺术、经济、历史、民俗等方面的交流与合作，增进两岸人民感情具有历史性的意义。

玉雕大师苏然在台湾佛光山

苏然大师作为非遗项目北京玉雕代表性传承人、北京轻工技师学院教授参加了这次文化交流活动。活动中，北京技工院校中青年工艺美术大师"燕京八绝"作品展吸引了近百万台湾民众及海外各界人士参观，在台湾地区引起轰动。

当代的新京派玉雕传承了明清以来的宫廷造办风格，是一门"皇家手艺"，与景泰蓝、牙雕、雕漆、京绣等七门手工艺并称为"燕京八绝"，它们充分汲取了各地民间工艺的精华，在清代均开创了中华传统工艺新的高峰，并逐渐形成了"京作"特色的宫廷艺术。北京玉雕的选料和制作标准很高，以承载中华正统文艺理念为精神旨归。

为了将老北京的艺术瑰宝、有着"皇家工艺"之称的"燕京八绝"推向世界，激励青年人学习传统技艺的积极性，北京市人力社保局经过三个月的精心筹备，组织了19位中青年工艺美术大师价值连城的"压箱底儿"之作及技工院校"红星杯"学生金奖作品约两百件赴台进行交流展示。"燕京八绝"作品展在佛陀纪念馆第三展厅举办。包括景泰蓝、玉雕、雕漆、金漆镶嵌、花丝镶嵌、宫毯和京绣在内的各门类创作精品第一次走进台湾，成为此次北京非物质文化遗产的"全权代表"。在展览现场，一位台湾老者表示："燕京八绝非常具有皇家气魄，近距离原汁原味地感受到了北京的文化底蕴。"

二、佛光山上，星云大师赠书"心源活水"

星云大师由于年事已高，多年来闭关修行，一概不见来客。此次"燕京八绝"来到佛光山，影响力波及僧俗众人。年已九旬的星云大师听闻后，力排众

苏然大师在"京津冀佛光山2016春节文化月"现场接受采访

议，亲自出面会见了北京代表团的领导。星云大师疾病所迫，多年来依靠乘坐轮椅四处宣法，行动极为不便，然而，当他见到苏然大师，与苏然亲切交谈，并提“一笔字”书法相赠，称赞其艺品高超、“心源活水”。分别时他立即要求离开轮椅、起身与苏然合影，几次艰难的尝试后，几位僧徒俯身在星云大师身后撑住他的腰，老人的身躯颤颤巍巍，脸上却是祥和的微笑，令在场人都捏了一把汗，同时也为星云大师的毅力和品德所由衷敬佩。

苏然与星云大师

星云大师，今已逾九旬高龄，为全球知名宗教领袖、佛光山开山宗长、佛光山寺第一、二、三任住持、“一笔字”书法家。大师的书法，名闻海峡两岸，甚至于世界各个有佛光照耀的地方，都流行大师的“一笔字”。大师常说：“请不要看我的字，请看我的心，因为我还有一点慈悲心，可以给你们看。”大师从写两个字的“行佛”“禅心”，慢慢地写到三个字、四个字的座右铭，例如：“我是佛”“法同舍”，到“悲智双运”“生忍法忍”“从善如流”等；甚至于从四个字逐渐增加到六个字的“无上正等正觉”，八个字的“道无古今悟在当下”。

“心源活水”四字内蕴深厚。“心源”为佛教术语，心为万法之根源，故曰心源。菩提心论曰：“妄心若起，知而勿随。妄若息时，心源空寂。万德斯具，妙用无穷。”“外师造化，中得心源”，这是唐代画家张躁关于画学的名言，一语道破了艺术的至高境界，从而成为画界流传至今的不朽名言；“活水”意为源头活水，指事物发展的动力和源泉，是从南宋哲学家、教育家朱熹的一首诗演化而来：“问渠哪得清如许，为有源头活水来。”星云大师相赠的四字书法，是对苏然艺术成就的充分肯定。

三、苏然大师佛教玉雕名震海峡两岸

本次文化交流活动行程，以玉雕作品的艺术魅力无意间吸引了星云大师的关注，应星云大师主动邀请会面交谈，并对苏然大师的艺术造诣，尤其是佛教造型

苏然大师

题材玉雕的成就充分认可，鼓励苏然大师继续在此玉雕艺术的道路上勇往直前，将佛法在有情世间福田广播，将艺德惠及社会大众。至今为止，能够得到佛教界首屈一指的宗教领袖如此高规格接见和首肯的玉雕大师，苏然是绝无仅有的一位。足见苏然大师高超的艺品和影响力。

苏然大师的佛教造型系列作品，与我国历代皇家造办处佛像艺术一脉相承，一贯以来秉承大乘佛教既出世又入世的精神，一方面执著追求佛教深远、博大的胸怀气魄，悲智双全的理想主义精神，同时又随着时代的变迁，以及当代人们审美观念的变化而推陈出新。例如，苏然大师设计制作的玉雕作品《观音》《西方三圣》所传达的是菩萨的慈悲观（结缘之道），作品《因果》讲述的是佛教最基本的因果观（缘起之道），《金山佛印》用菩提树的根系寓意中国汉藏佛教的传承脉络，诗书画印相结合来阐述佛教的宗教观（信仰之道），《玉骨卧佛》是以佛祖涅槃的典故呈现佛教生命观（生死之道），《断舍离》倡导佛教返璞归真的极简主义生活观（资用之道），等等。用佛教的真知灼见洗涤人心，用佛教艺术的感染力移风易俗，向社会传达正知正见。

苏然大师的佛教造型系列玉作，以北京故宫博物院、台北故宫博物院等权威机构珍藏的佛教艺术文物为蓝本，参考现存于祖国各地名寺古刹所留存的宗教文化遗产，在形制上自由无束不拘泥，造像法度严谨，法相庄严，对佛学文化进行有体系、成规模地艺术再现，远远超出了博物馆馆藏的以观音、佛摆件、如意手把件等为题材的传统玉器格局，在深度和广度上都是史无前例的，当今盛世有此玉艺创举，实为福缘造化所赐。

“为人师者，必先正其身，方能教书育人，此乃师德之本也。”（《礼记·学记》）苏然在教书育人过程中，除了言传，便是身教，用自己的日常行为来影响教育学生，这便是为人师表。

苏然将星云大师的叮嘱铭记心底，回京后，不忘与朋友分享佛法智慧，并转化成通俗易懂的语言在讲座上、课堂上传授给学生。古语说，“古之学者必有师，师者，所以传道、受业、解惑也”。苏然大师教授给学生的，除了专业知识和工艺技能外，还有人生道理。她认为每一颗心田都需要灌溉，不要吝惜自己的善行，及时洒下真善美的种子，总有一天人间会遍布桃李芳华。

四、共话“人间佛教”胜义谛

星云大师说“佛教有很好的资源，如文学、艺术、音乐，都可以成为度众的因缘，可是过去一直很少有人应用，只知强调无常、无我、苦、空的认知，而没有人间性、建设性的观念，难怪佛教兴盛不起来”。当见到苏然大师多年来精进修为，以玉艺弘扬佛法、感化人心、利益世间的时候，他欣喜异常，可叹道不远人，德必有邻。因此，星云大师对苏然的玉艺之路寄予了殷切的期望。

在星云大师看来，佛教也要与时俱进，也要进行变革。他说：“‘人间佛教’就是家庭里父慈子孝，社会上人我和谐，国际间平等和平，人人本着佛法的慈悲智慧，彼此尊重包容，欢喜融合，真心实意相待，共创圆满自在的人生。”

苏然大师工作团队所创作的佛教造型玉雕作品，在内容上倡导“正见、正思维、正语、正业、正命、正精进、正念、正定”八正道，力求对释迦牟尼佛的教义正本清源，传达佛法中有利社会、有益人生的精神理念。这种普世精神

苏然大师接受赠书

苏然大师在台湾佛光山

正巧与星云大师所倡导的“人间佛教”理趣相契合。星云大师说：“多年来，我所推动的佛教，是佛法与生活融和不二的人间佛教。人间佛教不是佛光山自创，人间佛教的理念来自佛陀，因为佛陀出生在人间，修行在人间，成道在人间，度化众生在人间，一切以人间为主。因此，教主本身就是人间佛陀，他所传的就是人间佛教。”

人间佛教是现实重于玄谈、大众重于个人、社会重于山林、利他重于自利；凡一切有助于增进幸福人生的教法，都是人间佛教。

所谓“人间佛教”，不是哪个地区、哪个个人的佛教；追本溯源，人间佛教就是佛陀之教，是佛陀专为人而说法的宗教。人间佛教重在对整个世间的教化。一个人或一个团体，要能够在政治上或在经济上对社会有所贡献，才会被大众所接受；同样的，佛教也一定要与时代配合，要能给人欢喜，给人幸福，要对社会国家有所贡献，如此才有存在的价值，否则一定会遭到社会淘汰。

玉雕艺术的奥义也是如此。

当代玉雕艺术所承载的“玉德”，不再单指儒家道德规范，同时也应该包含着佛法之德、道法之德，玉文化应该以中华文明中一切对我们现实社会人生有利的、先进的因素为出发点和归宿。所谓“三教虽殊，同归于善”。三教融合的基础在于三者共同的目标即是优化生存，让每个人活得更有价值、更有意义，用现在流行语来说，就是让我们成为一个更好的人。这就是苏然大师佛教玉雕艺术所提倡的“人间佛教”胜义谛的落实成就。

名家风采

来自玉界的藏家、艺术家、商家、教育者、组织者……代表着玉界不同领域的根脉，他们独具个性与才华，同时又无比勤奋和执著，他们还有鲜活的力量，正在玉界的各个领域蓄积和释放！这样的人是玉界繁荣的引路者，也是未来繁荣的推动者。我们撰写他们，让更多的人了解他们，让大师之光，照亮更多人前进的道路。

铁笔传奇　礼玉大成

——记中国玉石雕刻大师张铁成先生

张侨恩

张铁成先生

北京是四季分明的城市。雨荡涤万物，洗过紫禁城的琉璃金瓦，朝代流转，朱墙未改。我们行走在帝王踏过的金砖上，举目四望，无论是镶嵌在雕梁画栋上的精美玉片，还是大殿内随处可见的玉器遗珍，都仿佛只是久睡乍醒，如意馆似乎仍旧灯火通明，内里来自全国最优秀的玉匠、画匠、金丝镶嵌等手作艺人皆在为这个国家最为杰出的宫廷艺术作品拾掇精致，俯收沉厚。玉器不朽，精神亦不朽，人是玉漫长岁月中的过客，然而这过客来到这大国深处最为崇高的殿堂里，要在玉上留下永恒的完美印记。

我们来故宫博物院不是为了避雨，眼睛在玉上享受视觉的狂欢，内心被一遍一遍的感叹洗礼。玉承载千古，而治玉的人呢？当我们的眼睛已经被商业化的繁华遮掩，当我们已经习惯于程式化的宣传和造势，当玉已经从高贵的皇室走入寻常百姓家，还有没有人，在为我们这个泱泱大国的礼玉传承而付出毕生的努力？还有没有人，仍旧在这金瓦朱墙里纯粹治玉，始终如一？还有没有人，有一支旷

张铁成大师工作照

世铁笔，书写当代宫廷玉雕传奇之新篇章？

我们寻找到了这个名字——“张铁成”，中国工艺美术大师、中国玉石雕刻大师、印玺制作技艺传承人、享受国务院特殊津贴专家、北京市东城区政协委员、北京服装学院艺术硕士导师、北京玉尊源玉雕艺术有限公司总工艺师。人，低调得不能再低调，沉稳得不能再沉稳，他仿佛宫廷里的玉，稳重、踏实，散发出一股强大而安定的气场。然而他的作品，无论是《缔造辉煌》、还是《雪域明珠》系列，无不是国之重器；他的工作，无论是参与奥运徽宝“中国印”的制作，北京奥运会、残奥会的金镶玉奖牌设计，上海世博会徽宝“和玺”珍藏版的制作，还是清“二十五宝玺”的仿制工作，乃至数十年如一日的“乾隆花园”内部装饰陈设修复工作……无一不是如雷贯耳的国之大事！

采访张铁成，他说的最多的一句话就是：“我运气好。”一个把所有荣誉和机遇都和自身远远隔离的玉雕艺术家，在当今社会，就好像《天龙八部》中的扫地僧一样稀缺。他玉艺致臻化境，却宠辱不惊，仿佛不属于玉界一般，与热闹熙攘的舞台保持着疏离。艺术是有代价的，当我们了解张铁成的故事，就会明白，这个世界上确实存在某种力量，能够支撑一个人放弃世俗的追求，以一种纯粹而又令人钦佩的精神完成至高无上的艺术使命。命运最终把巨大的历史使命交付于张铁成的，绝非偶然，而是他为玉而生的必然。

百里挑一

1967年，张铁成出生在北京的冶金部机关大院。与著名画家“猫王”孙菊生同在一个大院生活，他先跟随孙菊生之子孙大洪习画，八九岁的孩童，都是调皮捣蛋的时候，偏偏他坐得住，临摹孙菊生先生的猫，也学得有模有样。小学学业之余，他又随孙先生之徒，一位老师傅学习画画、剪纸、布贴、手工等各类平面美术，从小在艺术的世界里熏陶，他表现出了出众的艺术天分，小学五年级的时候，全校从几百个学生中选拔两个孩子去少年宫学习绘画，百里挑一，张铁成被选中了。得到众人艳羡的学习机会，本来是十分荣耀的事情，但这之后发生的事情却让人大跌眼镜。小铁成高高兴兴地跑去国画班听了半节课，被告知自己是油画班的学生。他跑去西画教室一看，石膏、素描、画板，这陌生的架势完全不是自己熟悉的笔墨纸砚，不是自己喜欢的，熟悉的，有把握的，他不学！张铁成背着小书包头也不回地离开了。其实这个小小的插曲就像一个人生的预告片，张铁成一生对理想的坚持，对名利的淡泊，以及对机遇的选择都体现其中了。

中学时代，有一段时间学校的美术课由一位体育老师代课。这位老师第一节课教大家画熊猫，一个圆，两个圆……口诀念下来，一只生动可爱的熊猫完成了。看似不经意的一个细节，却教会了张铁成在艺术生涯中最为重要的一个认知，即艺术是有方法可循的。这在他人眼中极为平常的事情，却解决了张铁成一直以来的疑问。中国人讲究读书百遍，其义自见。师傅画，学生临，方法却是修行在个人。张铁成的性格如同中国的汉字，有着一笔一画不出格的认真，他喜欢凡事在计划中行，而美术课上的这些方法，让他感到前所未有的踏实。有法可循，让他对绘画有了更多的兴趣，想方设法找到这些规律，课本上所有的空白之处都成了他任意挥洒的画卷。

转眼到了毕业季，《北京晚报》上《北京玉器厂技术学校招生简章》在最恰当的时间映入了张铁成的眼帘：①有绘画基础；②应届毕业生；③周日报名……他嘴里碎碎念："我有绘画基础……我是应届毕业生……周日，周日，不就是这周吗？"张铁成从凳子上一跃而起！选择，对于张铁成来说，从来都是笃定的。人生中第一次，他认认真真画了一副石膏体的素描送去北京玉器厂海选。虽然并未接受过专业的素描训练，但艺术都是相通的，多年来对线条与形体的精准把控，让他很快接到了专业课考试的通知。还是背着书包，从未走出过崇文门的张铁成，第二次坐公共汽车来到了北京体育馆路光明楼61号，此刻北京玉器厂已经人头攒动，上千考生等待着即将到来的考验。这次是画石膏像。有了第一次画素描的经验，张铁成的石膏像从上千幅作品中再一次脱颖而出，顺利通过文化课考试，他成为了当年海选中30个过关的幸运儿之一。试想此事换作他人，将是感到何等荣耀，然而至今张铁成都没有意识到自己出众的艺术天分，仿佛在他心里，这是最顺理成章、平常不过的事情。

第一次选择

入学后第一次北京玉器厂展示厅参观才是他毕生难忘的经历。懵懂少年步入玉雕艺术的殿堂，与那些平面印刷品给予的视觉震撼截然不同，那用玲珑美玉刻画出的幻彩流珍，就像一道从高山上直冲而下的河流淹没了他与生俱来的淡定，在参观的人流中，谁也没有发现，张铁成内心起了惊涛骇浪！玉像一位女神，召唤着为玉而生的张铁成，此刻的相遇，张铁成的内心感到前所未有的满足和踏实。他确信自己的选择，自己来对了地方，选对了路。从这一天开始，张铁成的每一分努力都在印证着当年的这份直觉。

在学校第一年学习素描、工笔人物、花鸟，第二年加了泥塑课程，久旱逢甘霖，张铁成如饥似渴地吸收着老师们教授的绘画方法和技巧，就像一只在艺术的海洋里自由来去的鲸，每当看到流动的线条自如地挥洒在自己的笔端，指腹之下，一团泥巴，由无到有生成了动人的眉眼，他的内心感到无比的快乐和踏实。当年条件艰苦，第二学年学校搬到了北京郊区的龙爪树，这里地处偏僻，冬天没有暖气，每逢天寒地冻的冬日，整整一个学期，学校都组织他们在博物馆写生。第二学年冬天他在中国历史博物馆度过，第三学年是故宫博物院。很多人不满这样的安排，张铁成却是如鱼得水。古往今来，多少人文巧思，眷留在了各种御制、御用的皇家礼器上，每一根线条，都是锤炼过数千年的曲线，每一个器形，都是数代匠人心血的结晶。常有人说：法国艺术系的学生在卢浮宫待半年，什么都不用学，审美自然高于常人。这话在张铁成身上是最好的验证。自古至今，国人以玉为信，制器载道，布政于天下，玉入家，为传世至宝，玉入国，乃为国之重器。历代君王，无不是倾国之力，精治玉器，而玉雕所能传承的东方之美更是震撼人心的艺术瑰宝。而张铁成从学生时代开始，就在这擒锦撷萃的艺术殿堂里修炼熏陶，他与皇家玉器的缘分是冥冥之中早已注定的。在所有的宫廷玉作中，张铁成最钟爱器皿件。在一个千锤百炼的形制中，镌刻着神秘隽永的花纹、包含着敬天礼地的美好祈愿，散发着恢宏中正的皇家气度……典雅、稳重、高贵，张铁成如痴如醉地临摹着这些器形，想象自己有一天也能创作出如此完美的作品。就像电影场景的真实再现，那段时间，除了玉是清晰的，其他一切在他意识中都是模糊的。其实当时学校刚成立不久，许多事宜并未完善，不少学生在自由思潮的影响下与校方交涉权益，利益冲突在所难免。张铁成两耳不闻窗外事，他笃定自己就是一个未来的“治玉人”，他满足于这一生，能用自己的双手创作出传世不朽的作品，求学时期，他每天都在为接近这个目标而夙夜匪懈。人为利熙熙，又为利攘攘，张铁成对这些琐碎纷争毫无兴趣，一心扑在学业上。第二学年，大家一致通过选他当班长。张铁成至今仍用“奇怪”二字形容此事，他觉得人人都很优秀，不知道为何有了这样的“民意”！这就是张铁成的性格，他看别人，人人都有钻石般的闪光之处，看自己，却朴实无华。岂不知人生正是一面镜子，他处处看别人的长处，折射回来的，正是同学们对他的钦佩。既然当了班长，他就踏踏实实为大家服务，除此之外，他还是为当一个合格的“治玉人”扎实勤奋，没有懈怠过一天的光阴。

第二次选择

既然选择了玉雕行业，张铁成便潜心求学，一心准备，终于盼来了期待已久的实习，实习其实就是为未来分配做准备。当老师问及张铁成未来的分配意愿时，张铁成的人生面临着第二次重要的抉择。玉雕的方向很多，主攻什么？人物，花鸟，山子，还是器皿？老师说：“做玉雕人物，就要融到人群里，要善于观察人；如果是做器皿，就要稳重、踏实，全心全意沉浸在这件器中……”“我要做器皿！”话没说完，一向沉稳的张铁成掷地有声地打断了老师的话。无需犹豫，张铁成早就做了自己的选择，这一生，他要淡泊明志、心无旁骛地与玉做伴，对故宫博物院里那些皇家器皿的一见钟情，更加印证了他的选择。仿佛早就猜到了他的选择，老师面含微笑地在张铁成的名字后面郑重地写下了：“器皿”二字，从此，即使他有朝一日集玉雕技艺大成于一身，张铁成的名字，始终在中国玉雕器皿件的雕刻历史上，焕发着最为耀目的光彩。

第三学年实习末期，作品汇报。半年来磨炼玉雕技能，切、磋、琢、磨都能够上手了。张铁成打定主意要做一件正儿八经拿得出手的玉雕作品。人生中的第一件玉雕作品，张铁成毫不犹豫地选择了仿故宫博物院的《兽面纹瓶》。一块体积不小的和田玉青白料，画活儿、切大型、掏膛……所有他平时细心观摩和练习的十八般武艺恨不得都要用上，正当一切有条不紊地进行时，有一天，一粒粗砂卡在了管钻上，强大的旋力把这件玉器甩了出去，保护面部的砂圈被打得粉碎，张铁成的双手被极速旋转、尚未磨砺的玉料刮得鲜血直流，随着接砂子的陶盆破裂之后发出了一声巨响，大家都纷纷围了上来，看着这个危险的场面，许多同学吓得面色苍白，张铁成却十分沉静，他面不改色的去洗了手，继续工作……其实这样的意外并非偶然，玉雕这个工作本身就是一个危险的工种，只要稍不留意，就有可能出意外。以至于我们采访过的许多玉雕大师的手上都留下了伤疤，当年很多学生遇到这样的危险就退缩了，

张铁成：《翡翠饕餮纹兽面罍》

但张铁成冷静地分析了情况，认为是自己机器开得过快导致，他认为只要保证正确操作，这样的意外就能避免。只要是可控范围，张铁成这里就像什么都没有发生过，他只是更小心、更耐心地花了几个月的时间，完成了自己人生中的第一件玉雕作品！

懂玉雕的人都知道，做成一件口小肚大，体量不小的《兽面纹瓶》是何等的难度，更何况这是一位上手不久的实习生所做的第一件作品。张铁成这件青白玉的皇家玉瓶摆在实习生一件件小玉作当中，可以想见是何等的出众，当年北京玉器厂最有名望的玉雕大师李博生看到这件作品，特意给了："造型准确、古朴，做得非常好！"这样高的评语。在别人看来，行家里手给了如此高评本该欢喜异常，但张铁成却认为这是我们皇家的器皿，自己不过成功仿制，在他心里，治玉就是他的理想，既然做出了选择，他就要认认真真做一些实实在在的好作品！也许是胸怀大志，无论多大的赞美和荣耀，他都能宠辱不惊。《兽面纹瓶》是张铁成人生中完成的第一件玉雕作品，虽然经历过危险的考验，但他靠着自己的坚定和耐心克服了困难，收获了成功的喜悦。这件作品不仅让他有了独立创作大件玉雕作品的信心，也为他赢得了人生中一个非常重要的学习机会。

张铁成的实习表现，赢得了带领学生实习的玉雕老师马文忠先生的赏识。无论是他在出现危险时表现出的沉着与冷静，还是他创作时的耐心克己，以及他面对赞誉时的宠辱不惊，都让静静观察他的马老师欣赏不已。《兽面纹瓶》完成后，马文忠先生便打定主意教会张铁成自己的看家本领。马文忠有一手做兽的绝活儿，他给了张铁成一件体量很大的生玛瑙，方方正正的料型，最是适合仿制皇家器皿。这次他选定的是《双兽献璧》，在皇家玉器中，兽是非常常见的题材，既可以单独成器，又常常搭配礼器或者在器皿件中出现，一个有心教授，一个用心学习，不多久，灵慧聪颖的张铁成便把玉雕技术中"瑞兽"的技术收入囊中。

北玉生涯

1986年，品学兼优的张铁成毕业后进入北京玉器厂技术科新品组。师从中国工艺美术大师郭石林、王耀堂先生。"技术科新品开发组"顾名思义就是北京玉器厂专门负责搞技术创新的精尖技术组，当年26位毕业生，技术科挑了两名表现最为优异的尖子生，张铁成便是其中之一。随后，北京玉器厂的技术骨干，玉器世家出身的印玺制作技艺传承人王建女士、后来成为中国工艺美术大师的杨根连先生，都成为了这个团队的一员。张铁成进了这个组，就好比进了北京玉器厂的人才孵化器。北京玉器厂当年云集了众多琢玉巨匠，各路名师亲自传道授业解惑；从传世大器到珍奇异宝，新品组都有机会鉴赏探索精研，并在继承的基础上进行创新；同时这意味着，张铁成不再局限于哪一个品类的玉雕学习与创作，无论是人物还是花鸟、山子、器皿，因材施艺，北京玉器厂集中优势队伍于技术科，创作工艺精湛、创意一流的作品冲击玉雕创作的巅峰大奖。可以说，北京玉器厂给予张铁成的平台，已经在全国居于塔尖了。其实从张铁成的经历中不难看出，只要面临选择，他总能毫不犹豫跟随自己的内心，在机遇面前，他亦能被选到最好的位置上，功不唐捐，玉汝于成，初出茅庐就得到最好的学习和工作的平台，为张铁成以后集玉雕技艺大成于一身，高屋建瓴传承创作国之重器，提供了最好的土壤。

张铁成至今记得自己进厂做的第一件作品，厂里对新人十分重视，给了他一件难得一见的黑白红三色玛瑙进行创作。张铁成十分珍惜，耗时三个月，他创作了一件《送子天王》，科长和师傅王耀堂对张铁成的表现十分满意。当下决定给他一件非常珍贵的水胆玛瑙进行创作。能够把这样的原料给一个新人创作，可见师傅对他的信任。张铁成求好心切，下定决心要比《送子天王》做得更快更好。就在他连续加班加点，磨砻镌切的时候，意外发生了。“噌！”随着一声异样的声音，水胆玛瑙磨破了！一小汪水从小小的破口沁了出来，流到了张铁成的手上。这冰凉的感觉张铁成一辈子也忘不了，他毁了一块珍贵的好料！怔怔地看着手里的水胆，半晌无声。又一个意外，虽然师傅并没有说他什么，但张铁成自责极了。如果上一次是自己没有掏膛经验，缺乏指导，这一次，纯粹是因为自己求好心切，有了表现欲，心一急，玉就给了自己一个沉重的打击！这个巨大的教训，让张铁成永远的铭记：要做好玉雕，必须专心致志，心无旁骛！从此以后，张铁

张铁成：《玛瑙秋喜图》

成本来沉稳的性子变得更加沉稳，只要坐在玉雕机前，他仿佛进入了另一个世界，七情六欲，凡尘俗事都与他无关了。

为了弥补自己造成的损失，那段时间张铁成成了一个“怪人”，仿佛除了玉，什么事情他都不关心，他打定主意自己要好好干，多干，尽量把自己给厂里造成的损失弥补回来。其实事隔多年，许多人早就忘记了这次意外，但张铁成却还是秉承着这个原始动力锲而不舍！他博采众长，精研玉雕人物的神采与造型，俏雕颜色的对比变化，浮雕、镂雕、圆雕、内雕、俏色等相关技术的融合运用，在这个过程中，张铁成慢慢领悟了许多玉雕创作的奥秘，玉像一个神秘的王国，渐渐向不懈努力和探索的张铁成打开了大门。

1987年，厂里给了张铁成一件体量不小的红、白、橙三色相间的玛瑙进行创作。张铁成充分利用玛瑙的特性别有新意地分层雕刻，靠近黑皮的红，赫如渥赭，张铁成借鉴了山子的创作随型雕刻了琼楼玉宇、山川云纹；第二层白润纯净，张铁成雕刻了两位裙带飘扬、姿态优美的飞天；第三层橙色其实很薄，张铁成利用玛瑙微微透明的特点把这层薄薄的橙色俏成一个明亮的底色，在这俏丽薄艳的第三层之上，他借鉴了莫高窟飞天的创作手法，浮雕出浓郁深厚的第四层飞天。薄俏纯净的橙色底色，衬托出作品的主题浮雕更加厚重优美——脸型丰圆、神态威严，体态健壮的击鼓飞天给人强烈的视觉惊艳！飞天的项饰璎珞、双臂环钏以及腰中乐鼓却为盈盈纯白的第五层。加上外缘若隐若现的玛瑙黑皮，作品已然呈现俏色分明的六层，倘若以为这拍案叫绝的六层分色已是全部，再一细看，作品下方颜色最为浓丽的红色部分镂雕出一座稳立于山石间的三足香炉，仙炉神

张铁成：《翡翠二龙戏珠单链瓶》

鼎散发缥缈云气缓缓而出，原来这一切幻境竟由此炉而生，真可谓亦真亦幻，太虚仙境也。利用玛瑙特性进行分色雕刻；利用色彩的厚薄进行主副搭配；巧妙融合山子雕刻、人物雕刻、纹饰雕刻和器皿雕刻于同一件作品；而这炉中蕴含天地的题材更具有东方文化的哲学意义……《风采千古》一举获得了香港举办的“中国玉器精品展”精品奖；而同年与玉器厂的前辈老师们创作的“屈原九歌”系列《东君》亦有如此精彩绝伦！这两件作品同时被收录到北京玉雕厂30周年《玉雕精华》一书中，这本珍贵的小册子，收录了北京玉雕厂30年来创作的最为杰出的玉雕珍品，所载所记无不是李博生、宋世义、郭石林、王耀堂等玉界泰斗的得意之作，而刚入厂不到两年的张铁成，竟然有两件作品收录其中，他的玉雕创作实力由此可见一斑！如此一发不可收拾，获奖更是接二连三，1989年他制作的玛瑙《火焰山》荣获中国工艺美术百花奖创作一等奖；1990年创作的玛瑙《东郭先生》获得北京市青年设计大奖赛一等奖。荣誉从来伴随着张铁成，但他却一直淡然以对。

事隔多年，我们有幸再次回顾这些作品，不由得对这些作品的精美与巧思佩叹不已。如今市场处处谈及创新，但能达到这样高度的作品并不多见。要进行玉雕创作，首先要懂得玉雕承载的是8000年玉文化的底蕴。正是因为张铁成从学生时代就寻根溯源，从宫廷御作中汲取了玉雕文化的精髓，他才能够在创新的道路上有着精彩的演绎。从古到今，他在北京玉器厂创作了不少时代精品，然而随着在玉雕道路上走得越来越深远，张铁成越发感到玉文化的博大精深，他毫不犹豫地溯源寻根，而这次回去，他仿佛捡拾到一把玉雕传承的钥匙，这沉甸甸的责任，他扛起，就再也没有放下。

变革下的机遇

岁月像河流，在看似不变的情况下发生着改变。1989年开始，市场经济慢慢开始进入玉行，冲击着旧的国营体制。手艺精熟的玉雕师个人开始接到订单，不久之后，张铁成接收到了郭石林大师的邀约。对张铁成来讲，这是一个机会。一个一天到晚想着干活儿的年轻人，心里憋着一股子干劲儿。玉器厂的朝九晚五之外，张铁成希望能够尽情施展和发挥。市场要求速度，张铁成便开始寻找提高速度的规律。无论是“持花拿扇侍女”还是“二乔共读”等传统玉雕形象，像小时候画熊猫的有法可循，张铁成发现无论是哪种雕刻，都有出大型的诀窍，武功练得入迷也得有章法，一一掌握后，他的玉雕创作速度提高很多。这期间遇到不懂的问题请教郭石林老师，郭老师则尽心辅导，后来张铁成就直接拜师了，就这样，他跟随郭石林学习至今。在郭石林师傅这里，张铁成学会了雕刻观音。

张铁成：《白玉子母瓶》

采访的时候我们在玉尊源看到一件巨型的翡翠观音，这件作品法相庄严，眉目清明，发线丝缕可见，衣纹线条流转，既有姿容给予的平静安详，又有吴带当风给予的脱俗出尘，中正端庄、佛光灿然。张铁成的观音造像集众家之所长，得郭石林之真传，正是因为当时打下了坚实的基础。

1990年，北京玉器厂劳务输出，张铁成跟随师傅王耀堂去了深圳。这又是一个机遇，年轻的张铁成不光开阔了眼界，感受到了不同体制下的市场经济和管理模式，还有机会跟精通薄胎技艺、金镶玉技艺的杨根连大师学习薄胎制作，跟精通器皿制作的赵长年、张建皋师傅学习器皿。在玉雕厂期间，张铁成以创作人物作品居多，在深圳期间，他与器皿雕刻专家赵长年合作了一件非常特别的作品《普度众生观音》。这件作品材料极为难得，一件体量巨大，完美无瑕的巨型翡翠原料，设计中融合了器皿件与佛教人物造像于一体。赵长年负责器皿雕刻，张铁成负责人物雕刻，因为是在一个大的器皿件上雕刻数位观音和菩萨，人物与器皿件的衔接关系就显得尤为重要，张铁成为了出色地完成作品，既用心又有心地向赵长年学习器皿雕刻，作品完成了，张铁成又学习了一项他梦寐以求的雕刻技术——器皿件雕刻。《普度众生观音》是张铁成雕刻生涯中的一个重要节点，从此以后，在他的个人雕刻史上，频繁出现了器皿雕刻。这件很有纪念意义的金奖作品如今收藏在“七彩云南”的总店，无论是稀缺原料、大胆创意还是精美雕工，无论在当年还是现在都是难得一见的精品。

5年的劳务输出结束了，此时他已经手艺精熟，眼界开阔，能够独当一面了。离开了人才凋零、日薄西山的北京玉器厂，他跟姜文斌先生合作了几件大型的山子作品，仿佛命中注定，张铁成又把山子雕刻的技巧收入囊中。

瑞兽、人物、佛像、器皿、山子，从1989年到1997年，从20岁的少年到30而立，张铁成在玉界转型的大潮中，收获了一身扎实的玉雕基本功，金字塔底的基石越宽广厚重，未来塔尖的高度越高耸入云。三十而立，张铁成做好了迎接人生新挑战的准备！

成立玉尊源

1997年8月6号，张铁成与志同道合的师姐王建在北京合作创办了第一家自己的公司：北京玉尊源玉雕艺术有限责任公司，张铁成任总工艺师。王建出身于北京玉器世家，1980年进入北京玉器厂七车间学艺，先后师从于中国工艺美术大师郭石林、王耀堂、陈长海，擅长人物设计雕刻。1987年她被选入北京玉器厂技术科新品组，与张铁成共事。王建是一位奇女子，她温和如玉，同时又淡泊名利，雕刻技艺出众，还擅长管理经营。和田玉高贵沉静，内敛温厚，这也正是二人性格的写照。多年来两人同德同力，和衷共济，共同走出了一条继承玉文化之路。王建担任玉尊源的董事长，张铁成是总工艺师，一个负责经营管理，一个安心创作设计，玉尊源承接了众多国家重点玉雕工程，所做事业无不是国之大事，却从来低调内敛，秉承玉德，正是玉雕企业的典范。

“那个时候虽然是叫公司，但就是很小的作坊，几个人志同道合就这么干，那个时候基本上属于加工厂，没有资金，做的小件儿的东西会多一些，但是也正是在那几年之中，我特别踏踏实实地研究艺术，应该说是成长最快的，心里最踏实的年代，就是一个工作，天天上班来、下班去，你把这个活做好，跟过去的工匠似的，把事情做好就行了。”张铁成回忆起当时这样说。成立公司不到一年，1998年，张铁成开始进电大学习，通过了成人高考，上了三年的业余大学。开公司，上大学，如今看来，张铁成那段时间肯定是忙得脚不沾地，然而，那是一段

张铁成大师与王建大师合影

充实且快乐的时光，正是因为这些积累，他的人生之路拓宽了！

1998年3月至1999年6月为庆祝新中国成立50周年制作大型翡翠《缔造辉煌》系列作品。2000年3月至2001年2月为庆祝西藏和平解放50周年制作大型翡翠《雪域明珠》山子。2003年，张铁成接到了北京奥运徽宝的制作任务。2008年一场奥运让人们记住了极具中国特色的奖牌：金镶玉。2006年由中央美术学院设计学院团队设计，而当时的最终成型者正是张铁成。直到现在，张铁成还觉得压力颇大，一次次的试验终于交给了奥组委一个圆满的答卷，能成功，那就是值得的。

谈及奥运特色奖牌的诞生，期间还有不少周折。刚开始，用玉制作奖牌得到奥组委的反对，玉虽说是中国文化的象征，但是奥组委还是希望进行原有的奖牌设计体系，用单一的金银铜制作。协商后，张铁成把每种玉料都制出样品，几十个玉环经过反复调换比对，最后敲定了不同奖牌的玉石搭配方案：金牌选用白玉突出纯洁高贵，银牌更适合青白玉，色彩交相辉映，铜牌选用青玉，显得华贵大方。

在奖牌的制作中，除了解决胶的凝固问题，还有奖牌中玉的稳定性。“把奖牌侧面开了一个凹槽，加硅胶O形圈，主要是起缓冲作用，当时奥组委是要对这些奖牌进行耐摔等各种各样测试的，包括1.5—2米的高度进行测试，为了保证奖牌的耐摔性，地面测试包括石头和木地板，那个时候奥组委的测试人员只要来北京，都会要求进行策划，并且会有一些‘突然袭击’的要求，作为我们制作的人来讲，只能一点点地克服奥组委的要求”，张铁成说。而通过这次的奖牌制作，也是把中国传统的玉文化传递给国际，不仅仅是奥运会的一大特色，同时也是中国玉文化对外传播的一次重要机遇。

这个突然打开的新局面，让张铁成找到一份新的追求，更是看到了一份属于玉雕的光明前景。“以前谁也不懂玉器，觉得玉器跟身边很远，通过奥运奖牌和徽宝制作以后，奥运的推广，国家这么推崇玉器，让玉器大发展起来了”。奥运奖牌的制作同时也让张铁成在行业内得到更多的认可和好评。

2003年，张铁成荣获“北京工艺美术大师”荣誉称号，荣誉的背后意味着责任。北京玉雕承载着宫廷玉雕礼玉文化的传承，但随着社会的发展，这种诞生于宫廷，集众家所长而诞生的璀璨结晶却面临着失传的尴尬。当年宫廷玉雕是一个机构在做，云集各路能工巧匠，工艺大成，更是承载着泱泱大国的精神和文化，如今就算张铁成集玉艺大成于一身，能够传承这沉甸甸的衣钵，又有谁能够有那么深的文化底蕴和鉴赏能力去收藏宫廷御作呢？张铁成说：“以前玉器基本上是宫廷的人或是王公大臣以上的人掌握，等级很严，新中国成立以后才有拍卖和交

张铁成：《奥运奖牌》

流。对这个东西研究得很少，只能从最低端的把玩，特别简单的东西，传达的信息量相对少，器皿造型，还有艺术造型的问题，很多工艺作为一个收藏者是不了解的。同时，玉雕工艺是一代代流传的，不断完善改进，是有长时间研究的，不是有钱就能买的，价值非常高，所以也把大部分的收藏者阻止在门外，收藏不起，变成一个冷门。咱们只是没有充分地挖掘，这个市场很大，也应该跟购买者的底蕴有关。”大潮流倾巢而下，张铁成是否要逆水行舟？跟以前一样，张铁成没有犹豫，与王建思想一致，只要有口饭吃，这份文化就要传承，这份责任就要担负，这份工艺就要做下去，发扬、光大！他认为：藏家的眼光和鉴赏不会一直停步不前，只要等待，随着国力的昌盛，藏家的成长，宫廷御作会有很好的前景。2005年，王建也荣获了“北京工艺美术大师”的称号，同年，由玉尊源制作的“北京奥运徽宝典藏版”正式限量发行，创造了工美行业单项产品销量过亿元的优异成绩。随着接二连三的参与国家玉器项目的制作和成功，2006年，张铁成荣获了“中国玉石大师”的称号。

2009年，张铁成负责了献给祖国六十华诞之“四大名旦”珍品《九龙浴佛》的玉器部分制作，这件作品选用一棵罕见的整枝珊瑚树。表现的是“九龙灌浴、

张铁成：《九龙浴佛》

花开见佛”的祥瑞妙境。在设计制作过程中因材施艺，尽力保留整枝珊瑚树的原有造型作为背景，以表现佛祖的诞生地——蓝毗尼园内的无忧树，其上根据珊瑚枝杈走势，因形而制，雕刻九条飞龙盘绕于苍穹间，神态各异、栩栩如生，利用珊瑚枝节雕刻祥云、牡丹、莲花、百合等纹饰，再现佛祖诞生时云蒸霞蔚、香花缤纷的奇异景象。珊瑚树下采用碧玉雕刻成底座，水浪涌动，动感强烈。水座上用和田白玉雕刻佛祖释迦牟尼出生像，佛祖通体洁白，宝像庄严。荣获了中国玉器“百花奖”特等金奖和北京市“珍品”称号。

2009年，张铁成参与故宫博物院“乾隆花园”内部装饰陈设玉器的修复工作，这件可以载入当代玉器史的大事正是玉尊源在负责。这个项目由“美国世界建筑文物保护基金会”启动，为期15年，如今这个期限被无限期延长，基金会对修复结果很满意，愿意持续给予支持。乾隆花园位于故宫东北部，是太上皇宫宁寿宫的一部分，于乾隆六十大寿庆典后修建，由于是乾隆亲自指挥营造，故十分奢华。由于花园从未对外开放，所以外界知之甚少。

张铁成介绍，乾隆花园的装饰装潢，是各建筑中工艺种类最多、难度最大的一项，集合了木雕、玉雕镶嵌、竹丝镶嵌、雕漆镶嵌、珐琅镶嵌、銮铜镶嵌、螺钿镶嵌、织绣镶嵌、书画镶嵌和贴裱等工艺，名贵材料也涉及玉石、孔雀石、青金石、珊瑚、象牙、玳瑁、玛瑙、螺钿等。在修复中张铁成还是秉承着“修旧如旧”的做法，但同时也让观众看到在21世纪里修复的痕迹。清代在后期已经没落，材料也大部分都是化石或者特别简单的玉器，如今也是破烂不堪。“现在到我们这个时代就得重修更好，证明国运昌盛，这是历史发展过程，我们现在有这个能力，思想，境界去修，我们也希望通过我们兢兢业业的工作使当年的艺术胜景展现在世人面前，能够流传下去”。

从1986年进入北京玉器厂技术创新科，张铁成已经在玉雕之路上走了整整30年。从创新到溯古到修炼再到创新，张铁成已经从“看山是山”又到了一个“看山是山”的境界。苦心孤诣修炼30年，张铁成现在的创新是什么样？2011年张铁成的《缠枝纹吊链花篮》 给了我们一个答案。作品选用高档冰种翡翠，质地明润纯净。主体为花篮造型，两边饰以轻巧的西番莲花头，以高超的技巧镂琢出八条对称细链，链条均匀精巧圆润,环环相扣。提梁为镂空富贵花造型，下联双鱼花坠。使整体造型浑然一体。链瓶是玉雕大师不敢轻易触碰的造型之一。链瓶往往要求大料雕琢，且一旦出现失误，整料作废，损失巨大。另外，链瓶的造型对作者的艺术修养要求甚高，否则整体造型难以表现恢宏的气度。张铁成说：“吊链花篮在清朝、民国没有，到新中国成立以后才出现这种花篮的造型，而我的花篮造型又完善了，包括摆放和布局安排都有自己的想法，符合时代审美的创意。这是根据材料的情况，不能为了创新而创新，器皿发展几千年就走不动了？不是，第一它很经典了，千锤百炼，想加一点都是很困难的，只能加现在的一种审美思想。”张铁成说：“创新应该是在继承的基础上，历史发展每一步都在创新，为什么这个造型发展到今天，从一千年前的样子到现在的样子，他是逐渐在每代匠人在理解的基础上丰富，都是在创新，不是完全变革的状态，因为本身社会

张铁成大师参与“乾隆花园”内部装饰陈设玉器的修复工作

张铁成：《缠枝纹吊链花篮》

没有那么大变革情况下，中国的文化脉络是沉不下去，通过这种研究历史的演变每代都是不一样的，都是在创新。从量变到质变，是一种自然而然的东西。"《缠枝纹吊链花篮》获得了2011年百花奖金奖，这件作品表达了张铁成对"自然创新"的理解。

"乾隆花园"的修复工作，让张铁成对玉雕工艺又有了更高的体悟和进益，一件《花开富贵团扇》突破了翡翠原料的极限，作品选用高档冰种翡翠雕制而成。为仿制传统团扇造型，扇面图案为牡丹纹饰花开富贵，扇面地子以透空花手法表现出轻薄通透的纱质效果，扇柄为浮雕西番莲图案，扇坠为活链宝相花造型。造型之新颖，做工之精细，让人叹为观止！

2012年，张铁成成为了中国工艺美术大师，这是中国工艺界的最高荣誉。

桃李芬芳

时至今日，张铁成更多地想到玉雕工艺的传承有序。他从2008年开始培养学生，他认为当前的师带徒，或者工作室带徒弟，往往为了留住人才，只教徒弟一种技能，但这样的方式并不利于这个行业的发展和传承，所以他带徒弟毫无保留。然而由于市场的扩大，玉雕需求也开始多样化，师带徒速度慢，也缺乏系统性的知识体系。张铁成自己是从院校出身，又接受了师带徒的培养，他认为：现在学院的学生和徒弟不一样，两者各有各的优势，可能学徒的优势在于手艺功夫强，院校学生在于创新比较突出，如何把这两个优势结合，这不仅仅是当下院校和行业合作的原因，同时也是关系到玉雕行业能否得到有效传承的问题。这几年在北京玉雕的传承与培养方面，很多

张铁成：《花开富贵团扇》

院校和玉雕大师做了许多努力，试图找出一条兼具二者所长，避免其短的行之有效的育人方法。而北京服装学院在2014年的专业硕士学位人才培养研讨会上的创举，则是成为院校和行业共同培养人才的一个重要举措。包括张铁成、王建在内的多位工艺美术大师受聘于北京服装学院，与校内教授采取共同教学的方法，培养设计与制作双发展的人才。当时张铁成作为新聘的兼职导师代表，在大会上表示，要将自己的知识和工艺无私地传授给学生，为文化的传承与创新尽一份力量；同时向校内导师学习授课经验，更好地培养艺术创作的接班人。

时光飞逝，仿佛还是那个在大院里学画猫的少年，一转眼，他已站在高山之巅。回望张铁成30年的玉雕生涯，他少年百里挑一展露锋芒，风华正茂与玉结缘，集众家所长学玉艺大成于一身，为泱泱大国的礼玉传承而付出毕生心力，一支旷世铁笔，书写当代宫廷玉雕传奇。如今在金瓦朱墙里，张铁成不带一丝光环，他仍然纯粹治玉，始终如一。

玉尊源大事记

1997年8月6日北京玉尊源玉雕艺术有限责任公司正式成立。

1998年3月至1999年6月为庆祝新中国成立50周年制作大型翡翠《缔造辉煌》系列工程。

2000年3月至2001年2月为庆祝西藏和平解放50周年制作大型翡翠《雪域明珠》山子。

2003年4月15日至6月25日参与北京“奥运徽宝”——“中国印”（525工程）的制作任务。

2003年张铁成由北京市工业促进局颁发北京三级工艺美术大师荣誉称号。

2003年8月3日北京奥运会会徽正式发布——“中国印·舞动的北京”。

2004年6月开始制作“北京奥运徽宝典藏版”。

2005年参与由故宫博物院授权“清二十五宝玺”的首次仿制。

2005年王建由北京市工业促进局颁发北京三级工艺美术大师荣誉称号。

2005年张铁成由北京市工业促进局颁发北京二级工艺美术大师荣誉称号。

2005年12月7日由北京奥组委授权“北京奥运徽宝典藏版” 正式限量发行。创出了工美行业单项产品销售额超亿元的优异成绩。

2006年3月参与北京奥运会奖牌设计方案打样加工。

2006年7月提出奥运奖牌用玉搭配方案。

2007年1月11日和2月8日，北京奥组委、国际奥委会分别通过北京奥运会奖牌方案。

2007年3月27日北京奥运会奖牌正式发布。

2007年5月至8月，为残奥奖牌设计方案多次细化调整制作样品。

2007年9月20日北京奥组委正式通过残奥奖牌的设计方案。

2007年11月14日北京残奥会奖牌正式发布。

2008年1月2日开始由北京奥组委授权制作残奥会奖牌玉环。

2008年7月制作奥运会表演项目“武术”奖牌。

2008年王建、张铁成毕业于清华美院工美大师研修班。

2009年张铁成由北京市工业促进局颁发北京一级工艺美术大师荣誉称号。

2009年王建由北京市工业促进局颁发北京二级工艺美术大师荣誉称号。

2009年7月起由“世界文化遗产保护基金会”指定，负责故宫博物院“乾隆花园”内檐装饰的修复工作。

2009年参加献给祖国六十华诞之“四大名旦”珍品《九龙浴佛》的制作，荣获中国玉器“百花奖”特等金奖和北京市“珍品”称号。

2009年张铁成荣获“中国青年玉雕艺术家”荣誉称号。

2010年4月参加由上海世博局授权世博徽宝“和玺”珍藏版的制作。

2010年修复故宫博物院“乾隆花园”符望阁内部分文物。

2011年张铁成当选北京市东城区政协委员。

2011年王建、张铁成被评为“玉印制作”传承人。

2011年修复故宫博物院“乾隆花园”养和精舍、玉粹轩内部分文物。

2012年张铁成荣获中国工艺美术大师荣誉称号。

2012年王建由北京市经济和信息化委员会颁发北京一级工艺美术大师荣誉称号。

2012年王建、张铁成被聘为北京一轻技师学院客座教授。

2012年王建被北京传统工艺美术评选委员会授予“德艺双馨”大师荣誉称号。

2012年修复故宫博物院“乾隆花园”三友轩、遂初堂内部分文物。

2012年6月玉尊源公司受北京工美集团公司邀请入住北京“工美聚艺”文化创意园。

2012年8月开始参与恭王府玉器陈设文物复制工作。

2013年张铁成被评为“享受国务院特殊津贴专家”。

2013年修复故宫博物院“乾隆花园”符望阁内部分文物。

2013年4月制作北京园林博览会唯一官方印信“北京园博徽宝”（珍藏版）。

2013年5月制作南京青年奥林匹克运动会“青奥徽宝”。

2014年4月制作纪念中华人民共和国建国65周年“建国徽宝”。

2014年王建、张铁成被北京服装学院聘为“艺术硕士研究生导师”。

2014年修复故宫博物院“乾隆花园”符望阁内部分文物。

2015年张铁成被北京市总工会评为“北京市劳动模范”。

2015年张铁成被评为“北京玉雕技艺”非物质遗产市级传承人。

2015年王建被评为“北京玉雕技艺”非物质遗产区级传承人。

2015 年张铁成当选中国工艺美术学会玉、石雕刻艺术专业委员会副主任。

2015年修复故宫博物院“乾隆花园”三友轩内部分文物。

2016年张铁成当选中国玉文化研究会玉石专业委员会副会长，专家委员会主任。

2016年王建当选为中国玉文化研究会玉雕专业委员会常务理事。

2016年修复北京工艺美术博物馆“国家一级文物”翡翠《三秋瓶》。

玉界虚竹

——记嘉珍堂创始人杜沛衡先生

张侨恩

杜沛衡先生

中国玉器年鉴“名家风采篇”一直在入选人物的选择上慎之又慎，我们不要求入选者名气最大，但一直希望其是在玉界某个领域做出了突出贡献或起到引领性作用的人。选一个“大人物”并不难，难的是在当下玉界，我们写一个什么样的人物可以让大家在黑暗冷清的市场环境中寻到光明的气息，在无明中闻到久违的木樨香。商讨再三，我们选定了北京“嘉珍堂”的创始人，玉界低调但有分量的藏家杜沛衡先生。

北京的冬天像一首声嘶力竭的摇滚，冒着凛冽的寒风走进位于民族园珠宝城

杜沛衡先生赏玉

的“嘉珍堂”，原本狂野的基调突然变成了一曲矜贵的高山流水，温润而又精美的玉器使人心情豁然开朗，仿佛一步穿越，已置身云蒸霞蔚，一室至宝让人满眼光华。这里既有包容万象的海派精作，又有底蕴深厚的京派艺术，还有独树一帜的苏工巧韵……上百件美玉如美人在列，国色天香，妙不可言。开始是喜悦，一一看下来，内心竟然起了波澜。笔者写“名家风采篇”多年，藏家手中秘而不宣的传世玉器见过，大师私藏里程碑式的玉器作品见过，财力雄厚的传奇人物更藏有不少拍案叫绝之作的也见过，然谁曾想一个“嘉珍堂”，竟然囊括了倪伟滨、刘忠荣、于泾、吴德昇、易少勇、杨曦、苏然、曹扬、翟倚卫等人物的经典作品，这无异于集一人之力，竟能把玉行天龙八部里的各路英雄齐集一堂，这是多大的能力和魄力！这样的人物，若不是侠肝义胆、一呼百应的北乔峰，也该是野心勃勃、名震江湖的南慕容。然出乎意料的是，采访之后又数次接触，笔者只在杜沛衡的身上感受到了善良、诚信、认真、谦逊，甚至纯粹。“纯粹”这个词，用在一个很有成就的成熟男人身上，似乎有些格格不入，然而我想不到还有什么词能够如此贴切地形容杜沛衡身上时不时感动你的闪光之处。在任何朋友眼里，杜沛衡都是值得信赖的。约好的时间，他从来准时不迟到；说好的事情，他必定言必行、行必果；朋友的意见，他总是悉心听取；看人看事，他也总能看到别人的优点长处……套用时下流行的词，杜沛衡是充满“正能量”的人。这样一个杜沛衡，在商界叱咤风云，在玉行人人推崇，就像金庸作品《天龙八部》中的秉性纯良的虚竹，大家招数用尽、争来争去，没想到最后心无杂念的虚竹却机缘巧合破了珍珑棋局，得了逍遥三老的内力，成了至高无上的尊主。杜沛衡对玉的追求，也很像虚竹的爱情，他坚持着最原始的忠诚，爱得简单纯粹，纯粹到无坚不摧！年龄越大，越能理解虚竹为何会成为《天龙八部》中最后的大赢家，最简单的道理，这世上万事万物都向着阳光开，更何况万物之灵的人呢？无论是逍遥三子还是西夏公主，最终看中的还是虚竹身上简单纯粹的正气，而杜沛衡纵横商界玉界的成功秘诀，也不外乎这样的特质。正如他所说的：表面上看，市场在洗牌，其实背后在洗人；凡是不讲信誉的、懒惰的、急功近利的，必将退出舞台；当下、未来属于讲诚信的、工作认真的、心胸开阔、德才兼备、能与时俱进的充满正能量的人。

毋庸置疑，杜沛衡是位大藏家。自古以来，要成为成功的收藏家，必须具备三个条件：一是有财力；二是有眼力；三是有机遇。论到财力，杜沛衡并非含着金汤匙出身的富二代。老北京的孩子，学物价出身，毕业就被分配到北京交电公司物价科负责定价工作，老北京人对交电公司肯定不陌生，上世纪八十年代国家还是计划经济，彩电、洗衣机、冰箱、自行车这些大物件到北京，先得到交电公司定了价才能批发给百货大楼、东风市场（现新东安市场）等大商场。这份工作权力大，福利好，稳定清闲，十分体面。被分到老科长办公室工作的小杜，显而易见是组织上安排的科长接班人。在众人眼里，小杜家肯定是祖辈烧了高香才捧到了这珍贵的金饭碗。虽然父母十分满意，年轻的杜沛衡却并不开心。从学校一毕业进入这金碧辉煌，铺着大红地毯的国有大企业，小心翼翼地跟年长的同事们相处，坐在60岁的老科长前面喝茶、算账、办公、发呆……有一天他突然意识到，坐在对面满头白发的老科长，也许就是他坐在这里熬40年之后的样子。这个念头一冒出来，年轻的杜沛衡内心像有一头初生的小牛犊在横冲直撞，他坐不住了，内心的声音前所未有的强大，他不想一辈子待在笼子里当一只金丝雀，只想变身雄鹰天高云阔飞出去！不顾父母的反对、单位的阻拦，工作一年之后的杜沛衡档案都没有要，就只身去了刚建省的海南。卖过服装，当过采购，他放弃了每月60块的死工资，两年的时间就攒下了2万多块存款。从国家干部成了打工仔，杜沛衡丝毫不在乎别人的眼光，看着靠自己双手赚出来的“巨款”，他内心的小宇宙爆棚，仿佛有使不完的精力！他暗下决心，要赶快攒出自己人生的第一桶金，让资金链滚动起来，能够在生意场上一展抱负。本以为这是一个远大的理想，没想到一个机遇的到来加速完成了杜沛衡原始资金的积累。

20世纪90年代初期，杜沛衡赶上了赴日打工的热潮，当他听说日本的工资一天能顶上国内一个月的工资时，他马上决定辞职赴日。1991年，杜沛衡踏上了异国的土地。在日本，最初语言不通的他一天要打两份工，傍晚5点到凌晨2点在居酒屋打工，早上7点30分起床去五星级酒店负责卫生工作，下午1点到4点还要赶到语言学校上课。操劳忙碌，工作学习，每天5个小时的睡眠是杜沛衡唯一的奢侈。这样的日子持续了两年时间，直到他被推荐到印刷公司做制版摄影，才慢慢稳定下来。玉不琢不成器，只有经受得住最锋利的刻刀最细致的雕琢，一块好玉才能凭借它的坚强和韧性脱颖而出。人也如此，1997年2月杜沛衡回国时，他不仅用坚韧和勤奋为自己的人生赚下了第一桶金，也完成了人生的三级跳，有了足够在商界叱咤风云的心智和能力。

了解杜沛衡的人都知道，他做决定是非常快的。在玉行看到好的玉雕作品，从看到到决定买下到最后成交，可能前后不会超过24小时，正是因为他下手快，许多传世精品在市面上一冒头，就被他收归囊中，他也因此收藏了不少极品绝品。在商界同样如此，回国考察市场一年有余，到了1998年底，杜沛衡看中了北京二环西直门的一个小四合院。千辛万苦攒下70多万，在当时来说就是一笔真正的巨款了。那时候北京一间平房也就5万块，丰台区的楼房才3000多块一平方米。父母家人听说杜沛衡要花30万买一个又破又旧的小四合院，反对之剧烈可想而知。在1998年，人们看中的是房子，很少有人关注地。在海外见过世面的杜沛衡却看中了这四九城二环以内100平方米土地的价值。他并未多加迟疑，而是毫不犹豫买下了这个院子，又花了4万块重新装修，不久之后，风格古朴、典雅中正的小四合院就被人看中，以42万买走了。既快又准，杜沛衡一出手赚了8万块，这下家人由不理解一下改变了态度，他们意识到，杜沛衡的头脑和眼光已经不可同日而语，他已羽翼丰满，做得了大生意了！从此以后，杜沛衡实现了自己最初的理想，用第一桶金开始了房地产生意。他成立了房地产信息公司，一步一步开始了四合院的买卖。如今当年5万块一间的小平房早就涨了30倍，变成150万了，杜沛衡的原始资金自然有了丰厚的回报。

弘一法师有句名言：我不知何为君子，但每件事肯吃亏的便是；我不知何为小人，但每件事好占便宜的便是。经营四合院买卖，遇到钉子户是常有的事，买卖双方法院说理几乎是家常便饭。然而杜沛衡做买卖，却做成了许多朋友。有一次，在南锣鼓巷沙井胡同，杜沛衡跟一位80多岁的老太太签了一个买卖合同。当时老太太院里住着一位签约5年的租户。因为还剩两年到期，彼此口头约定老太太付2万违约金给对方。谁知收房之日，租户当场改口变卦，要求老太太赔偿

20万人民币。一边是买卖合同上白纸黑字写着：若一方违约，则双倍赔偿。一边是租户狮子大开口。老太太急火攻心，给杜沛衡打电话商量。让老太太万万没想到的是，手里握着买卖合同的杜沛衡，非但没有责备自己，反而和颜悦色地跟她说："阿姨，您别着急，踏踏实实，咱们等着他，两年我也等，三年我也等，您放心，我不会逼您走，更不会让您赔钱的。"杜沛衡说自己不着急收房，可明眼人都看得出，他是在帮老太太。直到租户两年后搬走，这桩生意才圆满完成。以后逢年过节老太太总是不顾80多岁的高龄从回龙观跑到家里店里去看他，一直把他当亲人一样对待。后来杜沛衡才知道，老太太出身大家族，是齐白石老先生的干闺女，曾跟着白石老人学过画。她逢人便说：自己一生阅人无数，从民国出生至今，从没有见到过杜沛衡这样的人。凡事肯吃亏，见人长处，懂得瑕不掩

杜沛衡先生赏玉

瑜，是杜沛衡的鉴玉之道，也是他的做人之道。在生意场上叱咤多年，杜沛衡从来没去过一趟法院，许多纠纷和无理取闹，到了杜沛衡这里就是“让他三尺有何妨”？他常说：“许多人拿着手电看玉，里里外外仔仔细细地找，关注那一丝一毫的瑕疵。我自己不这样看玉，其实鉴赏玉跟看人一样，每个人身上都有自己的特点，有长处有短处，要多看朋友的长处，只要这个长处对咱们有好处，就是可交之人。至于有一些缺点，咱们退一步，包容一下，就能两全其美，若一直盯着他的缺点，那水至清则无鱼，没法交朋友了。刘邦、刘备在这方面就很值得我们学习，他们都是用人长处，所以人人都去帮他。学会理解有容乃大，瑕不掩瑜，就不光能懂得做人，也会懂得鉴玉。咱们欣赏玉器的美，料工形纹，给我们带来了美的享受，已经很完美了。没有必要拿着放大镜，拿着手电筒非要寻找那一点点小花，小瑕疵。一件很好的玉器，就因为发现一个小小的瑕疵，就放弃了。这就跟找对象，不满意人家一颗小痣、小疤，就白白放弃一位各方面都很好的伴侣一样，这就走到小道里去了。我们既然收藏玉，就该从中学到东西，学到做人的道理。收藏让人心灵愉悦，其大道也在这里了。”这世上万事皆从因果，人有知，当然知道谁是可交之人，玉若有灵，也自然会跟懂玉之人结下缘分。

爱玉之人，对玉总有说不清道不明的亲近，杜沛衡就是如此。2005年前后，每逢周末，杜沛衡都会到北京潘家园旧货市场转悠，一转一天。这里文玩杂项、青铜瓷器、玉器木料，五花八门、应有尽有。杜沛衡一来，古玉摊儿的小贩儿们兴奋起来，这位金主甚好说话，每次都不空手而归，小贩们知道他不懂，又没有参谋，只靠直觉在古玉摊子上“见好、就收”，于是明清的、战汉的、玉龙、玉人、玉扳指……小贩们恨不得牛吹的一个比一个大，故事一个比一个离奇，东西一件比一件更贵，上了瘾的杜沛衡收了一堆假货还不自知。多亏他朋友多，大家提醒他找专家看看，多次确认下来，竟然没有一件东西是对的。这下杜沛衡吓到了，这古玉圈儿的水太深了，自己再喜欢，也不能随便趟了。

正所谓：情不知所起，一往而深。上一次打击让杜沛衡蛰伏了两年，然而内心对玉的渴望让他又一次开始了寻玉之旅。有一次他认识了一位在雍和宫卖佛像的老先生，偶然见到他的一块“祖传的羊脂玉”，一打眼，又白又润，细腻无瑕，这下把杜沛衡乐坏了，为了买到这块“羊脂玉”，杜沛衡找了老先生三次，最终得偿所愿，四万五成交。买了好玉，兴奋之余，杜沛衡又有点忐忑，两年前的教训历历在目，这次他长了心眼儿，先在古玩城花了100元找了个“专家”掌眼，得出结论是“俄罗斯料”，价值7000元到8000元。这结论一出，杜沛衡心里有点落差，他不甘心，转头到马路对面的天雅古玩城9层的免费鉴定处再确认。

谁知结果让杜沛衡大吃一惊：一过仪器，鉴定中心就把杜沛衡的宝贝给扔了出来，说是“玻璃”。“玻璃”？杜沛衡眼睛瞪得老大，虽然老先生爽快地退了钱，但这打击对杜沛衡来说就像当头棒喝，他真有点退缩了。

栽了两次大跟头，杜沛衡对和田玉，真有种想说爱你不容易的情绪。谁知道玉就像一个调皮的女神，两下大棒子打完，总算给有情郎送了一颗甜枣吃。2010年，杜沛衡手里有些闲置资金，想干脆买点翡翠。有一天他又要去古玩城三楼朋友那里买翡翠，电梯到了二楼，杜沛衡不经意瞥见这里新开了一家叫“观喜堂”的白玉店，冥冥之中似乎早有安排，他突发了想要进去看看的念头。他并不知道，就是自己对和田玉这种最原始的热爱，简单而纯粹的喜欢，终于让他历经考验，走近了有灵之玉，结识了有心之人。玉行的人自然都知道“观喜堂”的分量，杜沛衡当时却是一无所知。他一进门，就看到了吴德昇的一件裸女小品，纯净无瑕的美玉雕刻的是一个极其美丽的孕妇形象，线条柔美，形象可爱。美是人人都有觉知的，好作品自然一下子就能跳出来，杜沛衡乍一见到这么好的作品，一下子就被吸引住了。他进去攀谈，正好遇到被誉为“当代玉雕推手”的林子权先生，杜沛衡遇到他，对于寻玉而不得的爱玉人来说，就像六合彩中了头奖，算是走对了路子，一下子拔到了塔尖儿上去看玉了。然而杜沛衡当时却还是懵懵懂懂，买了玉，赶快去找懂玉的朋友们给他掌眼。他找的这两位朋友，一位是《科技日报》的摄影记者洪星先生，另一位爱人是央视的记者，也是一位爱玉的专业人士孟晓程先生。这两人都是行家，赏玩下来，都觉得杜沛衡买得值，一问是在“观喜堂”买的东西，品质和出处更是有了保障。这一下杜沛衡踏实了，他在寻玉的道路上走了那么多弯路，没想到误打误撞，终于买对了路，首次得到了朋友们的一致认可！第二天一大早，古玩城一开门，杜沛衡就直奔“观喜堂”，一口气儿买了三件吴德昇的裸女作品。作品拿回家以后，连妻子也爱不释手，一向眼光甚佳的她挑出最喜欢的《青花裸女》，收归她自己的“小金库”，成为心爱之物了。见到爱妻也喜欢，杜

吴德昇：《青花裸女》

沛衡心里感到很有成就感，自己的眼光竟然也得到了妻子的认可，他心里别提多高兴了。于是没几天，又找林子权，又买，前前后后仅吴德昇的作品就买了十几件。当时林子权尚不知杜沛衡对玉情根深种，苦寻多年而不得的心情，只是一看杜沛衡这买法，吓了一跳。后来慢慢接触久了，交上朋友，林子权才了解他的爱玉之情，更欣赏杜沛衡的为人，就有意无意开始教他识玉辨工，引导他正确的收藏观念，更甚或，自己秘而不宣的私藏也给杜沛衡看。这样持续了四五个月，这期间，杜沛衡就像走火入魔一样，每天通过各种途径学习当代玉雕的知识，《中国收藏》《清和朗润》、中国玉石雕刻大师的一系列丛书……凡能搜罗到的，杜沛衡都会仔仔细细地研究，吴德昇、刘忠荣、易少勇、于泾这些人的风格和名作，他已能倒背如流。平日里，只要能看到大师作品的地方，必然有他杜沛衡的身影，好学多问肯钻研，不知不觉，他的眼光一天天越来越好，买玉雕作品渐渐就像他买四合院一样，越来越稳、准、快。

杜沛衡手中有一件易少勇的精绝孤品《逗己乐》，就是他机缘巧合，快手抢来。了解易少勇的人一听这名字，眼前肯定能一亮。被誉为“中国文人牌第一人”的易少勇以“诗、书、画、印”四绝独步玉界，所做玉牌小品无不清雅无匹，令人玩味不尽。他在玉上要求极其苛刻，从设计到制作，哪怕配饰上的小珠子都要亲力亲为，因此一年也只能出有限几件作品。易少勇有个怪癖，爱给自己

易少勇：《逗己乐》

刘忠荣：《海豹》

做玉。大凡他用来“逗己乐”的作品就是他用来陪伴自己的作品，不仅只给亲近的朋友欣赏，更是天价不售。如同“梅妻鹤子”，自娱的作品只图己乐，所以设计起来格外大胆新颖，不惜耗费大量工时精雕细作，《逗己乐》就是这样的一件作品。此作玉质纯净温润，四面如同四条长长的条幅，额首形似卷轴，如垂下四联规整书画，一联自上方行书阴刻：“清晖映竹日，翠色明云松。”下方阴刻一枝亭亭修竹，左下落阴刻“天蜀”款，钤阳刻“易”章。一联上方小篆阴刻“出云”，中间留白，下方山石与一丛新篁结伴而立。一联上方阳刻“宜雨”章，阴刻楷书五言诗文：“古木苍龙影，修篁碧玉枝。相看两不厌，同保岁寒姿。”最后一联落阴刻隶书：“庚寅秋月桂香影，欲作小品逗己乐。”此正是诗书画印交相辉映，篆隶楷行精妙绝伦，阴阳相合至刚至柔，雅致风流玉中兰亭。本来是“逗己乐”，结果易少勇自己把玩没几天，就被一位至交好友借去来北京“斗玉”，说“斗玉”也是笑谈，只是藏家之间经常拿出自己的藏玉品评赏玩，切磋交流，虽无真正意义上的争斗之心，比一下炫一下的心思大家是都有的。那日正是这样的雅集，杜沛衡也赫然在列，“逗己乐”一亮相，藏家们的眼睛都直了，杜沛衡对这件作品一见钟情，他像一个情窦初开的少年，捧着心爱的“姑娘”怎么也不肯撒手了！软缠硬磨，硬是夺了易少勇大师的所爱。很多年之后，易大师谈及这件作品，心疼之情溢于言表，然而就像嫁了自己最心爱的女儿，就算再心疼，看到她许配到了好人家，也算些许欣慰。而杜沛衡的确善待《逗己乐》，他深知这样的作品是可遇而不可求的，因此也常伴案头，时时把玩，十分珍爱。

有财力、有眼力、有机遇，杜沛衡在玉界又遇上了好时候。2010年底，市场开始起了变化，当代玉雕作品在沉寂了几年之后突然报复式地增长，尤其玉行顶尖大师的作品，更是被抢购起来。经营高端玉器的“观喜堂”是藏家们的首选之地，不多久，北京“观喜堂”的东西开始不够卖了，从台湾、上海的店拿到北京，一眨眼又被抢光了。杜沛衡几个月前买的十几万的小品，一转手有人就要出成倍的价格买。杜沛衡敏锐地察觉到玉行崛起的信号，在爱妻的支持下，他当机立断迅速卖掉了自己在海南的一处房产，就像他在生意场上一样，既快又准，马上买了吴德昇大师的经典名作《相拥》，刘忠荣大师的一件料工极佳的孤品《海豹》。《相拥》这件作品由一块硕大而完整的和田白玉籽料雕刻而成，玉质温润细腻，玉性极佳。由于料形完整，吴德昇借鉴了传统扬州山子雕“保形掏洞”的技法，优美的流线衬托出一对蜜恋中的情侣，男性宽大的衣袍半遮住女性丰满柔美的胴体，吴德昇最为拿手的半侧面S形姿态显得女性既美丽又含蓄，二人轻贴面颊，表情甜蜜，似在低低私语。女性安然沉醉的姿态和男性轻搂腰肢的力度都是恰到好处，女性的柔面、细腰、丰乳、肥臀恰位于视觉中心，大块面的处理最大限度地凸显了玉质之美。相较传统作品，这件作品无论在人物关系和技术处理上都有许多大胆而有益的创新，是玉界难得一见的精品。林子权见到这件作品，细细观摩很久，告诉杜沛衡，这是吴德昇的用心之作。业界都知道“观喜堂”与吴德昇大师合作多年，林先生自然是一语胜过万言，杜沛衡知道，自己这件大作品又买对了。

吴德昇：《相拥》

杜沛衡当年在古玉圈儿里吃过亏，买过玻璃打过眼，终于明白当代玉雕料又好、工又佳，市场上也有基本的指导价格，只要买的东西出处能够保证，不仅不存在欺诈问题，还能怡情益性，保值升值，是非常适合自己的收藏品类。既然大路走对了，是不是就能一马平川了？答案却并非如此。每位大藏家的成长，都伴随着错误和弯路，杜沛衡也不例外。当代玉雕的收藏之路上也有许多不起眼的小岔路，有时候一个不小心就走到误区里去了。杜沛衡最初买高端玉器尝到了甜头，也结识了不少“行内人”，这些好心的朋友经常给杜沛衡“掌眼”，这些人里不少人对雕工不屑一顾，反而在玉料上仔细研究，追求“红皮白肉”，没有瑕疵的羊脂白玉。杜沛衡经此引导，也买了不少“红皮白肉”，一来他不知为何，越看越不喜欢，二来这些作品一旦买入，便留在手中，再也无人问津。对很多爱玉人来说，商家的众说纷纭最难辨别，许多藏家因为接触不到对的人，一直在错误的收藏理念中越走越远也是常有的事。好在杜沛衡对玉的热爱促使他不停歇地去看更好的玉雕作品，美的本质不过是一棵树摇动另一棵树，一朵云推动另一朵云，一个灵魂唤醒另一个灵魂。当杜沛衡的眼睛看到了，他的心也即刻明白了。随后再去看那些被雕坏的玉，既疼惜，又无奈，他明白了古人说“玉不琢不成器”，这“琢”背后蕴藏的巨大价值。这时候他的好朋友洪星和孟晓程，这两位极具审美能力的朋友又一次在关键的时候，与他达成了共识，在好料的基础上，充满艺术价值的雕工非常重要，如果要收藏，就要收藏顶尖的作品，最好的作品，一定是两者兼具的。一旦在收藏上认知到了这个层面，杜沛衡的收藏方式就发生了巨大的变化。料工俱佳的玉雕精品之于玉行人，就像顶尖的武功秘籍之于江湖人，若非必要，人人收而藏之，秘不示人。其实这并非单纯在玉界，大凡世上顶尖的艺术品、藏品，莫不如是。如今杜沛衡想要收藏这样的作品，就不可能像以前一样，到玉器店转转，见好就买，《蒙娜丽莎》不可能挂在画廊里任人拣选，好作品也是别人的心头至宝。要想收到宝贝，财力很重要，明理的妻子一直默默支持他走高端收藏的路线，这让杜沛衡十分感激，然而财力只是其中一个部分，与此同时，眼力、机遇都很重要。

这一个弯路走得值，他悟到了收藏好玉不能坐等，天上偶尔能掉下个“林妹妹”，但守株待兔肯定不如“创造机遇”。杜沛衡最先想到了藏玉甚丰的林子权。几番推心置腹，他终于收藏到了刘忠荣大师的玉牌《刀马旦》。刘忠荣最拿手的就是在玉牌中线条的运用及丰富的层次，这件作品以京剧中的“刀马旦”为主题，所谓“旦”指的是国粹京剧中各种不同年龄与身份的女性角色。“刀马旦”

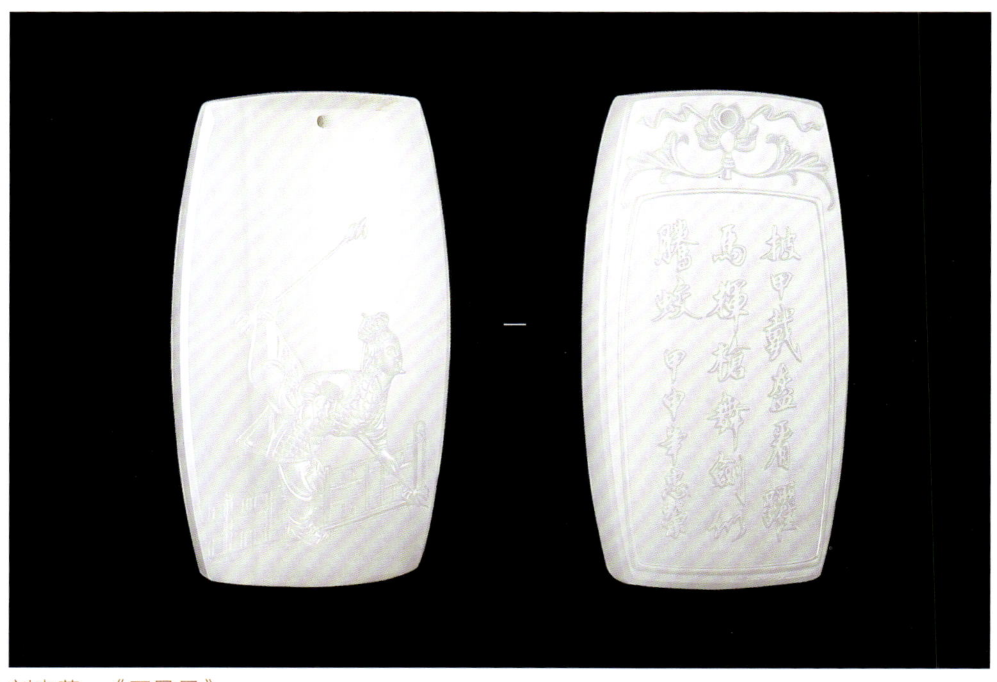

刘忠荣：《刀马旦》

专指武艺高强、能提刀骑马的巾帼英雄。刘忠荣雕刻的这位女巾帼身着甲衣，手握兵器，右腿向后腾空，站立在回栏之前踢耍花枪。刘大师的玉牌，以如同立体电影一样的画面感著称于世，深厚的治玉功底，让他在不到一毫米的浮雕空间内，做出了人物、花枪、回栏多个层次，在高点与低点微小的距离里，凭空造出了一位栩栩如生的女英雄。值得称道的还有作品的线条，无论是直线还是弧线，均被做得挺拔而强劲，刻画出人物筋肉健美，英气飒爽的气质。纵观画面，大弧面留白，每个小块面都处理得温厚顺畅，凸显玉性，从而让人感受到了整件作品刚柔相济的和谐之美。背面以花纹图案作为牌额，细心推落出花纹的层次变化，下满牌框稍稍浮起，牌框中由易少勇大师阳刻行书诗文：披甲戴盔看跃马，挥枪舞剑似腾蛟。笔势洒脱流畅，图文暗合，由玉界公认的图（刘忠荣）、文（易少勇）双绝合作，融合了京剧艺术与玉雕艺术两项国粹，是一件可以载入当代玉器史的作品。好料，好工，好题材。得到这件“三好”玉牌，杜沛衡兴奋不已，好作品越看越耐看，朋友们也都赞叹不已，有不少人出高价让他转让，他知好玉难求，断不肯割爱。经此一事，他更意识到好的玉雕作品一定要兼具文化价值、艺术价值和收藏价值，只有这样的作品才像北京二环内的房子，地段金贵，价值坚挺，经得起时间和市场的考验，他不再一时冲动盲目收藏，坚定理性地走上了高端玉器的收藏之路。

高端玉器的收藏门槛不低，但立足点是确定无疑的：跟高人、寻精品、练就火眼金睛、抓住就锲而不舍。说到寻宝过程，杜沛衡有点不好意思，他一位平日里温文尔雅的谦谦君子，遇到好藏品就变得野心勃勃，不达目的誓不罢休，成了伺机而动的猎手。为了得到一件于泾大师所做的极品，他耐心追逐了整整两年时间。这件《年年有鱼》此刻静静陈列在“嘉珍堂”的展柜里，谈到这件作品，杜沛衡眼里柔情似水，看得出是动了真情。这是中国玉石雕刻大师于泾先生早年的作品，是用一块半浆半玉的玉料雕刻而成，杜沛衡向来收藏“三好”作品，这样的料子怎会让他动心？其实工、料之争并非完全绝对，皮艳肉细之羊脂白玉诚然可贵，若遇上能化腐朽为神奇的花浆绺裂，则更为难得。毕竟废料不少，能做出极品玉作来的，却是少之又少的造化。这块玉料就有了天大的造化，被“海上泾工”于泾看中了。世人常说“只闻泾名，不见泾工”，说明了于泾做玉两大特点，一是“慢”，雕刻之前的冥思苦想、几十遍易稿；雕刻之中的如履薄冰、纤毫入微；雕刻后期的辗转反复、力臻完满……《年年有余》就是他做“臭”了数十条活鱼，呕心沥血而成的结晶。二是“隐”，他的隐来自于他无需大肆宣传，泾工几乎不在市场上出现，就已经被大藏家收藏，秘不示人了，慢慢大家就只能闻名，不见其作。当年于泾这件作品完成后，林子权即带回台湾家中秘藏，东西一在林家亮相，全家欢呼。藏玉世家自然知道这件作品的分量，无论是这张口伸舌、两腮膨起，被油锅炸过的“鱼相”，还是以硬做软，以刚刻柔，趴在盘中脂软的“鱼腹”，其化腐朽为神奇的工艺无不让人叹服！这件2002年5月的作品，是于泾的炫技之作，也是他攻坚克难，挑战自己的作品。这样一件作品被杜沛衡看上了，明显是要啃下一块硬骨头。他请林子权去海南旅游，事事安排，事事上心，装作不经意地提起这件作品，林子权硬是不接他的茬儿。苦求不得，杜沛衡辗转反侧，又邀他去广东品尝美食，到湖南欣赏湖光山色，还是求之未果。直到他带林子权去了日本，一路照顾下来，林子权见他实在太喜欢这件作品，时隔两年，2013年，他终于松了口，忍痛割爱，把珍藏多年的《年年有余》交给了杜沛衡。

在追逐《年年有余》的这两年里，杜沛衡在收藏的道路上日渐成熟，他认真听取业内行家的意见，通过实战经验仔细甄别作品的好坏，渐渐有了自己的心得。他坚持买玉雕大师的成品而从不买料找大师去雕。他说：“十几年前和田籽料的价格很便宜，所以大师们为做出艺术效果不惜去掉很多料，而这十年和田籽料涨了上百倍，太珍贵了！大师们为了保料而很难做出太好的艺术效果，而且十几年前大陆买和田玉雕的人很少，主要集中在台湾的一些客户，大师们有充足的时间慢慢地雕琢精品，而现在全国各地买玉雕作品的客户太多了，大师

于泾：《年年有余》

曹扬：《岁寒三友》牌

们只靠自己做不过来，又忙于评奖和参加各种应酬，只能扩大经营，把工作交给徒弟，这和自己亲自雕刻的作品相差甚远。”听了这番分析，行家们肯定会心一笑，一个大藏家所要具备的思路，杜沛衡有了。三日不练字手生，三日不磨玉心慌，现代玉器是最实实在在，明明白白的，用什么样的材料，什么样的工艺，费了多大的心思，加上什么样的设计素养，就有什么等级的作品。眼界一旦上去，看这些作品的水平一目了然，绝不是一个落款，多大宣传力度就能骗得过眼的。这几年杜沛衡去新疆矿区采风，看到满目疮痍的玉龙喀什河，十分心痛，这些经历让他更加看中当代名家亲手雕琢、精心设计的和田籽料精品。到了这个阶段，杜沛衡已经是一位有眼光、有思想的收藏家了，他想成系列地收藏一位有艺术价值和升值潜力的大师作品。寻寻觅觅，他选定了苏州的玉雕大师曹扬的作品。曹扬大师是玉界少数不开工厂，不招徒弟，不求名利，一心治玉的高手。这位不走寻常路的玉雕大师在玉界有着极好的声誉和口碑。在玉界，曹扬是位隐士。他每天醉心于自己的玉雕创作，仿佛外面的一切喧嚣、浮华，与自己无关。曹扬的玉雕之路也与寻常大师不同，他从小勤学书法，后进入评弹学校学习评弹。苏州评弹不仅要研究音乐，还需大量阅读唐诗、宋词、元曲等古典文学作品。曹扬毕业后拜师学习美术，包括西洋绘画及雕塑，23岁开始进入玉雕行业。由于之前他对书法、绘画、音乐、文学和哲学思想的深入学习，使他能够将这些艺术元素融入玉雕，再加上他

曹扬：《鹭鸶求偶》牌

曹扬：《湖边翠鸟》牌

在玉雕艺术上无师自通，使他更能够跨越形式的束缚，站在新的角度创作玉雕作品。从2010年一件别有韵致的《岁寒三友》牌，2011年诗情画意的《湖边翠鸟》牌和《鹭鸶求偶》牌，到2012年布局清雅、格调高逸的《江边忆故人玉》牌，2013年古意盎然的《宝鸭》……一个做，一个藏，随着收藏的次第深入，这位素未谋面的大师，通过一件件艺术作品，打动了杜沛衡。既有诗情画意的文人情趣，又有乐观开朗的自由天性，曹扬一年一年在艺术上的不断探索和丰沛的精神世界，打动了日臻成熟的大藏家杜沛衡。他越来越期待，曹扬还能给世人什么样的惊喜？这位一心治玉的艺术家心中，究竟还藏着什么样的情怀？没想到到了2014年，曹扬出了气势磅礴的《唐宣宗诗意牌》，整块玉牌选材绝佳，白润光洁，清澈无瑕，如此天成美料作者自是挖空心思去设计、构图，雕工更是精彩绝伦。正面山水图意境不俗，高峰耸峙，浮云缥缈，瀑布流泉仿佛从天上仙境而降。赏此美景的岸边老者，不只是雅士，更仿如神仙。整幅画面雕工流畅自如，凹凸韵致有序，让画面意境鲜活了起来。背面作者以刀代笔，洋洋洒洒刻下唐宣宗与香严闲禅师合作的一首瀑布联句。其文为：“千岩万壑不辞劳，远看方知出处高。溪涧岂能留得住，终归大海作波涛。”诗意与画面相互辉映，既充满了禅的韵味，也让人能感受到雄心壮志的豪迈气魄。与此同时，曹扬还创作出了气吞山河的《大风歌》，这件玉质极佳的椭圆形玉牌，正面以娴熟老到的深浮雕，将傲立于苍松断崖旁的刘邦气吞山河

曹扬：《江边忆故人》牌

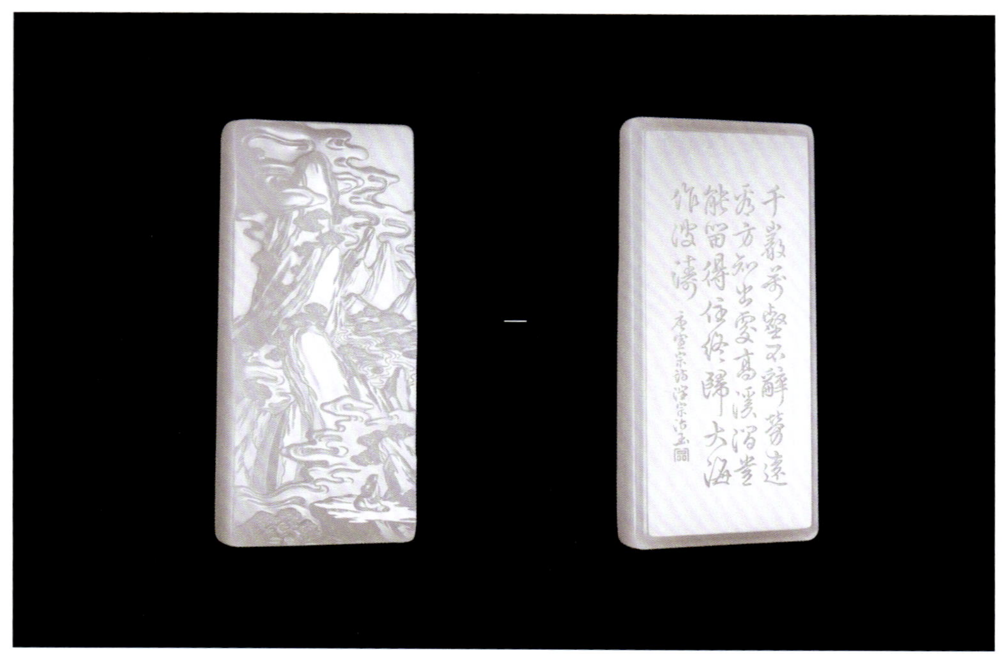

曹扬：《唐宣宗诗意牌》

的气势刻画得淋漓尽致，背面浮雕祥云环绕，诗句遒劲饱满、沉稳潇洒。收藏到这两件作品，杜沛衡终于坐不住了，他向来并非没有机会直接接触大师本人，但却不喜一来二去的麻烦，可因玉结缘，知音难求，杜沛衡交定了这个朋友！许多人见面不如闻名，在曹扬和杜沛衡这里，却是相见恨晚！如今“嘉珍堂”的小客厅里挂着一幅曹扬的字，潇洒遒美、行云流水，一看就知曹扬有极深的书法修为。这是两人谈到兴处，曹扬挥毫泼墨一气呵成的作品，曹扬的天赋、勤奋、与世无争的艺术家气质，就像一卷底蕴深厚，内容丰沛的奇书，既有诗词歌赋、历史典故，又有艺术哲思、文人情怀，深深打动着杜沛衡。

杜沛衡深知曹扬不求名利的隐士性情，但他认为玉是有灵性的，玉也跟人一样，在等赏识它的“知音”，人跟玉之间是彼此互动的。多年来在收藏玉器的道路上，杜沛衡学会了诗词歌赋，理解了历史典故，学会了书画鉴赏，通晓了天文地理的知识，而通过玩玉，也结识了很多志同道合的朋友，喝茶赏玉之际，眼力、品味、精神境界都随着对玉的理解和探讨慢慢提升了不少。杜沛衡很希望有更多人跟他一样，不再走弯路。自己寻寻觅觅那么多年，才有缘分能够见到真正好的玉雕作品，而玉历尽千载冰火考验，得人力造化雕琢重生，只为静静等待赏识它的“良人”，人等玉，玉等人，为何不“成人之美，成玉之美”？是这个念头，促成了“嘉珍堂”的诞生，也是这个念头，让杜沛衡下定决心，为曹扬办了一个玉器展。2015年曹扬的作品《黄财神》获得“子冈杯”金奖，此作品历时三月完成，因为它的纹饰特别繁琐，连胡须都要一根根做出来，非常费工夫，连抛光打磨都亲力亲为，从十几年前的《松竹梅》到今年的《黄财神》共有二十多件，再过几年等藏品多一些，杜沛衡打算办一个私人玉雕博物馆，把真正的玉雕艺术展示给玉雕爱好者，并举办中外文化交流，推进中国的玉雕艺术走向世界！穷则独善其身，达则兼济天下，杜沛衡一步一步走到今天，心里装着的已经不仅仅是个人的修身之德，他已经因藏玉有了兼济天下的大情怀，立志为玉，为爱玉之人做点儿什么了。那么效果如何呢？采访过程中，发生的一段小插曲也许可以告诉我们答案。杜沛衡跟我正聊着，来了一位藏家，前几天他在“嘉珍堂”买了一块玉牌，因为私人缘故想要换个题材。因为采访的缘故，杜沛衡把平时压箱底儿的宝贝们摆出来亮了下相，中间就摆着市面上难得一见的“天蜀牌”。“天蜀牌”比起其他牌子个头小小的，但价格却是几倍于其他的大玉牌。于是就有了一个藏家道路上的“跨栏”，从看料到重工，这是一步，从爱大到爱型，这又是一步，我饶有兴趣地观察藏家的变化，只见他在几件玉牌中比来比去，有的料子白，有的牌子大，我们一目了然的优劣，他反反复复地比较，见他犹豫不定，杜沛衡说：“我先退您钱，回头您挑中什么再买。”藏家却坚决不同意，他嘴里嘟囔：“为什么这个‘天蜀牌’这么小，这么贵？”却不肯把“天蜀牌”放回，手里反复摩挲，灯下看了许久，最后他一咬牙，添了数倍于平时花费的钱买走了这件作品。其实美是共通的，也许这位藏家并不知原因，但很显然，“天蜀牌”的美打动了他。就像很多藏家总结的心得：便宜的东西，只有在你买的那一刻是开心

曹扬：《大风歌》牌

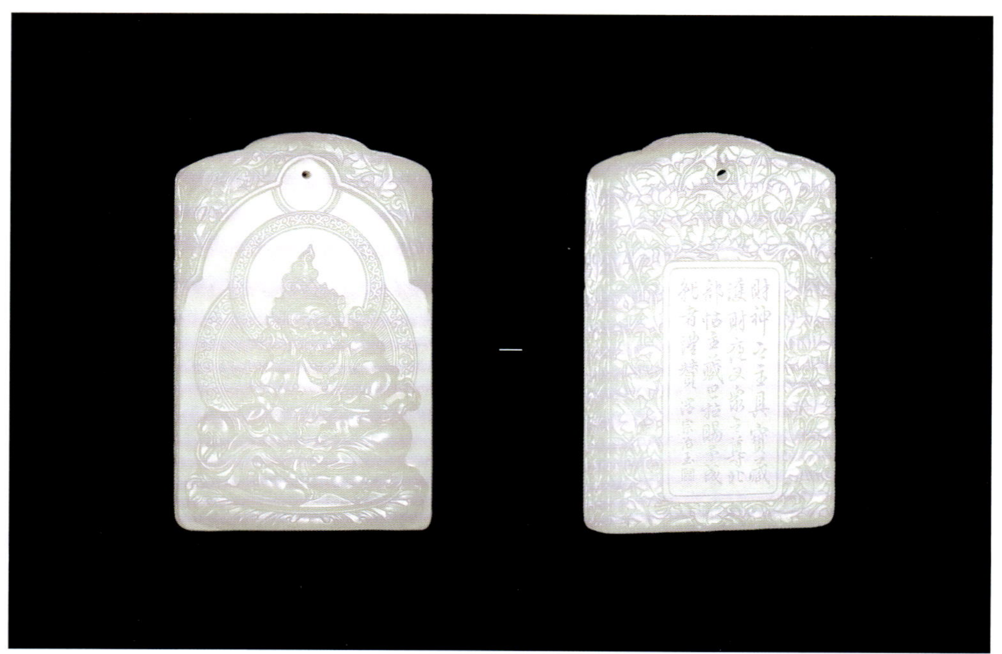

曹扬：《黄财神》牌

的，用的时候，没有一天是开心的；品质的东西，给钱的那一刻是心疼的，用的时候，每天都是快乐的，感觉特别值得。只选对的，时间会证明一切！我感叹这件作品藏家是百分之百买赚了，杜沛衡却说：“‘天蜀牌’这么难得，被买走了我的确是心疼的。但这位藏家一直很信任我，也支持我，今天他在收藏的道路上跨越了一大步，就像开始他一直买郊区的房子，今天他终于下定决心买了二环的房子，虽然我这房子卖了很心疼，但他很快就会懂得这房子的价值，从此走上更好的收藏之路，这也是一件好事啊！”看到这一切，我仿佛看到了心无杂念的虚竹，他一心为玉，玉定然也不会辜负他的一番苦心。

在玉界的天龙八部里，杜沛衡定然要占一席之地，这地在哪里？也许就像评论家评论虚竹一样，他是天龙八部里的上上人物！无论今日玉界的天是黑是白，做一个散发着温热的太阳，所有的一切，都会向阳而开！

儒风独茂 勇立玉峰

——记玉恒堂创始人彭志勇先生

张侨恩

彭志勇先生

初见彭志勇时，许多人会有同样的感慨：此人样貌与伟人毛泽东竟有三分相似——天庭饱满，地阁方圆，中等身高，油光闪亮的大背头，整个人看上去神采奕奕，温和儒雅，他尤其爱穿中式大褂和长大衣，抽烟打电话，那风度气质，神似又大于形似，叫人一见顿生亲近感。

彭志勇，何许人也？实力雄厚的“上海玉恒堂”掌舵人，玉界人称“扳指王”，大师玉雕联盟定制中心的发起者和组织者，安徽玉雕的推动者，弱势群体的爱心大使……年鉴“名家风采篇”采访的一向是在玉行各个领域做出杰出贡献的人，要么是玉雕大师，要么是商家，要么是行业推手，要么是组织者或者教育者……然而像彭志勇这般，能游刃有余地在大商家、玉雕大师、杰出的组织者、行业推手这几个身份中自由转换，并在每个领域都颇有建树的却极为少见。彭志勇是安徽籍人，想要了解彭志勇，可以先从了解安徽开始。

"八山一水一分田，一分道路和庄园。"群山环抱，属于丘陵地形，安徽既没有中原广袤的耕地，早期又缺少沿海发达的交通，更难以企及江南一带鱼米之乡的丰足，但却诞生了灿烂的文化。文学方面，安徽有辉煌的建安文学、竹林玄学、皖派朴学、桐城文派……政治上，有明朝开国皇帝朱元璋，在世界上与俾斯麦、格兰特并称为"十九世纪三大伟人之一"的近代名臣李鸿章，被毛泽东称为"五四运动总司令"的陈独秀……数不胜数。从安徽的历史名人中不难发现，安徽人有一种"以天下为己任"的大情怀，正如李鸿章年少作诗："丈夫只手把吴钩，意气高于百尺楼。一万年来谁著史，三千里外觅封侯。定将捷足随途骥，那有闲情逐水鸥。笑指泸沟桥畔月，几人从此到瀛洲？"

就是这样的土地，孕育了举世闻名的"徽商文化"，也孕育了彭志勇。在他的成功之路上，徽州的人文造就了彭志勇以仁、义、礼、智、信为核心竞争力的儒商精神；艰苦的环境，更磨炼出彭志勇持之以恒、坚持不懈的强大内心；他在玉雕艺术上坚持传承与创新，让"勇式扳指"成为当代玉雕花园中不可或缺的靓丽风景；成为玉雕大师后他更以玉雕行业为己任，积极运作"大师玉雕联盟定制中心"，肩负使命，为行业的未来出谋划策；他积极推进徽派玉雕的价值回归，回馈故乡，福泽桑梓，更把这种正能量，传递到社会边缘人群，为烧伤病童筹集善款，为残疾工人提供福利，一次又一次掀起了玉雕行业慈善的热潮……让我们走进彭志勇的世界，探索他冰山底下，深沉而又强大的内心世界，也许到了文末，我们人生中的很多疑问，也会找到答案！

徽州故里

1975年，安徽芜湖市南陵县三里的小山村有一户人家，添了家里的第四个孩子，这男孩儿生来爱笑，嘴唇厚厚的，皮肤黑黝黝的，从第一次对着母亲笑，就给这个家带来很多舒心和福气。

几间小瓦房，房前梯田油菜花，屋后新笋成篁，竹海叠翠。每当雨满春山，房前屋后的绿意简直要把瓦房都要染透。山中景色太美了，但在山里养活四个孩子，仅靠父母一年到头在那片小小的土地上劳作，是极为清苦且太艰难的事情。

如果说世间真有因果，那彭志勇一定是来报恩的孩子。从小到大，除了帮父母耕地、播种、做饭、放牛、操持家务，这个最小的孩子念书之余，还总爱往山里跑，挖葛根、挖冬笋，攒够了就挑去集市上卖了作学杂费，母亲的心里对这个孩子的勤劳和懂事感到又爱又疼。十四五岁的时候，他便挑着自己手编的100多个竹笼子去抓黄鳝，第二天天不亮就早早去收笼。一晚上少则两三斤，多则七八斤。兴高采烈地担回家，攒着，然后去大集上卖掉，一双小手一次次把挣来的毛票叠得整整齐齐交到父母手里，补贴家用开支。

在故乡的岁月虽然艰难，但彭志勇回忆起来用得最多的词就是“开心”，他总是笑，眼睛里全是温情和依恋，可以想象，他的存在给了这个家庭多少开心和笑容，一个淳朴勤劳又爱笑的孩子，走到哪里，运气都不会太差。

初出茅庐

“前世不修，生在徽州，十三四岁，往外一丢。”徽州流传至今的民谣，用最直白的方式揭露了徽州男人的命运，故乡没有足够的土地和资源养育她的儿女，自古华山一条道，徽州男人只能年少离家，出外谋生，赤手空拳艰苦创业，靠勤劳，靠隐忍，靠执著，靠守信慢慢赢得一块小小的立足之地，进而期待未来更大的发展。所谓“黄沙百战穿金甲，不破楼兰终不还”。穿金甲自然威风凛凛，但这不破楼兰终不还的背后，是无路可退的悲壮。彭志勇自然没有脱离这样的命运。

1993年，彭志勇跟着承包商的哥哥去外地打工，并很快成为工地上招人喜爱的小伙子。做小工时，他很有眼力见儿，勤快，朴实，干活儿特别卖力；学瓦工的时候，他细心观察，虚心求教，不多久，砌墙、粉刷，瓦工的样样活计他都干得漂亮利落，又快又好。大包工头对他的喜爱溢于言表，“看人家小彭！”成了他的口头禅，哥哥脸上有光，彭志勇心里也很高兴，越是得到认可，他干得越卖力气，别人休息的时候，彭志勇还顶着大太阳，满身粉灰，不知疲倦地干着。每到农忙时节，大哥回家帮忙，临走把管理任务交接给了同来的姐夫和彭志勇。姐夫话少，慢慢这个担子就全落在了十七八岁的小彭身上。大、小活计的分配，各种突发问题的解决方案都难不倒他，小小年纪就可以管理一个小工程，担子很重，然而彭志勇就是有能力把压力转化成动力，最早起床，最晚睡下，遇事沉稳，处事公道，舍得付出，从不叫苦。工地就是男人的世界，谁能干大家就服谁，不多久，上上下下的工人口头禅也变成了：“问小彭。”年纪轻轻的彭志勇靠自己的努力，赢得了大家的佩服和尊重。

1993年到1994年期间，辗转在皖南地区的几个工地工作，彭志勇不仅学会了瓦工的技术，积累了管理的经验，更珍贵的是，他还开拓了眼界，接受了很多建筑及雕刻艺术的熏陶。皖南属于丘陵地带，这些地方到处留存着雅致幽静，保存完整的古建筑群，徽派建筑韵味古朴，装饰风格细而不烦，密而不乱，雀替、梁枋、门窗上的大幅木雕，幅幅精美，人物栩栩如生；门楼、亭台、照壁上的砖雕风格各异，气势非凡，他最喜欢砖雕上的古纹饰，实在忍不住，就尝试自己雕刻，时不时请教老师傅，最后竟然能够雕得有模有样；至于千姿百态、玲珑剔透的石雕，最是引得彭志勇的喜爱，他常常在业余时间跑去看石匠雕刻，小瓦工双手托腮，瞪大眼睛看一条活灵活现的石龙从石头中幻化出来，下一次去又是一条特别生动的鳌鱼，再去是马、是鹿、是梅兰竹菊各式石雕花窗……次次去，次次不同，精美、逼真、生动，这门手艺太了不起了！砖雕好看，石雕更美！要是能够学得一二……少年彭志勇心里浮想联翩，但咬咬嘴唇，彭志勇只是偷偷把这个愿望藏在心里，继续踏踏实实地砌砖粉墙，管理工地。懵懂少年彭志勇并不知道，命运早已为他安排了更好的选择。

上帝在赠送礼物之前，往往愿意以层层困难作为包装。彭志勇在不久之后，到一个大工地工作，一改之前的平顺，他的努力工作并没有换来应有的待遇，得到的却是漠视和刁难。正在此时，在上海行知艺术师范学校当食堂采购员的堂哥受到了当时的美术老师潘逸民教授的青睐，潘老师为了帮助堂哥彭林章，自己出钱给他提供纸、笔，免费教这个孩子学习绘画。热爱绘画的堂哥得到了梦寐以求的机会欣喜若狂，不久之后，潘老师又热心地把他介绍到“陈平碧玉工艺社”跟玉雕师傅学雕刻。堂哥遇到了生命中的贵人，命运扭转，他感激之余更惦记着在工地上风吹日晒的彭志勇。第一次给彭志勇抛出橄榄枝，憨厚的彭志勇在电话里问堂哥：“玉石是不是山上挖的石头？”堂哥回答：“我们家沟里肯定是没有。”彭志勇说：“我再想想吧。”

“自己对工地上的活儿已经很熟练，倘若进入新行业需要付出极大的心思，且一段时间不能赚钱补贴家用”，彭志勇犹豫不决。正在这个时候，锲而不舍催

彭志勇：《玉鹅》

促他来学习玉雕的堂哥又一次用公用电话打给彭志勇，这一次，不待堂哥说话，他便来了句："好，我过去。"当晚，堂哥亲自来接彭志勇过去。瓦刀工具大力一扔，彭志勇拎了两件衣服当晚就走了。这一扔，他永远地扔掉了瓦工生涯，从这一晚开始，彭志勇向着故乡沟里没有的玉，大踏步地走了去！

玉路学艺

1994年末，彭志勇经堂哥彭林章介绍来到玉雕名家上海人陈平的"碧玉工艺社"上班。第一天，他一亮相，迎接他的就是大家的"忍俊不禁"。原来彭志勇常年在户外风吹日晒干瓦工，皮肤黑得像炭一样。彭志勇被大家笑得有点自卑，但是朝夕相处下来，他憨厚踏实、勤奋大度的性格获得了众人的喜欢。大家的认可也鼓励着他的决心——要在玉雕厂里努力工作，让大家刮目相看！在堂哥彭林章的带领下，他第一次亲眼目睹了玉雕制作的全过程，也第一次亲手摸到了玉石！这色彩丰富，触感温润，线条流畅，造型唯美的玉雕把他迷住了，一块看似普通的玉石，经过数道雕刻程序，竟然变得比砖雕和石雕还要精美动人！彭志勇从来没有见过这么美的东西，他的心一直在怦怦直跳，脸涨得通红，原来之前他雕刻砖雕，迷恋石雕，都是为了这次与玉雕命中注定的相遇！再也没有比玉雕更美的东西了！玉雕，就像一道深深的烙印，从这一刻印在他的心上，从此再也无法抹去！彭志勇下定决心，要努力钻研玉雕技艺，总有一天也要像这些老师傅一样，从自己手中幻化出这样美轮美奂的玉雕！

彭志勇首先学的是玉雕的打磨工艺。打磨是玉雕制作过程的最后一步，也是画龙点睛的重要过程。从粗砂到细砂，人磨玉，玉也磨人。许多学徒受不了日复一日的简单重复离开了，但彭志勇却坐得住，他爱玉，这样近距离跟玉接触，让他感到心里欣喜；他珍惜玉，因为怕自己一不小心磨掉玉的美感，每次他的打磨时间都是别人的两三倍；他怕完不成任务，就加班加点，所有的时间都用来磨玉。从做瓦工的彭志勇突然转变为玉雕工艺的打磨学徒工，踏实肯干的劲头儿还是一样。虽然实习头三个月没有工资，彭志勇还是每天早上七点准时到，尽管整个厂子里的洒扫庭除都是新人一力承担，彭志勇从无抱怨。到了第三个月，厂子发生了一个大变故，老板连人带厂把这个玉雕厂转手了。新老板来厂里第一天给每个员工发了工资。到了最后，他注意到了一位没有领工资的小伙子。赵老板给他钱，彭志勇红着脸连连摆手。他有点害羞但满脸认真地说："我实习还没到第三个月结束，讲好不要钱我就不能要钱。"赵老板看到这个孩子这样实诚，心里涌起一股喜爱，说："你拿着，快到国庆了，算我奖励你的。"直到原来的老板也催他拿着，彭志勇这才接过了钱。握着赵老板硬塞给自己的这50块钱，彭志勇

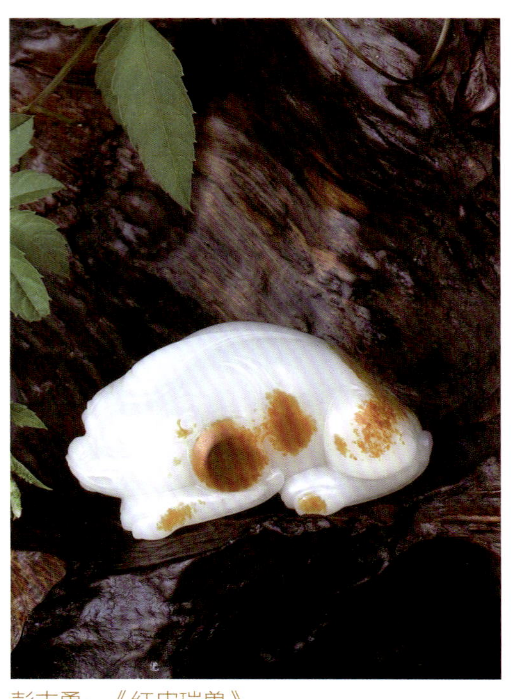
彭志勇：《红皮瑞兽》

的心里暖暖的，滴水之恩涌泉相报。他暗暗又下了一个决心。下了班别人都一哄而散，各自消遣休息的时候，彭志勇却听着收音机里的《相伴到黎明》，每天都干到深夜。那时候负责管理的赵建先生好多次晚上去厂里转悠，总是会看到这个憨厚的小伙子在灯下低着头磨玉。每次收活儿的时候，彭志勇的活儿总是打磨得仔细、干净、漂亮！功不唐捐，下了苦工夫，玉回馈给彭志勇的是一手越来越精熟的打磨手艺。一改少时砖雕急于求成的心性，为了玉，他变得安静沉稳，气定神闲，这样的性子一直保持到今天。细心的赵老板对他的欣赏体现在了工资上。几个月之后，堂哥偷偷问了他的工资，一比较，新人彭志勇的工资竟然比自己都高了。原因是厂里采用计件制，多劳多得，加班一则可以努力学手艺，二则可以多赚点给家里补贴，于是堂哥也加入到了晚上加班工作的行列。就这样，不多久，彭志勇引起了厂子里加班工作的风潮，厂子变得蒸蒸日上，欣欣向荣。一年之后，招新人，扩厂房，厂子扩大了一倍，打磨工艺已经掌握得十分娴熟的彭志勇成了玉雕厂里最年轻的带徒师傅。

在这期间，彭志勇经常和堂哥一起去潘逸民老师那里学习画画，素描、线描、造型等美术知识。一件优秀的玉雕作品，料好、意佳、雕工巧、打磨精，四者缺一不可。在慢慢学习绘画技巧和磨炼打磨工艺的双重提升下，他不光能够做到通过打磨技巧“去高弥低”，融合美术语言体现玉石的立体美，也能够在打磨过程中更深入地理解阴刻、阳刻、浮雕、圆雕、镂雕等各种工艺在不同题材上的运用。一年之后，既会画画，又懂打磨的彭志勇开始有意无意总往雕刻车间跑，既然入了玉雕这个行当，彭志勇总要学好所有的本事！不久之后，在老板的默许下，他白天打磨，晚上就用废料自己设计、雕刻了一系列小生肖、小挂件等小件作品，其中圆润可爱，中规中矩的“小如意”是彭志勇玉雕生涯的第一件雕刻作品，由于做得很漂亮，也被老板当做成品收了。这让彭志勇心里十分雀跃，雕刻作品得到认可，至少证明自己有机会成为玉雕师傅，也许这个如意正是彭志勇当时的内心写照，他很想如愿以偿学习雕刻工艺，然而好事总是多磨，命运给彭志勇设置了很多考验，仿佛只有他一一通过，才能获得最终的“如意”。

1995年底，他在庞建新先生的引荐下，跳槽到了“忠荣玉典工作室”，忠荣牌是当今治玉领域的技术典范，他以炉火纯青的玉雕技艺，超脱了刻板的玉牌创作，于毫厘之间施展魔法般的创作技巧，靠凹凸及光影，线条及块面，创作出主次分明，层次丰富，刚柔相济，立体逼真的画面效果，精妙绝伦的忠荣牌，更需要相匹配的打磨来呈现完美的艺术效果，在众多打磨高手中，刘忠荣最终选定了彭志勇和另外一位江西的小姑娘詹淑琴，彭志勇打磨牌子的正面，詹淑琴打磨牌子的背面。在打磨界，能够负责忠荣牌的正面打磨，也是对打磨技术的极高肯定，那时候国内各类评奖还未开始繁盛，收藏市场也主要集中在台湾和海外，在业内能够看到类似忠荣牌这样优秀作品的机会并不多，艺术界有句名言：眼睛看到，心方到达！点线的交错，明暗的互映，婉转的线条，飞动的姿态，绮丽的纹饰，传神的眉眼，无不震撼着彭志勇的内心。就像在艺术的殿堂中开启了一扇门，拿着“打磨”这把钥匙的彭志勇，拧开了锁，走了进来。在这期间，彭志勇已经在业余时间学习了绘画方面的结构比例，明暗关系，线描等与玉雕设计十分相关的绘画技巧，一个是平面绘画，一个是玉上作画，在打磨的过程中，他掌握了高低起伏，平面转立体的分寸。所以当他1997年去到台商李森林先生的“璎宝玉苑”玉雕厂学习雕刻时，上手速度让大家都很吃惊，从墨玉枕头这种粗活儿到仿古件再到各种类玉雕工艺的细活儿，他仅仅用了几个月时间，别人为彭志勇的进益感到吃惊，很少有人知道，为了练好玉雕手艺，他在进厂后一年左右就用了自己的积蓄买了一台玉雕机。那时候上海的私人玉雕厂一共才开了三四家，李先生的玉雕厂里集中了诸多玉雕界拔尖儿的精英，老师傅们口传心授，彭志勇又刻苦用功，经常借鉴、学习、观察、琢磨，白天学了知识，晚上马上回家设计创作，那时候工厂免不了重复制作一些题材，有了自己的玉雕机，就可以自由创作一些自己感兴趣的题材。不久之后，他的玉雕技艺进益越发明显。

彭志勇：《和合二仙》

与此同时，彭志勇还兼当了切料师傅。切料是苦活儿累活儿，大冬天脚在泥浆水里泡着，盯着切料机，一分钟的神儿都不能走。切料门道儿很多，玉界不少行家常说：一块玉料赚不赚钱，切料因素占上一半！想想玉行人力、物力的确固定，但有经验的切料师傅既能辨玉识玉，又能在不浪费片玉的情况下切到恰到好处，使得一块玉的利用率达到最大化！这不光要求切料师傅胆大心细，还要有非常丰富的雕刻实战经验。彭志勇以前的切料师傅三天两头被李先生骂，即使经验丰富的老师傅也是难免出错，谁曾想彭志勇接了这个活儿，李先生竟然次次满意，彭志勇从来没有被骂过一次！大约后来二人真正有了师徒名分，李森林师傅对彭志勇的欣赏，在当年就已经看出了端倪。就算到了今天，很多人也愿意把彭志勇这一代人的成功总结成玉行的机遇，其实机遇对每个人都是公平的，但能够抓住机遇，并获得更大的成功，其背后一定有更深层次的原因，在我们一次次观察彭志勇的时候慢慢发现，他的慢声细语，儒雅亲和的背后，是对任何事情的投入和用心。切料的成功，是因为他在打磨的过程中熟练掌握了各种玉料、玉质，并通过不断的学习，对玉雕的各种形制都有了精准的把握。十年之后，玉行都知道彭志勇是看料切料的行家，几百万的大料，一定要请彭志勇过去掌眼，甚至钱和料，都全权交给彭志勇保管，彭志勇细心到每块小边角都做上记号，他说：“我要对得起朋友对我的这份信任！”性格决定命运，干得越多，能力就越大，能力越大却越谦逊，越谦逊，朋友就越交越多。命运就像一只无形的手，引领他从看玉，切料，到雕刻，打磨，短短几年时间，全套工艺掌握下来，他已经可以走向更高的领域了！

彭志勇买玉雕机，起初是因为玉雕厂晚上不加班，为了在业余时间磨炼自己的玉雕技艺，创作一些自己想做的玉雕作品。但渐渐玉雕作品积累多了，自然要找一个销售渠道。这最难不倒从小跑市场赚家用的彭志勇。他很快摸清了渠道，慢慢在与市场接轨的过程中，彭志勇精准地发现了市场的风向，徽州人做事最是灵活，结合市场，他不仅开始针对市场改良玉雕设计和工艺，还开始自己培养打磨方面的徒弟，由于打磨出众，很多人也慕名前来。

1997年，香港回归当年，彭志勇从上海老厂长朱立明那里接到了一件大活儿：打磨1.2米见方，70厘米高的《九龙缸》，这件玉缸里外浮雕九只腾云驾雾的巨龙。乍见如此巨大精美的玉雕作品，彭志勇很激动，暗下决心一定把活儿做好！当时彭志勇已经在做雕刻了，他格外细致地指导团队打磨这件玉雕精品。报价的时候，彭志勇实实在在地说：“我没有打过这么大的作品，我把人力都算了一遍，大约需要我们这些工人加班打磨四个月左右，您给我八千吧！”老先生听了这个报价，脸上明显一愣，彭志勇以为报高了，赶忙补了一句："我们还能再低点儿！"老先生马上说："不不不，小彭，这活儿辛苦你了！"等到《九龙缸》交活儿的时候，老先生给了彭志勇一万元整。到了这个时候，彭志勇才知道，对方是没有想到，自己在这么一件大活儿面前，还是老老实实按照最低的工人工资要了一点辛苦钱，丝毫没有想到加一点价格，活儿也是干得漂亮齐整，而且的确是加班加点完成的。回忆起那个《九龙缸》，一直到玉恒堂十周年才得知被当今上海宝玉石行业协会副会长钱振峰先生收购。

宁丢一寸金，不负顾客心，干一件活儿，交一个朋友，口碑就这样一传十，十传百，得到了大家的认可！《九龙缸》的一万元，是彭志勇人生中赚到的第一桶金，是这桶金支持他招兵买马，成就了今日"上海玉恒堂"的雏形。随着供不应求的市场情况，彭志勇的玉雕机慢慢越加越多，工人越招越多，彭志勇变成了彭老板，慢慢在玉雕圈里，站稳了脚跟。身份的转变，促使彭志勇快速的成长，如今他承担的一个团队的兴衰荣辱，辞掉工作，建立工厂，扩大规模成了当务之急。

彭志勇的辞职很具彭氏风格，说好3个月的过渡期，到时间了他还是继续给李森林师傅打工。师傅问他怎么还不走，彭志勇说："做事要有始有终，我们虽然说好了3个月，但我手上这件活儿没有完成，我完成了再走！"师傅一听这话，更有不舍之情。这一年多的相处，彭志勇的勤奋和卖力他是看在眼里的，他喜爱这个秉性纯良的年轻人，平时也是暗地照顾。彭志勇记得第一次坐飞机是李森林

彭志勇：《一路有余》

师傅买的飞机票，去外地维修一个超声波机器，同样出差，他宁愿为彭志勇多花费用。如今哪怕离开，彭志勇也是仁义守信，有始有终的。临走他嘱咐彭志勇："孩子啊，你这出去，尽量做好，万一不行，你随时回来！"依依不舍！这样的情谊，彭志勇已经收获了许多，刘忠荣厂里依旧会让他接打磨的活儿，庞建新一直将他视作弟弟，关注他，给予他帮助。庞建新在上海玉雕圈也是位有人脉，有资源，有名望，相当有分量的人物！他愿意伸出援手，也是看中了彭志勇仁义守信的人品。正所谓"得人心者得天下"。徽商行走商界，靠的是"虽为贾者，咸近士风"的儒商品质，像彭志勇这样，出门在外，既无高学历，又无背景，更缺乏资金支持，然他以诚待人，以信处事，以义取利、以善为本、以和为贵、以德为基的儒商风度，赢得了同好相助，贵人相帮。从三无少年到学有所成，彭志勇用了6年光阴。此刻他已经羽翼丰满，即将开始自己的创业之路，从此后注定坎坷荆棘，波云诡谲，但彭志勇此刻踌躇满志，从此后逢山开路、遇水搭桥，他要踏平道路，一飞冲天！

筚路蓝缕

1999年，年仅24岁的彭志勇正式创立了"宏飞彭志勇玉雕工作室"，七、八个人，五六台机器，租一间厂房，用三合板隔出厨房，隔出洗浴间，隔出男女宿舍，隔出打磨、雕刻车间，就开始如火如荼地干了起来。谁知好景不长，因为玉雕机声音大，被投诉扰民后，彭志勇只好带着团队搬家重建厂房，再被投诉再搬，如此数次，前前后后搬家竟达十几次之多。其实彭志勇的情况就是当年上海玉雕行业共同面临的尴尬现状，上海不像苏州、扬州这种老牌的手工业城市，有一些相对固定的场地能够支持玉雕生产，上海城市建设快，又缺乏政府支持的、相对固定的行业用地，游击式的生产方式成为了一种特殊时期的特殊现象，其实彭志勇之前工作过的三个玉雕厂，都频繁地搬过不止一次厂址，如今轮到彭志勇自己创业，一无人脉背景，二无雄厚资金，更是处处被动，处处受掣。最后一次，他终于找到了一处价格合理、周围没有居民的三楼，唯一的问题是没有水源。几十米长的水管，费了九牛二虎之力，彭志勇一个人一鼓作气把水管从水源处一直接到三楼。看着水哗哗地流出来，彭志勇心里踏实了！抱着稳定下来的心态，又一次仔仔细细地隔好了工作间，一想到这次终于不用再带着团队东奔西走，可以安下心来好好发展，他的心里别提多高兴了！一行人兴高采烈地搬进了厂房，谁知道才过了一个月，这栋楼竟然要拆迁了！一听说又要搬，这个天塌下来都微笑面对的彭志勇，天不怕地不怕的铁血男儿，这一次沉默了。两天两夜，从阳光明媚到看不清方向的黑夜，彭志勇一个人默默坐在这栋楼的前面，心中五味杂陈。一直以来，他不怕吃苦，不怕困难，可带着这么多人这样无止境地颠簸下去，何时才是尽头？此刻，他多么希望有一个地方，能够让他安下心来，踏踏实实地大干一场，就在这样的希望里，他突然发现东方已经发白，太阳又要升起来了，是啊！每一天都可以重新开始！自古徽州人做生意，最忌讳被别人嘲笑成："茴香萝卜干。"（回乡落魄的谐音）正如古时徽商启程的行囊"一个网兜，一袋干粮，一根绳子"，网兜用来装货，绳子却是用来"自绝"，徽商赤手空拳闯荡商海，靠的是兢兢业业，勤勤恳恳，靠的是"一贾不利再贾，再贾不利三贾，三贾不利犹未厌也"！驴上徽州，不死不休，他彭志勇只要活着，就要持之以恒，坚持下去，直到成功！想明白这一点，彭志勇似乎迈过了人生中一道大坎儿，天亮了，一屋子人都等着他的决定，他回到工作室，信念坚定，语气平静的宣布再一次搬家。

听说过这件事的员工们本来有些忐忑，看到彭志勇如此坚定，大家的心安定下来，有条不紊地张罗搬家事宜。其实这几年虽然到处搬家，但是企业也在慢慢壮大，这次搬家工作室已经浩浩荡荡十几个人了，玉雕机也增加了一倍，守得云开见月明，仿佛通过了考验，彭志勇这次搬到了"民航中专"（现在的民航学院，坐落在龙华西路1号），天遂人愿，他们终于如愿以偿稳定了下来，这一呆就是好多年。夹缝里都能生存的团队，一旦找到了合适的土壤，就像憋足了劲儿想要猛长的大树种子，不多久就葱葱郁郁，独木成林了！虽然时不时总有各种各样的问题和难题，但彭志勇礼让待人，诚信为本的性情总能化敌为友，天堑变通途了。其实安徽新一代儒商代表董明珠女士也和彭志勇一样是安徽芜湖人，这位被评为"世界十大最具影响力的华裔女企业家"身上那股子由道取财，以义为利的品质，正是彭志勇能够立足于玉界蓬勃发展的根本。

彭志勇：《金玉满堂瓶》

2004年，彭志勇的厂房已经从一大间拓展到三间，工人加倍，为了让更多人了解玉雕工艺，他们还首开先例，开了上海市第一家私人玉雕展示厅，正在彭志勇事业蒸蒸日上的时候，却突然遭遇了人生中又一次大难题。母亲颈椎压迫神经，面临瘫痪的危险，5万块的巨额手术费就像一座大山一样压过来！究竟是温水煮青蛙，保守治疗直至最终难以避免的瘫痪？还是一次性拿出巨资给母亲做一场有风险但能痊愈的手术？彭志勇下定决心要帮母亲手术，兄弟姐妹竭尽全力一共凑出几千块，剩下的，彭志勇自己想办法。自己拿出平时周转生意用的1万块积蓄，还有很大的空缺，正在一筹莫展的时候，好友周嘉先生（现翥云艺术博物馆馆长）雪中送炭，一张5万块的支票解了彭志勇的燃眉之急。母亲如今能够健健康康地享福，自己能够最终走到高处，少不了至交好友危难之际的施惠救困，也少不了他们的鼎力相助。彭志勇说到动情处，声音放缓，一路走来，每一个帮助他的人他都如数家珍，细节和对话他都记得清清楚楚，看得出朋友们伸出的援手，给予他的正能量，对彭志勇有着极大的影响，以至于最终成就了一个热心公益，福泽桑梓的彭志勇。

母亲生病这件事也给了彭志勇非常大的触动，他决心要主动出击，面对市场，赶快完成资金积累。彭志勇原本自己制作的作品，出货渠道最早是在城隍庙摆地摊，上海城隍庙出了很多玉界的传奇人物，彭志勇的资金积累也是从这里开始的。料好工细价格公道，不多久彭志勇的摊位形成了一道奇观，他人还没去，摊子前面已经排了长队，玉雕作品刚摆出去，不一会儿就可以收摊儿了。一直以来，他最注重与顾客的交流，“图必有意，意必吉祥”是彭志勇最有感受的，他深深感到：收藏玉雕其实就是一种文化消费，买家们看中的是作品中蕴含的深厚文化，美好寓意，以此来滋养身心，寄托愿望。所以彭志勇在设计中注重借鉴绘画、雕塑、书法、石刻等经典元素，又结合时下亲切的题材加以融合，既有艺术性，又有普世性，他设计的玉雕作品越发贴近市场需求，古朴，精美，佩戴或把玩效果都非常出彩。

品牌传奇

2005年，彭志勇成立了“上海玉恒堂艺术品有限公司”。彭志勇说：“一个企业在创立之初，首先要做的就是打出自己的招牌。招牌的响亮与否代表着一个企业的前景。招牌虚假，就只能毁坏自己的声誉。”玉恒堂的作品一直广受客户的信赖和追求，许多人认为玉雕创作与市场经营是背道而驰的，但彭志勇却从中受益良多，一方面他能够在与市场的紧密结合中第一时间获悉顾客的需求，另一方面玉行藏家从来都藏龙卧虎，他们给予了彭志勇许多创作灵感和精神滋养。如今我们常常看到彭志勇与许多包括海派清口创始人周立波在内的藏家成为莫逆，正是得益于他的这种儒、商、艺结合的理念。同时，这也是彭志勇后来成立“大师玉雕联盟定制中心”的初衷，市场像一头喝不到水的鲸鱼，而玉雕作品一旦长期脱离市场，就变成了一潭死水，无法给予鲸鱼想要的水源。彭志勇一直受益于有自己的桥梁，他希望有一天，自己能够把这个桥梁做大，让玉界同仁受益。2005年玉恒堂成立之初就首开先河，开始了接地气的“定制之路”，在与顾客的亲密互动中，他的玉雕作品渐渐形成了一种既充分传承古意，又能融合时代风格的圆融气质，与“不知所云”的某些风格截然相反，玉恒堂的每件艺术品都饱含深情，蕴含了设计师对爱的理解与深沉祝福，并借以对玉雕美学精准而又清晰的把握，带给藏家能铭记人生难忘瞬间的永恒艺术。正是因为秉承了这样的风格，玉恒堂的作品受到市场的热烈追捧，高级定制给了彭志勇源源不断的灵感来源，也给了玉恒堂不断壮大的底气。

承古创新——扳指王

2007年，香港苏富比春拍，一套7枚乾隆时期的御用扳指拍出了4736万港币的天价。这套扳指引起了彭志勇的注意。一直以来，彭志勇都在寻找自己的玉雕之路，他懂市场，懂玉雕，2007年初次评奖，《观音》荣获了玉雕“神工奖”最佳工艺奖；《问酒图》获得了玉雕“神工奖”银奖，甚至《兰花瓶》获得了同年玉石雕刻“天工奖”银奖。一出手就是大奖，大家不由得羡慕他！但对彭志勇来说，他更关注的是：自己的玉雕之路已经到了可以选择方向的时候，什么才能代表自己一直以来的玉雕理念？这套扳指触动了他。从小接触徽派古建筑，彭志勇对中国传统文化有一种骨子里的热爱，那些蕴含着古代艺术精髓的纹饰和工艺，无不带有一种神秘的力量牵引着他！

彭志勇：《螭龙扳指》

在他接触的诸多玉雕作品形制中，他最迷恋琮，这种在古代用于“礼地”的神秘礼器，有着内圆外方的稳重器形，如同大地一样挺、立、稳、定，仿佛与他内心有着莫名的契合，每次看到琮，彭志勇总会产生源源不断的灵感。而扳指的形态，很接近琮。扳指本是拉弓射箭时扣弦用的工具，套在右手拇指上，保护射手不被弓弦拉伤。后来被皇宫贵族青睐，玉扳指就成为高贵身份的象征。古代玉扳指用料考究，纹饰极为丰富，山水人文，诗词纹饰，方寸间包罗万象，看似一个圆筒状的内部结构，实际为了适手，高手制扳指内部见真章，细微的角度变化带有很多人体工学的技术。玉扳指，具有立体感的形状可以雕琢具有故事性的场景题材；作为手把件，可佩可玩，真要心血来潮骑马射箭，也多了一番情趣；高贵的出身奠定了它能很好地继承传统的形制；360°旋转面的多维角度又有充分的创作空间……原本模模糊糊的玉雕之路似乎清晰了，作为一个治玉人，向外求，他知道市场的需求，向内求，他懂得自己最想创作什么样的作品。彭志勇爱玉，在他心里，玉本该这样兼具古朴与典雅，审美与实用，更兼具文化内涵和艺术价值！越想越确定，越想越兴奋。玉本斑斓美丽，如美人在列，如果能够结合不同玉材，创作成套扳指……看着乾隆这七件御用玉扳指，彭志勇的眼里闪出了光彩！

六年磨一剑，在玉扳指上探索精研，查文献，做调研，汲取古代玉扳指的精髓，融合当代设计理念，他创作出了《螭龙扳指》《虎头鞋扳指》《如意纹扳指》等一件又一件工艺精美，立意上乘的玉扳指，“勇氏扳指”扬名玉界，他成了业内公认的“扳指王”！2012年，他的一套5枚玉扳指《群雄献福》，红皮白肉

彭志勇：《群雄献福》

的5件套玉扳指，一枚巧雕虎面，辟邪纳福；两枚一对儿各雕龙凤，寓意龙凤呈祥；第四枚艳丽满皮，他设计成游龙云海遨游，气势磅礴；最后一枚点题之作，红皮俏出两只栩栩如生的吉祥蝙蝠，以应群雄献福之吉祥寓意，这套扳指还有一套雕工精美的指芯，每一颗都原作原配，与扳指里应外合，既可以佩戴，又可以把玩，中国人以前以玉为盟，而扳指与指芯同玉所出，最为契合，两情缱绻之意，比起西方流行的戒指美意更甚！料好，意佳，雕工好，打磨精，这套人人叫好的扳指一举获得当年“神工奖”金奖！

随着一件件精美动人的玉扳指的问世和轰动，“扳指王”的美名不胫而走，落款以小篆“勇”字或“玉恒堂”的“勇式扳指”，特色是扳指与扳指芯来源于同一块玉料，特点是雕工各异，但主题统一，里应外合。既能把玩装饰于腰间，又能暗合心意相通的美好寓意，品味大气，格调优雅。渐渐的，在玉界提起“玉扳指”，人们第一个会想到彭志勇。2013年评上海派玉雕大师后，彭志勇越来越多地想到这个行业的未来和自己身上的责任。他说：“大师有职责向公众展示真正的艺术！”那什么是彭志勇内心认可的玉雕艺术？他认为玉文化8000年的历史，古人的玉雕艺术博大精深，需要我们这一代玉雕人静下心来，扎下根来，去领悟，去传承，去学习。但是，我们还要有自己的时代表达，对于彭志勇来说，玉是美好心愿的表达，深入了解每一个藏家的需求，他的愿望，他的喜好，他的个性，都是玉雕精神时代性的体现。玉雕创作就像金字塔，群众基础越是深广，塔尖的作品越能高耸入云。玉只有植根于人，才能够把“天地人”融合成真正的玉精神。彭志勇说：“8000年玉文化，无论政权如何更替，时代如何变迁，为何能够一直传承至今？玉是承载人类愿望的最好载体，如果玉脱离了人，便失去了玉文化的意义。所以通过古玉，我们能够了解古人，而我们今天的玉雕，创新的意义就在于承载我们当代人的愿望和精神。”听到彭志勇的艺术理念，笔者突然明白“玉恒堂”这个品牌能越做越大，最终成为行业标杆的原因。掌舵人的内心扎根于这个时代，必然能够从群众的内心汲取无穷的力量回馈于市场，如此良性循环，才是当代玉雕最好的出路和方向。

2008年奥运会，我国的玉石奥运徽宝和金镶玉奖牌引起了世界的轰动，也唤醒了中国人心中爱玉的热潮。市场兴盛了，厚积薄发，彭志勇的企业、工厂都做大了。2009开始，玉恒堂开始在上海静安古玩城、上海中福、豫园、人民广场，江苏无锡等都开了规模不小的玉恒堂连锁分店，声名鹊起，风头一时无两。2010年，彭志勇终于找到了坐落于徐汇与长宁区交界的繁华商圈之内的一处佳地，玉恒堂总部正式迁至上海市长顺路2号，前店陈设精美，氛围幽静，更融入茶道、琴艺、名酒品鉴等文化元素，为爱玉人提供了品茗赏玉，互动交流的博雅之所；后厂宽敞明亮，不同于大部分玉雕工厂远离市区，彭志勇愿意打造一处繁华之地的玉界桃源，可以为和田玉爱好者提供原石设计，切割，雕刻，打磨抛光，直至成品销售，尊享定制的完美服务。这样一个大手笔，更促进了玉恒堂的快速发展。

一呼百应

到了这时候，多年的经营，让彭志勇有了振臂疾呼，一呼百应的能力！徽商当年之所以能够成为天下第一大商帮，除了儒商精神和兢兢业业的个人努力，更得益于他们能以众帮众，团结一致。徽商的团结精神不光表现在徽商内部，也表现在他们以天下为己任的大胸怀上。

彭志勇早有这种大胸怀，十年前玉恒堂成立之初，他受益于同行相助，贵人支持，十年后当他羽翼丰满之时，他要勇立潮头，挑起大旗，建一个跨时代的桥梁，回馈玉界和社会！它将是大师展示的平台，藏家交流的桃源，做一个纽带，让治玉人和藏家能够亲密互动，最终碰撞出最具时代气息的玉雕作品。2014年，玉恒堂十周年之际成功举办了2014当代玉雕发展高峰论坛。300余位来自全国各地的玉雕大师、行业专家、学者等嘉宾齐聚一堂，就当前玉雕业的生产、创作、经营、收藏等问题进行了建设性的讨论与交流，这次会议的召开，开启了玉恒堂为玉行大业勇立玉峰，挥动大旗的传奇之路。2015年4月21日下

彭志勇：《如意纹扳指》

午，彭志勇终于实现了10年前的梦想！在众星云集的见证下，由大师玉雕联盟定制中心主办，上海工艺美术行业协会、玉恒堂、御客会协办，上海宝玉石行业协会、海派玉雕文化协会、上海现代钟表珠宝商会、安徽省传统工艺美术保护和发展促进会、安徽省玉文化研究会、徽派玉雕文化协会、安徽省传统工艺美术保护和发展促进会玉石委员会、蚌埠市工艺美术行业协会、苏州玉石文化行业协会、徐州玉文化研究会、云洲古玩城、上海中福古玩城、上海多宝古玩城、上海有方古玩城、上海静安古玩城、上海虹桥古玩城、上海市收藏协会、上海市首饰设计协会玉饰专业委员会、艺汇所支持，特约传媒《国家艺术》杂志、《华人艺术家》杂志，上海一个圈文化传播有限公司承办的“大师玉雕联盟定制中心”在玉恒堂上海总部正式启动、挂牌。

缔造传奇

一呼百应，一座桥梁架成了！谁来具体操作？会不会像许多雷声大雨点小的会议一样，喊过就算？“大师玉雕精品鉴赏会”2015年1月成立，“大师玉雕联盟定制中心”4月成立，至今玉恒堂已经举办了17期中国玉雕大师精品鉴赏会，14期大师玉雕定制实战论坛。玉恒堂不光为公众展示了上百位大师的上千件杰出玉雕作品，更有无数藏家在吴德昇、易少勇、翟倚卫、崔磊、孙敏、林子权、陆华等玉行各界精英的讲座中受益无穷，玉恒堂的展厅常年有玉界的传奇佳作，客厅里更是挤满了因玉结缘的各路英雄，大家畅所欲言，切磋交流，随着越来越多的大师加入这个平台，作为定制中心的发起者和组织者，彭志勇以及玉恒堂整个团队，所需要付出的精力是难以想象的。但越是如此，越能够锻炼出更加精英的团队，在与玉恒堂打交道的过程中，我们看到了国际化团队经营的雏形，训练有素、各司其职、有条不紊、娴熟高效。玉恒堂团队不仅能够在最短的时间内策划组织大型活动，也能够在第一时间及时准确地跟踪报道行业其他活动，他们有着完善的网络销售部门，也有着人人艳羡的宣传与推广团队。彭志勇一手打造出的“玉恒堂”团队，积极策划召开了600人的“徽派玉雕价值回归论坛会议”，为徽派玉雕的推动做出了积极的贡献。特别值得一提的是，2014年8月22日在佛教地藏王菩萨圣诞日之际，彭志勇携“玉恒堂”全体员工，远赴安徽九华山佛教圣地，将亲手制作的玉观音造像敬奉于九华山月身宝殿，功德圆满。此尊玉观音造像高57.8厘米，由彭志勇亲自设计、亲手雕琢，并邀玉雕阴刻之父张迎尧前辈题词刻字。所用玉料50多千克，历经半年之久，终于赶在地藏菩萨圣诞前顺利完成，实乃功德无量之幸事。整个活动得到了九华山寺院的大力支持。敬奉仪式庄严而隆重，在九华山月身宝殿住持法师的主持下，僧众恭诵起“大悲咒”“往生咒”“般若波罗密多心经”“观音菩萨赞”等经文，同时主持法师还亲自为信众洒净祈福，彭志勇携全体成员诚心向观音菩萨三请三拜，祈愿人人福慧增长，身心自在，一切如意，六时吉祥！闻声而来的众多香客也一并参与到仪式中来，人人诚心祷告，共感佛恩！彭志勇表示：在社会各界朋友及玉雕大师们的关心和帮助下，此次造观音像敬奉九华山月身宝殿的活动成功而圆满。同时他也表态，在未来要多做好事多做公益多表善心，帮助更多需要帮助的人。这个团队在彭志勇的带领下，还为安徽宿州烧伤留守儿童拍卖捐款，为许多弱势群体捐钱捐物，甚至在玉雕团队中也有不少残疾员工在这个大家庭中获得了一份稳定而又无忧的工作。正能量，是玉恒堂的标签之一，爱心大使，也是彭志勇所获得的众望所归的荣誉之一。

从三无少年到学有所成，从筚路蓝缕艰苦创业到一呼百应回馈社会，彭志勇走了20多个年头，如今他是中国国家艺术大师、国家高级技师、上海玉雕大师、海派玉雕大师、上海市高级工艺美术师、安徽省玉雕大师……回首前路，在玉雕艺术上，他创立了勇氏扳指，以“扳指王”之名屹立于玉界；在玉雕商业上，“玉恒堂”实力雄厚，拥有良好的业界声誉；在行业贡献上，彭志勇成立“大师玉雕定制联盟中心”，极大地推动了行业的发展；在徽派玉雕的推动上，他持续开展“徽派玉雕联盟会议”，以领袖的精神引领着徽派玉雕的壮大和团结；在社会回馈上，他一次次举办义卖义拍，多年来给予许多弱势群体和残障人士以大量帮助……工作扎扎实实，做人实实在在，彭志勇当得起玉界一块响当当的金字招牌！问彭志勇未来的打算，他说要办一个大型的扳指展，让更多人了解这一枚小小扳指上蓄积的中国文化和艺术魅力。笔者问：“还有呢？”彭志勇笑一笑：“中国的玉总要走到世界的！”这又是一个大大的梦想！今年两会提案：借一带一路推动玉文化走出国门。彭志勇也许早就已经种下了这一颗种子。就像了解他的人懂得他说话的分量，笔者此刻也深信不疑！让我们拭目以待，看屹立玉峰的勇士，将国之瑰宝推向世界，引领我们一同开创玉石王国的辉煌未来！

彭志勇：《虎头鞋扳指》

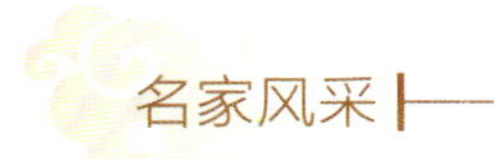

锲而不舍 金石可镂

——记中国玉石雕刻大师黄杨洪先生

张侨恩

黄杨洪先生

比起老一辈玉雕艺人，当今活跃在玉界的新一代玉雕家已经有了很大的改变。他们智慧、兼容、有冒险精神，敢于探索各种艺术的可能，而且具有开阔的国际视野。玉界传承到今天，新一代的玉雕大师已经渐出蓬蒿，他们风华正盛并形成了自己独特的玉雕语言，能够在自己的领域努力工作并拥有越来越大的影响力。这些玉雕“新势力”的代表，正是玉界最有投资价值的“潜力股”。今年的《中国玉器年鉴》“名家风采”篇，我们找到了近年来玉雕界最为亮眼的黑马，“博润堂”的创始人黄杨洪先生。

说到黄杨洪，不少人会联想到玉雕大奖。的确，黄杨洪从默默耕耘到迅速被玉界所熟知，是因为他近年来接二连三捧回多项玉雕界大奖。2015年，40岁出头的黄杨洪被评为“中国玉石雕刻大师”，当晚祝福的微信便在朋友圈爆棚，圈中好友人人转发，仿佛黄杨洪获得这个称号早已经是众望所归。这一方面反映了他实至名归的玉雕实力，另一方面也说明他在业内有着极好的人缘。功成名就，风华正盛，黄杨洪在玉雕界的未来不可限量。本以为意气风发的黄杨洪会有“仰天大笑出门去，我辈岂是蓬蒿人”的情怀，谁知深入挖掘下来，笔者却更愿意用“一半在蓄积，一半在爆发，一半是自由畅达，一半是激情执著”来形容他。

见到黄杨洪，就能明白“哥哥”之名绝非空穴来风。如果你能想到邻家哥哥，大约就能跟眼前的他重叠起来。常年运动给了他标准的运动员身材，方圆面庞、剑眉星眸，本来棱角分明的轮廓在他脸上就像被打了柔光，线条温柔许多。如果是青春年少，可以想象，黄杨洪只要穿一件白衬衫就可以去拍偶像剧了。然而此刻，岁月已经在他微卷的黑发中添上了几丝白，他还是帅气，但更多的是儒雅。采访黄杨洪是一件幸福的事情，就如他的作品中散发的让人舒服轻松的气质一样，你会莫名放松：也许是他花园里的“来福”“来财”并非名犬，只是平常看家护院的田园犬却得到了家人般的疼爱；也许是孔雀、火鸡、家鸡、野鸭等禽类如此散漫而自由地在草地啄食的姿态；也许是一位堂堂玉雕大师被小儿子爆料曾在池塘里翻船这样的囧事；也许是每一个我所见的家人都如此热情而朴实……难以忘记采访时两只被雨淋湿的狗趴在脚边呼呼大睡的安心，也难以忘记两个孩子在那采光极好的房子里和谐共处的美景。我们也愿意读者抱着这样轻松的心情，聆听黄杨洪的故事……

1973年，黄杨洪出生在重庆一处远离尘嚣的小山村。古有诗云：巫山七百

黄杨洪大师工作照

里，巴水三回曲。笛声下复高，猿啼断还续。南方的山最丰美，春天一到，空气中弥漫着嫩芽细草的清香，黄杨洪常常约着三五小伙伴去放牛、打猪草，一路上清风和畅，竹声沙沙，林中画眉啼声婉转，牛悠闲地吃草，人说说笑笑，在自然的怀抱中，山里的孩子就像放养的精灵，被日月山川滋养得又强壮又灵巧。他们常常在复杂排列的山石溪水间燕子点水般跳跃，却从来不会失足沾到一点水花，仿佛鱼天生就会游泳；他们也都有一双灵活的手，一截木头或者竹子，很快就会在男孩子的手里变成陀螺、弹弓或者冲锋枪，各种玩具的花样层出不穷。枪最受欢迎，因为这是放学以后“打仗”的武器，枪的种类繁多，越是大机关枪，工艺越是复杂，但是为了酷、帅、炫，男孩子们仿佛有无穷无尽的精力去砍、锯、琢、磨。黄杨洪虽然不是伙伴儿里最强壮的，但他灵活、聪明，手更是十分灵巧，小伙伴们个个羡慕他的好手艺。今天还看到他在家门口的石头台阶上锯竹子、画图案、设计枪型，但不到一周，他的“大狙击枪”就在打谷场投入“战斗”了！最让大家佩服的是，他有一股子锲而不舍的韧劲儿，一旦开始忘情投入“工作”，就不会放下。有一天他不小心割伤了手，鲜血直流，可他背着家人偷偷包扎好，又继续镂刻直至完成。人说“锲而不舍，金石可镂”，黄杨洪这种锲而不舍的劲头儿，从童年开始，伴随着他每一个人生阶段，就像他手上那道伤疤，已经成为了他成功之路上不可或缺的一个重要标签。

转眼中学毕业。1989年，黄杨洪开始跟着老师傅学习修理电器的手艺。一个“软故障”解决不了，他能把所有的元器件拆下来挨个儿研究，一修一整晚是常有的事，不多久他就成为了当地组装电视、修理电器的行家里手。艺高人胆大，1992年，他决心到大城市闯一闯。

当年，黄杨洪来到上海，让他想不到的是，上海已经是彩色电视机的天下，自已擅长的修理、组装“黑白”电视的手艺已经没了用武之地。祸兮福之所伏，在命运的拐角，一个属于他的大机缘正等待着他的到来。不多久，命运之神把他送到了一家玉雕厂修理雕刻机。在玉器厂，他第一次见到了璞玉成器的全过程，玉的神奇幻化让他惊叹不已，工作之余，他总是去观摩师傅们切割、设计、雕刻、打磨。心灵手巧的黄杨洪本来就有极强的动手能力，雕玉成器让他渐渐入了迷，他一心想要学习这门手艺。再三跟老板商量，最终他得以在修理雕刻机之外的时间学习打磨。

在玉行里，“琢磨”二字，“琢”是指雕刻，“磨”即为打磨。“磨”其实是玉器的精作过程，它将棱角部分打磨得柔和，毛糙部分打磨得细致，就像给素颜的美人化妆，让皮肤更细致，眉眼更分明。于玉器而言，打磨使得玉性完美呈现，工艺浑然天成，能适手把玩，亦能贴身佩戴。古人称玉匠为“磨玉人”，古时候的玉器是用旋转的砣具带动蘸水的金刚砂磨制而成，可见“磨”之一字对于我们理解千年来的玉器工艺意义之重大。然而打磨最耗费心力，用手借助油石或者砂纸在雕刻好的玉器表面反复摩擦，一点点把雕琢出来的作品的粗糙表面磨顺、磨细、磨出温润而不炫目的华彩，日复一日的重复劳动，却要全神贯注，不能在最后一关出一丝纰漏。许多人因为不堪忍受这乏味细致的工作离开了，黄杨洪却钻了进去，渐渐悟出了“磨玉”的精髓。黄杨洪说：“记得当初打磨时，我总是非常非常小心，每拿到一件作品，总是反复观察琢磨，对这件作品所表现的题材和雕刻工艺完全了解了才能下手打磨。若仅仅把这份工作理解成简单的抛光，那就只能是一份枯燥乏味的工作而已，是学不到任何东西的，若能抱着一颗敏感细致的心领悟这件作品，就能因材施艺、恰到好处地去高弥低，完成作品最后一关的微妙递进，这才是打磨的意义。”

一年的打磨，让黄杨洪对“顺”这个概念体会至深，有些师傅的作品拿来打磨工作室，大伙儿都抢着要，有些则恰恰相反，同样是玉器活儿，若是“不顺”，直接影响打磨的速度以及呈现的最终效果。“琢”与“磨”之间是前后衔接的关系，雕刻者的玉雕语言掌握得好，作品“顺”，块面衔接和纹理空间都会为打磨环节打好基础，相同的，打磨者若能心领神会，便可以默契过渡，使得原本块面流畅的造型更加平整、圆润，原本雕刻细致的纹理更加精美动人，纹饰也会更加飘逸自然。再进一步，如果能用更高的眼光审视作品，不光可以锦上添花，甚至可以利用打磨的特殊优势查漏补缺，在打磨这一步进行一次“再创作”，最终使得作品无论手感和观感，都更趋于完美，这是对于打磨者的终极要求。然而要做到“再创作”这一步，就要求打磨师主动学习玉雕知识，提高审美品位，熟知各类传统玉雕工艺的特点，用专业文化结合丰富的打磨经验“因材施艺”。在别人都为打磨工作感到枯燥烦闷的时候，“钻”进去的黄杨洪在长期的观察和研究中慢慢懂得了玉器雕刻中材料、设计、内容、工艺之间的关系，了解了圆雕、浮雕、镂雕等工艺形式，为自己对玉雕整体工艺的精准把握打下了坚实的基础。更重要的是，打磨练就了他敏锐的眼力，他能以“把关者”的心态去审视每件玉雕的优缺点，体悟高手作品的精妙之处。

在玉雕厂里，别人都是怕活儿多，嫌工时长，黄杨洪正好相反，他不光负责修理玉雕机、学习打磨，除此之外还跟雕刻车间的师傅请教雕刻知识，一有机会就上手学习雕刻。这一时期，他那股“锲而不舍”的劲儿又来了，常常磨着磨着，突然发现水变成了红色，才惊觉自己的手不知不觉磨破了；又常常等他抬起头，发现车间里空无一人，大家都成群结队地下班了，他却毫无知觉；还有一段时间，他觉得胸口疼，过了好久才意识到，当时的玉雕机台面太长了，他一直躬身做活儿，时间太长，顶得胸口受了损伤……这段时间黄杨洪成了玉痴，心里只有玉雕的雕琢与打磨，观千剑而后识器，琢磨之间本就相互映照，互相成全。如此用心的黄杨洪在玉雕打磨车间的阶段就渐渐领会了许多别人看不到的奥妙。

1994年，黄杨洪业余时间在雕刻师傅的帮助下，完成了一件小小的玉雕处女作：《旺财》。就像爱因斯坦的“小板凳”一样，第一次雕刻一件完整的作品，难免有些不如意。老板告诉他：玉雕只能减不能加，所以一定要在做的时候留足够的余地，小狗的腿按照正常比例雕刻，加上修改和打磨，就变得太细了，缺少了余量。黄杨洪从此在雕刻中特别注意给下面的环节留量，例如“蛐蛐须”这种必须要做细的部位，则尽量“三点搭住”，能够靠“互借”支撑其型，避免容易磕碰的危险。从这件作品开始黄杨洪正式开始学习玉器雕刻工艺，当时带他的师傅是毕业于上海玉石雕刻厂工业中学的学生班长程广彦。众所周知，当时毕业于工业中学的这批雕刻人才都系统接受过素描、速写、线描等绘画学习和泥塑、石膏、玉雕等塑与雕的练习，科班出身的师傅更是其中的佼佼者，基本功十分扎实。从师傅这里，黄杨洪懂得了结构比例、线条处理、神态刻画等专业知识。

当时的玉雕作品，跟现在比有很大的不同，基本以大件为主，轻则四五斤，

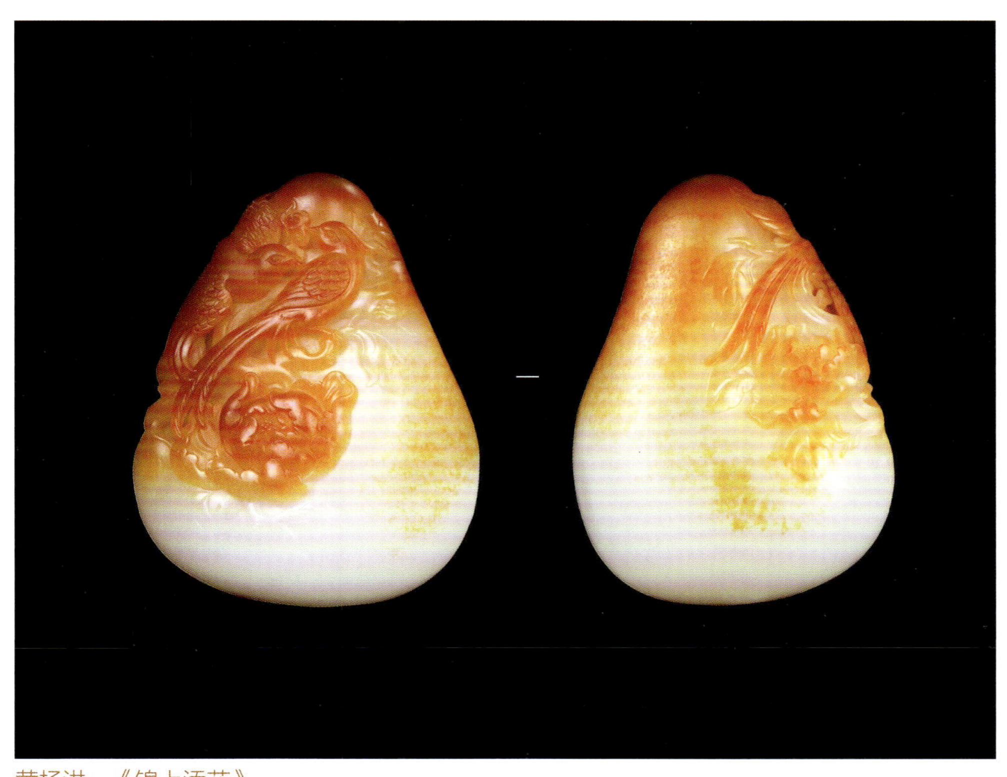

黄杨洪：《锦上添花》

重则几十斤，大体量的玉料需要复杂的工艺和内容支撑，所以那时候的玉雕工作即是体力活，也是技术活，更需要具备综合的艺术素养。当时厂里的技术设计是张明涛，这位美校出身，艺术底蕴深厚的老师不仅画工出众，更是一位多面手，无论飞禽走兽还是人物山子，无一不精，他是上海玉雕厂工业中学的老师，如今如日中天的吴德昇、易少勇、洪新华等都曾得他的亲炙。黄杨洪知道机会来之不易，别人用七八分力，他要用十二分力去学、去画、去做，每次拿到张明涛老师的设计，黄杨洪都爱不释手地观察临摹很久，不久之后，他的笔墨之中，也沾染了不少生动的神态和感觉。更让大家佩服的是，年轻力壮肯下功夫的黄杨洪练就了一手玉雕绝活儿“斩铊功”。黄杨洪每拿到一块玉料，就会在大脑中呈现出作品的蓝图，他会确定作品几个出大型的核心点，例如头部、身体、配件等部位的大概位置，随后施展斩铊功的绝技之一“稳”：手势稳，如泰山崩于前而色不变，力量极其均衡；绝技之二“准”：工具在手，如合二为一，蓄势待发；绝技之三“狠”：一旦确定下刀位置，精准利落，一刀完成。当黄杨洪施展完“斩铊功”，玉雕的大型也就自然而然显现了。这一绝活儿练得是心、手、眼的配合，而下面的细节部分，则需要黄杨洪灵活的运用浮雕、透雕、圆雕、镂雕等各类工艺。勤奋刻苦，好学多问，结合打磨期间领悟到的点点滴滴，黄杨洪很快融会贯通了各项技艺，操千曲而后晓声，几年下来，他打下了坚实的玉雕基础。

这期间，发生了一件事，改变了黄杨洪原本要走的玉雕路线。有一天，厂里来了一位美籍华人，这位穿着考究的老先生拿出几张拍自美国某博物馆的照片，赫然是一头中国的“玉牛”，他希望仿制这件流落异乡的国宝。在大家看来，照片上这头憨态古朴、卧趴回首的玉牛，既没有当时崇尚的那种动物身上腾跃奔驰的力量之美，也没有惯常所见的飞扬挺拔的昂扬气势，只是表情平静地趴在那里，仿佛在安然休憩，憨憨的姿态并不十分动人。这个活儿挺大，大约有一百多斤的青玉牛，要想在短时间内精准完成，对体力要求很高。同时美籍华人要求的技术也相对较高，思来想去，最后老板把这个重要的任务交给了黄杨洪。这是件大活儿、重活儿，老板把如此重器交付给年轻的他，很显然是对黄杨洪有着极大的信任。接到重任，他并没有急于动手。好几天的时间，黄杨洪反复观察照片上这头卧着的牛，终于忍不住向这位老先生提出了疑问：“为什么要花费这么大的资金和精力雕一头这样卧着的牛？这样卧着，看起来没有力量啊。”老先生仿佛看懂了他的心思，循循善诱地回答说：“小伙子，不要小看这头卧着的牛，为什么美国的博物馆会收藏这头牛啊？是因为它含蓄内敛，表现的正是东方的美，这是咱们中国的牛。你看，拳头收回去是蓄势待发，这一刻是最有力量的，如果全力打出去了，这时候再有敌人，它还会有多余的力量吗？如果毫无余力，那它怎么算是有力量呢，你看这头牛的姿态，看似随意，其实摆法是很有讲究的，这头玉牛的发力是交叉的，也就是右前腿和左后腿相对紧绷，处于蓄力的状态，随时可以站起来，左前腿和右后腿相对放松，可以支撑任何随时发生的活动。牛总是这样卧着，看似很放松，但只要他喊一声，它就可以迅速起身，仿佛早就做好了准备。”他停顿了一下，看黄杨洪听得极为认真，继而又说：“牛这种七分回头的角度也有讲究，回头留有三分余地，颈部就会呈现出一种最放松最自然的美……”听着听着，黄杨洪回忆起了小时候放牛的经验，牛的一举一动与眼前这头玉牛慢慢合二为一。这些从来没有听到过的话颠覆了他以前的审美方向，那段时间他很沉默，总是一个人若有所思地想着什么……

由于这头一百多斤的青玉牛体形硕大，黄杨洪只好一个人在院子里施展他的“斩铊功”。拿着重量不轻的大切割机，巨大的噪音中，玉屑四溅，粉尘迷蒙，不多久，黄杨洪全身就包裹上一层厚厚的玉粉。别人看他又累又脏，他却在玉屑里不断回想，不断印证，越做越明白。他在这头卧牛的身上感受到了一种内蕴的力量和内敛的美，玉那种含蓄温润的光泽，在这样的体态里被最大限度地保留了，不用费尽心思地挖空玉料、浪费玉材，也无需为了体现昂扬的姿态而刻意雕刻，只是这样柔顺着，带着一种内部本来就有的刚性和力量，让人一看就觉得那么柔和，那么健美，仿佛这卧牛想要表现的，玉身上本来都有了，黄杨洪只是慢慢找到了它，把它呈现了出来。锲而不舍，金石可镂，只用了一半的时间，黄杨洪就完成了这件巨型的《青玉卧牛》。看到成品以后，老先

黄杨洪：《护犊情深》

生非常满意，黄杨洪更是激动。看似是他不舍昼夜、拼了命地完成了卧牛，其实他也在《青玉卧牛》的引领下完成了一场蜕变，他仿佛乘上了另一叶扁舟，飘向了一个属于他的彼岸，接受了一种截然不同的玉雕思路。此时此刻，黄杨洪已经爱上了这种含蓄内敛，温润古朴的美。玉虽然在某些时期曾经因为种种原因迷失了方向，但只要玉的灵魂在，传承玉，懂玉的人就在，冥冥之中，通过一只大洋彼岸的“玉牛”，唤醒了一个传承的灵魂。细心人不难发现，从此以后，在黄杨洪的玉雕作品中，呈现出了一种与众不同的古意，他在那时那地，就已经懂得了玉雕之美的核心所在。

1997年，黄杨洪跳槽到了另一家玉雕厂。新厂以人物雕刻为主，黄杨洪要亲自做人物设计、雕刻、带徒，甚至还要帮忙看玉料、买玉料。老板是半个行内人，许多事情不亲自参与，作为厂里的技术骨干，玉雕厂运营的每一个环节黄杨洪都得亲自参与。他待人处事外圆内方，技术能力强，人缘又好，加上老板的管理，和几个骨干师傅的互相帮衬，一个厂子倒也能有条不紊地运营下去。然而一件事情的发生让黄杨洪的内心起了小小的波澜。有一天，一个人拿来一块十几千克的“青海翠”来到厂里，温润的白中间一道晕染开的绿，像青葱的春芽，别有一番清新韵味。这种料在当时实在罕见，卖家叫价6000元人民币。黄杨洪心动了，这料子很美，他心里想着这条绿好好利用肯定能做出让人眼前一亮的作品。但老板却摇了摇头，那时候人们对玉的概念还停留在相对保守的阶段，收藏市场对新事物的接受能力有限，老板的保守做法也算人之常情。但是黄杨洪却能够强烈感

黄杨洪：《龟鹤延年》

受到这块玉的美，常年看玉、摸玉、做玉、亲近玉，他已经有了伯乐的眼光。最终错过这件玉料，黄杨洪心里留下了遗憾，这个遗憾成了一个情结。如今青海翠早已被市场接纳，成为了炙手可热的高端玉材，相比现在克价上万的价格，当年痛失的确实是一笔不菲的财富，错过的也是一个巨大的价值洼地。看似一个偶然事件，其实背后隐藏着必然，黄杨洪是爱玉人，最好的玉雕家心里之于心仪之玉，如伯乐之于千里马，总怕它遭遇不公的待遇，更希望亲自给他们新生。一个遗憾，一块给了黄杨洪灵感和触发的玉，让黄杨洪走上了自己决定命运的路。

黄杨洪：《闲云潭影日悠悠》

1999年，黄杨洪成立了属于自己的玉雕工作室“博润堂”，开始了他在玉界新一段的征程。就像看人游泳跟自己游泳的差别，没有足够的原始积累，找不到自己的市场定位，遭遇非典时期的市场低潮……各种问题让刚刚下海的黄杨洪手忙脚乱。然而这个时期并没有持续太久，黄杨洪就靠一招“勾毛”绝技在市场上站稳了脚跟。所谓“勾毛”，是业界的行话，在一毫米的玉上勾出4到6根极其细腻的阴刻线，细如毫毛，仿若游丝，婉转流畅，精致优美，是玉雕上对人物或毛发的细腻刻画。勾毛要求一根到底，一丝不乱，眼准，手稳，心静，三者齐备，一气呵成。当时市场上能勾出4根阴刻线的人寥寥无几，当黄杨洪勾到6根的时候，很快引起了不小的震动！勾毛不比其他，这是实实在在要拿着放大镜来数的具体数字，在大家眼里，四根很好，五根非常好，到了6根，几乎要超越极限了，这意味着一厘米的玉石竟然能够雕刻50到60根阴刻线，这是想也不敢想的事情。然而黄杨洪做到了，他勾的人物头发，精致唯美，丝丝分明，动物的毛发，潇洒飘逸，刚柔相济，那种生动与细腻，是扎扎实实的硬功夫做出来的！

梧桐树种下了，不久就有凤凰陆续飞来。黄杨洪很快发现，自己无形中得到了一把特殊的钥匙，打开了一道别人无法进入的艺术圣殿之门。2004年之前，国内收藏市场、各项评选都未成气候，上海最好的玉雕作品一般都被海外藏家收藏，能在市场上露面的少之又少。没有媒体宣传，没有公开评选，做玉人想见到一件臻品杰作难之又难。然而黄杨洪却能够见到这些未飞出国门的“凤凰”，因为需要精益求精，许多臻品送到黄杨洪手中“勾毛”，得此机缘，黄杨洪仔细揣摩这些玉雕艺术品的玉貌真颜。作为一个玉雕人，眼睛是心的君王，只有眼睛到了，心才有可能到达。在一件一件臻品中大开眼界，在无数个夜里细心领会，在实践中不断精进，不知不觉，黄杨洪的玉雕作品在同时期的玉雕工作室中，有了卓尔不群的气质。

2004年，第二届“新疆和田玉石文化节”，黄杨洪怀揣攒下的几万块钱，开始了一场在新疆和田的“寻玉之旅”。让他万万没有想到的是，就是他人生中第一次和田之行，给他的玉海人生又一次带来了巨大的改变。在一个新疆玉石商的手中，他见到了要价800万人民币的一批红皮白肉的和田玉籽料。就像一见钟情的怦然心动，黄杨洪人生第一次真正见识到了顶级和田玉那种勾魂摄魄的美，纯净、洁白、莹润、曼丽……在围观的人群中，黄杨洪毫不起眼，他兜里的碎银子砸进800万的深潭中不会有任何回响，然而这美玉的形象在他心里种下了一颗永远无法拔除的种子，黄杨洪决心去追寻她，用心血浇灌她，直到她郁郁成林，长在“博润堂”的土地上。从此以后，黄杨洪开始用维吾尔族朋友教给他的“替换法”买和田玉，玉要比着买，收一批和田玉籽料，只要有比手里任何一颗好的料子，就替换掉稍微差的一颗。这样不断替换，直到手里的籽料越来越好，市场上

“博润堂”珍藏和田籽料原石

甚至几年都难以见到比自己手里更好的籽料，慢慢攒在手里的，就如翡翠界的“高冰帝王绿”。羊脂白玉籽料就这样集中到了“博润堂”的麾下。

黄杨洪：《一横一竖定乾坤》

好运接踵而至，就在这期间，黄杨洪赌赢了一块大籽料。当年在“天山宾馆”这一赌，是他对自己多年来“读玉”的信心，也是玉器市场崛起的信号。正如维吾尔族老乡说的：“这块料子你现在买回去，先切下一片，做了卖掉，边切边做边卖，等你钱给我，剩下的就是你的玉了。”玉界行情火爆的时候，这就是真实写照，胆大心细的黄杨洪一刀切下去，看到了洁白细腻的玉肉，这一块大籽料，给了黄杨洪在玉界崛起的第一桶金。从这桶金开始，黄杨洪带领“博润堂”渐渐转战高端白玉市场，随着玉界行情的日益火爆，博润堂的用玉越来越讲究，玉色不美不治，玉质不佳不治，玉性不好不治，黄杨洪的作品料好工佳，慕名而来的客户渐渐多了起来。

2004年开始，国内的玉雕评选渐渐兴起，在大家都如火如荼地去评奖的时候，黄杨洪仍然在玉雕之路上锲而不舍地精研。许多客户都说黄杨洪的作品应该去评奖，以他的玉雕水准一定可以拿到大奖，黄杨洪总是淡然一笑，他觉得自己就是一个认认真真做玉的匠人，奖项似乎离他十分遥远。黄杨洪无心，奈何喜爱他作品的人有心。有一天他接到好朋友张红的一个电话，电话那头兴奋地告诉他，此刻他正在“百花奖”的颁奖现场，黄杨洪的籽料作品《五福捧寿》图章获得了“百花奖”的金奖！一个大馅饼砸到黄杨洪头上，当大家都在颁奖晚宴上庆祝的时候，金奖的获得者黄杨洪正坐在出租车上在北京二环上转悠。这可能是史上最无心的获奖，黄杨洪的名字甚至都不在主办方的邀请之列。总而言之，在严格的匿名评选之后，评委们给了黄杨洪一个最高的奖项。直到这一刻，黄杨洪才意识到，自己的玉雕水平，已经一步一步走到了中国玉雕最顶尖的舞台。

从2009年成为了百花奖金奖的获得者之后，黄杨洪的作品几乎年年获得大奖，我们可以看一下黄杨洪的获奖记录。

2009年：

《五福捧寿印章》荣获中国玉（石）器“百花奖”（北京） 金奖

《花好月圆》荣获中国玉（石）器“百花奖”（北京） 银奖

《一鼓作气》荣获中国玉（石）器“百花奖”（北京） 银奖

《双凤手镯》荣获中国玉（石）器“百花奖”（北京） 铜奖

2010年：

《虎》荣获中国·上海第三届“英合杯”玉雕“神工奖” 金奖

《耄耋》荣获中国玉（石）器“百花奖”（北京） 最具文化创意奖

《连年有余》荣获中国玉（石）器“百花奖”（北京） 银奖

《喜上眉梢》荣获“良渚杯”玉石雕刻精品展 金奖

《王者风范》荣获“良渚杯”玉石雕刻精品展 金奖

《胜者为王》荣获中国玉石雕刻“天工奖” 铜奖

《少师太师》荣获中国玉石雕刻“天工奖” 优秀作品奖

《弥陀》荣获中国·上海第三届“英合杯”玉雕“神工奖” 银奖

《路路通》荣获中国·上海第三届“英合杯”玉雕“神工奖” 银奖

2011年：

《锦上添花》荣获中国上海玉石雕刻“玉龙奖” 金奖

《花开富贵》荣获中国上海玉石雕刻“玉龙奖” 银奖

《连年有余》荣获中国上海玉石雕刻“玉龙奖” 银奖

《官上加官》荣获中国玉（石）器“百花奖”（北京） 银奖

《貔貅》荣获中国·上海玉（石）雕“神工奖”（东明杯） 金奖

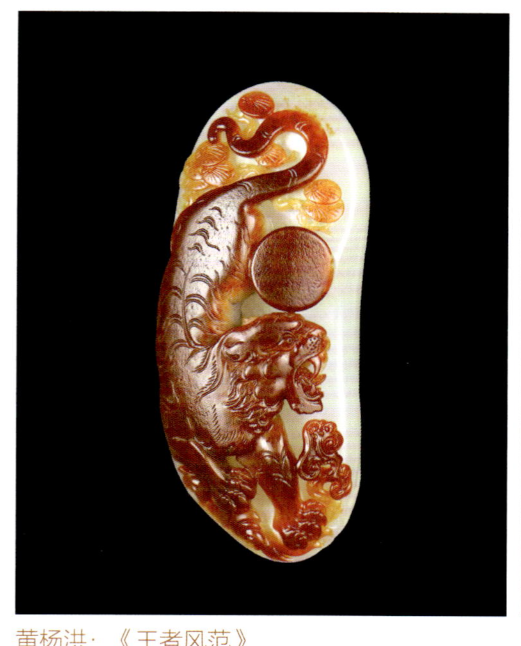

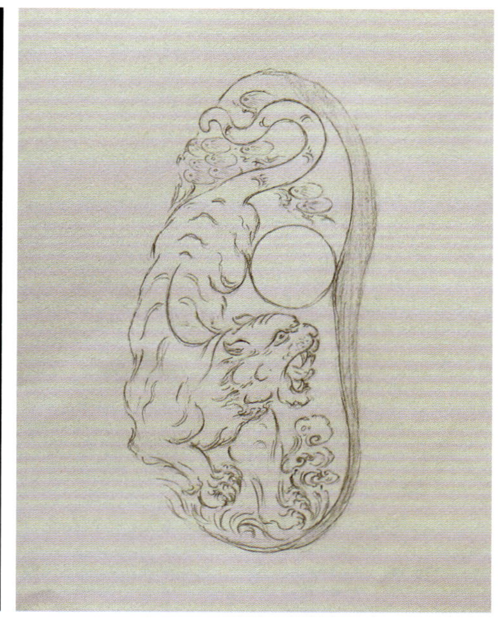

黄杨洪：《王者风范》

《一路连科》荣获中国·上海玉（石）“神工奖”（东明杯） 银奖
《金玉满堂》荣获中国·上海玉（石）“神工奖”（东明杯） 铜奖
《年年有余》荣获中国玉石雕刻“陆子冈杯” 金奖

2012年：

《竹里馆》荣获中国工艺美术“百花奖”（莆田） 金奖
《锦上添花》荣获中国玉石雕刻“神工奖” 特别金奖
《守卫》荣获中国玉石雕刻“神工奖” 金奖
《龟鹤延年》荣获中国玉石雕刻“天工奖” 银奖

2013年：

《九五之尊》荣获第五届中国上海玉石雕刻“玉龙奖” 金奖
《福寿如意（图章）》荣获第五届中国上海玉石雕刻“玉龙奖” 银奖
《不生不灭自圆融》荣获中国玉（石）器“百花奖”（北京） 金奖
《绿度母》荣获中国玉石雕刻“神工奖” 金奖
《烟嘴》荣获中国玉石雕刻“神工奖” 银奖
《法界》荣获中国玉石雕刻“天工奖” 优秀作品奖
《胜者为王》荣获“良渚杯”玉石雕刻精品展 金奖

2014年：

《法界》中国玉石雕刻作品“九龙奖” 特别金奖
《瑞兽印章》荣获第六届中国上海玉石雕刻“玉龙奖” 金奖
《带子上朝》（南红）荣获中国玉石雕刻“神工奖” 金奖
《大梦敦煌》（南红）荣获中国玉石雕刻“神工奖” 银奖
《一念之间》（南红）荣获中国玉石雕刻“神工奖” 银奖
《白度母》（南红）荣获中国玉石雕刻“天工奖” 优秀作品奖

2015年：

《锦上添花》荣获第七届中国上海玉石雕刻“玉龙奖” 金奖
《锦上添花》中国玉石雕刻作品“九龙奖” 金奖
《和平使者》荣获第七届中国上海玉石雕刻“玉龙奖” 银奖
《锦上添花》荣获中国玉石雕刻“神工奖” 金奖
《锦上添花》荣获中国玉石雕刻“天工奖” 银奖

2016年：

《舐犊情深》荣获第八届中国上海玉石雕刻“玉龙奖” 金奖

厚积薄发，黄杨洪的作品从此几乎在各大玉雕奖项评选中年年捧回金奖！从崭露头角到在玉雕艺术的舞台上绽放璀璨光芒，从上海市非物质文化遗产项目（海派玉雕）代表性传承人，到中国玉石雕刻大师，他走到今天早已经是众望所归。但他并未因此降低对自己诚信和水准的要求。2009年到2011年，玉界行情之火爆可以引用近代赵汝珍在《古玩指南》中之原话一窥：居则以玉为消遣之品，行则以玉为表示富厚之征，朋友相见，必以所得之玉相夸示，聚会谈话，必以玉为主要论题。在这样的行情之下，黄杨洪的“博润堂”自然是每晚高朋满座，众人聊玉喝茶，集思广益，各抒已见，热闹非凡。

黄杨洪这段时间想创作一件荔枝，一直找不到合适的玉料。这天，黄杨洪聚会时拿出一盘顶级和田玉籽料，大家盘玩聊玉，一位香港的朋友拿着其中一块椭圆形籽料说：“这块料切了做荔枝好不好？我想要最好的这部分做一个荔枝。”大家凑过去一看，这部分皮艳肉细，莹润油亮，果然很适合做一颗荔枝。一块完整的顶级籽料“杀鸡取卵”，这违背了业内“保料”的常规。思来想去，反复观察，黄杨洪觉得最好的部分雕刻一个荔枝应该能出一件极品，客户口头出了价，黄杨洪最终答应了。看着一颗晶莹剔透的荔枝，在自己的手中渐渐幻化成形，黄杨洪做着做着，也为这件作品着了迷，荔枝饱含水分又晶莹润泽的果肉，在和田玉籽料的演绎下动人至极，几乎可以以假乱真了。黄杨洪爱不释手，还没做完就跟香港客户商量，一次又一次的加价，直到最后交货，客户还是不肯松口转让。黄杨洪像眼睁睁看着自己的孩子被送走一样，心疼极了！然而君子一诺千金，就算是口头约定，他也还是守约把这件叫做《天生丽质》的作品交给了客户。一年之后，他又在客户手中见到这件作品，经过一年的盘玩佩戴，和田玉籽料那种被盘玩之后激发出来的油性，让这件作品的玉料之美和工艺之美融合到了极致，黄杨洪太喜欢了。作为作者，他太清楚这件作品的价值和意义了，他再一次出了

黄杨洪：《天生丽质》

高价，对方仍然摇头，到了晚上，觥筹交错、酒酣耳热之际，黄杨洪真诚地吐露真心，希望能够收藏这件自己亲手所做的作品，藏家也真诚地表示，自己也是同样地喜爱这件作品，无论什么价位，都不会割爱。君子一诺无悔，黄杨洪虽然爱不释手，见到对方如此喜爱自己的作品，也只能割爱祝福。从此以后，黄杨洪坚持用最合适的玉料做最极致的作品，绝不因为籽料珍贵而屈就其次。至今黄杨洪的头像仍然是那颗让自己魂牵梦绕的荔枝，这里饱含着一个做玉人的爱玉心，一个手艺人的极致心，也是一个守信人的千金一诺。

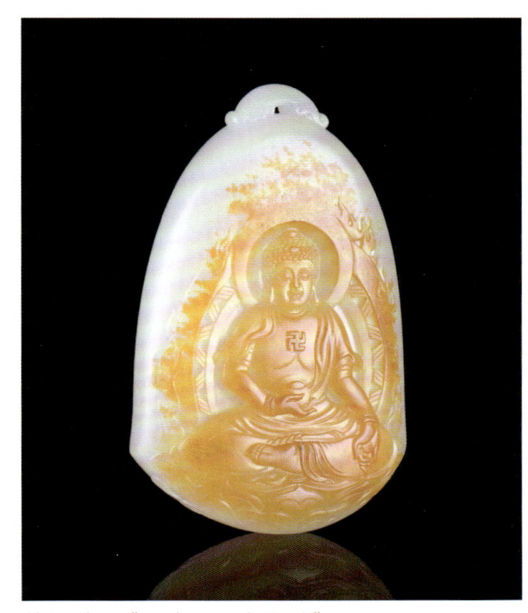
黄杨洪：《不生不灭自圆融》

采访、写作黄杨洪的过程中笔者搜集了很多有关黄杨洪的资料，发现他一件轻便夹克走天下，无论去各地采风，接受采访还是上台领奖，都是一派舒服自在的家常姿态。没有名利心和得失心，但他却有一份难得的责任心。在家里，他是一大家子的顶梁柱，父母妻儿都因为他的爱护其乐融融；在“博润堂”，他是掌舵人，一船人因为他的担当有条不紊；在行业里，很多好友知己也愿意与他相交，因为他的义气而默契无间……

黄杨洪一份责任心，让他在众望所归的日子里对玉雕艺术有了更高的追求。他去大足石刻采风，被古人佛造像的艺术深深震撼，那些历经千百年岁月仍然栩栩如生的艺术形象像大锤一样敲击着他的内心，他跨越思维惯性和行业束缚，像穿越时空的大鹏飞向了古人的世界，在那里，他学习虔诚、庄严、沉浸其中、一丝不苟的创作精神，回来后他深入研究佛学的历史文化，研究佛像造型的演变，直到对佛像的姿容仪态、服饰造型有了深入的体悟。他潜心创作了诸如《不生不灭自圆融》等佛教题材的玉雕作品，收录进《拈花一笑》艺术手册，这是黄杨洪继《青玉卧牛》之后，又一次借由传承千年的艺术作品，穿越时空理解雕刻精神，在千百年的拈花一笑间，完成了艺术上的传承。

采访期间，笔者有幸见识到中国玉界第一支足球队“玉龙足球队”的成立仪式。任足球队领队的黄杨洪在上海宝玉石行业协会的2016年新春团拜会上拿下了

玉龙足球队

足球队的后背广告，并在台上摇起“玉龙足球队”的大旗，引发了全场最热烈的掌声。截止完稿日，黄杨洪正在参加丝绸之路文化行“中国玉文化”世界巡展的上海展，可以想见，黄杨洪的义气与勇气，已经为他奠定了更高的艺术舞台。

仁、义、智、勇、洁，黄杨洪的成功之路伴随着像玉一样的美好特质越走越顺，但这些只是他为自己的人生雕刻的内容，却并非他真正的生命底色。要看懂黄杨洪，就要去看他的家，去看一园茸绿托举起的玉兰与缥碧色的桂梢，去看池中大鲤鱼霸道泼皮的排浪悠游，去看他一家人之间流动着的如同温泉水一样的柔和情谊……千百年来，陶渊明一句“采菊东篱下，悠然见南山”荡涤过无数渴望自由的心灵，但却鲜有人知道，悠游水中鱼，饮露树上蝉，逍遥林间鸟，憨厚守家犬，看得到花开花落，听得到鸟欢蝉鸣，是这些被常人忽略的美提供了陶渊明诗情的原力。人人都道黄杨洪薄意花鸟件出类拔萃，俏色鱼虫走兽无不出神入化，岂不知童年的山间岁月，那些星光月色，那些花鸟鱼兽，那些与自然万物和谐共处的人之初，恰是黄杨洪的生命底色。

野竹自萧散，幽兰亦错杂。清风一披拂，雅韵互相答。中国的艺术注重萧散之美，不刻意、不束缚，如风行水上，云过长空，是从秩序中逃遁，由自由心灵创造出轻松之美。不难想象未来黄杨洪的艺术走向，是抛却了商与市，看淡了名与利，随心而发，锲而不舍地追求玉雕艺术的极致。始正末奇，外明内润，黄杨洪的人生，还有后人无数“好”字等着他。

佳作赏析

如切如磋，如琢如磨。神工鬼斧，天工巧夺。

一件好的玉雕作品，融佳料与天工，格调高逸，超拔出尘。细细品味，或意境深幽，遐思迩想；或味若甘醇，回味悠长。涤尘入境，静思其妙，乃悟作者必殚心竭虑，驰骋刀笔于灵石，方得佳品，举世无双。精诚所至，金石为开。

本篇所收录的玉雕名家作品，每一件都是他们的精心之作，用料精良、题材广泛、创意新颖、特征鲜明、工艺精湛、精美绝伦，代表了当代玉雕艺术的最高水平。

让我们翻开篇章，一一赏析，细细品味……

灵犀点化　直指人心

——中国玉雕大师苏然作品《佛牙舍利》赏析

白　静

《佛牙舍利》为苏然大师设计制作的一件俏色巧雕精品，作品运用整料保形、顺意天然的创作理念，将籽玉的皮色、玉质与形韵发挥到极致境界。当代著名画家史国良赏玩此玉作后爱不释手，盛赞“真乃大师级之玉雕神品！”这件作品设计手法极简，寥寥几笔恰到好处，于自然天成的美玉之上画龙点睛，堪为无法之法、造工精巧、境界高妙的上乘佳作。

往往信仰舍利所在，即如法身所在。因此供养舍利，即如同礼拜佛成道的菩提树、金刚宝座、佛经行之足迹等事之意趣，欲结下值佛闻法之因缘而速成菩提。《金光明经》卷四〈舍身品〉云：“舍利者，是戒定慧之所熏修，甚难可得，最上福田。”《大智度论》卷五十九谓：“供养佛舍利，乃至如芥子许，其福报无边。”

唐高僧玄奘于公元 629 年至 645 年西行求法，在其《大唐西域记》中多次提到佛牙舍利，如：“新城东南十余里，故城北大山阳，有僧伽蓝，僧徒三百余人。其窣堵波中有佛牙，长可寸半，其色黄白，或至齐日，时放光明。”

《佛牙舍利》这件玉作在形、色、韵各方面均与玄奘所描述的佛牙舍利高度一致，亦真亦幻时有混同，令人不禁拍案叫绝！

据有关佛教文献记载，佛祖释迦牟尼去世火化后，信徒们在他的骨灰中发现了许许多多晶亮透明、五光十色、坚硬如钢的圆形硬物，这就是舍利，俗称舍利子，历来被视为佛门珍宝。舍利子的形状千变万化，有圆形、椭圆形，有的呈莲花形，有的呈佛或菩萨状；它的颜色有白、黑、绿、红的，也有各种颜色；舍利子有的像珍珠，有的像玛瑙、水晶；有的透明，有的光明照人，就像钻石一般。佛经上说，舍利子是一个人透过戒、定、慧的修持、加上自己的大愿力所得来的，它十分稀有、宝贵。

中国现存的佛舍利，当属北京西山佛牙塔的佛牙舍利。史书有迹可循的佛牙舍利共有两颗，一颗现供奉在斯里兰卡康堤佛寺。释迦牟尼佛的另一颗牙舍利则流散到乌苌国一带，这就是后来被法献从于阗请回，现供奉在北京佛牙舍利塔内的那颗佛牙舍利。

佛牙舍利是全世界佛教徒信仰中的至高无上之圣物，佛牙舍利即是佛陀真身的显现。古人对于佛牙舍利的顶礼膜拜尤甚。萧子良因感于法献于阗千辛万苦请回佛牙，而写了《佛牙赞》和《佛牙记》。赞曰：

功成积劫印文端，不是南山得恐难。
眼睹数重金色润，手击一片玉光寒。
炼时百火精神透，藏处千年莹采完。
定果熏修真秘密，正心莫作等闲看。

苏然：《佛牙舍利》

元代耶律楚材题西庵所藏佛牙诗：

殷勤敬礼避开支牙，缘在西庵居士家。
午夜飞光惊晓月，六时腾焰璨朝霞。
旃檀奁里贮灵牙，来自中天尊者家。
莹色冷侵秋夜月，真光明射晚晴霞。

诗文之中流露出对佛牙圣物的虔敬之心、赞叹之情，仿佛近在目前，可触可感。

苏然大师以玉弘法，铸就佛牙舍利子，自有其深意。《佛牙舍利》在当代社会象征着中华文化的多元统一，在佛牙舍利的历史流转之间，我们看到的是历代有志之士对人间正法的千年坚守。法献从于阗请回，现供奉在北京佛牙舍利塔内的佛牙舍利，正是丝绸之路之于中华文明的见证。

中国佛教文化的传播和发展，与和田玉的产地和田地区有着深厚的历史渊源。在历史上，于阗一度曾是大乘佛教的中心，佛教从印度通过西域传入中原，主要是以于阗为中介。于阗即是今新疆和阗（和田）县。春秋战国时期，和田玉已为西域进献之宝。《史记·赵世家》："昆山之玉不出，此三宝非王有已。"《谏逐客书》："今陛下致昆山之玉，有随和之宝，垂明月之珠，服太阿之剑，乘纤离之马。"《佛牙舍利》的艺术旨趣，在于颂赞佛教之路、玉石之路在中华大地上殊途同归，共同奏响千年文明的伟大乐章。

心与物的灵犀碰撞，产生了境之神圣。将心比心，于是唤醒了我们的良知心。苏然大师对玉的爱惜、对艺的参悟，直指人心，见性见佛。玄奘法师有句名言："昆山有玉，混杂泥沙。丽水生金，宁无瓦砾。土木雕成罗汉，敬之则福生。铜铁铸就金容，毁之而有罪。"意即昆山良玉，难免混杂泥沙，丽水生金，难免有瓦砾，恭敬用土木造成的罗汉可以生福，铜铁铸成的佛像，虽然不是真身，但毁之都有罪。

《佛牙舍利》在设计手法上高妙绝伦、不可复制，欣赏此作，难以察觉丝毫人工斧凿痕迹，而是感到此玉浑然天成，无非造化所赐。苏然大师对玉作的表现手法真正做到了如"羚羊挂角，无迹可求"，如山间朗月、石上清泉一般无声无息，从容淡然。中国画一代宗师石涛说"至人无法，无法而法，乃为至法"，"至法"即是道。这里的无法就是忘法。苏然大师的玉雕设计理念在知道"道"的基础上，却又不拘泥于道，率性而为，浑然天成，如清水芙蓉一般，天然去雕饰。

一块璞玉经苏然大师灵心秀手的点化，似乎拥有了灵魂，令人观之即生敬畏之心。多少观众面对大师的玉作神思遐想、流连忘返，此刻，我们与玉石正在进行一场跨越时空的心灵对语，我们从玉石的话语中重新发现了一个迷失良久的本我，体悟到如何才能完善一个更美好的自我。这就是苏然大师玉作无人能及的高妙之处。

行慈运悲 救度众生

——中国玉雕大师吴德昇作品《九品莲花》赏析

文 于 明

“清净为心皆补怛（即普陀），慈悲济物即观音。”——太虚大师

这尊新疆和田白玉籽料圆雕观音像，是中国玉雕大师吴德昇先生的杰出之作。本尊观世音菩萨像仪态优美端庄、神色慈祥庄严，脚踏莲花宝座，迎风踏浪而来。菩萨身着法衣、发罩风帽、头戴髻冠、胸佩璎珞，双手捧抱净瓶作洒水状，右侧衣袖下一簇形态各异的九朵莲花正酣畅淋漓地享受着净瓶中泻下的甘露法雨的灌养。菩萨面庞圆润、双目微垂、双唇轻抿、体态雍容、姿态优雅、举止从容，那宁静安详的神色和超然洒脱的仪态充分体现出了菩萨清净慈悲的心境和无畏济世的情怀，犹如慈母般和蔼可亲，却又不失贞洁淳朴之感。净瓶中的净水象征着佛法的甘露，可以医治众生的疾病，净化众生的身心，解除众生的苦难。而菩萨身边的九朵莲花如同是六道中不同根性、不同类别的芸芸众生，身陷生死轮回的苦海，渴望得到佛菩萨的慈悲救度，到达智慧解脱的彼岸。菩萨将净瓶之水浇灌于莲花的举动仿佛向我们表明：苦难中的六道众生接受智慧觉悟的佛法的救度，就会得到佛力加持，像菩萨那样获得一颗清净慈悲、勇猛精进的心，进而脱离六道泥沼，成为极乐世界七宝池中的九品莲花。这在人们物质生活富裕，精神生活空虚，世风日下，人心不古，物欲横流，见利忘义，自私冷漠，浮躁不安的今天，更具有重要的现实意义。

观世音菩萨是佛教中慈悲的象征，以观世音菩萨为主导的大慈悲精神被视为大乘佛法的根本。《佛说法集经》中观世音菩萨说：“菩萨若行大悲，一切诸佛法如在掌中。”佛教中的“慈悲”有其特定的涵义，“慈”指“与乐”，“悲”指“拔苦”。《法华经——观世音菩萨普门品》有云：“妙音观世音，梵音海潮音，胜彼世间音，是故须常念，念念勿生疑。”观世音菩萨具有平等无私的广大慈悲，众生遇到任何苦难，只要至诚称念观世音菩萨的名号，就会得到菩萨的救护。并且观世音菩萨为了方便度化各种不同根性及类别的众生，可以示现出多种不同的形貌，说不同的法门，被称为“观音三十三身”。本尊观音像既如杨柳观音，大慈大悲、消除众病；又似持莲观音，智慧如海、教诲众生；既同白衣观音，一袭白衣、清净安宁；又像洒水观音，遍洒甘露、为众造福。

为了表现观音的形象，中国历代艺术家以各种材质塑造了无数优秀的观音形象。玉雕观音更是这些观音形象艺术品中的佼佼者，以玉塑造的观音形象，更显超凡脱俗，宁静致远。

吴德昇大师的玉雕作品题材广泛，飞禽走兽、草木果蔬、神佛人物无所不及，其中尤以立体圆雕人物见长。他的人物玉雕作品可谓形神兼备、生动鲜活、意趣高雅、引人深思。他以刀作笔，以其精妙的艺术灵感，赋予人物以鲜活的生命力。他作品中的人物或端庄、或滑稽、或憨厚、或奸巧、或妩媚圆润、或瘦骨嶙峋、或浓情蜜意、或形单影只，处处透露着他超群的玉雕技艺和艺术表现力。这一切既归功于他坚实的中国玉雕基础，又得益于他学习借鉴西方雕塑大师的艺术精华，更受益于他将中国传统的玉雕艺术与现代的艺术表现手法相融合，创造出不拘一格、独树一帜的玉雕艺术风格，为当代中国玉文化的宏伟画卷增添了浓墨重彩的一笔。

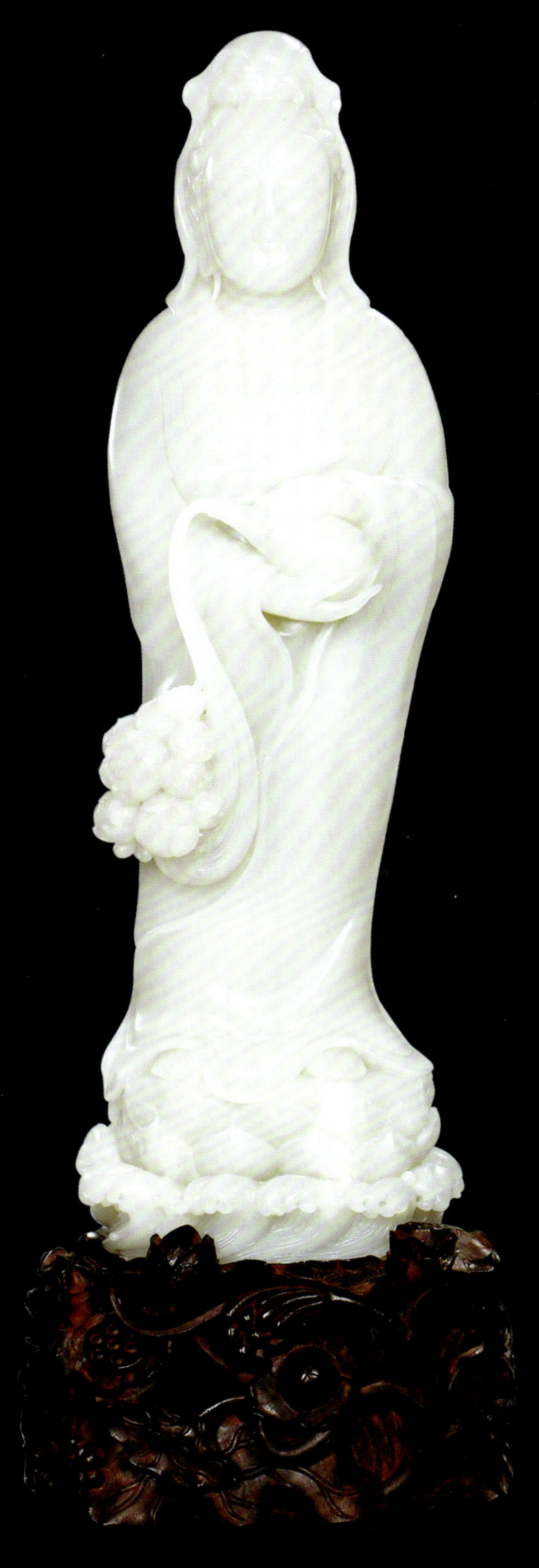

吴德昇：《九品莲花》

吴德昇大师创作的这尊观音像，看得出花费了一定的心力。作品的尺寸是 30 厘米 ×9.2 厘米 ×7.5 厘米。大师选用的是一块体量较大的新疆和田白玉籽料，整块材料洁白柔和、莹泽悦目、油润厚重、细密坚致。以这样精良的玉料来表现菩萨清净安宁的内心，雅逸出尘的姿容以及慈悲普度的誓愿是再合适不过了。整件作品造型匀称、比例合理、详略得当、简繁适中、线条流畅、块面大气、工艺精湛、打磨精细。大师以细腻的笔触刻画了菩萨端丽的五官、细密的发丝、华丽的髻冠、柔软的双手、精美的净瓶、精巧的莲花和跳动的海浪，与此同时，法衣、风帽则以大块面留白，局部施柔性线条来处理，块面和纹理的衔接流畅自然、相映生辉。大师运用丰富的玉雕语言，妙笔生花、匠心独具地描绘了观世音菩萨心系众生，拔苦与乐的博大胸怀和细腻情感，感人至深，启人心志。

大师的这件作品，融合了时代的需求、个人的情感和美学思想的光辉，以其精湛的琢玉技艺使得这尊观世音菩萨像极具感染力和感召力，令人在赏心悦目的同时，心生敬畏，升起渴望得到佛菩萨救拔和佛法滋养的愿望，心灵得到净化，找回我们本有的清静慈悲的本性，进而决心以观世音菩萨为榜样，怀着一颗大慈大悲的心，智慧柔和地对待身边的人、事、物，拔苦与乐，造福人类！

《九品莲花》局部

愿作远方兽 步步比肩行

——中国玉雕大师刘忠荣作品《海豹》赏析

文 于 帅

刘忠荣：《海豹》

海豹生活于寒温带海洋，性情纯真仁善而通晓人性。传言如果有人不敌严寒，昏倒在北极雪原上，海豹就会爬过去偎依着他，希望用自己的体温给予温暖救助。这件作品以两只海豹相偎相依为题材，它们仿若刚刚结束深海畅游，回到沙滩岸礁玩耍嬉戏。它们慵懒地伸展躯体，身态圆润而成流线造型，如童话世界中的海底精灵。

因材施艺是自古至今的治玉之道，这就要求玉雕创作者对玉石材料特性有深入的理解，充分利用原料特点选择最适合的创作题材和最恰当的雕琢工艺，以突显玉石本身的独特优势，创作出精致巧妙的玉雕作品，产生最佳的艺术表现力。和田玉温润而泽，缜密以栗，叩之其声清越以长，温润内敛之美可与君子比德。这件作品以和田玉籽料为材质，玉质洁白油润，触手生温，光泽隐蕴仿若凝脂。海豹因其生长环境寒冷，体内积聚极厚的皮下脂肪可供保暖；全身覆一层短毛，皮毛长期浸于水中，抚之油润顺滑。海豹这些特点与和田玉籽料材质有诸多相似，创作者充分利用材料特性，塑造出丰腴多脂的海豹形象，不仅外形栩栩如生，更可谓形神兼备，惟妙惟肖。

忠贞不渝的爱情为世人千古称颂，也作为常见的玉雕题材流传至今。玉雕中常以鸳鸯、龙凤代指配偶夫妻，雌雄未尝相离，寓意夫妻恩爱、家庭美满。这件作品中两只海豹并肩同行，紧密相依，也恰如一对天成佳偶，共浴爱情蜜意。它们轻展柔盼，交换眸中深沉柔情。无论身畔波涛汹涌或风平浪静，它们共同安享悲欢苦乐，唱和缱绻流年中一曲长歌。

庄严国土 利乐有情

——中国玉雕大师苏然作品《祥瑞图》赏析

白 静

苏然：《祥瑞图》制作中

《祥瑞图》是苏然大师2015年设计创作的“重量级”玉雕巨制。作品耗工巨大，目前还在创作过程中，预计一年后方能成功面世。业内人士对苏然大师所秉承的北派皇家玉雕风格并不陌生，她的玉雕作品一贯以浑然大气的形制与厚重的文化内涵为显著特色。此件《祥瑞图》更是当代新京派玉作的重中之重。

称其为“重量级”玉作，其一缘于作品的“重量”之重。《祥瑞图》的原料重达11.6千克，切开后共得到5块由大到小、形制均匀的玉材，玉石内部的玉质竟然细腻光洁、毫无瑕疵，实在是当今难得一见的稀世瑰宝！苏然大师选取其中形状相似的两片略修出形，玉石的胚型自然呈现出一种意趣天成的灵性。大者长33.5、上下宽17、厚2.3厘米，重2728克；小者长度为32.5、宽14.5、厚2厘米，重1798克。它们如两朵驾驭长空的祥云，一大一小相互呼应，于是为作品取名为《祥瑞图》。

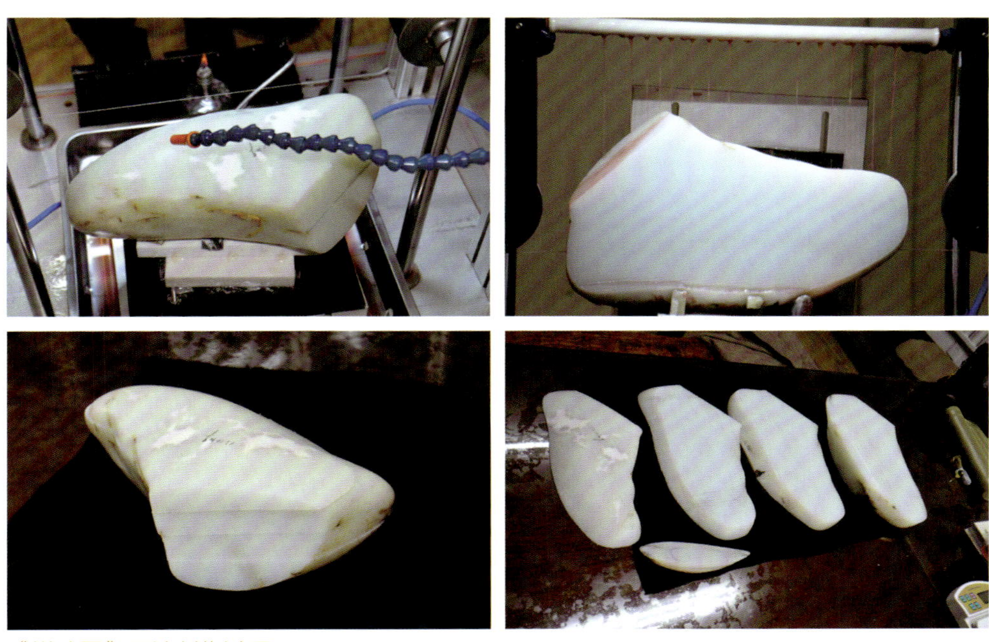

《祥瑞图》设计制作过程

所谓“重量级”玉作，另一体现在于作品的“艺术价值”之贵重。

苏然大师为了完满成就此件玉作，查阅了历朝历代山水名家之作，图谱已在案头摞起如山丘一般，卷帙浩繁、不计其数。大师汲取历代宫廷画风的优长运用于作品创作中，包括宋代《秋山萧寺图》的写实画法等，在转变为玉雕的技法应用上增强其层次感，令画面更加生动逼真，同时将玉质的莹洁光润充分展示出来。苏然大师选取袁江、袁耀的界画为主要借鉴对象。袁江是中国绘画史上有影响力的画家，一位康乾盛世时期的宫廷画家，专攻山水楼阁，他的绘画素材多为古代宫苑，尤长于界画。界画是我国民族绘画中很有特色的一门画科，它在东晋时代已同人物、山水画并存了，发展到宋、元时期就已达到高峰。在清康熙、雍正、乾隆时期，楼阁山水当以袁江最有名。当时还有他的侄子袁耀同齐名。他们虽然是扬州人，但因为两人曾受扬州的山西盐商的聘请，到山西作画，故作品在北方流传较多，也因为走南闯北的艺术生涯，他们的山水画集南北画法于一身，于宫廷画中独占一席之地。他们擅画山水、楼台、师法宋人。山水画技巧方面独具一格，画石多鬼皴，楼阁工

《祥瑞图》设计制作过程

整严密。苏然大师在《祥瑞图》的画面设计中借鉴了袁江袁耀的亭台楼阁画法，用线条的婉转顿挫展现墨法的浓淡枯润，技法炉火纯青，在微米之间景物立体如雕塑一般生动有力。

画面初稿完工后，俨然一幅人间仙境的景象，山水亭台令人睹之如身临其境，不禁有居之游之的骋怀遐想。笔者问大师勾画此景的意图何在？大师回答，这幅山水亭台的图景看似如梦如幻的仙境，实则是一幅“渔樵耕读”的人间画卷，包涵着对自给自足的田园生活的赞美和歌颂。“一方水土养一方人”，在有文字记载的几千年中华文明发展历程中，中原地区的农耕文明塑造着汉民族文化的自身。“耕读传家”是中国传统文化中理想的家庭模式，即既要有“耕”来维持家庭生活，又要有“读”来提高家庭的文化水平。这种培养式的农耕文明推崇自然和谐，契合汉族文化对于人生最高修养的乐天知命原则，乐天是知晓宇宙的法则和规律，知命则是懂得生命的价值和真谛。崇尚耕读生涯，提倡合作包容，而不是掠夺式利用自然资源，这符合今天的和谐发展理念。

这就是此《祥瑞图》的“重量级”又一体现——“人文内涵”的厚重之重。

在此件玉作的设计构思中，苏然大师用春风化雨、润物无声的艺术形式，向社会大众传达一种融合了中华民族生存智慧的价值理想。这一理想在佛家称为“庄严国土，利乐有情”，在当代语境中即是倡导“富强”“民主”“文明”“和谐”的社会主义核心价值观，实现一个伟大的“中国梦”。习总书记强调的“金山银山，不如绿水青山”，是深刻阐述人类理想国度的物质文明、生态文明精髓的点睛之笔。

《祥瑞图》设计制作过程

《祥瑞图》的画面所描绘的正是我们中华民族亿万万劳动人民孜孜以求的心灵愿景。从此玉作之中，我们可以体会到一位艺术家的人文情怀和心胸气魄。

作品的画面选取锦绣山河图，与主题的祥瑞寓意相映成趣，人文与自然高度融合，造化与天工殊途同归，苏然大师在此作画面的设计上达到了形式与内容的和谐统一。“欲夺其造化，则莫神于好，莫精于勤，莫大于饱游饫看，历历罗列于胸中”，苏然大师对山水绘画艺术的透彻，加上对玉雕手法的高超运用，使作品意境“磊磊落落，杳杳漠漠”，主观精神与客体自然意象合一、天人合一，最终成就了此件旷世巨制。

苏然大师刀笔之下的山水画面充分展示出了宫廷画派的雄奇豪迈之风，如陆游“尔来从军天汉滨，南山晓雪玉嶙峋”的铁骨铮铮、如杜甫诗中“安得广厦千万间，大庇天下寒士俱欢颜，风雨不动安如山”的苍郁雄浑，“达则兼济天下，穷则独善其身”的豪情抱负，在玉作之中贯通如虹，线条错落之间气宇纵横，一草一木尽显王者霸气。

《祥瑞图》以高超的艺术手法于芥子之地纳须弥胜景。一勺水含江湖秀，咫尺山藏天地秋。山以水为脉，以草木为毛发，以烟云为神采。故山得水而活，得草木而华，得烟云而秀媚。水以山为面，以亭榭为眉目，以渔钓为神情，故水得山而媚。水随山转，山因水活，映山成景。在灯光辉映之下，玉石上水流、雾绕、香飘，相携成趣。方寸之间的山水图景仿佛容纳进了浩浩乾坤、辉辉鸿蒙，各种景物主次有致、相互调和，令人心神向往，不觉乐而忘返。

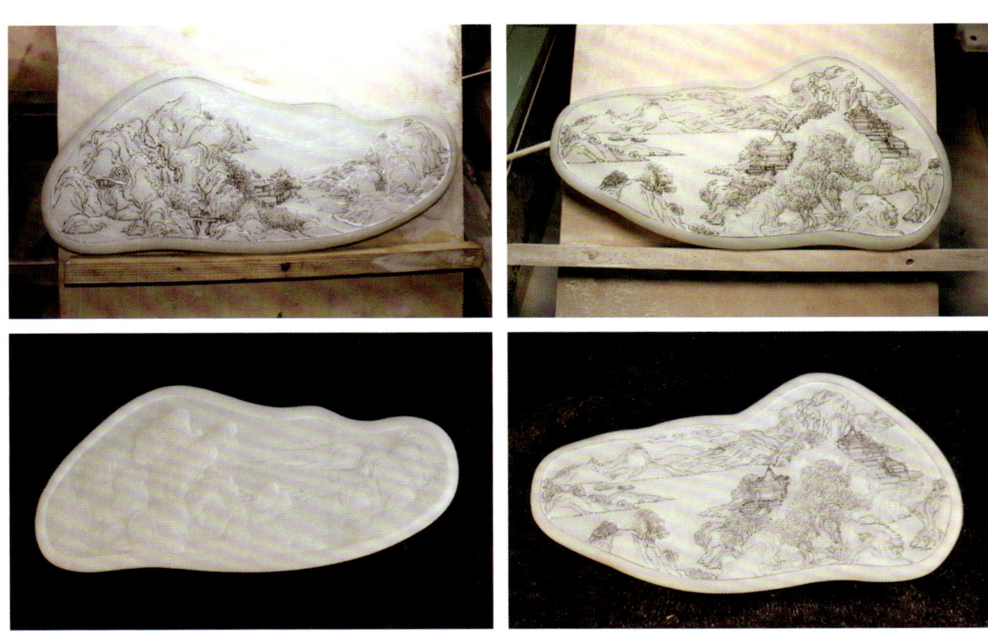

《祥瑞图》设计制作过程

诸经所赞 尽在弥陀

——中国玉雕大师刘忠荣作品《阿弥陀佛》赏析

文 于 帅

阿弥陀佛又名无量佛、无量光佛、无量寿佛等，原为梵语，译为中文则为无量觉之意，即无所不知，无所不觉。阿弥陀佛不畏艰难困苦，建立西方极乐净土，广度无边众生脱离生老病死无常之苦，登上彼岸。因此深得人们崇敬，成就无量功德，被广为弘扬。在这件作品中，佛像高盘螺髻，双目低垂，面容饱满，面相庄严又显慈悲之态；身着长袈裟，半袒胸膛，衣褶流畅舒展，雕琢精细流转，线条玲珑韵致更添飘逸风姿。牌片背面上方饰有寿桃卷草，以示祥瑞；下方开光留白，上书两行字“大开法施，普度迷流”，更添雅意。

莲花是佛教中代表圣洁的名物，一见莲花，便知蕴含佛家清寂禅意，香远益清，亭亭净植，独持清涟之态，不落尘世纷争。阿弥陀佛坐于莲花之上，以慈悲之怀普度一切迷流中的苦难众生，接引众生来至极乐世界，远离一切烦恼，得身心清净。

白玉温润净洁，清净无瑕，内蕴精光更显佛教圣洁之美。佛教题材造像也以圆融为美，反映在玉雕作品中则更注重流畅生动的韵味。线条处理少有突兀棱角，弧面圆适展现润泽光华，调动各种视觉因素，慈悲平等的佛教理念在其中得以重新诠释，引导向更为崇高的宗教神圣美感，引导向更为宽广的生命流动进程。佛教题材与玉雕的融合不仅是基于艺术之美的创作，更是对人们心灵需求的抚慰。它经由玉雕创作者之手应运而生，是生长于文明沃土中的艺术之花，更是超越精神世界的灵魂至美，凝成一点星光烛火，助万众在娑婆世界中远离怨憎嗔痴贪念，照亮世间晦涩迷蒙。

刘忠荣：《阿弥陀佛》

凌厉仁兽 祥瑞温情

——中国玉雕大师刘忠荣作品《太狮少狮》赏析

于 帅

狮子伏于地面，头部呈前伸状，尾部前卷，虽为静势却极具动感。口部微张露齿，仿佛吼声蓄势待发。双眼圆瞪，注视前方，目光灼灼。一只小狮子居于身侧，脊背弓起作翻滚扑腾状。整体造型生动有势，气魄强健雄浑，而又饱满丰腴，不失圆润美感，更显亲近喜人。狮子姿态得怡，舒展自由，于狞厉外表中见温驯，于恢弘气势中见威严。整件作品雕琢精致，刀法利落，细微之处如鬃毛、颈饰皆清晰可见。

狮子是百兽之王，身姿矫健，气势勇猛。唐代虞世南在《狮子赋》中以“瞋目电曜，发声雷响。拉虎吞貔，裂犀分象”赞其势不可挡，威慑四方。狮子在佛教中作为智慧的化身，具有护法辟邪的功效，文殊菩萨的坐骑也正是狮子。在佛教文化的影响下，狮子以瑞兽的形象进入中国。人们希望用狮子威猛的气势驱除外邪，护法镇宅。又因狮子其性纯真而重情义，知恩图报，勇而好仁，猛而能驯，似君子之德，故历代均视为祥瑞。上至帝陵墓道，下至桥梁牌坊，皆以石狮镇之。唐代阎随侯的《镇座石狮子赋》曾记叙了当时风行的狮子形象:“威慑百城，褰帷见之而增惧。坐镇千里，伏猛无劳于武张。有足不攫，若知其豢扰；有齿不噬，更表于循良。”这种威而不怒的狮子形象自唐代流传而来，成为历代创作的标准形制。

“太狮少狮”也是中国传统玉雕中的常见造型，古代官员制度中的太师、少师为辅弼天子为政的高官，官阶位列三公。用一大一小两只狮子组成太狮少狮图案，以谐音寓意世代仕途顺利，皆享高官厚禄，飞黄腾达，亨通不衰。

古往今来，人们从身边选取灵性之物，希冀护佑。帝王将其神化为威严与权力的标志，而在民间的人们按照世俗生活的美好意愿，雕塑其形象，以祈求平安多福。仿佛是一盏灯火，虽是盈盈微弱，仍可指引人们远离阴暗之所，照亮前景光明。

刘忠荣：《太狮少狮》

为君无尽写江天

——中国玉雕大师易少勇作品《长寿牌》赏析

文 刘高铭

"独鸟冲波去意闲，环霞如赭水如笺。为谁无尽写江天。"

王国维曾评此句"笔力峭拔，非他词可能过之"，将其用于易少勇大师作品《长寿牌》上亦当之无愧。作品严选新疆和田白玉籽料切磨而成，以玉为纸，以琢代书，尽显刀法精湛，章法古韵有致，水墨淋漓，是为雅观。

在玉雕届提起易少勇大师的"天蜀玉牌"，那便是玉牌上乘之作的代名词，独以阴刻绝技而名冠天下。这件《长寿牌》就是易少勇大师的经典之作。玉牌外形为水滴状的椭圆形，出廓拱桥形额首，双面均为阴刻，线条灵动，干净素淡，极具抱朴之美。

玉牌正面刻划一幅松鹤同寿的图景，江水如潮，一品仙鹤独立于潮水之上，展翅遥望劲松祥云，中间部分留白，层次感顿生，上部一枝劲松立于祥云之下，傲骨峥嵘。古今，鹤都是公认的寿仙，长寿的象征，《相鹤经》云："鹤，寿不可量。"《诗经·小雅》云："鹤鸣九皋，声闻于天。"在中国历史上被公认为一等的文禽。明朝和清朝给丹顶鹤赋予了忠贞清正、品德高尚的文化内涵。文官的补服，一品文官绣丹顶鹤，把它列为仅次于皇家专用的龙凤的重要标识，因而人们也称鹤为"一品鸟"。一幅鹤立在潮头上的吉祥纹图，取"潮"与"朝"的谐音，象征"一品当朝"。松为百木之长，长青不朽，傲霜斗雪、卓然不群，最早见于《诗经·小雅·斯干》，因其树龄长久，经冬不凋，松被用来祝寿考、喻长生："秩秩斯干，幽幽南山。如竹苞矣，如松茂矣。"这件作品整体画面看似平淡天真，实则格调超逸，可谓玉牌虽小，一目了然；意境深远，空间无限。

背面篆笔勾勒题为"长寿"，阴刻隶书诗文："夕阳高枝有白云，寒溪子落鹤先知。闻得秋风水波起，松鹤同寿祝长春。" 篆文瘦劲轻逸，隶书字形结体取势八分，字体严整，收放有度，行文从容不迫，下刀稳健利落，笔画刻制波磔含蓄，燕尾厚重而不飘，笔力精绝，增一分太长，减一分则太短。 诗末处琢刻阴文"天蜀"款，下为阳文"易"字方形印，无论是牌额、还是钤印，都恰如其分地在最好的位置上，将文人意境与吉庆寓意巧妙地结合起来，顿生雅韵。

易少勇大师不做相同的作品，任何一件作品无论从牌型的美感、手感、艺术性、独创性、还是配合内容上诗书画印的精雅绝伦，都达到了史无前例的统一与和谐。作为"玉界文人牌第一人"，坊间模仿者众多，然而凡是见过真正天蜀牌的人都能体会到，其独一无二的书卷韵味无法仿造。

易少勇：《长寿牌》

圣人奏云韶 祥凤一来仪

——上海雅园作品《有凤来仪》赏析

刘高铭

“知者创物，巧者述之守之，世谓之工。百工之事，皆圣人之作也。”——《周礼·考工记序》

上海雅园这件《有凤来仪》玉牌即取材于凤凰这一古老的传统文化形象。凤凰是原始社会的人类对神灵的虔诚、崇仰、顶礼膜拜而创造出来的一种神性的动物。在历史上、现实生活中，和龙一样，是人与神之间的一座桥梁。人类借助于龙、凤，沟通和大自然的联系。传说凤凰性格高洁，“非梧桐不止，非练实不食，非醴泉不饮”。崇凤是一种浓厚的民族情结，中国人赋予了凤凰很多美好的特征：美丽、吉祥、善良、宁静、有德、自然。《山海经》上说：“凤鸟首文曰德，翼文曰顺，膺文曰仁，背文曰义，见则天下和。”足见凤在当时还是道德、仁义的象征。因凤凰文化崇尚和谐，所以从某种意义上而言，它不同于代表中国古代文化的龙，它是现代中国文化的一种象征。其主旨强调以德服人，和谐共赢，平等开放和自我完善。龙至则风调雨顺，凤来则天下安宁。

玉牌选用和田籽料制成，原籽为一随形牌料，料性俱佳，油润滑腻，坚致细密，稍带枣红皮色，为了欣赏玉石的质朴本色，裁料时特意保留了玉皮的弧度，效果自然随意，又巧妙地作为凤尾俏色，独具匠心。整体保留原籽的天然形态，依形而制，保证了整体把玩的舒适，玉牌置于手中贴合掌心，给人以圆融、亲近之感。

作品采用出廓的手法雕琢，打破了传统玉雕的画面格局进行全新的组合。出廓凤纹设计体现出立体空间感，增强了玉牌整体的视觉效果，改变了玉牌仅正反两面可欣赏的传统模式，凤身雕琢精细，纤毫毕现，将写实主义风格融入传统题材凤凰形象中，凤冠高耸，长尾舒展，双翅大张呈揽云状，体态婀娜，灵动有致。牌身中部大片留白，以无代有，与凤凰身姿的凹凸感形成反差，使得牌面层次更加鲜明，给人极大的想象空间。中国水墨画、书法、诗歌等艺术形式都讲究留白，作品将其运用于玉雕平面的表达手法，极具艺术意境。

玉之成器，其材料需千万年历经磨砺而留其精髓，后经琢玉人之手赋予其全新的生命。选料即是读玉，造物主的美意在治玉人手里渐渐幻化，正如凤凰涅槃重生一般，从璞玉中脱胎而出，《礼记·学记》曰：“玉不琢，不成器，人不学，不知义。”治玉人不仅需要造化之手更需懂玉之心。坚持现代玉雕应着重于如何沿袭传统又超越传统，保证品质但不再刻意地追求单纯的玉质和工艺，而是将精神层面的感悟用艺术的手法加以充分地表现，这正是雅园玉道团队一直追求并且遵循的原则。这件《有凤来仪》玉雕作品，出古入新，将艺术的匠心与美玉的天成融为一体，正是雅园人读玉、懂玉之心的体现。

上海雅园：《有凤来仪》

楚风汉韵 国之重器

——中国玉雕大师倪伟滨作品《楚风汉韵之秦汉瓦当》赏析

文 李 原

“大风起兮云飞扬，威加海内兮归故乡，安得猛士兮守四方！”——汉·刘邦

徐州，古称“彭城”，华夏九州之一，自古便是兵家必争之地和商贾云集中心。徐州已有5000多年悠久的历史，是两汉文化和彭祖文化的发源地，有“彭祖故国、刘邦故里、项羽故都”之称，因其拥有大量文化遗产、名胜古迹和深厚的历史文化底蕴，也被称作“东方雅典”。

甲午年春月，由徐州玉道馆倪润杰先生邀请，玉雕教父倪伟滨先生携雅园创制作团队一行十八人来江苏徐州实地采风，参观了龟山汉墓、狮子山楚王陵、汉兵马俑、徐州博物馆、徐州汉画像石馆、徐州圣旨馆等处。赳赳两汉、古风怡人，倪伟滨先生突发奇想有了对两汉文化的创作灵感。高兴的倪润杰先生回到玉道馆内，他

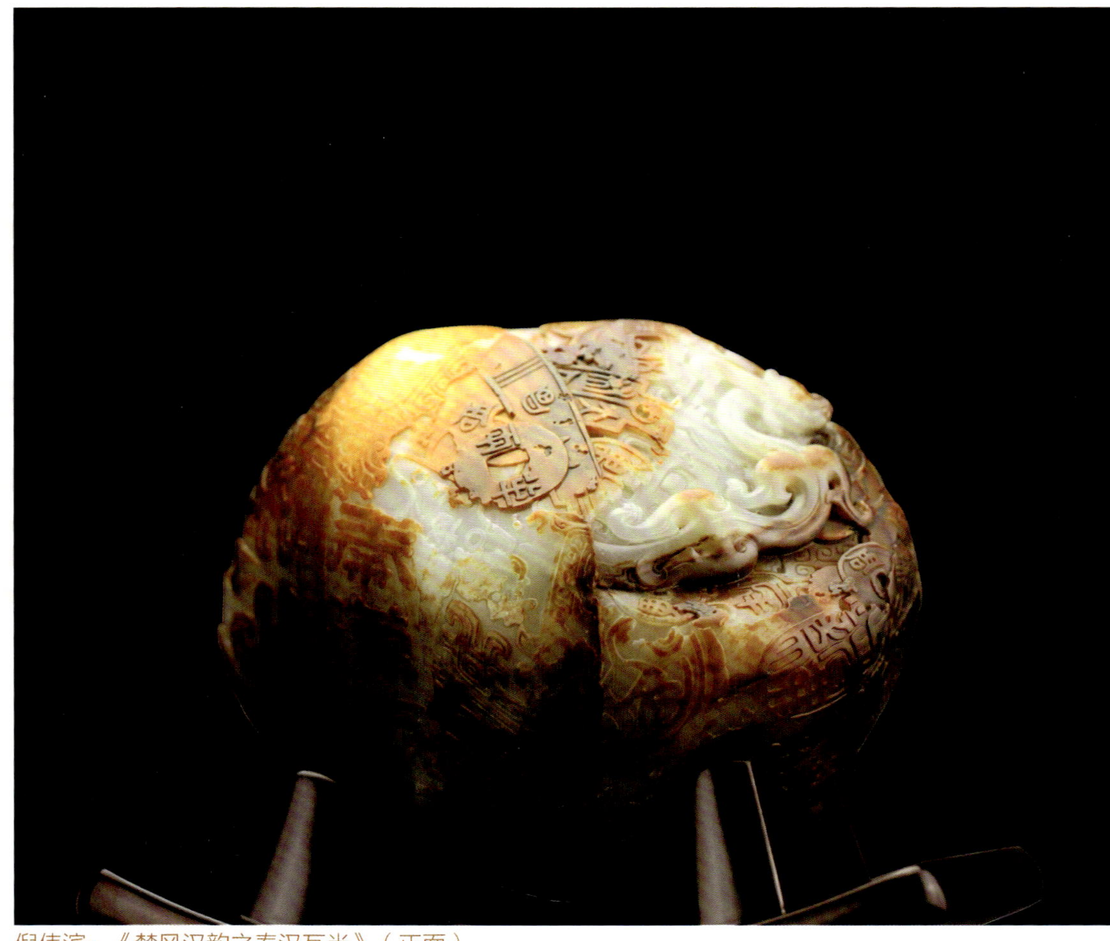

倪伟滨：《楚风汉韵之秦汉瓦当》（正面）

知道机不可失时不再来，甄选出一颗重约2千克，有着厚重老结红皮的籽料原石供倪伟滨先生创作之用。倪伟滨先生认为此颗原石的老气程度非常适合表现两汉文化之厚重，决定以“秦汉瓦当”的底蕴付之于此颗原石之上。十余天后，倪伟滨先生回到上海雅园，在对此次采风过程中收集的数千张影像及文献资料进行整理归纳后，对两汉文化有了更深入而全面的了解，经过与倪润杰先生无数次推敲讨论之后，定稿并创作了这件作品。

“锦灰堆”题材的玉雕创作，倪伟滨近年来已有尝试，而此次以“锦灰堆”的形式来表现“秦汉瓦当”的这件作品，着重体现的是两汉文化的“气”和“蕴”。秦汉瓦当，是文字与篆刻的完美结合，最早出现于西汉，是特定历史时期的艺术与文化产物。表现了华夏九州之一彭城人的勇敢和智慧。作品以整块红皮籽玉原石为创作原料，利用多层浮雕手法将瓦当、钱币、残破文字、螭龙等元素集中于一件作品上，看似无序，实则有着深层次的文化关联，叫观者浮想联翩：既有西楚霸王的雄图霸业，又有汉高祖刘邦的帝王遗风。精到卓绝的玉石雕琢技法结合原石浑厚的玉质，将巍巍华夏数千年的文明凝结刻画在这吸取天地精华亿万年的玉石上，代表着两汉文化的新玉作品之顶峰，堪称传世之作。

倪伟滨：《楚风汉韵之秦汉瓦当》（背面）

比翼齐飞 清莲并蒂

——中国玉雕师吴能作品《喜相逢》赏析

文 李 原

喜鹊，自古为吉祥鸟，民间有“喜运将来雀先报”之美句。作品中利用和田玉籽料原石上天然沁色的老熟红油皮俏色而雕的两只喜鹊嘤嘤相对，比翼齐飞的欢快之景象，更是有着“双喜临门”的美好寓意。

莲花，国人一直以来唯此物抒怀比拟高尚净洁的品格。宋·周敦颐《爱莲说》中有云：水木草木之花，可爱者甚蕃。晋陶渊明独爱菊。自李唐来，世人盛爱牡丹。予独爱莲之出淤泥而不染，濯清涟而不妖，中通外直，不蔓不枝，香远益清，亭亭净植，可远观而不可亵玩焉……古人借莲喻物抒怀，表达了自己在官场上洁身自好的高尚品格，以及不同流合污的良好愿望。本件作品，作者娴熟地采用“镂空”“透雕”“立体”等当今玉雕行业鲜为使用的传统技法，将原本细腻油润的白玉掏空，薄意又质感丰富地表现出莲的花、茎、叶等部位的饱满、清透、润泽等特性。又以高难度传统的几近绝迹的玉雕技法向世人展现出自己不随波逐流的艺术创作诉求。更借“清莲”之美意向当下的清正廉洁之风致敬。

作者吴能，在上海海派玉雕界是一个特立独行只做自己的琢玉人。他在“工、料”成本极高的今天，仍然坚持做“立体”玉雕件；吴能的每一件作品从选料到设计都是由他亲自完成的，正因为有这样的态度，迄今为止，虽然他一直都没有任何大师的头衔，但市场上不惜千金求他作品的收藏者却又络绎不绝。

整件作品，选材独特、主题分明、表达准确，透露出人们对美好事物和生活的喜悦，红皮与白肉天衣无缝的组合，是一件无法仿制的用心之作。

吴能：《喜相逢》

要么庸俗 要么孤独

——中国玉雕大师倪伟滨作品《知音》赏析

晏贺林

《列子·汤问》中记载："伯牙善鼓琴，钟子期善听。伯牙鼓琴，志在高山，钟子期曰："善哉，峨峨兮若泰山！"志在流水，钟子期曰："善哉，洋洋兮若江河！"伯牙所念，钟子期必得之。子期死，伯牙谓世再无知音。乃破琴绝弦，终身不复鼓。

借这曲《高山流水》的悠扬，怀古先人知音难觅的惆怅。

去年看书时偶遇一句词："弦底松风诉古今。红尘里，难觅一知音。"心中不觉一阵微澜，实在说到了心坎里。但这茫茫人海，心与心的绝对契合却是一种不可能的存在，知音难觅，也多是感慨吧。

我总在想，不管一个人多么爱你懂你，都仍然不能时时刻刻如你所愿，不能时时刻刻以你所渴望的方式呼应你的全部情绪和心志，甚至，即便知道了你的渴望，他仍然不能甚至不愿以你所渴望的方式回报你。

因为一旦这样做，他作为一个独立的人的存在感就消失了，甚至可能沦为一个

倪伟滨：《知音》（正面）

满足你梦想的工具。因为这个缘故，我们都渴望被爱被懂得，然而，要命的孤独却纠缠着这世界上绝大多数人。

所以，我们都只能在大片的孤独中生活，然后在偶然的心灵契合中幸福。

然而孤独，不是寂寞，寂寞源自心灵的空虚，孤独却是可以用来享受的，享受孤独是一种更高级的境界。

伯牙在蓬莱仙岛练就弹琴的绝技，高山流水惟妙惟肖，却只有子期能品其中妙处。子期病亡，伯牙绝弦，个中原因在我看来除了知音不再，更重要在于伯牙宁愿“曲高和寡”，也不愿“屈就平凡”。

琴声弹给自己听，弹给大众听，都不如弹给懂的人听。

可这“懂的人”实在难觅，佛偈有云，莫忘初心，方得始终。在我看来，得遇知音的前提，亦是一颗赤子初心。伯牙子期一个弹奏一个聆听，心无杂念，专注当下，才会有这段神魂共鸣的佳话，试问你我能做到吗？

正如叔本华所写：“要么庸俗，要么孤独。”伯牙选择了孤独，这也是很多大成之人的选择。

我与倪兄认识十六载有余，也算无话不谈了，将上面这些粗陋想法分享给他，共同约定将手中璞玉雕刻成《知音》作品一件，以慰心中所念。

倪伟滨：《知音》（背面）

心下无尘 相濡以沫

——中国玉雕大师徐志浩作品《相濡以沫》赏析

晏贺林

前些天，和几个朋友在空间聊天，问到我一个问题："运营这么大的艺术空间压力大吗？"我说："亚历（压力）山大。"是啊，要实现自己的追求和夙愿，其压力之大，难以想象。但是比起让朋友们安坐于此，读心品茗所带来的快乐和满足，压力真的不算什么。

人世交往，不一定总是你侬我侬，平淡之中的点点念想，对我来讲就是真正的相濡以沫了。庄子说，"相濡以沫，不若相忘于江湖"，本义是指，与其大家在同样的困境里以微薄的力量彼此安慰，真不如各安天命，不如从未遇见。因为不稀罕浅薄的缘分而宁愿从不相识，了无牵绊，这是道家圣人的超脱和洒逸。

我是个彻头彻尾的凡人，所以我对圣人的话持保留意见。

因为我觉得人生在世，再微薄的缘分里也有一丝暖心的情义，为着这情义，芸芸众生宁愿回忆苦难，酿苦为甜。人与人之间的缘分其实都没那么轰烈炽热，本质上都是随遇而安，难的是如何一直保持这份心下无尘的温存。不过话说回来，这世界上真正的相濡以沫并不多见，是因为处在困境的人，并没有太多选择，不离不弃未必是发自本心的愿望，更多的是无奈而为之。唯有那些走过困境，又走过坦途，再走过繁华，仍然并肩的人们，才算真正践行了相濡以沫。有时候真的很羡慕这样的水牛，温馨的偎依，并不为了什么，只是恬淡惬意。

多少王侯，打江山时称兄道弟，坐了江山却同室操戈。

多少夫妻，落魄时恩爱情浓，富贵后各奔西东。

多少挚友，困苦时如影随形，发达后渐渐疏离。

还有更不堪的，能反目成仇。

人生一世，甘苦自知，苦有苦的无奈，甘亦有甘的压力。世间的很多不堪，在我看来都是因为缺少真正意义上的理解，体谅与包容。我无法要求别人与我共苦，但我愿意分享同甘的果实，并不是说自己有多高尚，因为如果我的一生在争利中度过，那将是最失败的一生。因缘际会，人生诡谲。同甘容易，共苦也容易，但既同甘又共苦却是件了不得的事，罕见得很。这也是为什么我特别喜欢"深情相依"的玉雕作品，因为触动了心怀，万物有灵，情义永存，即便是再蛮荒的土地上都有人性之光的存在。

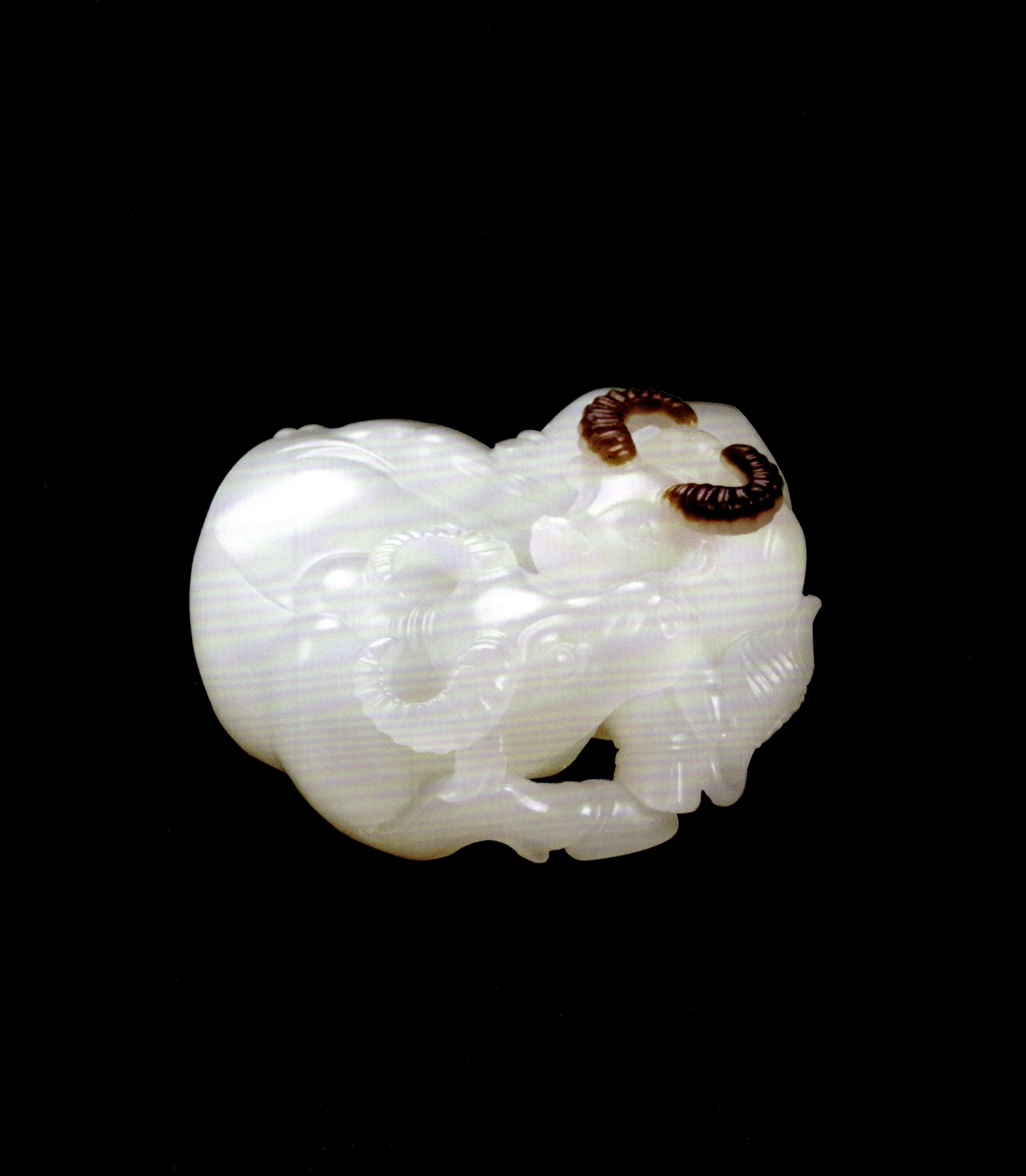

徐志浩：《相濡以沫》

真爱贵重 小心轻放

——中国玉雕师范栋强作品《真爱·初见》赏析

晏贺林

也许是电视里充斥着太多曲折跌宕的爱情连续剧，造成人们对爱情的普遍误解。

比如恋爱中的男女总喜欢自设考验爱情的小障碍、小怪招，似乎不把彼此折磨得半死就不足以证明爱情坚如磐石。而且这类爱情的惯常走向往往是，彼此相爱的两个人最后不能结合，遥遥相望直到终老，留下无限崇高和遗憾美。

说真的，每每看到这类爱情，我都不觉得有什么好感动，反而觉得故事中的男女太过矫情，害人害己。这类爱情在我眼里是经不起分析和推敲的，两个人明明相爱却因为各种现实矛盾不能走到一起，这除了说明彼此爱得不够强烈和纯粹，没有其他的原因，那些原因都是借口而已。更何况，既然不能相守，就好好地经营各自的后半生，何必又非要牵牵连连，将此后许多心情赔进去，把日子弄得酸涩不堪?

爱情从来不是人们想象中那般坚强，有韧性，可以经得住反复的调试、等待、磨炼。相反，爱情像一个脆弱易碎的薄胎玉器，美得令人心醉，却需要两人共同珍视、呵护，小心轻放。那些经过各种阻碍、压力之后的爱情虽然看起来似乎更“实用”，但其实早已变质，掺杂了亲情、盟友等各种因素，远非最初两颗自由心灵的相互吸引和默契共鸣那么纯粹。当然，并不是说这些变了质的爱情不好，事实上，走进婚姻的爱情多半都需要这样的变质。但是至少在相爱之初，我们应该珍惜短暂又纯粹的爱意，细细品味，而不是以作死的面目人为地去制造痛苦，折磨对方折磨自己。生生将柔软的心脏和纤细的神经磨出厚厚的老茧，让很多原本可以美丽的爱情变成了一场狗血的纠缠，甚至成为旁人的笑料。

清代文人纳兰性德有句著名的词，“人生若只如初见”，表达的正是对爱情萌发之初的那种纯粹、美好的无限感怀。

站在男性视角上，初见时，一个婀娜的背影，几个轻盈的步伐，娴静端庄的气质，温和如玉的言辞，都是触发爱情的关键。

沉醉其中，莫问缘由，以坦诚之心迎接纯美的爱情，才是现代人应有的气度和风度。

诚挚立身 豪情处世

——中国玉雕大师俞艇作品《石瓢壶》赏析

文 晏贺林

有时候总在想，玉给了我什么？生存的一切，以及让我活出自己风味的勇气。

曾经有一个阶段，我认为人生在世，最好的状态是理性，可是后来发现，理性并没有一个统一的标准，很多所谓的理性，其实只不过是“成全别人，恶心自己”的窝囊，反之亦然，理性成了不真诚的借口。

当自己或朋友应有的权益受到损害时，过分的理性往往是一种“然而并没有什么卵用”的东西，一个人的真性情往往成为解决问题最好的方法。

所以现在，我渐渐觉得人活着，还是应该尽可能去怀抱一点诚挚，追求一点豪情。这种诚挚和豪情，首先是对真实自我的察觉和表达，最高境界是利人利己的欢欣。

面对朋友，宽仁厚道，如同分享冬日里一壶暖心的热茶，静谧中有默契，笑语间有情怀。大家同道相谋，一样的品性、一样的格调，赤诚相待，绝无伪装，快意人生。

有幸的是，我的生活里有好几位这样的老大哥，为人充满豪情、待人真诚，常常将他们的各种感悟和心得分享给我，给予我不少的帮助和提点，让我少走弯路，也避开了很多风险。

对此，我心怀感恩，亦对他们肝胆相照。

其实现代人或许并不缺友情、爱情，但诚挚反倒日益罕见，所以很多友情、爱情并不长久，难怪许多人一边急于找寻新的情感，一边担忧再次背叛。

唾骂世风日下，或是封闭心灵祭出冷漠都不是躲开挫折、避免伤害的良策，与其寄望他人，不若求诸己身。

诚挚却不愚昧的择人，豪情而不鲁莽的处世，找回一点真我风采和君子之心，人生或许就是另一幅局面。

“有朋自远方来，不亦乐乎。”是我一直以来特别追求的状态。而且更重要的，我希望大家在这个艺术空间里能够挥洒真性情，能够与三五知己尽享豪情生活。

俞艇：《石瓢壶》

世事无扰 心如止水

——中国玉雕大师倪伟滨作品《河磨玉（苹果青籽）竹节壶》赏析

文 晏贺林

“做这样一把壶真的需要心如止水，心静不下来就做不好。”——倪伟滨

曾有朋友问我，如何在生活中做到不受外界杂事干扰，心如止水地过自己想要的日子，追求自己想达到的目标。

这一问，让我想起前阵子传播火热的百事可乐猴年贺岁广告，讲述了六小龄童继承父志，苦练猴戏，完成二哥遗愿的真实故事。令不少人感动不已，也勾起了我们对经典版《西游记》的无限怀念。何为心如止水？戏外的六小龄童，戏里的唐僧，他们坚持理想的状态，就叫心如止水。20 世纪 80 年代初，西游记的拍摄其实受到了很多阻力，常常经费短缺，为了四处取景，剧组们跑遍了全国奇山秀水之地。可那也多半是生活苦寒之地，几个月回不了家是家常便饭，甚至除夕夜，都得在深山里搭着帐篷度过。六小龄童作为家中最小的孩子，一向娇养，可是那时，却也懂事地默默承担了自己的责任。因为近视，眼睛不够有神，当时又没有隐形眼镜这东西，为了实现孙悟空“火眼金睛”的效果，六小龄童每晚都直视着电灯，强迫自己习惯刺眼的光线，以便在镜头前始终能够圆睁双眼，以目传神。六小龄童心里装着二哥的遗愿、父亲的期盼，这些化成了他的信念，指引他专注又坚持地投身艺术事业。西梁女儿国那一集中，美丽多情的国王倾慕唐僧的一表人才，甘愿以国相托，婚配这位御弟哥哥，一腔痴心，一再致意。唐僧虽为圣僧，却非木石之人，内心不免微泛波澜，但为取经大业，他毅然斩断情丝，谢绝了女儿国国王的一片好意。唐僧不是好色之徒，那么多女妖女仙都想与他百年好合，他全不为所动，女儿国国王能让他心有微澜，多难得呀。但他还是放弃了，对于红尘中的你我来说，遇到心爱的人，自然是奋不顾身的。可是对于唐僧来说，他铭记了更重要的事：西天取经。唐僧心无旁骛。他深切地知道自己究竟要做什么，所以这一路上有再多的外界杂事干扰，他依然心如止水。他心里有佛，他的佛，指引他前行。如果心里空荡荡的，什么都没有，自然容易受别人的干扰，如果你给自己定下一个坚定的目标，满心只想着一件事，不破楼兰终不还。那么旁人说什么，自然无关紧要，你不会去介意，也没空理会。

《生如夏花》里，泰戈尔写过一句：“终有绿洲摇曳在沙漠。”要在沙漠里行走，心里就得有块绿洲，想着绿洲就像唐僧念着他的佛，再不怕一路风刀霜剑。忙碌的日子里，我们也应该时常静下心来，问问自己，到底想追求什么，目标是否清晰。在开始一天的工作之前，不妨给自己泡一壶热茶，心无旁骛地品品，让心底的理想再次浮现，再次清晰，然后带着憧憬和动力去完成通向理想的每一个环节。有了这种状态，哪里还会被杂事所扰，自然心如止水了。

倪伟滨：《河磨玉（苹果青籽）竹节壶》

舐犊情深 亲恩难报

——中国玉雕师顾中华作品《舐犊情深》赏析

文 晏贺林

我有时候总在想，如何在寸玉之间，承载情感。不是虚情假意，是源自生活深处的点滴感悟。

近日读《三国》，杨修恃才傲物被曹操所不容，终于杀之而后快。后来曹操见到杨修的父亲杨彪憔悴瘦削，问“公何瘦之甚？”杨彪答道：“愧无日磾先见之明，犹怀老牛舐犊之爱。”曹操闻言改容。杨彪的回答，意思是，我羞愧于自己没有汉武帝朝臣金日磾那样的先见之明，却对儿子犹存一份深刻的爱。金日磾的长子曾被汉武帝所爱重，却行为不检，成为武帝身边的弄臣，金日磾恐怕儿子祸乱朝政，忍痛杀之。杨彪不敢明着表达对曹操的不满，表面上承认儿子杨修有罪，还表示愧悔自己没有金日磾的魄力率先杀子。然而后半句的“舐犊之爱”才是对自己惨痛心情的宣泄，亦是对曹操暴行隐晦的控诉。

读到此处，不禁动容。为杨彪那份深沉的舐犊之情，也想到了这天下许多垂垂老去的父母。父母和儿女之间，难免有代沟。时代越是发展进步得快，观念越是加速更新且更为多元，两代人之间的代沟自然也越大。

曾听到一个说法，说中国改革开放30年的发展成果，西方国家曾经用了近100年。这导致20世纪50、60后的一代人，与他们80、90后儿女之间出现的代沟不是一代人的距离，而是三代人的距离。难怪，网上一个名为“父母皆祸害”的网友群会那么火，甚至引起了社会学家的研究和关注。而我只觉得痛心。因为我想，在年轻人抱怨他们父母的愚昧、顽固时，大概都没体会到父母们面对巨大代沟同样手足无措的心情吧。更何况，同样是不能理解对方，父母却仍为儿女的未来、前途操着心，随时准备成为儿女们最坚强的后盾，即使不赞同儿女的决定，却仍然供钱供物尽可能帮助他们。可是有多少儿女担忧过父母的未来，思考过如何关照父母退休后的精神生活和情绪状态？恐怕很少吧。上了年纪，接受新事物自然会慢，父母的价值观已然在他们的青春期时定了型，难以更改。可是儿女们不曾真正了解他们曾经所处的年代，无法包容他们思想上的“历史局限”，却执著地希望父母接受他们的“新生代观念”，这本身又何尝不是一种“愚昧”和“顽固”？当然，反观我们60、70后的一代人，出生在国家物资不足，甚至有饥荒的年代，我们的父母同样竭尽所能的让我们吃饱穿暖，但是我们如今对父母的感恩和回报，亦远远不够。在这个喧嚣浮躁的社会中，“谁言寸草心，报得三春晖”的情怀似乎被淡忘了许久。可是谁都有做父母的一天，也都有期盼儿女绕膝共叙天伦的一天。以己度人，就从即刻起，多去理解和回报父母，体贴他们的舐犊深情吧。

顾中华：《舐犊情深》

我的情人

——中国玉雕大师吴德昇作品《尤物》赏析

文 晏贺林

“爱你就像爱生命。”有多少人跟自己的“红颜”说过这句话呢。

“情人节”是个浪漫的词汇，“情人”却是个有些不堪的词汇。中国人习惯称呼自己的配偶为“爱人”，男女朋友为“恋人”，而“情人”往往特指婚外的出轨，更将这类情人美其名曰：“小三儿”“二奶”。说起来还是祖先内敛一点：“红颜知己”。

这是一种游走于道德之外，法律之内的存在。

“人与人之间，没有一种感情不是千疮百孔的。”这是张爱玲说的话，我觉得在理。人到中年，明白了一切存在即合理，不再戴着“道德”或“法律”这么偏执的眼镜去看世界，很多事已没有了非黑即白的色调，都只是“现象”。“情人”也只是一种现象，或者说是人性的必然，因为一个人身上最过剩的就是欲望。生活有很多“不甘心”，情感与灵欲的不甘是最难弥补的。有时弥补得越多，失去得就越多。人在年少时，或因为眼界的局限，或出于环境的禁锢，或者还有其他许许多多的原因，结婚时选择的另一半离我们的爱情理想、人生规划尚有距离，甚至大多数人还懵懂着、混沌着，只觉得眼前这三年五年便是一生一世了。等到自己渐渐活出了生命的滋味和亮色，才惊觉自己的枕边人成了朝夕目睹的一种“遗憾”和“不甘”。

“情人”，无论是梦中的，还是身边的，都会随时间的脚步消失在人生的过往中，这无关对错，只是人性而已。与自己的本性对抗，是最不济的斗争。我觉得不论男女，都不必高估自己的人性底色吧。事易时移，都不是曾经的自己，怎忍得了曾经的关系？饮食男女，免不了的俗气，所以“情人”就成了填补这遗憾和不甘的载体。帮人们圆梦，助人们欢娱。

“情人”往往被贴上视觉系的标签，丰乳肥臀柳腰身。也对，纯粹的欢愉比虐心的情感更叫人向往。毕竟生活已经很虐心了，无论你是平淡的人还是成功的人。欲壑难填，其实人们的美梦又何止一个，“情人”也会在时光的侵蚀下褪色，不再“美”，红颜散尽，一样索然无味，这个时候心灵的知己往往敌不过耳鬓厮磨的快感。失去乏味的容颜和渐远的灵魂，又会一如从前的失去方向。

在我看来，“情人”其实就是个寄托，但一定得找有谱儿的寄托，毕竟享受一时之欢愉易，探寻永恒之快乐难。说到底，人依偎着人，一切不过为了暖心，排遣孤寂。想通了这个缘由，就会明白，寄情于美人不若寄情于尤物。有幸，玉石便是这样的尤物，她可以温润、宁和，永远是一副叫人平心静气的面目，也可以绚丽、华彩，永远是一种让人欲罢不能的热情。

赏玉是雅事，琢玉亦是，托一方璞玉在手上，先看那质地和皮色，与那造化神奇对话一番，再以墨笔勾出线稿，描画间或许就有各色念头冒出来，互相争吵着，提点着玉料的

吴德昇：《尤物》

各种妙处。然后并不急着下刀笔，只管冷落它几日，再看时，也许就改了心肠。

如此几番，让思绪好好沉淀，只怕半点疏漏，埋没了玉石的真趣。待到功成之日，必定心下雀跃，细细赏鉴。

这一程慢慢经历下来，心绪跌宕、喜不自禁，竟与情人耳鬓厮磨的景况别无二致。但更叫人安心的是，美玉是可以相伴我们一生的爱恋，没有厌倦，遑论背弃。

美玉真是能让人动情的尤物，手里把玩着心里念叨着，一寸一厘都是那么适意，一分一毫都是那么悦心。我这话有点肉麻，可是真话往往都肉麻呀。

有一首歌叫《真情人》，词写的热情奔放："我的情人，我的心、我的梦、我的灵魂，给一个人。"

我想，那些在岁月流动中经历了真情短长和冷暖的朋友们，都会愈发明白，心、梦、灵魂究竟该寄放何处。玉是我找寻的最完美的情人，时光蹉跎，我们也终将会归于尘土，但是一方美玉会在岁月的养护下愈发风韵动人，爱你就像爱生命。

鹰击长空 独占鳌头

——中国玉雕大师郭万龙作品《抓住机遇》赏析

倪润杰

“鹰击长空，鱼翔浅底，万类霜天竞自由。”——毛泽东《沁园春·长沙》

中国玉石雕刻大师郭万龙先生，师从国家级玉雕大师刘忠荣先生，是中国玉石雕刻花鸟瑞兽题材作品的领军人物之一。其龙、凤、猴、鸟、鱼等创作题材在国内玉雕界首屈一指。十几年的玉雕创作生涯，郭万龙专注籽料，对籽料的形、性、绺、皮等特质掌握得非常透彻。风格圆润，线条流畅，并根据不同的材质与玉料本身的特质，借鉴中国画的技法，与中国古典文化相结合，充分发挥自己对玉石的理解，创作不同题材的作品。十几年的艺术功底表达出和田玉的独特美感，郭万龙通过自己不断的努力和特有的悟性，开创出了独具特色的玉雕工艺。

此件作品，选用一颗产自新疆和田地区亚布拉克一杆旗大队的白玉籽料原石，玉质细腻温润、皮色艳丽分明、浓度糯度无与伦比。作者郭万龙巧妙地运用原石皮色的天然而分明的形廓设计描绘了一只翱翔天地的雄鹰和一条跃出水面的鳌鱼际遇于天地之一瞬间的画面。苍松映衬下俯冲一击的雄鹰、从水花激浪中一跃而出的龙头鳌鱼……作者在股掌之中把磅礴之势表现得淋漓尽致。雄鹰张开利爪捕捉的成败和鳌鱼奋起一跃成龙与否都在那一瞬间定格在了这颗玉石之上，天与地、松与水、风与劲……这其中的寓意之深远，让人浮想联翩。

《诗经》中《旱麓》有云：“鸢飞戾天，鱼跃于渊。”作品借鹰鸢与鳌鱼描述万物生长拼搏的精神，以此表达“向上欲冲破长空，向下欲穿透大地”的民族气节。可谓妙哉。

郭万龙：《抓住机遇》

凛然正气 不惧邪祟

——中国玉雕大师黄杨洪作品《钟馗伏魔》赏析

文 李 原

“榴花吐焰菖蒲碧，画图一幅生虚白。绿袍乌帽吉莫靴，知是终南山里客。眼如点漆发如虬，唇如猩红髯如戟。看澈人间索索徒，不食烟霞食鬼伯。何年留影在人间，处处端阳驱历疫。世上魍魉不胜计，灵光一睹难逃匿。仗君百千亿万身，却鬼直教褫夺魂。”

中国玉石雕刻大师黄杨洪先生，师承上海玉雕厂程广彦，他的工艺继承传统又不乏突破，在充分尊重原石天然特征的基础上，灵活运用薄意雕、深浮雕、圆雕、镂雕等各种技法，丰富作品层次，营造深邃的透视空间和艺术意境。他的作品俏丽新颖，有着“素”“雅”“静”的唯美气韵，既发扬了海派玉雕的传统精髓，又符合当代审美志趣的走向。和易少勇大师并称为“渝派玉雕领军人物”。

“钟馗”题材的玉雕作品在市场上一直以来都是深受广大玉器收藏爱好者的喜爱和追捧的，这不仅因为钟馗是中国传统道教诸神中唯一的万应之神，是天下苍生祈愿、赐福、镇宅、聚财、纳气等诸多美好愿景的代表。更因为钟馗的身上有着浩然正气、刚直不阿、肝胆相照、不惧邪祟的凛凛精神，从古至今，钟馗是广大人民群众对公正和道义的精神寄托。

此作品由和田地区吉雅乡出产的和田白玉籽料原石雕琢而成，原石重逾百克，正面红黑皮，背面有一道水线，黄杨洪先生处理的手法，皮肉分明，以原生的黑红色老油皮俏色精雕了钟馗豹头环眼，铁面虬髯的面部，惟妙惟肖。以及手擒厉鬼的动态，传神耐看。背部的那道水线，精妙地雕刻出了厉鬼魂魄灰飞烟灭的一瞬间。作品皮色运用绝佳，瑕疵处理完美，通过形象组合的方式，渲染衬托作品的含义与意境，采用整体描摹和局部塑造的表现形式，既给人以全面印象又能做到重点突出。细节上流畅、灵动；块面处理干净利落、繁简相宜、前后呼应，犹如在给大家讲述着钟馗捉鬼的故事。

黄杨洪：《钟馗伏魔》

般若无形亦有形

——中国玉雕师张胜利作品《般若光华》赏析

倪润杰

“菩萨摩诃萨从初发意以来，不见法有生灭，亦不见有增减，亦不见着亦不见断，舍利弗，诸法不生不灭，不增不减，不着不断者，亦无罗汉、辟支佛亦，亦道意，亦无佛意，是为菩萨摩诃萨意无有与等者”——《放光般若经》

上海玉雕大师张胜利先生，是中国玉石雕刻大师崔磊先生之高徒，早在2001年在夏慧杰先生工厂与崔磊先生联机共事三年。而后又在崔磊工作室继续工作五年之久，得崔磊先生真传，尤其擅长雕刻神佛类和人物题材，以其扎实的基本功、精湛的技艺、朴实无华平易近人的口碑享誉业内。这件《般若光华》就是张胜利先生2015年的精心力作之一。作品选用新疆和田地区索阿昆四闸口出产的一颗顶级黄沁籽料原石，净重1300克，顺应天然整作保形，既还原了这块玉石原生态的朴茂之美，又在设计创作中结合玉石各部位的皮壳、沁色、白肉、礓石等各具特色的优点雕刻出体现佛教题材中“无形亦有形”的般若光华。

作品正面主雕的是大日如来、金刚般若密多菩萨、不动明王的法相，意为诸佛总体的身、口、意三密的次等显现，即身密是大日如来，语密是金刚般若密多菩萨，意密为不动明王。特别是不动明王的正脸怒相恰到好处地以玉石细白的肉质与沁色俏雕表现得栩栩如生，细致入微的游丝毛雕的黄沁火焰发丝正中的释迦牟尼佛法相又体现了大日如来和释迦牟尼之间法身和应身的不同示现关系。

作品左侧主雕的是手持宝剑和兽面盾牌的伏藏护宝神，与和气四瑞：大象、猴子、野兔、鹧鸪。和气四瑞源于佛陀往世故事之一的《本生经》，以说明对长者的尊重应超越对学识、优越地位和高贵出身的重视。

作品右侧主雕的是地、水、火、风、空五大元素。而下部那块原石上沧桑老结的红皮被恰到好处地雕刻出了大日如来的法器金轮法轮，上面的八片莲瓣和八个字符也是颇为严谨地分别象征着八大男性菩萨和八大供养天女。底部的金翅大鹏鸟更是佛教禽鸟之中的王者。

作品底座的选材也遵循着千百年来佛教器物木作的讲究，择一段千年紫光檀木之心格制成，形制虽大刀阔斧，却精心打磨抛光，以小篆雕刻《放光般若经》中的一段（内容注释见文首）。

整件作品从设计构思上无不体现了作者对佛教文化的深习与严表；从刚柔相济的雕刻技法中也处处能看出作者在人物、动物、纹饰等各方面创作的扎实功底；题材表现方面更是把作者对佛法的“万变始终不离扬善其中”“般若虚实皆为智慧本意”的心得体会通过玉雕这门艺术语言抒发了出来……这在无论是大乘佛教题材还是藏传佛教题材盛行、各类相关作品百花齐放的今日玉界也实属“精、气、神、意、形”俱佳的态度之作！

张胜利：《般若光华》

市场概况

市场在调整，行情在下滑，没有调整，就永远不知道谁在裸泳，那些浑水摸鱼的产品，那些滥竽充数的做玉人将在调整中被无情地淘汰。在许多人眼中，这种淘汰来得太残酷了，其实不然，只有这种市场淘汰来得更猛烈些，才能使市场走向更美好的明天。

经济有周期是正常的，玉器市场有周期也是正常的，这种周期调整不一定都是坏事，它给真正有实力的人以更多的机会。既然有周期，就意味着有高潮也有低谷。低谷已至，高潮还会远吗！

2015年中国玉器市场年度总结

于　明

中国玉器市场主要有古玉市场和现代玉市场两部分。

1. 古玉市场

2015年的古玉市场应该说是低迷的。全年中比较有亮点的是几次大拍卖公司拍卖的高档玉器。2015年4月的苏富比香港拍卖，一件估价3000万至4000万港元的白玉“雍正御笔之宝”方玺，最终以1亿490万港元成交。2015年11月的保利秋拍中，乾隆晚年最常用的宝玺——白玉双龙钮宝玺，成为全场焦点。该玺龙钮，侧面阴刻乾隆御制诗，在重要的书画收藏或乾隆御笔作品上常盖有这方宝玺，该玺最后以7475万元成交。应该说，这些玉玺的成交价物有所值。笔者在近十年的撰文中，多次提到宝玺的文化价值和历史价值，正如朱家溍先生所言：“宝玺者何？天子所佩曰玺，臣下所佩曰印。无玺书则王言无以达四海，无印章则有司之文移不能行之于所属，此秦汉以来之事也。”（《明清帝后宝玺》弁言 ）由于宝玺是中国玉文化的最高表现形式，出现多么高的成交价都不足为奇，今年的经济形势不好，这些宝玺的成交价并不高，也算是捡漏吧。

一般的玉器拍卖情况虽说不怎么样，但也说得过去，全世界中国古玉的拍卖，

中国嘉德2015年春拍现场

清嘉庆 御制白玉交龙钮方玺

清乾隆 墨白玉俏雕双鸟荷叶洗

拍品最终绝大多数都被中国人买去了，所以古玉的拍卖价格并不低，倒也没显现出多大的危机。例如，香港佳士得所拍的清嘉庆御制白玉交龙钮方玺、清乾隆御宝白玉坐龙方玺、清乾隆墨白玉俏雕双鸟荷叶洗、清碧玉交龙钮满汉文孝穆成皇后尊谥宝玺、清乾隆黄玉仿古方盖瓶，法国Art remy le fur & asscies 拍卖行所拍的清乾隆时期铜鎏金青白玉画轴，法国Art precium拍卖行拍卖的清嘉庆白玉如意等。这几年邦翰斯玉器拍卖的情况较好，成交价格不高，东西也不错。随着时代的发展，今后一段时间，拍卖将会成为古玉流通的主要地面渠道。

2015年高端古玉的拍卖还算差强人意，民间的古玉交易则一落千丈。不仅交易额锐减，全年不开张的也大有人在，北京某古玩城已经到了有些商户连店租都交不起的地步。想当年（也就是前几年），这些经营古玉的古玩商们还是得意洋洋，出手阔绰，年消费个百十来万都是小case，现如今个别商户不仅店租交不起，甚至晚上都睡在店里面。真不知他们每晚看着货架上也许价值千百万的古玉，再摸摸衣兜里干瘪的钱包，是一种怎样的心情。真是天寒心更凉啊！

古玩城的情况如此，其他地摊的情况更糟糕。笔者2015年多次前去北京潘家

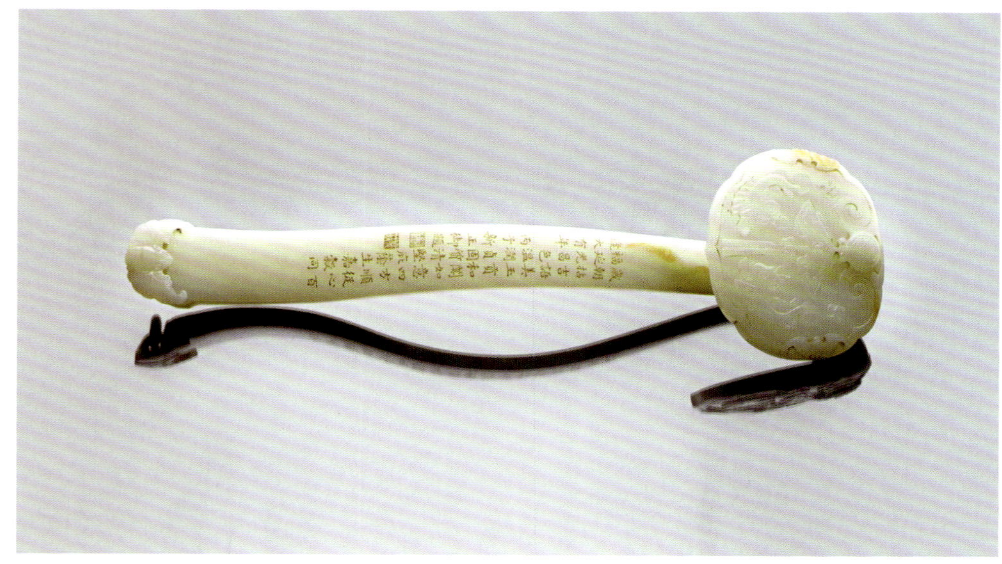

清嘉庆 白玉如意

园市场，地摊基本上已经没有老货了，更别说玉器老货了，玉器的地摊淘宝时代基本结束了。数十年来，笔者坚持逛潘家园地摊，其实，十余年前，地摊中的玉器老货就微乎其微了，笔者曾在2004年的《光明日报》上发表的一篇文章中，提到潘家园市场基本上是新货了，老货占比不到1%了，十余年下来，这1%的老货也不见了踪影，现在的情况是，潘家园地摊出了一件老货古玉那才是新闻。这种状况，既是一个时代的结束，是古玉淘宝者的悲哀，也是一个新时代的开始，是古玉真正进入市场的起点。说是一个时代的结束，是指原有的古玩流通渠道远远不能适应当今形势，那种最初进货人以很便宜的价格从无知农民手中买到老货，然后连夜进京，在黑漆漆的早市上卖出高价的情形已经成为历史。如今的情况是，农民恨不得把他爹吃饭的碗以乾隆他爹吃饭碗的价格卖给你，这还有漏可捡吗？这种流通渠道的结束，标志着古玉旧有流通渠道的终结，潘家园作为地摊标志性市场的时代已经结束。旧时代的告别，标志着新时代的启程，新时代古玉的流通渠道，最低也要古玩城的档次，虽说这里的旧货也不多，但毕竟还有。新一代的古玩商有着跨界思维，有着互联网思维，他们将世界各地都作为老货来源，拼的是思维方式和知识积累，因而，具有国际视野的一代新人将是今后古玩市场的主力，互联网将是最大的古玩市场。

清乾隆 黄玉仿古方盖瓶

北京潘家园旧货交易市场

2. 新玉市场

2015年新玉市场虽然也不景气，但还没到古玉市场那般惨淡的地步，具体来看：

（1）原料变化。以往以和田玉为原料的玉器在新玉市场上一直占比较高，2015年出现了新的局面，各种材质异彩纷呈，和田玉、翡翠、水晶、琥珀、南红、叶蜡石、鸡血石、河磨玉、黄龙玉、绿松石、青金石、青田石、泰山玉等尽数登场。这些材料的精彩纷呈带动了更多消费者入场，有些材料价格很低，自然成品的价格也不高，购买者不少，市场看起来还算繁荣。 但具体到每种材料上的市场状况还是要具体分析的。2015年仍然有大批高档翡翠作品露脸市场，这些高品质的翡翠价格依旧是居高不下，主要原因是高品质的翡翠原料供应稀缺，因而成品奇货可居，而品质一般的翡翠饰品的价格则一泻千里，较常年下降一半的也比比皆是。2015年最火爆的玉器材料算是绿松石，可谓一材独秀，好一点的绿松石原料可以卖到上千元1克，2014年同样品质的绿松石原料也就三四百元1克，一年竟涨了两三倍。2015年笔者到湖北十堰去调研，见到的红火景象，与白玉市场的凋零形成强烈的反差，2015年疯狂的石头非绿松石莫属了。

和田玉原料市场虽然不能说一塌糊涂，但也绝对可以说是萧条之极，价格上变动倒不大，但购买的人群却少多了。和田玉籽料的出产量依旧很大，笔者在2015年的和田籽料开采的调查中发现，和田籽料每年的出产量还是蛮大的。2015年正在开采的和田籽料工地就有数个，每个工地的开工面积也很大，笔者看到的一个工地就有数百台推土机及挖掘机在轰鸣作业。笔者初步统计了一下，和田地

湖北十堰绿松石市场

区籽料的产量在20几吨。和田玉已经从神坛上走下来了，但并非所有的和田玉材料都惨淡无光，俄罗斯料就是亮点。2015年，俄罗斯出口中国的白玉料数量较往年有所下降，但质量有所提高，这一方面得益于2015年矿区玉料质量的提高，换句话说，就是找到好矿口了，出的料好；另一方面，2015年进口的俄罗斯玉料有一部分是以前的存料，中国国内以前的市场太好了，以至于萝卜快了不洗泥，那几年什么料都能卖，而且都好卖，那又何必卖好料呢，因而，那时俄罗斯料进入中国，是先卖不好的料，将好料屯着，以后再图卖个好价钱，但2015年中国玉器市场形势不好，次料卖不动，这批好料就派上用场了，维持住了俄罗斯料大众消费料的地位。虽然料很好，但价格上不去了，也就几千元一千克。

岫岩河磨玉

南红这种材料曾红遍大江南北，但前两三年的价格飞涨已成往事，2015年南红原料从价格到销量都有较大跌幅。

岫岩老玉即透闪石的价格也有大幅度上涨，在2015年秋季北京国际珠宝交易会上，笔者看到了要价两万元一克的河磨料，这些料看起来还不错，料质细腻，结构均匀，颜色一致，但最大的问题是这些材料的颜色是深绿色。中国人过去认为最好的材料是和田玉，而和田玉是以白色为主，以白色为代表的和田玉器本质是反映儒家思想，是其思想的外在物资载体，自汉代以后的数千年中，虽然也有其他颜色的和田玉，但都不是主流颜色，因而，玉的高贵与否，颜色是决定其价值的基本因素。而深绿色的岫岩河磨料卖到数万一克，一种说法就是炒作，另一种说法就是真的看好等待升值。笔者以为无论哪种考虑，对于河磨料而言，都太贵了，如果以这个价格交易，一般的玉雕师傅是不敢对其进行雕刻的，这样一来，材料永远是材料，只能高高在上，成为不了玉器，别说推动中国玉文化的发展，就是推动河磨玉的发展都很难。

（2）市场情况。2015年新玉销售发生了巨大变化，近些年有些大红大紫的新玉交易不可避免地也进入了低潮。

过去的几年，新玉的拍卖市场有了较大的起色，人们开始注意到新玉的拍卖，在新玉拍卖会上，也出现了天价的新玉拍品，我们暂且不说其成交的真实性，但就拍卖的价格来说已经有顶级艺术品的身段了。2015年的拍卖市场，却出现了新的情况。北京博观是新玉拍卖的开先河者，这两年发展势头不错，拍出了一些好的玉雕作品，然而，2015年博观的拍卖不尽如人意，虽然其中也不乏亮点，如岁末大拍中，曹杨的四块和田白玉组牌拍到980万，令人眼前一亮，但这毕竟是少数情况，大部分作品几乎都在低价位成交，无底价的拍品成交价格也非常低，每场成交总额也较往年缩小。西泠的玉器拍卖中规中矩，拍品成交率还算挺高，但也多在底价附近成交。嘉德新玉拍卖还说得过去，春拍还有上千万的成交额。2015年的拍卖没有了过去几年动辄几千万甚至上亿的拍品，也算是市场的回归吧。2015年的拍卖市场也不是没有生机，也有生力军杀入市场，为市场带来一抹春色，北京正道拍卖公司就是一例。这家拍卖公司由有行业拍卖经验的人士组成，货品上好，价格超低，成交量还不错。

虽说拍卖市场总体还算过得去，但具体到落地的实体玉器市场却是另一番景象了：

高端玉器市场以北京上海市场较有代表性。前文提到的古玩商夜宿古玩城店里的事例就发生在北京，可想而知北京玉器市场已冷清到什么地步了。以经营玉器著称的北京天雅古玩城，2015年的店面转让已无转让费了，能有人接手已算烧高香了，其他一些较为著名的经营玉器的珠宝城同样门可罗雀，多数商家日常交易额极小，全年不开张的也大有人在。笔者一位朋友在一珠宝城看中一件玉器，要价60万，他随口还价2000元，对方竟然没有恼羞成怒，只是希望他提高点出价再谈，由此可见生意惨淡。其他白玉重要的交易市场，如北京古玩城的情况也不妙，过去多少年来，北京古玩城一直是白玉交易的重要集散地及风向标，成交虽说极其保密，但从商家以往的言语中，还是能听出他们已经赚得盆满钵满了，但在2015年，这些商家变得谨慎小心，每日坚守店面，四处电话联系，生怕漏掉任何生意。北京另一家较大的珠宝玉石市场——小营珠宝城生意还马马虎虎，虽说赚得不多，但也说得过去，经营能够持平已经是烧高香了。北京市场如此，上海市场也好不到哪里去。中福古玩城是上海经营白玉较

曹扬：《鹭鸶求偶》牌

为集中的场所，2015年全年都较为萧条，店面要么关门要么打牌，正常经营的没几家。笔者一位朋友，2015年岁末去逛中福古玩城，本没打算买东西，见到一件以前商家要价30万，他两年前还过12万的玉器还摆在那里，因与商家已认识，故不好意思多砍价，直接出价8万元，商家毫不犹豫地就同意了，且在晚上请他吃饭。席间敬酒感谢他能在这种情况下帮忙买东西，并说没这笔钱恐怕年都过不好。上海玉器市场经营之萧条由此可见一斑。

碧玉《望子成龙》摆件

中端玉器市场主要就是苏州、揭阳市场。笔者2015年下半年去苏州几条主要经营玉器的商业街转了转，不由得心生感慨。前几年苏州街上只要是门口摆着庆贺开张之喜花篮的店铺，不用抬头看，准知道是玉器店开张，笔者这次仍然是在这几条街转，只要是见到有转让告示贴在门上的店铺，同样不用抬头看，准知道就是玉器店转让。只两三年的光景已物是人非了。好在苏州市场也不完全如此，一些新锐玉雕师的店里顾客还是挺多的，玉件摆出来不出几天准能卖掉。以往那种商家鱼龙混杂的情形一去不复返了。广东揭阳市场也算是和田玉的一个中端市场，尽管中国大部分高档翡翠皆出于此，但该市场的和田玉作品无论品质还是数量就差一些了。笔者2015年岁末去揭阳，市场表面看起来还正常，商家们依旧悠闲地生活和经营着，只不过摆在店里切料用的大锯上已锈迹斑斑，无声地向人们诉说着生意的凋零。问问商家，虽说经营状况大不如以前，但吃饭绝没有问题，只是挣多挣少的问题。即使是这样，还是有个别有实力的商户仍能挣到上千万，这说明市场机会还是有的，只是竞争激烈了，分化严重了，强者更强了。

低端玉器市场的代表是河南南阳的镇平市场。笔者2015年去镇平的次数较多，对一件事较有感触，那就是飞往南阳的航班较以前减少了，票价打折的幅度大了，而且乘客中买玉的人占的比例大幅度缩小了，连南阳机场出租车司机都抱怨去镇平的人减少了，使得他们的生意大不如以前（这种情况与揭阳的飞机十分相似，以前揭阳飞机上70%的乘客都是买玉的，2015年变成了不到20%了）。

2015年几次去镇平，对市场的感受每次还是略有不同的。上半年去的时候，玉器商家都在炒股票，特别是5月份的时候，满市场的商家都在低头看手机，对询价的客人他们都带搭不理的，根本没有心思做生意，当时在他们看来，玉器市场低迷，卖玉器挣的那点钱与炒股票挣的钱根本不能同日而语，股票市场疯狂了，更反衬出玉器市场低落。10月份再去的时候，炒股票的人几乎没有了，除了个别人还在谈论几句股票，人们开始认真做生意了，市场不算红火，但买东西的人不少，价格比起往年是差了一些，但还有钱可赚。笔者岁末再去的时候，情形完全不一样了，满市场只见卖东西的商家，买东西的顾客稀稀拉拉没几个，商家遇到一个有意买东西的客户，会竭尽全力让他成交，甚至忙中出乱也是有的。笔者亲眼见一商家将一批（近百只）质量不错的青海料手镯，本想以3000元左右一只的价格卖给一位客户，卖家太急于成交了，结果忙中出错，最后算账，竟只卖到2200元左右一只，这种品质的青海料手镯，往年的批发价多在5000—6000元一只，如今竟然跌到这个价格，也是笔者始料不及的。问问其他商家，几乎共同的回答是，年底卖的东西，如果不赔钱就卖不出去，笔者诧异地问他们，赔钱为什么还要做这个生意，他们的回答是，我们现在赔点钱，等以后生意好了再赚回来。呜呼，愿望是好的，明年生意会好吗？镇平市场大多数人都在这样强撑着，但也有人开始退出市场了，有几条主要经营玉器的街道，其中的一些店铺，有关门的，也有转让的，不知道明年还会有多少人仍在坚持。镇平市场2015年的玉器市场成交额明显减少，减少20%—30%都是少说，这不仅是镇平市场的写照，也是中国整个低端玉器市场的写照。另外一个较

河南镇平石佛寺玉器交易市场

2015“天工奖”展览现场

为低端的新玉市场就是北京的潘家园了，前文说过，潘家园市场已无古玉可卖，但又有大批商户在卖玉，卖的当然是新玉。这些玉器虽然较镇平的价格高些，但毕竟身处北京，价格还算可以，有些眼力但又不愿远走的藏家成了这一市场的主力购买者，这一市场的销量还算说得过去，但是，2015年有些商家扛不住了，全年的成交额较2014年下降了20%—30%。

再看看展会市场。往年没那么盛行的珠宝玉石展会突然火了起来，从3月份起，北京的珠宝玉石展会简直目不暇接，接踵而至，一个接一个，今天在全国农业展览馆，明天在北京展览馆，后天在民族宫，中间几乎没有空闲时间，几乎就是珠宝玉石的接力展。展是多了，但细一看参展商，心又凉半截，原来都是同一批商家，东西的价格大致相同，只是展会的地点不同。由于展会的气氛较好，品种齐全，一般的商场没有这么全的珠宝玉石货品，加之一般展览馆多在市区内，聚拢的人气也比较多，所以东西还算能卖，但这种靠一时的人气支撑起来的展会经济也撑不了太长时间，到了下半年，这种展会就少了。北京如此，全国其他地区大致也是如此，各地的展会也是风起云涌，但与北京的情形倒也差不多。

说到展会，就不得不提每年的北京国际珠宝展，这个展会不仅是规模巨大，同时成交额也大，2015中国国际珠宝展，与展会同时举办的 “天工奖”今年呈现了以下特点。

①原料多样化。和田玉原料的雕件在往届珠宝展一直占比较高，高峰时的

前几年最多能占到整个展品的二分之一强，今年和田玉作品占比大幅下降，整体比重不超过五分之一。今年各种材质异彩纷呈，和田玉、翡翠、水晶、琥珀、南红、叶蜡石、鸡血石、河磨玉、黄龙玉、绿松石、青金石、青田石、泰山玉等纷纷亮相。这些色彩斑斓的玉料被创作者赋予奇思妙想，创作成了优秀作品，出现了颇具活力的生动局面。

②创意多元化。今年的“天工奖”作品创意颇多：有在题材上创意，既有传统宗教题材，也有现实生活主题；有在画面上创意，既有大气磅礴的风景画卷，也有见微知著的写意诗境；有在器型上创意，既有传统器形，也有当代形式。较为突出的获奖作品如北京中鼎元苏然大师的《三世佛》，以选用题材经典、整体比例协调、玉质细腻油润、牌型规整大气、牌面构图严谨和人物刻画精准而获金奖；上海雅园的作品《锦灰堆》以造型完整、寓意深刻、做工精细而获银奖。

（3）玉器市场萧条的原因。玉器市场萧条的原因真是一言难尽，有些商家竟然在问，往年买东西的客户都哪里去了？问题看似可笑，但也切中了要点。客户哪里去了，为什么不买玉器了，笔者总结了几条供大家参考吧。第一，经济发展变缓，限制了人们的购买力。整个经济形势下行，不确定的因素增多，赚钱的前途渺茫，人们不得不捂紧钱袋，将钱用在最关键的地方，非实用性商品的购买力自然就会下降，玉器消费自然就减少些。特别是古玉收藏的人，往往都是用闲钱，一来研究赏玩，二来保值增值。收入减少了，这部分的支出自然就减少了。第二，收藏者和消费者的购买行为变得理性了。过去人们认为，只要是玉，就是高贵的，就是物有所值的，就能保值。经过这几年的市场熏陶和自我提高，人们开始学会选择那些质优价廉，性价比高的玉器了，这就是为什么同样一个玉器市场，有的商家门庭若市，有的则门可罗雀，甚至关张退市了。第三，生产者对玉器文化内涵的理解还有一定的局限，导致时下多数玉器在文化上无表现力，消费者则知难而退，不敢轻易下手购买。中国玉文化有八千年的历史，历朝历代的玉器都有其特定的文化含义和使用功能，各个时代的人都深谙此道。因而，在各个历史时期，无论玉器的制作者还是使用者都会紧紧抓住当时玉文化的主题——主要是玉这种材料被赋予的神圣内涵所形成的文化含义来展开其功能，比如玉的比德、辟邪、宗教和祥瑞等文化含义所衍生出的彰显品德、趋吉避凶、神佛护佑、吉祥如意等功能。我们今天虽然不能像古人那样对待玉器如同对待神灵般的器物，但玉器那温暖我们心灵的感觉，是我们中华儿女共同的感觉，玉器从古至今一直是滋养中华儿女精神世界的圣物。今天大部分的玉器雕刻师并不完全了解这些玉文化的含义，只简单地以普通工艺雕塑作品的审美标准来评价玉器，最多再加上材料质量这个评价标准。这些标准看上去没错，但它偏离了继承八千年的玉文化主题，缺少了千百年来中国人追求玉的最大动力——人与玉之间心灵交流的特殊意境，没有将玉当做传承时代精神的文化载体来对待，简单地将玉器混同于一般雕塑，这是今天玉文化的最大缺憾。当然，只是一部分当代玉器缺乏文化表现力，当今中国真正有实力的玉雕大师们所创作的作品，无一例外的都是最大限度地将材料的特性和工艺的特色融入到作品主题中去，他们的作品，玉文化的灵魂已经深植其中，他们是我们这个时代玉器艺术的杰出代表。至于那些自身素质尚有差距的大师，只是简单地将玉器当做雕塑作品来对待。他们前几年将一些无任何文化表现力，只是材料相对较好、工艺相对较精的东西卖到很高的价格，在行情好的时候还能滥竽充数，在行情不好的当下，这样的东西就没有市场了。如果一件玉器的卖点单纯在料工上，这些大师的做法还不如时下一些明智的年轻玉雕师，这些年轻玉雕师的作品没有高深玉文化元素注入，就用好点的材料，工艺尽量精细，价格却定得低低的，市场倒也蛮好。

中国古代玉雕工匠都是世代相传，这些工匠虽然没有受过系统教育，但也受着良好的家族玉文化氛围熏陶，加之各个时代对玉器崇拜的气氛都在影响着玉匠，同时每个时代都有专门指导玉器制作的机构和人，使得各个时代的玉器作品都有其可读的文化含义和深刻的社会伦理。这些作品并不以材料和工艺作为评价好坏的唯一标准，而是以文化的表现力为评价标准。而今人将材料、工艺作为评价玉器好坏的主要标准，使玉器以雕塑的形式出现，成为单纯财富载体或技艺载

刘忠荣：《太狮少狮》

倪伟滨：《楚风汉韵之秦汉瓦当》

体的做法，在经济形势好的时候，财富蜂拥而至，玉器价格猛涨，相反，在经济形势下行的情形下，这种势头必然下滑，整个玉器销售势必变得困难。试想，如果玉器有文化内涵作支撑，使其已经成为人们精神生活的必要组成部分，成为人们的日常消费品，人们就不会太去关心其价格的变化，更多的是关心作品对精神世界的理解和表达，玉器行情也就不会惨淡到今天这个地步。这里需要强调，笔者无意强求当代玉雕师们，平心而论，他们已经尽全力了。他们没有显赫的玉雕家史，没有高深的文化艺术水准，他们多是偶然走入玉雕行业的普通人，最初的目的就是以此作为谋生手段，后来形势好了，挣到钱后，也都是尽量提高自己，到美院进修，从书本或其他艺术形式中汲取营养，他们已经够努力的了。但不能否认他们先天不足，没有受到良好的玉文化熏陶，后天大环境玉文化的普及也远远不够，他们只能随波逐流，能把玉雕的样子雕雕好就行了，这是时代的原因，而不是个人问题。然而，玉器行业要想持久稳定地发展，就需要玉雕师们知难而上。在当前经济低迷的时期，与其坐而哀叹，不如起而充电，以新的面貌迎接玉器行业新的春天。

2015年中国玉器拍卖市场回顾

王海峰

2015年，中国玉器市场仍然是行业洗牌和市场调整的一年。

国内玉器市场集散地和终端市场，整体仍然比较低迷。行业洗牌继续进行，优胜劣汰势趋必然。有些市场临街的玉店有些改作其他经营，古玩玉器城中有些店铺退租转让，有少数店面关门歇业，尤其是那些刚刚进入玉器行业不久的店铺关张倒闭也屡见不鲜。过去的一年，更多的商家都在思考，也在改变、在行动。销售企业大都不再观望坚持，已经降低盈利预期，比较务实地定价，同时开始削减经营成本。有的商家加大力度开拓线上销售以分担线下成本。玉石加工企业在买料和加工上则更为谨慎。“当代玉器创新”“玉雕人机大战”等话题被广泛热议。

2010—2015 年玉石器拍卖行情走势图

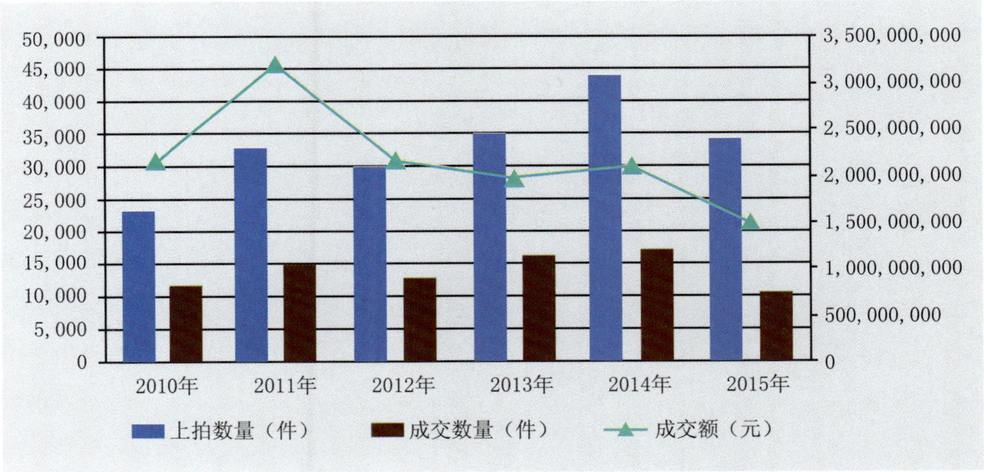

数据来源：雅昌艺术市场监测中心（AMMA）

上图是雅昌艺术市场监测中心（AMMA）2016年4月统计的5年来玉器拍卖行情走势，从图中可以看出，中国玉器拍卖成交额在2011年达到30亿元高峰，从2012年开始，玉石器的拍卖行情就一直逐渐下滑。2011年，中国玉石器共上拍33,055件，成交15,280件。到2015年的时候，中国玉器相比2011年上拍量方面上升了4.32%，成交量下降了30.62%，分别为34,483件和10,602件。

2009年到2011年是中国艺术品市场交易的高潮期，是市场发展直线上升的3年。从2003年到2011年，中国艺术品市场的拍卖交易量由几十亿元快速上升到上千亿元。2011年，中国艺术品市场交易总额达到2108亿元，超过美国，成为世界第一大艺术品市场，在全球市场份额占比超过30%。2011年以后，市场开始大幅回调。艺术品市场受风险暴露、经济增速放缓、高压反腐等冲击，交易额下降明显，当前市场正处于历史底部。

据中国拍卖行业协会发布的2015年拍卖行业蓝皮书显示，2015年文物艺术品拍卖市场成交量成交额双减，全国共举办文物艺术品拍卖2352个专场，成交额约280亿元，较2014年同比减少约30亿元。

作为艺术品拍卖市场的最大热点，书画作品交易额锐减是2015年艺术品拍卖市场下滑的主要拉动因素。2015年度，国内10家大型拍卖公司近现代书画和当代书画分别成交64.19亿元、6.73亿元，共缩水29.56亿元，其中当代书画成交量缩减一半以上，成交额降幅达61.32%。数据显示，瓷玉珍玩在2015年度表现较好。

自2012开始，中国玉器市场就有了开始调整的趋势，到2015年的平稳调整期，中国玉器市场已经没有了当年的那般“疯狂”。大大小小的拍卖会上，虽然拍品数量和成交数量也有过上升，但是成交总额却没有增加。这一方面反映出玉器价格的下降，也充分说明了一部分资金的撤出，这其中的原因也有很多。

2010—2015年玉石器拍卖成交量区间分布

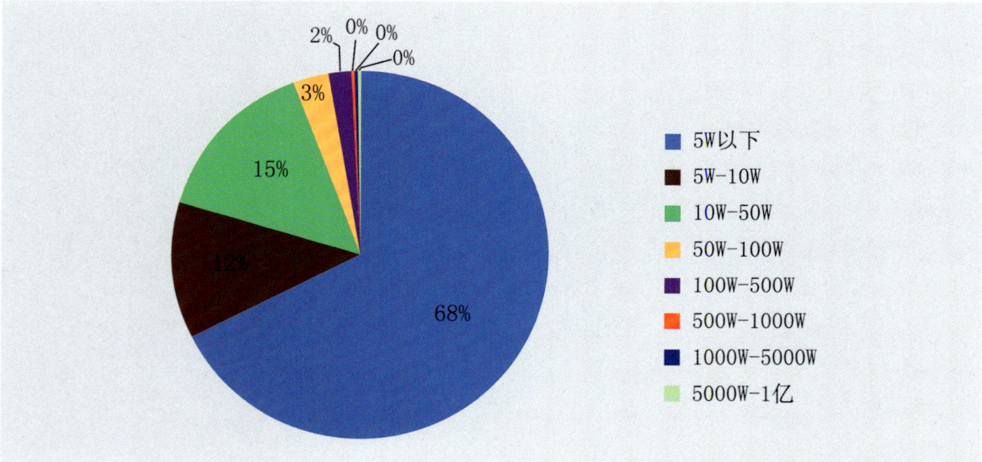

数据来源：雅昌艺术市场监测中心（AMMA）

2010—2015年，玉器拍卖成交量最多的是在5万以下区间，占总成交量的68%。其次是5万—10万和10万—50万区间，分别占总成交量 的15%和12%。

在玉器拍卖成交额方面，100万—500万区间占比最多，达到30%。10万—50万区间的成交额也达到了总量的21%。

2010—2015 年玉石器拍卖成交额区间分布

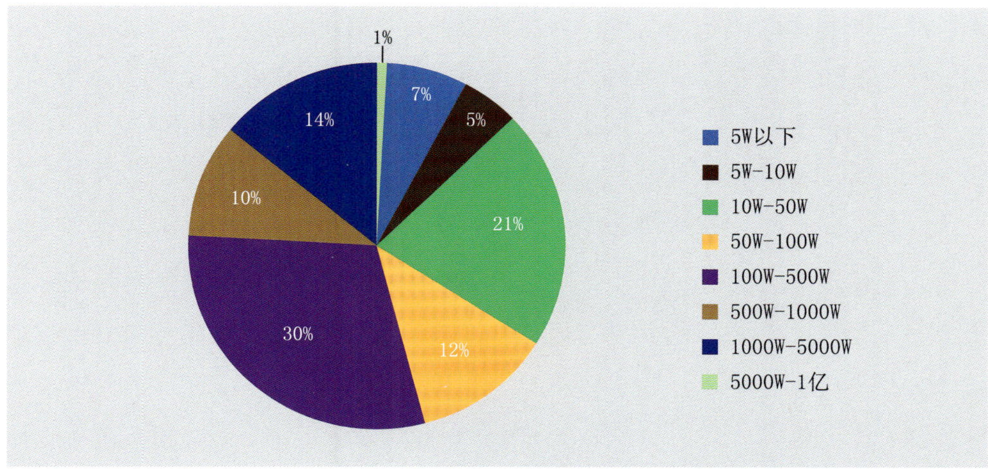

数据来源：雅昌艺术市场监测中心（AMMA）

由此可见，虽然高价位拍品单品价格在占比方面有优势，但是总体来说50万以下的玉石器拍品还是受到了藏家和市场的青睐。玉石器收藏也是整个中国艺术品范畴中较为贴近大众的板块，有着深厚的大众基础。

对于目前这样的市场状况，过分乐观和悲观都是不理性的，玉器市场除了受到宏观经济的基础性影响外，也受行业自身诸多因素的左右，这其中供求关系的影响很明显。前些年，商务需求支撑了高档玉器的主要销售，也带动和刺激了中低端玉器商品的价格和销售的增长，使得玉器市场出现一派繁荣的景象。这几

2015 年中国玉器拍卖成交价格前 10 名

排名	拍品名称	年代	拍卖公司	拍卖日期	成交价
1	白玉双龙钮宝玺“太上皇帝之宝”	乾隆	北京保利	2015.12.07	RMB 74,750,000
2	江春源　流风余韵　白玉海棠链炉	年代不详	西泠印社	2015.04.18	RMB 23,345,000
3	红山文化玉龙	年代不详	皇家国际	2015.08.29	RMB 21,600,000
4	御制青玉填金十六应真玉册	乾隆	北京保利	2015.06.06	RMB 20,700,000
5	御宝白玉坐龙方玺	乾隆	苏富比	2015.10.07	HKD 24,080,000
6	青玉“孝懿仁皇后”双龙钮宝玺	嘉庆	北京保利	2015.12.08	RMB 13,225,000
7	白玉龙钮梵文玺	永乐	北京保利	2015.12.07	RMB 11,500,000
8	青玉提梁壶	年代不详	中国艺海	2015.07.19	HKD 13,200,000
9	青玉刻御制诗文描金云龙纹“第十二应钟”特磬	乾隆 1761 年	北京保利	2015.06.06	RMB 10,120,000
10	和田玉红皮白玉籽玉原石	年代不详	荣盛国际	2015.07.31	HKD 12,250,000

年，商务需求锐减，对市场也就形成了反向的作用。玉器行业的生态链条需要重新构建，形成新的供求关系平衡。所以，玉器市场的调整是必然。这需要时间，要有一个过程。2015年，玉器市场发生了一些变化。虽未“回升”但已“止跌”，玉器市场已经进入筑底阶段，局部出现了一些亮点，有反弹回暖的迹象。

2015年国内外有规模和影响力的玉器专场拍卖有几十场。古玉拍卖市场较为平静，整个拍卖大市场中玉石份额小，相比各大拍卖行中书画、油画等拍品，玉器出现概率比较低，只有为数不多的拍卖企业，如北京保利，北京嘉德、北京瀚海、香港苏富比、纽约佳士得等大拍卖公司的玉器珍品专场或者瓷玉杂项专场，其中不乏一些玉器精品出现，明清宫廷玉器拍卖亮点频现，高价不断。

清乾隆 白玉白玉双龙钮“太上皇帝之宝”玺
北京保利：RMB 74,750,000

香港苏富比春拍“雍廷聚瑞——雍正御制珍品”专场，清雍正帝御宝白玉九螭钮方玺以104,920,000港币成交，列2015年春季中国艺术品拍卖高价排名第5位。北京保利春拍，一件清乾隆御制青玉填金十六应玉册以20,700,000元成交，排名2015年春季中国艺术品拍卖高价排名第64位。北京保利秋拍，一件清乾隆白玉双龙钮宝

清乾隆 御制青玉交龙钮“大观堂宝”玺
纽约苏富比：USD 4,450,000

清雍正 白玉九龙螭钮“雍正御笔之宝”玺 香港苏富比：HKD 104,920,000

清乾隆 御制青玉填金十六应玉册
北京保利：RMB 20,700,000

清乾隆 白玉双环耳三足鼎式炉
北京保利：RMB 1,150,000

玺“太上皇帝之宝”以74,750,000元成交，排名2015年秋季中国艺术品拍卖高价排名第13位。纽约苏富比春季亚洲艺术周“铭昭令德”专场，清乾隆御制青玉交龙钮玺“大观堂宝”成交价4,450,000美元。纽约佳士得“安思远私人珍藏”所成交古玉也皆获高价。有观点认为，古玉的价值不应该低于青铜器、陶瓷器和书画，古玉的市场价值并未完全体现出来，古玉收藏还处在相对低迷的阶段，目前是收藏古玉的较好时机。

当然，艺术精品只是少数藏家的市场。普通大众一般把玉器按档次分为高、中、低档。依据不同的功能，又可以把当代玉器大致分为玉雕艺术品、玉雕工艺品和时尚消费品这样三个大的类别。定位不同，材料不同、创意和工艺不同，档次自然不同，价位当然也相差悬殊。其实拍卖中很多并不是中低档藏品，而是大众艺术品，百万元以下的艺术品都应该算是大众艺术品。目前很多无底价拍品的起拍价也很低，很多人都可以参与。投资收藏大众艺术品，是一种修养、一种习惯，是对文明的一种尊重。

新石器时代 玉璧（安思远私人珍藏）
纽约佳士得：USD 81,250

在中国玉器二级市场当代玉器拍卖领域，以前国内只有北京博观拍卖和杭州西泠印社两家拍卖公司每年举办当代玉雕专场。经过多年的市场培育，一南一北的两家公司已经积累了丰富的经验，表现出强劲的实力，上升势头不减，影响越

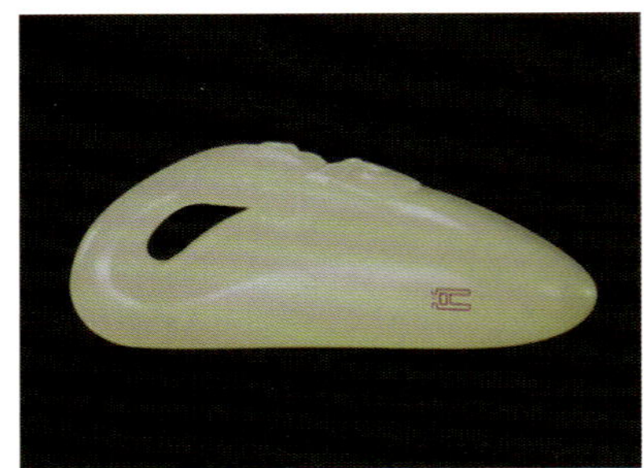
吴灶发 和田玉籽料鹅如意挂件
北京博观 估价 RMB 55,000—85,000

王金忠 和田玉籽料喜上眉梢把件
北京博观 估价 RMB 450,000—550,000

葛洪 天龙地虎白玉把件
西泠印社 成交价 RMB 1,840,000

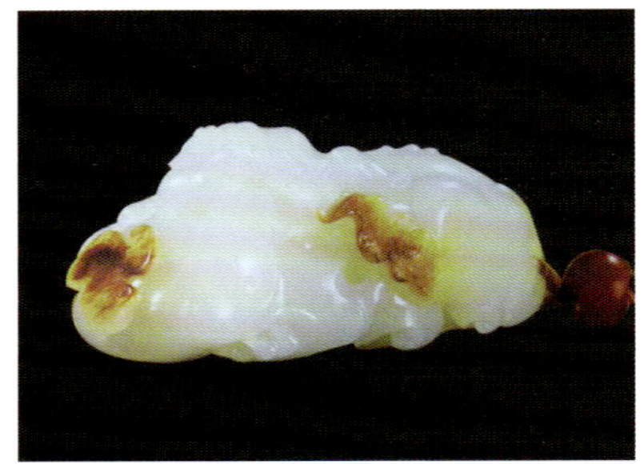
吴金星 和田玉籽料瑞手把件
北京博观 估价RMB 2,000,000—2,800,000

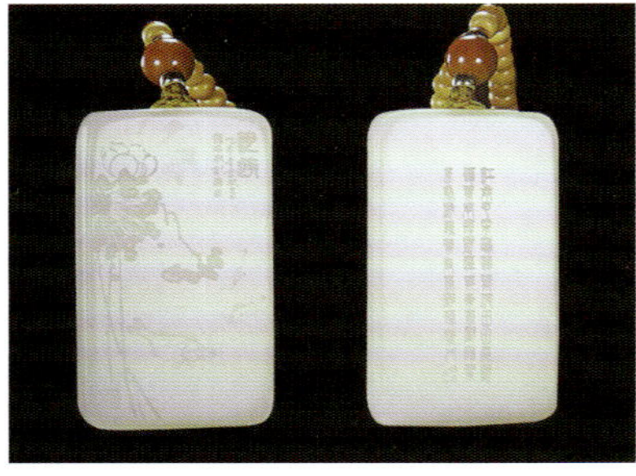
庞然 和田玉籽料池趣牌
北京博观 成交价 RMB 68,000

王平 乐逍遥白玉摆件
西泠拍卖 成交价 RMB 2,990,000

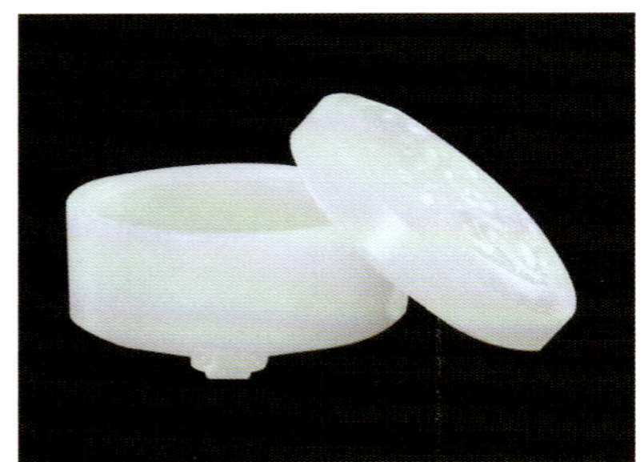
朱玉峰 青白玉香盒
北京博观 成交价 RMB 45,000

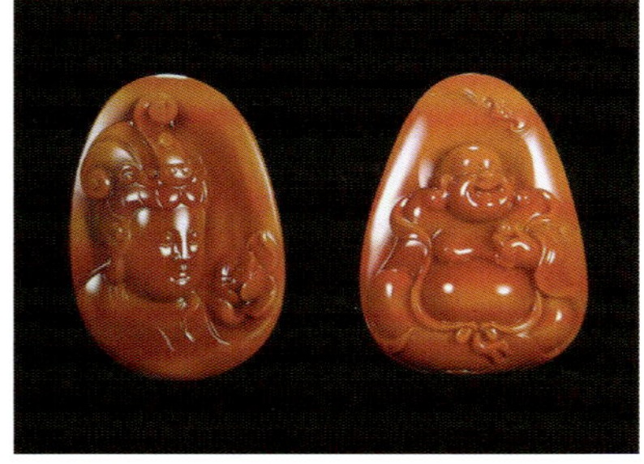
侯晓峰 慈善笑缘南红把件
西泠拍卖 成交价 RMB 575,000

庞然 和田玉籽料心经佩
北京博观 成交价 RMB 138,000

俞挺 碧玉香筒
北京博观 成交价
RMB 72,000

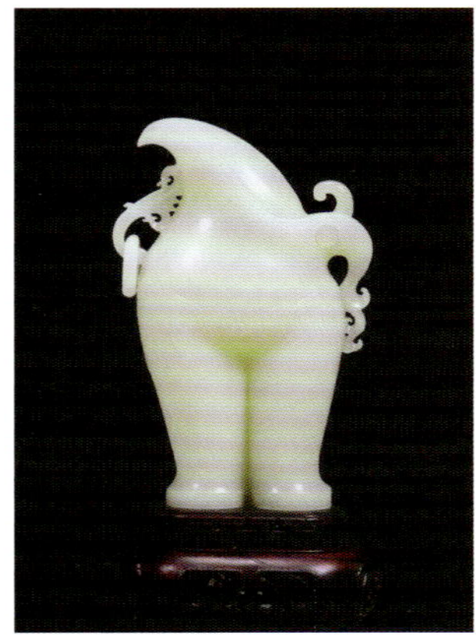
杨光 白玉贵妃匜
中国嘉德 成交价
RMB 2,185,000

江春源 流风余韵白玉海棠链炉
西泠拍卖 成交价
RMB 23,345,000

高毅进 富贵如意白玉三足链炉
西泠拍卖 成交价
RMB 4,255,000

来越大，在业界获得了较好的口碑。能够成为国内当代玉器拍卖的重要企业，两家拍卖公司各自拥有自己的优势。北京博观拍卖长期服务中国玉石雕刻行业的最高奖项“天工奖”，近水楼台，他们对当代玉雕行业的了解程度，对各个玉雕大师的风格的理解程度，是国内其他大拍卖公司都无法达到的。正是有了这样得天独厚、优质可靠的拍品资源，使得北京博观能在竞争激烈的拍卖圈中不但能很好地生存，还在不断地发展。西泠印社则有着无可比拟的优势：一是西泠拍卖有着艺术品综合拍卖的经验和实力。再就是处在长三角地区中国玉器“苏帮”“海派”玉雕的根据地，而且江浙沪一带的玉雕收藏家也甚多，市场比较活跃。

2015年的中国当代玉器拍卖市场，玉石雕刻大师的精品玉雕作品行情依然看好。最活跃的拍卖公司仍是北京博观和杭州西泠。两家公司2015春拍和秋拍共组织了十几场当代玉雕大师作品拍卖专场，拍品数量、拍卖成交率和成交额都较2014年略有提高。但买家表现也更加谨慎，在预展期间对有意向的拍品都做过非常认真细致的研究，出手谨慎。当代玉雕已进入平稳调整期，买家更具理性，品位也不断提升，对于拍品的要求也越来越高。继南红玛瑙、绿松石之后，其他品类如阿拉善玛瑙、台山玉、黄龙玉等玉石品类也逐渐获得市场认可，玉石结构趋于多元化，这有利于当代玉雕市场的良性有序发展。

北京博观2015春拍，夜宴、凝碧、清隽、小酌四个玉器场次总成交额23,280,600元（含佣）。成交价最高的作品是翁祝红水晶观音摆件3,150,000元，金镶满绿翡翠金枝玉叶吊坠1,300,000元。杨曦、吴金星、吴灶发、王金忠、朱玉峰、俞艇、庞然等玉雕大师的作品也表现不俗。可见，客户对于大师、名家之作抱有更大的兴趣，也更加信赖它们的艺术价值和收藏价值。

翁祝红 水晶净瓶观音摆件
北京博观 成交价 RMB 3,150,000

北京博观2015年秋拍共计六个专场：“小酌——当代玉雕精品无底价拍卖专场”“清隽——当代玉雕名家精品拍卖专场”“夜宴——顶级和田玉珍品专场”“悦色——台山玉玉

雕精品专场”“如日方升六——当代实力派名家精品无底价专场”“大玩家八——中国玉石雕刻大师精品拍卖会”，落锤总额达到了22,424,000元。

吴德昇 白玉含香挂件

北京博观2015年还搞了3场《玲珑美玉——当代玉雕名家精品无底价专场》拍卖会，第九期成交总金额7,381,410元，第十期成交总金额7,732,765元。9月20日第十一期成交总金额为6,569,820元，总成交数量达225件，全场近94%的拍品成交，吴德昇、瞿利军、庞然、陈冠军的作品都拍出了比较理想的价格。尤其值得一提的是，在这次拍卖中，通过淘宝网线上同步拍达成的交易总额为941,850元（含佣），成交数量42件，占总成交的18.7%。在线同步拍开始在新形势下成为拍卖行业的新路径。

2015年，西泠印社组织了三场中国当代玉雕大师作品专场拍卖。4月份在扬州国际展览中心233件拍品总成交额4903.255万元，成交率88.41%。7月份在杭州浙江世贸君澜大饭店228件拍品总成交额3469.320万元，成交率79.39%。12月份浙江世界贸易中心秋拍272 件拍品总成交额4888.705万元，成交率82.72%。江春源“流风余韵白玉海棠链炉”以23,345,000元高价拔得2015年当代玉器拍卖头筹，崔磊、葛洪、俞艇、王金忠、王平、赵琦、瞿利军、黄杨洪、翟倚卫、高毅进、杨光等大师的作品也都以超百万价格成交。

崔磊 乘我大宛马白玉摆件

把件和摆件是当代玉雕重要的形制，2015当代玉器拍卖，大师作品也屡获高价。崔磊“乘我大宛马白玉摆件”拍得4,025,000元，王平“乐逍遥白玉摆件”拍得2,990,000元，赵琦“海天梵音白玉摆件”1,840,000元，邱启敬“涅盘初心白玉摆件”931,500元。葛洪“天马行空白玉把件”1,955,000元，黄杨洪“龙行天下白玉把件”1,380,000元，王

赵琦 海天梵音白玉摆件
西泠拍卖 成交价 RMB 1,840,000

郭万龙 金蝉拱财白玉把件
西泠印社 成交价 RMB 805,000

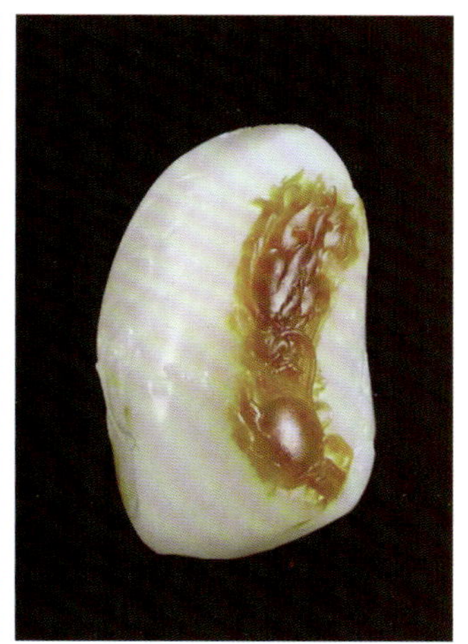
黄杨洪 龙行天下白玉把件
西泠印社 成交价 RMB 1,380,000

金忠“渔翁得利白玉把件”1,035,000元，郭万龙“金蟾拱财白玉把件”805,000元，侯晓峰“慈善笑缘南红把件一对”575,000元，吴德升“情婉白玉把件”724,500元。

玉牌作为玉器最常见的形制，明代陆子冈将文人精神在玉器上最精妙直接的表现出来，达到极致。因为玉牌的内容最能彰显文人气，山水人物、花鸟草虫，诗词歌赋、篆隶行草，都是玉牌之上最常见的题材。因此，好的玉牌非常受藏家推崇，很多玉雕师也都热衷于玉牌的创作加工。2015秋拍，曹杨大师的2014年“天工奖”金奖作品《四大佛山牌》以960万元高价拍出，再次展现了高档玉器市场的潜力。其他大师的精品玉牌，如翟倚卫“春潮带雨白玉牌”“花雾萦风白玉牌”，陈冠军“青玉深山禅居牌”，陈春波“和田玉籽料鹊桥相会对牌”，翟倚卫“和田玉籽料临江仙牌”，杨曦“龙凤呈祥白玉对牌”“和田玉籽料山水牌”，苏然“和田玉籽料允执阙中牌”“和田玉籽料祝福牌”，葛洪“昂首百川鸣白

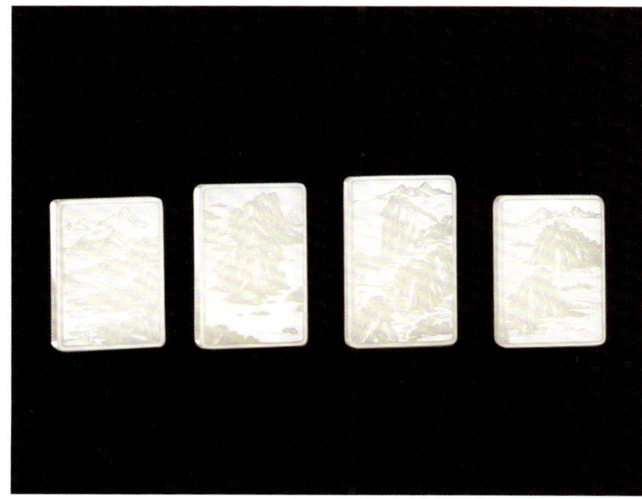
曹杨 四大佛山牌
北京博观 成交价 RMB 9,600,000

赵琦 慈沐众生白玉牌
西泠拍卖 成交价 RMB 805,000

翟倚卫 春潮带雨白玉牌
西泠拍卖 成交价 RMB 1,610,000

林金波 竹里馆白玉牌
西泠拍卖 成交价 RMB 207,000

黄杨洪 天瑞神兽白玉牌
西泠拍卖 成交价 RMB 230,000

蒋喜美石坊 和田玉籽料义牌
北京博观 成交价 RMB 65,000

陈冠军 暮春游牧白玉牌
西泠拍卖 成交价 RMB 460,000

葛洪 昂首百川鸣白玉牌
西泠拍卖 成交价 RMB 402,500

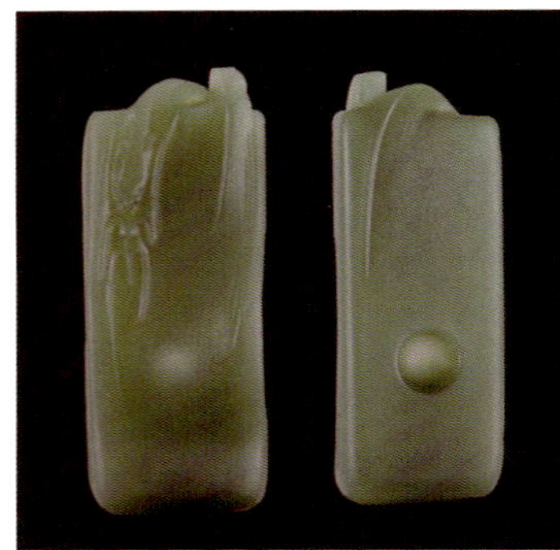
王一卜 碧玉青龙偃月牌
北京博观 成交价 RMB 150,000

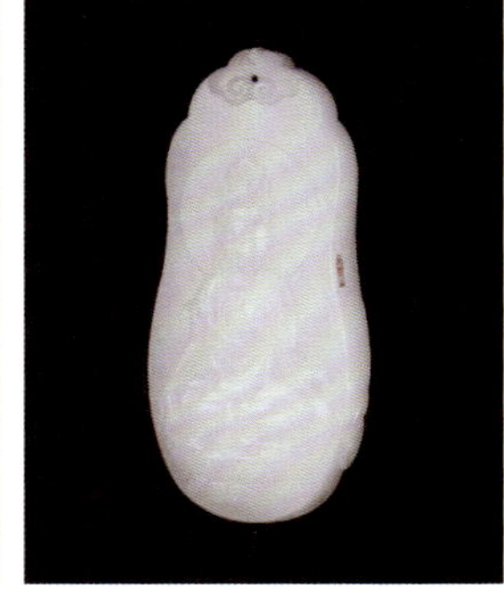
姚圣云 白玉观音牌
上海联合 成交价 RMB 313,600

吴金星 和田玉籽料龙牌
博观拍卖 成交价 RMB 66,000

玉牌”“和田玉籽料威牌”，王一卜“快雪时晴白玉牌”“碧玉青龙偃月牌”，叶清“和田玉籽料龙牌”，陈冠军“和田玉籽料山静日长图牌”，吴金星“和田玉籽料辟邪牌”，林金波“紫气东来白玉牌”，吴金星“天龙翔云白玉牌”，庞然“青玉籽料心经牌”，蒋喜“和田玉籽料义牌”等也都获得了理想的拍卖成绩。

从2015年当代玉器拍卖结果看，除了好料精工是决定玉器价格的重要因素外。不难发现，玉器作为有8000年传承的中华文化的重要载体，中国传统文化在国人心中仍然重要，根植很深。除了几百上千万的大师精品力作受到藏家推崇外，一二十万价位的大师传统题材小件精品也具有很高的市场认可度。那些不失传统古韵精髓又具创新美感的作品最受普通玩家欢迎，拍场竞价自然也激烈：黄杨洪“白玉瑞兽挂件 ”竞价20次，陈冠军“和田玉籽料岩涧暂栖牌”竞价22次，郭万龙“和田玉籽料麒麟送子挂件”竞价27次，庞然“和田玉籽料空谷幽兰套装 ”竞价32次，严建明“和田玉籽料貔貅把件”竞价 25次。

西泠印社 2015 年春拍（扬州） 中国当代玉雕大师作品专场成交前 10 名

排名	拍品名称	估价（元）	成交价（元）
1	江春源　流风余韵 白玉海棠链炉	RMB 17,000,000–22,000,000	RMB 23,345,000
2	高毅进　富贵如意 白玉三足链炉	RMB 3,200,000–4,000,000	RMB 4,255,000
3	王　平　钟馗圣君 白玉摆件	RMB 1,400,000–1,800,000	RMB 1,840,000
4	杨　光　富贵双喜 玉茶具(一组)	RMB 1,200,000–1,800,000	RMB 1,725,000
5	翟倚卫　春潮带雨 白玉牌	RMB 1,300,000–1,500,000	RMB 1,610,000
6	赵　琦　慈沐众生 白玉牌	RMB 700,000–900,000	RMB 805,000
7	顾永骏　貂蝉拜月 白玉山子	RMB 400,000–550,000	RMB 552,000
8	陈冠军　暮春游牧 白玉牌	RMB 350,000–400,000	RMB 460,000
9	孙有庚　教子图 白玉摆件	RMB 350,000–400,000	RMB 460,000
10	徐志浩　禅心映莲 白玉挂件	RMB 300,000–400,000	RMB 402,500

西泠印社 2015 年春拍　中国当代玉雕大师作品专场成交前 10 名

排名	拍品名称	估价（元）	成交价（元）
1	王　平　乐逍遥 白玉摆件	RMB 2,400,000–3,000,000	RMB 2,990,000
2	葛　洪　天龙地虎 白玉把件	RMB 1,500,000–2,000,000	RMB 1,840,000
3	赵　琦　海天梵音 白玉摆件	RMB 1,350,000–1,650,000	RMB 1,840,000
4	瞿利军　渔樵耕读 白玉书镇	RMB 1,000,000–2,500,000	RMB 1,725,000
5	黄杨洪　龙行天下 白玉把件	RMB 1,000,000–1,300,000	RMB 1,380,000
6	翟倚卫　花雾萦风 白玉牌	RMB 900,000–1,100,000	RMB 1,265,000
7	高毅进　福喜捧寿 白玉笔洗	RMB 1,000,000–1,500,000	RMB 1,150,000
8	郭万龙　金蟾拱财 白玉把件	RMB 600,000–800,000	RMB 805,000
9	黄杨洪　鸿运当头 白玉把件	RMB 500,000–700,000	RMB 690,000
10	侯晓峰　慈善笑缘 南红把件	RMB 450,000–600,000	RMB 575,000

西泠印社 2015 年秋拍 中国当代玉雕大师作品专场成交前 10 名

排名	拍品名称	估价（元）	成交价（元）
1	崔　磊　乘我大宛马 白玉摆件	RMB 3,000,000–4,000,000	RMB 4,025,000
2	葛　洪　天马行空 白玉把件	RMB 1,600,000–2,000,000	RMB 1,955,000
3	俞　艇　笙歌 白玉水注	RMB 900,000–1,100,000	RMB 1,092,500
4	王金忠　渔翁得利 白玉把件	RMB 900,000–1,000,000	RMB 1,035,000
5	崔　磊　黄财神 白玉把件	RMB 750,000–900,000	RMB 966,000
6	邱启敬　涅盘·初心 白玉摆件	RMB 750,000–900,000	RMB 931,500
7	江春源　福瑞满盈 翡翠链瓶	RMB 700,000–900,000	RMB 920,000
8	翟倚卫　一枕秋声 白玉牌	RMB 700,000–850,000	RMB 920,000
9	顾铭、杨光　指日高升 白玉瓶	RMB 700,000–850,000	RMB 862,500
10	王一卜　大顺 玉挂件（一组）	RMB 320,000–400,000	RMB 747,500

2015年，一些中小型拍卖公司以及一些玉器商家组织的小型当代玉器拍卖会也是“忽如一夜春风来，千树万树梨花开”，雨后春笋般出现，拍品档次和拍卖成交差距很大。这里面也存在着不少问题。

情况一：有些当代玉器专场拍卖的是拍卖公司为了分得市场的一块蛋糕仓促设立的。这些拍卖公司很多是刚刚接触玉器拍卖，公司少有懂玉器的专业人士。因此对拍品质量的把关不到位，玉器品质参差不齐。甚至有很多是没有特色的中低端产品，和一般市场里见到的大路货没有什么区别，只不过是把玉器从市场柜台搬进了拍场而已。这样的拍卖公司实际上成了玉器经销商的销售工具。

瞿利军 和田玉籽料独钓寒江雪把件

情况二：有的玉器拍卖会打着当代玉雕大师作品拍卖会的名头，但拍品却是真假大师鱼目混珠，李逵、李鬼同场，假大师、假作品不在少数。有的作品，是大师本人作品还是其工作室出品的作品，也不明确标注，有误导买家和消费者之嫌。大师创作的是艺术品，有了名气，有了品牌效应，其作品价值远远高于一般玉雕人员的作品。这就使得很多玉雕人员争

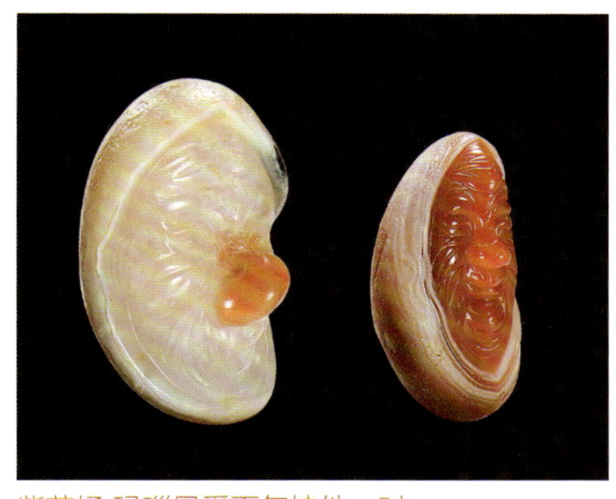

柴艺扬 玛瑙恩爱百年挂件一对

金镶满绿翡翠金枝玉叶吊坠

相模仿大师的艺术风格，有的还大胆地落了款识，造成市面上仿品很多。

情况三：有些商家搞的玉器拍卖活动，不排除有一些有实力、信誉好、有资源的商家为开拓新的市场销售渠道，走出当下玉器市场的萧条窘境而策划的专题拍卖活动。但也有一些隐藏在宾馆、写字楼、会所的所谓无底价拍卖，拍品档次低劣，甚至以次充好、以假乱真。着实也忽悠了不少普通消费者和外行人。一小部分人得到了昧心小利，对玉器市场的损害却不可小觑。这种现象引起了玉器界有识之士的担忧，值得警惕，不能任其泛滥。

其他方面，2015年香港荣盛国际拍卖，一块重8.9千克的和田玉红皮白玉籽料原石拍出12,250,000港币；翡翠市场买家也数量减少，中低档翡翠价格有所下滑。一级市场高档翡翠价格虽然比较坚挺但却缺少买家。西泠印社秋拍，一件“翡翠雕鹤鹿同春盖盒”拍得5,750,000元，其他珠宝翠玉拍卖会上几百上千万元的翡翠手镯等饰品都不在少数，但成交数量有限；南红市场，在经历了连续几年火爆后2014年有所降温后，好的南红价格在2015年又有些回调。7月份博观拍卖举办了“王者归来——当代南红玛瑙雕刻艺术精品专场”，成交总金额626,635元；绿松石市场依然维持较好的势头，价格比较坚挺，网上一度传出有一颗高瓷高蓝珠子卖了20多万，一个三通卖到13万。

过去的一年，令玉石界感到鼓舞的消息也不少，其中就有国家的高层领导不断地在给中国玉器玉文化进行背书：习主席出访英国时，玉雕大师崔磊随团出访，受到英国威廉王子的单独接见，并讲述中国玉器和玉文化；李克强总理在苏州会见波兰领导人时，总理身后的案台上摆放着玉雕大师瞿利军的作品；网上还有一组前国家主席胡锦涛和夫人刘永清听取玉雕大师蒋喜讲解和田玉和当代玉雕作品的照片。这些来自高层对玉器玉文化的关注，将是玉文化和玉雕艺术发展并走出国门的最大推动力。玉雕界人士很受鼓舞，普通大众似乎也读出中国玉器即将迎来新的发展契机的信息。

2015 年与 2016 年市场参与者投资意向分布对比

	2015年第一季度	2016年第一季度
中国近现代书画	16.47%	15.43%
中国古代书画	18.82%	13.56%
当代书画		9.31%
早期油画	11.76%	9.31%
中国当代艺术	21.18%	9.57%
瓷器	12.94%	13.56%
玉器	11.76%	9.84%
钟表珠宝	7.06%	5.32%
其他杂项		14.10%

数据来源：雅昌艺术市场监测中心（AMMA）

对于2016年中国艺术品市场的投资购买意向，与2015年同期相比有所转移。据雅昌艺术市场监测中心（AMMA）调研，2016年被调研者对于中国古代书画、瓷器、玉器的关注度与2015年相比并无大幅度变化。

近些年，随着中国经济的发展，人们对艺术品市场的认识和热情发生了巨大的变化，艺术品也越来越成为人们投资、收藏、保值增值的工具。现在的市场行情是，如果你买那些特别贵的，必须具备投资艺术品的胆识和财力。如果是购买大众艺术品，目前当然是市场买点。因为市场行情不好，大家都缺钱，都在观望，价格就会比较低。

经过近几年来玉器市场不断的调整，行业洗牌的继续，市场正在为下一波的强劲反弹蓄势。中国珠宝玉石拍卖本来就是一个洼地，当代玉雕的市场价格还远未达到它的价值。也正是基于此，当代精品玉雕还会与拍卖公司紧密合作，各取所需。可以预测，随着玉雕艺术品市场日趋成熟，未来几年的当代玉器拍卖应当会维持一个缓慢上升的趋势。

碧玉小品《勃勃生机》

2015年中国玉器（或含玉器）拍卖会重要专场拍卖情况统计

序号	专场名称	拍卖会名称	上拍／成交（件）	成交额（万）	拍卖公司	拍卖日期
1	珠宝玉器瓷器专场	2015迎新年艺术品拍卖会	258/122	9,773.33	河南泽华	2015-01-11
2	杳霭流玉——古代玉器专场／动物件玉器专场	十年遊赏径行遍——2014秋季拍卖会	182/84	1,782.85	江苏爱涛	2015-01-11
3	瓷器、玉器、工艺品	大众鉴藏拍卖会	1147/727	882.17	北京保利	2015-01-24
4	浙江其利拍卖有限公司——玉器杂项	2015迎春艺术品拍卖会	100/74	1,720.11	杭州如愿	2015-01-25
5	玉器专场	2015迎春拍卖会（中国艺术品展览拍卖）	51/8	1,934.90	中国艺海	2015-02-03
6	古董珍玩——瓷器·玉器·工艺品	华艺淘珍第6期拍卖会	391/262	635.20	华艺国际	2015-03-29
7	工艺品、玉器	嘉德四季第41期拍卖会	1058/875	1,409.10	中国嘉德	2015-04-02
8	犹珍20——瓷器玉器工艺品	2015年春季拍卖会	167/100	1,004.07	北京中汉	2015-04-02
9	玲珑美玉——当代玉雕名家精品无底价专场	第九期《玲珑美玉》拍卖会		738.141	北京博观	2015-04-12
10	中国当代玉雕大师作品专场	2015年春季拍卖会	233/206	4,903.255	西泠印社	2015-04-18
11	闲中日月长——瓷器·玉器·文房杂项专场	第30期精品拍卖会	859/770	2,449.27	北京保利	2015-04-25
12	瓷器·玉器·工艺品	第30期精品拍卖会	1127/639	1,582.63	北京保利	2015-04-26
13	瓷器玉器工艺品	2015春季艺术品拍卖会	144/59	1,066.05	北京华辰	2015-05-15
14	中国玉器	2015春季天津国拍“天津文物”专场	171/102	1,216.88	天津文物	2015-05-22
15	瓷器、玉器、文房、杂项、家具、名酒专场	2015年春季大众艺术品拍卖会	626/115	66.06	雍和嘉诚	2015-05-22
16	古董珍玩——瓷器·玉器·工艺品	2015春季拍卖会	129/85	2,165.34	华艺国际	2015-05-24
17	瓷玉器工艺品专场	2015年春季艺术品拍卖会	238/148	177.72	上海国拍	2015-05-31
18	夜宴、凝碧、清隽、小酌四个玉器场次	北京博观2015春季拍卖会		2328.06	北京博观	2015-05-31
19	中国玉器及艺术珍品	2015春季拍卖会	376/162	1,745.32	万昌斯	2015-06-01
20	灵秀静雅——紫东堂玉器珍玩	2015年6月拍卖会	36/29	1,515.00	香港苏富比	2015-06-01
21	怀德秉贞——玉器精品专场	2015春季精品拍卖会（二）	439/—	—	香港华辉	2015-06-02
22	“璀璨尚品” 玉器拍卖专场	2015春季拍卖会（香港一得阁拍卖）	102/22	2,202.20	中国艺海	2015-06-20
23	中国书画、玉器、杂项	2015年春季拍卖会	231/4	2,668.84	澳门中信	2015-06-21
24	玉器、工艺品	嘉德四季第42期拍卖会	748/634	1,130.91	中国嘉德	2015-06-27
25	中国玉器	2015春季拍卖会	269/141	3,106.73	北京翰海	2015-06-28
26	瓷器·玉器·工艺品	2015春季艺术品拍卖会	246/142	438.50	苏州东方	2015-07-02
27	中国当代玉雕大师作品专场	2015年春季拍卖会	228/181	3,469.320	西泠印社	2015-07-04
28	“四海奇珍”玉器拍卖专场	2015春季拍卖会（香港中信国际）	151/31	4,826.80	中国艺海	2015-07-11
29	英合玉器专场	2015年春季艺术品拍卖会	24/—	—	印千山	2015-07-12
30	“天工开物” 玉器拍卖专场	2015春季拍卖会（香港英皇国际）	108/22	4,458.30	中国艺海	2015-07-12

（接上表）

序号	专场名称	拍卖会名称	上拍 / 成交（件）	成交额（万）	拍卖公司	拍卖日期
31	玉器 · 古董珍玩专场	翰海四季（第 88 期）拍卖会	831/389	476.07	北京翰海	2015-07-19
32	“雅宝光华”玉器杂项拍卖专场	2015 春季拍卖会（澳门中拍国际）	578/93	24,115.30	中国艺海	2015-07-19
33	玲珑美玉——当代玉雕名家精品无底价专场	第十期《玲珑美玉》拍卖会		773.277	北京博观	2015-07-26
34	“美玉杂珍”玉器杂项拍卖专场	2015 春季拍卖会（澳门华夏东方）	472/51	14,765.30	中国艺海	2015-08-05
35	“永好留真”玉器杂项拍卖专场	艺海 2015 香港春季拍卖会	304/34	3,733.40	中国艺海	2015-08-20
36	珠宝、工艺品、玉器	嘉德四季第 43 期拍卖会	706/597	1,032.93	中国嘉德	2015-09-20
37	玲珑美玉——当代玉雕名家精品无底价专场	第十一期《玲珑美玉》拍卖会		656.982	北京博观	2015-09-20
38	玉器专场	艺居——2015 大象（北京）金秋经典艺术品拍卖会	44/—	—	大象北京	2015-09-26
39	闲中日月长——瓷器·玉器·文房杂项专场	第 32 期精品拍卖会	734/579	1,558.60	北京保利	2015-10-31
40	品德——当代玉器臻品	品德——当代玉器臻品拍卖会	249/220	832.26	北京正道	2015-11-01
41	瓷器、玉器、工艺品	第 32 期精品拍卖会	1712/966	1,499.89	北京保利	2015-11-01
42	钟表、书画、玉器、杂项	2015 年秋季拍卖会	384/43	8,845.11	澳门中信	2015-11-08
43	锦绣琼琚——明清玉器、织绣	中国嘉德 2015 秋季拍卖会	204/51	716.75	中国嘉德	2015-11-15
44	瓷器、玉器、工艺品	2015 秋季艺术品拍卖会	116/42	1,032.07	北京华辰	2015-11-15
45	含章可珍——玉器鼻烟壶工艺品	2015 年秋季文物艺术品拍卖会	56/32	433.90	北京中汉	2015-11-15
46	璀璨臻品——瑰丽珠宝玉器	2015 秋季拍卖会	69/30	520.09	宝港国际	2015-11-28
47	中国玉器	2015 秋季拍卖会	288/173	3,410.79	北京翰海	2015-11-29
48	怀德秉贞——精品玉器专场	2015 年秋 SO65 期拍卖会	561/—	—	香港华辉	2015-11-30
49	大玩家八、清隽、如日方升六、小酌、夜宴、悦色六个玉器场次	北京博观 2015 秋季拍卖会		2242.40	北京博观	2015-11-30
50	瑾瑜兰桂——高古玉器专场	2015 年秋季拍卖会	79/20	387.64	万昌斯	2015-12-01
51	中国玉器及艺术珍品	2015 年秋季拍卖会	338/150	1,234.86	万昌斯	2015-12-01
52	玉玩清赏——明清玉器及首饰专题	2015 秋季拍卖会	76/53	413.66	北京传是	2015-12-04
53	宫廷艺术与重要瓷器、玉器、工艺品	北京保利十周年秋季拍卖会	134/90	18,825.50	北京保利	2015-12-08
54	璀璨夺目——名贵腕表、珠宝及当代玉器、翡翠	2015 年秋季艺术品拍卖会	91/41	365.13	印千山	2015-12-11
55	玉器、工艺品	嘉德四季第 44 期拍卖会	782/622	875.61	中国嘉德	2015-12-19
56	古董珍玩——瓷器·玉器·工艺品	2015 秋季拍卖会	154/75	3,214.25	华艺国际	2015-12-20
57	中国当代玉雕大师作品专场	2015 年秋季拍卖会	272/225	4,888.705	西泠印社	2015-12-27
58	传世国酒专场、赏石玉器专场	2015 年秋季拍卖会	92/80	355.99	十竹斋	2015-12-29

2015年北京珠宝玉石专业市场趋势

师俊超

2015年，在全球经济增速放缓的背景下，北京珠宝市场下行压力加大，珠宝玉石市场发展呈现缓慢发展态势。

2015年的珠宝销售市场，总体上是审慎乐观的，5000亿元的大盘子或将还会扩大，但在品种上可能呈现三升三降的趋势。传统金饰、钻饰以及彩宝饰品等持续稳健增长。每年1300多万对新婚以及节庆、婚庆、生日、寿日等刚性需求依然强劲。2015年元旦当天，北京菜百卖场销售同比增长10%以上，假日三天销售5.2亿元。绿松石、琥珀、珍珠、玛瑙、砗磲、水晶等佛家珍宝市场销量将会增加。

2015年国际黄金价格持续震荡，处于下行通道。珠宝市场需求趋缓，珠宝行业竞争加剧。主要体现在三方面。

一是翡翠市场遇冷。我国翡翠成品市场存货较多，大多商家因高成本不轻易降价，即使部分店铺关门，货品也是在业内流通。白玉、玛瑙、水晶等原产地相对较多，高档原料涨价势头将会减弱，中低档价格下降可能较大，玉石市场较多品种供应，促使翡翠市场难有起色。

二是黄金礼品市场不被看好。由于黄金的货币属性，人们习惯将黄金礼券等同于钞票。在持续高压反腐的新常态下，传统的黄金礼品市场将会锐减。

三是珠宝单店销售额将普遍难以上升。珠宝市场零售网点严重过剩，单个店铺销售额持续下降难以避免。

2015年珠宝市场低迷，与其说与社会经济大环境有关，不如说是过剩危机与创新乏力使然。珠宝产业巨大的发展潜力与前景，要靠转型升级去缔造，要靠求异创新去驱动。2015年以来，个性化首饰、情感人文产品销量较好。设计新颖、款式独特、寓情于物、触动人心的产品，特别是大师制作的作品在市场上一直供不应求。众多独立设计师、定制工作室的兴起，助推个性化产品市场的发展。另一个利好是，珠宝行业私人定制消费规模迅速壮大，吸引更多高端人士进入。

随着经济的快速发展，人们生活水平继续提升，珠宝市场长远潜力依然较大。预计2015—2018年，人均珠宝消费额分别为80、89、97、108美元。珠宝行业势必要形成适应社会发展和行业特征的新常态，理性化、差异化、文化化或将成为珠宝行业常态化的重要取向。

材料状况

玉器材料——玉石，是中国玉文化的基础，是中国传统文化的一种物质载体。

时代在前进，社会在发展，价格波动、物价上涨本是正常现象。近些年，艺术品价格的上涨很是惊人，玉器作为当代艺术品的一个门类，价格上涨也在情理之中。玉器作品价格上涨的原因之一是原料价格的上涨，并且，这种原料的上涨很出乎人们的意料。究其原因，人们在搞不懂玉器艺术的情况下，还是买料吧，料是不会骗人的。于是，料越来越贵，以至于成了今天这个样子。

2015年玉器材料价格有所分化。和田玉的材料价格总体在降，低端的和田玉材料降得多一点，高端材料降得少一点；翡翠材料的价格较为平稳；南红略降；绿松石价格大涨，其他材料只能说平稳吧。

2015年玉料供应情况

于 明

2015年，中国玉料情况依然平静，虽说平静得有些可怕，但平静还是要比剧烈变化使人感觉好些，毕竟有些人是接受不了大起大落的。平静的原料市场在结构上还是有些变化的。近些年来玉器材料市场以和田玉为主的情况正在改变，这种情况在2015年更为突出，各种材质的原料异彩纷呈，和田玉、翡翠、水晶、琥珀、南红、叶蜡石、鸡血石、河磨玉、黄龙玉、绿松石、青金石、青田石、泰山玉等尽数登场。这些材料的精彩纷呈带动了更多消费者入场，有些材料价格不高，自然成品的价格也适中，购买者不少，市场看起来还算繁荣。

玉料研究公认是比较难干的事情，玉料产地山峻路险，玉料种类庞杂难辨，很难做到完全实地掌握第一手资料，故以往只能以偏概全，一部分直接实地获取，另一部分间接听说，或到书籍中查找，虽说后一种渠道也有些根据，但这种道听途说有时不十分准确，甚至误差还挺大，难免人云亦云，以讹传讹。

2015年9月份作者在新疆于田玉矿考察

说到这里，不得不说几句题外话，中国历史上很早就有关于玉的文献，先秦时期已经大量出现，以后历代越来越多。很多学者，特别是历史学者多以这些文献为蓝本考证和田玉的开采史，结果越考证越糊涂，甚至看起来有些科幻了。许久以来，我们不明白我们错在那里，现在看起来错就错在没有对文献正确理解上。历史上玉的开采，多在人迹罕至的地区，开采条件恶劣，甚至极为恶劣，因而，撰写采玉史的文人基本上没有去过矿山，只能听有关人员的转述，而直接采矿的矿工多是干力气活出身，没有什么文化知识，根本就没有想到要将他们的工作情况记录下来，当然也没有办法记录，因而，依据资料文献进行考证太难了。历史的情况如此，现在的情况也没有根本改善。笔者这些年去过一些玉矿，虽然较比同行来说已算多了，然而，个人的力量是有限的，毕竟一个人或一个团队不可能将全世界所有玉矿都跑遍，这还需要当代去过玉矿的人们共同努力，将每个人所见的玉矿真实情况记录下来，展现给大家，为当代中国玉料的研究添砖加瓦。言归正传，下面分项介绍2015年玉料市场的各种玉料。

一、和田玉

（一）新疆地区和田玉

尽管和田玉在整个玉料中的比重有所下降，但仍是最能进行文化创意的材料，仍是当今玉文化的主流材料，这些年虽说各个矿口的情况基本明了，但落实到文字上还是不免有些偏差。笔者这几年连续跑新疆，有时花费的时间很长，

塔什库尔干大同新矿采矿点

大同矿玉料

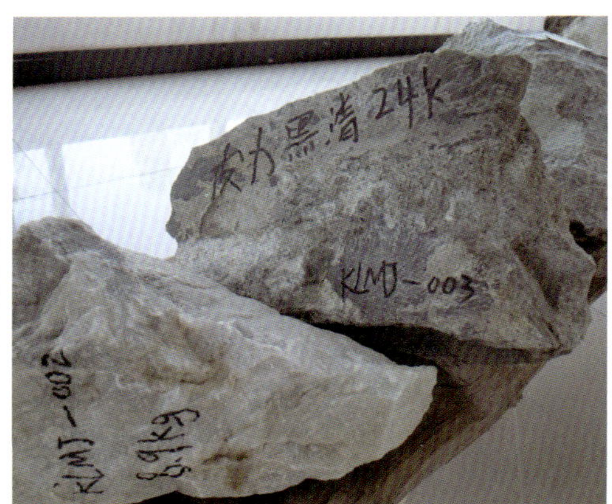

马尔洋皮里村玉料

2013年基本上将和田以东的昆仑山沿线玉矿跑了一遍，2014年在和田地区跑了个遍，2015年又将昆仑山西半部跑完了，几年跑下来，对新疆和田玉料有了较为深刻的重新认识，力争所谈到的情况都是第一手的实际情况。

目前新疆南疆和田玉矿主要分布在新疆所辖昆仑山和阿尔金山一带。西起喀什地区的塔什库尔干塔吉克自治县，中经和田地区，东到巴音郭楞蒙古自治州的若羌县，北至塔里木盆地边缘，南到昆仑山和阿尔金山主峰，全长约1300千米，宽80—150千米，地域范围内包括3个地州共14个县市。原生矿约60处，较有规模的矿区主要有：塔什库尔干——叶城矿区、和田两河矿区、黑山矿区、于田矿区、且末矿区和若羌矿区等六大矿区。

1. 塔什库尔干——叶城矿区

这一地区的玉矿主要分布在喀什境内的塔什库尔干塔吉克自治县与叶城县内，因而称其为塔什库尔干——叶城矿区。这一地区的玉矿主要有：大同矿区、马尔洋矿区、密尔岱矿区、西合休矿区、霍什拉普——咯群矿区等地。

（1）大同矿区。位于塔什库尔干县东部的大同乡北，叶尔羌河以西，距最近的公路约10千米，海拔2500—3500 米。

大同玉矿是清代出古玉料较多的矿区，这一古矿区位于塔什库尔干县的大同乡以北约10千米处。20世纪60年代至2000年曾经重新开采过这一古矿区，目前处于停产状态。这一矿区出产少量黄白玉、青白玉，产出最多的为青玉，少量的玉料局部有糖色，糖色过渡均匀。

20世纪90年代后期，在距大同乡5千米处又发现一座新的玉矿，最初是由村民自由开发，出产的主要是青玉，少量的有青白玉。后经塔什库尔干县里统一规划，承包给一位开发商，十几年来，开发商一直在进行修路等基本建设，目前，通往山上的道路已基本修通，但玉石产量不大，每年产量在几十吨左右，多以青白料为主。

（2）马尔洋矿区。位于马尔洋乡皮勒村，这里是历史上古玉的玉石产地之一，据说历史上曾经出产过白玉。皮勒村是经济较为落后的一个地区，2014年前交通极为不便。20世纪90年代该处玉矿曾经开采过，主要在叶尔羌河两岸以开凿小型洞穴的方式开料，由于沿河开采，不能过多使用炸药，否则矿穴崩塌，将玉料炸到河水中，只能在洞中用千斤顶将玉石顶下来，开采条件极为艰难，进出矿穴也极不方便，因而玉料出产较少。2015年随着交通状况的改善，开始少量出产青玉，俗称塔青。皮勒玉矿的玉料因使用炸药较少、块度比较完整，裂隙较少，颜色主要以墨绿色为主。

（3）密尔岱矿区。位于叶城县西南、棋河上游。产玉地段长20余千米，宽1千米，资源丰富。2008年奥运徽宝的材料就出自密尔岱矿。这一矿区也是清代重要的矿区之一，曾被誉为玉山。这里道路条件相对较好，2015年产量较大，以青玉和青白玉为主，白玉较少，产量约100吨左右。

（4）西合休矿区。位于西合休乡要隆村。20世纪80年代起，该矿区在古玉矿的基础上，进行了新的开发，通往玉矿的道路已经基本修通，有人曾在西合休乡境内发现少量山流水玉料，主要出产青白玉，玉质很润，2003年前后的产量已达到几十吨，后来出产数量较少。该玉矿2013年主要矿口停产，2015年只出产了少量玉料。

2. 和田“两河”矿区

和田两河流域主要出产籽料。和田的两河是指玉龙喀什河和喀拉喀什河，玉龙喀什河发源于昆仑山北麓，喀拉喀什河发源于喀喇昆仑山北麓，都由高山降水和高山冰雪融水补给。这两条河，都是举世闻名的玉河，是历史上自汉代以来和田玉的主要产地。

玉龙喀什河籽料

喀拉喀什河籽料

玉龙喀什河古河道籽料采挖场景

玉龙喀什河即白玉河，最好的和田白玉籽料绝大多数产于这条河中。喀拉喀什河又称墨玉河，这条河中主要出产和田碧玉籽料，这些碧玉呈暗绿色，外表漆黑油亮，好像墨玉，因此古人将其称为墨玉，也有人仍称其为碧玉或绿玉。喀拉喀什河不仅出产碧玉，也出产白玉。

近些年，由于和田政府的控制，和田两河流域出产的籽料数量大为减少，这也是近年来和田籽料价格持续高涨的原因之一。2015年，玉龙喀什河流域挖掘籽料又达到高潮，和田政府将部分河道地段承包给承包商，承包商竭尽全力进行开发，他们雇佣的数百台各种机械在和田白玉河道一字排开，数万人同时作业，场面蔚为壮观。2015年，玉龙喀什河出产的籽料10吨左右。虽然和田两河流域的籽料产量有所提高，但价格却有所下降，究其原因是国内经济形势下行，内地籽料用量减少，导致价格下降。

3. 黑山矿区

黑山矿区主要出产山流水料。我们过去理解山流水料是山料经昆仑山向和田两河流域运动过程的原料，也就是半成品的籽料，实际上，这种形态的原料很少，人们能够采到只是偶然现象，准确地说，山流水产于于田黑山矿，是一种独立存在于冰川的一种材料形态。

黑山，古人称为“喀朗圭塔克”，塔克是山峰的意思，是昆仑山的主峰之一，群山险峻，冰雪盖地，雪线以上终年冰川覆盖。黑山矿区产玉地点位于阿格居改，也称阿格居改冰川，海拔5000米左右，这一地区整个山顶都被厚厚的

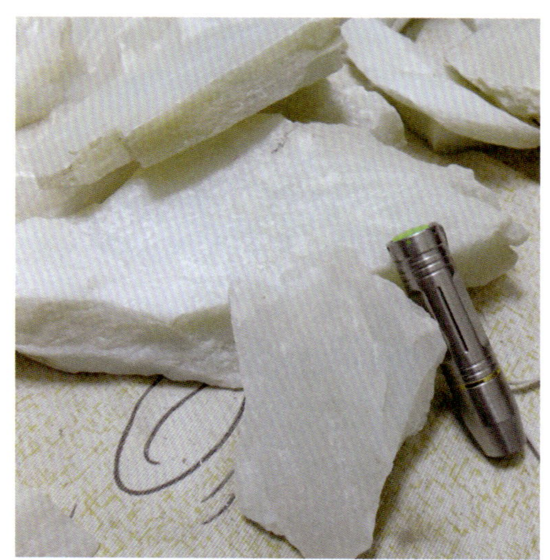
于田哈尼拉克矿“95料”

于田阿拉玛斯矿玉料

于田赛地库拉木矿玉料

冰层覆盖，千万年的冰川作用把海拔更高的原生矿床的玉料侵蚀剥离运送，最后聚集在冰川下面，因冰川下移逐渐融化形成冰舌，冰舌下面就能发现和田玉料。同时，冰川的舌部高达数十米至百余米，随着夏季温度不断升高，冰舌就会不断崩裂，玉料也会与冰块一起滚落河中，故在冰河里也可以找到玉料。因这一地区的冰川属黑山地区，故这一地区所产玉料亦称作黑山料。这个矿化地带长十余千米，宽度不明，出产玉料以白玉为主，质量上乘。目前的采玉方法主要是引水冲击冰舌，使其暴露更多部分，进而发现更多玉料。2015年这一地点的产玉数量在20吨左右。

4. 于田矿区

于田矿区是清代的主要矿区之一，目前主要有三个玉矿，位于从克里雅河到柳什河，以阿拉玛斯为中心长十余千米、宽100—200米的地段上，包括阿拉玛斯玉矿、赛底库拉木玉矿、海尼拉克玉矿等几处矿床及矿点。

（1）阿拉玛斯玉矿。是于田山料历史上最悠久的开采矿点，即历史上的戚家坑采矿区。位于于田县柳什村东南，克里雅河支流的源头柳什塔格山中的阿拉玛斯，矿区海拔4800米，是世界上罕有的白玉矿山。阿拉玛斯玉矿上层矿主要是白玉，中间以青白玉为主。

新中国成立后，这一矿区进行了较大规模的开采，由于开采条件艰苦，20

世纪80年代停产。90年代以后，又重新进行开采，但因条件艰苦，采用人工开采产量不大，曾出产过几百千克上好白玉。而后，矿山致力于修建于田流水村到阿拉马斯的道路，这条通往阿拉马斯玉矿的路将于2016年6月开通。

（2）海尼拉克玉矿。1995年，于田县一位维吾尔族采玉人，在昆仑山深处的海尼拉克发现了一个白玉矿脉，这就是现在的海尼拉克玉矿。在承包期将满前夕，矿主直接采用炸药爆破的方式炸山取料，不料竟然一鼓作气开采出了18吨洁白细腻的玉石，品质堪与羊脂玉媲美。而后的1996年又有人在同一地点开出2吨料，这一玉矿共产出了20吨左右玉料，因其主要开采时间是在1995年，因而这批料又被称为“95于田料”。

95于田料具有白度上佳，质地细腻，结构致密均匀，油润度高等特点，一经上市就受到了人们的热烈追捧，价格从当年的500元一千克，飙升至现在的10万元一千克。

最新的探矿信息表明，海尼拉克玉矿还有大量未开发的玉矿，新的开采工作正在紧张的准备过程中，目前正在修建的道路计划于2018年修通，新95于田料的发现已经指日可待。

（3）赛地库拉姆玉矿。赛地库拉姆玉矿是于田矿目前最大的产料地点，整个矿脉长约3千米，宽约2千米，出产数量较大，每年在100吨左右，主要出产白玉与青白玉。目前在开挖的一块巨大的原料，重约几十吨，是昆仑山已知的最大玉料。

到目前为止，这个于田矿区的山料尚未进行任何销售，只有少量以成品的形式出现在市场。

5. 且末矿区

且末玉矿是阿尔金山产玉的主要矿区。新疆南疆的昆仑山，整体可称昆仑山，又可细分为昆仑山和阿尔金山，两座山以且末县内的阿尔金断裂为分界，东边叫做阿尔金山，亦可以称为东昆仑山，西边称为昆仑山，亦可以称为西昆仑山。且末矿区分布于且末县东南的阿尔金山上，又可分为两个主要出玉矿区，其中尤以天泰玉矿和金山玉矿最为著名。

且末玉料

且末玉料

（1）塔特勒克苏地段。位于且末县哈达里克河到塔特勒克苏之间长25千米的地带，包括哈达里克奇台和田玉矿床和塔特勒克苏和田玉矿床。海拔3500—4500米。塔特勒克苏玉矿是新疆古老的玉矿之一，在当地又被称为皇家玉矿，清代时期就开采过。20世纪80年代起，塔克勒克苏玉矿进行了重新开发，出产了大量优质玉料，成为这一时期新疆和田玉山料的主要来源。这一矿区道路交通尚可，可通车，矿区的开采仍以洞采为主。其料质地细腻，颜色以白玉、青白玉和糖玉为主。2015年，在这一矿区的另一地点又进行了开采，有少量白料，绝大多数是青白玉和青玉。这两个矿点的产量在几十吨左右。

（2）塔什赛因地段。位于且末县东南尤勒河到江格萨依源头一带，包括塔什赛因玉矿床、江格萨依上游矿点和10余处矿化点。矿化地段长十余千米，宽数百米，海拔4000米左右。塔什赛因玉矿2003年被发现，最初的玉矿称为金山玉矿，到2007年所出玉料极好，特别是白料，质地优良。与这一玉矿相邻玉矿为天泰玉矿，2012年由且末县公开拍卖，2013年正式开发，至2015年已经成为昆仑山及阿尔金山最大的山料产地。另一出玉地点是距天泰矿约5千米的八号矿，玉质优良，过去以人工开采为主，近期矿主已修建完成通向此地的道路，出产优质玉料指日可待。这一矿区因较早修建了通往矿山的道路，大规模的机械得以应用，在金山、天泰矿口，数十台挖掘机日夜兼程作业，整个山顶已被挖掉五六百米，玉矿的资源得到最大限度的开发利用。

若羌玉料

2015年且末矿区产量1000吨左右。

6. 若羌矿区

若羌县矿区位于阿尔金山从且末一直向东延展至若羌的玉矿带上，以青白玉和青玉为主，也有少量黄玉出产。若羌玉矿现有三个较大的玉矿，英格里克玉石矿，主要出产青白玉、白玉、糖白玉和黄玉；扶岭玉石矿，主要出产黄玉，青白玉；托克布拉克玉石矿，主要出产糖白玉、白玉、糖玉和青白玉。

青海料

（二）青海料（昆仑玉）

青海玉矿区大致在青海省格尔木市青藏公路沿线一百余公里处的丘陵地区，产玉地点位于昆仑山东脉即阿尔金山进入青海省部分，西距新疆若羌300余千米，与且末、若羌等出产和田玉的山脉在地质构造背景上有密切的联系，实际上就是这些山脉的延伸。该地出产的玉料以山料为主，有白玉、青白玉、青玉等品种。主要颜色呈灰白——蜡白色，透明度明显高于新疆地区的白玉，质地细润，玉料单体体积较大。

青海料由于矿权的集中度比较高，价格的垄断程度也比较高，为了使青海料价格稳定在一个相对好的水平，青海料的矿主采用了以保持市场相对稳定来决定供应量的方法，即只拿出当年开采的一部分原料当年进入市场，另一部分封存暂不进入市场。2015年青海主要矿区产料1500吨左右，青海境内其他数十个小矿产量在500吨左右，共计产量2000吨左右，进入流通的青海料在1500吨左右。因其质地不同，每千克价格在500—30,000元。

（三）俄罗斯料（“俄料”）

俄料主要产于俄罗斯布里亚特自治共和国首府乌兰乌德境内的达克西姆和巴格达林，邻近贝加尔湖地区。俄料的质地接近新疆和田玉，玉质纯正、色彩丰富，常见颜色有白、黄、褐、棕、青、青白、碧等，但其相比新疆和田玉来说，瓷质感较重，油性略差，白中泛青，多数带有些糖色。

俄料主要有白玉与碧玉两种。

俄料

2015年俄料产量基本稳定，白玉价格有所下降，碧玉价格基本稳定。特别是2015年6月以后进入中国的白玉俄料，白度细度都非常好，每千克一手价格只有6000—7000元。

2015年俄料总产量在200—250吨左右。其中碧玉的产量大些，估计在120—150吨，每千克价格1000—30,000元，白玉产量在80—100吨，每千克价格5000—100,000元。

韩料

（四）韩国料（“韩料”）

韩料出产于韩国的春川地区，矿藏储量丰富，玉石颜色青里泛黄，部分有糖色，质地略松，呈粥状结构，目前是我国低档玉器的主要材料来源。

2015年韩料产量仍然维持在300吨左右，但质地较前几年有所下降，泛黄的材料较多，价格略有下降，每千克价格500—10,000元。

（五）加拿大碧玉（“加碧”）

加拿大拥有目前世界上最大的、已探明的碧玉储藏量，其3个主要的矿区分布在不列颠哥伦比亚省，阿拉斯加边境以东100英里的地段。由于加拿大的碧玉储量大、单件玉料体积可以达数十吨甚至数百吨，从而被全世界的碧玉爱好者和消费者所喜爱。加碧虽然产量很高，但质地稍差的碧玉数量很大，品质很高的精品碧玉的产量不多。加拿大碧玉过去几十年每年均有250—350吨出口量，中国是加拿大碧玉的主要出口市场。

俄碧

巴碧

其他地区和田玉产量（吨）

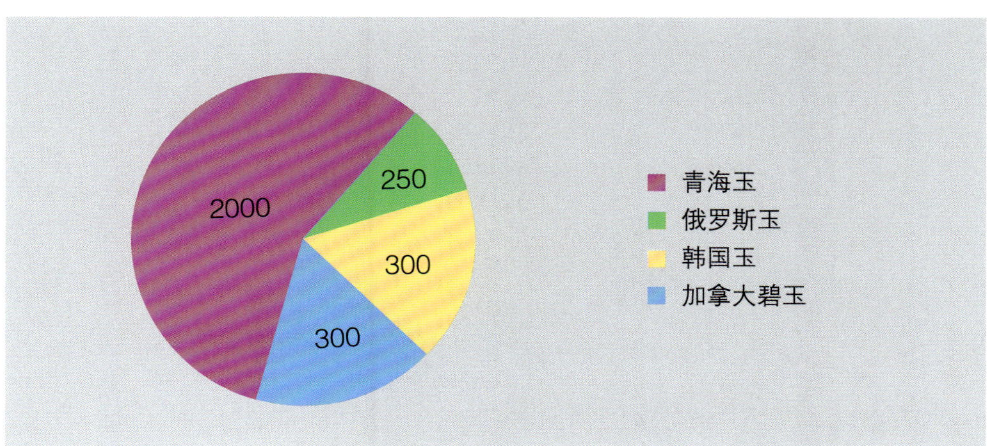

部分产地和田玉估价表

产地	最低价（元/千克）	最高价（元/千克）
青海玉	500	30,000
俄罗斯白玉	5000	100,000
俄罗斯碧玉	1000	30,000
韩国玉	500	10,000
加拿大碧玉	1000	20,000

2015年加碧向中国出口200—300吨，价格较前几年也有所下降，每千克价格在1000—20,000元之间。

二、翡翠

缅甸翡翠"公盘"即缅甸政府组织的翡翠原料石拍卖与交易会，是全世界规模最大的翡翠交易会，也是全球翡翠市场的风向标。中国的翡翠毛料100%从缅甸进口，其中公盘竞投部分占全年进口量的80%。自2010年以后，缅甸政府对翡翠资源管理严格，只有通过"公盘"才可交易出境，其他一律视为走私。

2015年6月24日至7月6日，第52届缅甸珠宝交易会（俗称"缅甸翡翠公盘"），在内比都麻尼耶德纳大厅隆重举行。本届公盘的翡翠玉石原料共8943份，其中暗标8608份，明标335份，相较上一届公盘的7454份多出1489份。

本届公盘实行新的保证金制度，每位去缅甸公盘投标的玉石商人要先交纳5万欧元的保证金方能办理入场证，5万欧元保证金可购买价值115万欧元的玉石。如果所投玉石价值超过115万欧元，就要在投标前一天追加保证金。对于下错标

缅甸翡翠各财年产量图

财年度	产量（吨）
2008/2009财年	32000
2009/2010财年	25795
2010/2011财年	22550
2011/2012财年	24439
2012/2013财年	16745
2013/2014财年	10300
2014/2015财年	7454
2015/2016财年	8943

的情况，大会允许在公布当天，向大会缴纳所下标单中填写价格的20%进行标单的取消。

参加公盘的中国商人大约为2200名，缅甸国内商人约为3800名，来自中国的玉商与往届相比有较大幅度的减少。虽说本届公盘高品质的玉石数量不多，但由于本届实行新的保证金制度和缅甸政府税收的问题，本届公盘玉石底价较高。本届公盘中标率在八成左右，这个中标的比例相对往几届来说算是比较高的。

缅甸玉石公盘是国内翡翠市场的风向标，更是国内翡翠市场的缩影。从本次公盘玉石价格来看，国内的翡翠市场趋于理性。本届缅甸公盘玉石原料中，小部分以高价投出，绝大部分玉石原料的价格回归理性，与以往的价格相比稍低。由于没有投资人的大规模卷入拍卖，今年的公盘出现了以中小业主、中端材料为主的局面。本届公盘上极少出现超低价玉石以高价格中标的情况，这也说明，翡翠行业在经过了近几年的疯狂之后，逐渐回归理性，这也许是翡翠市场良性循环的开端。

近些年缅甸翡翠拍卖情况：

2008−2009财年出产32,000份。

2015缅甸公盘翡翠

2015缅甸公盘翡翠

2009–2010财年出产25,795份。

2010–2011财年出产22,550份。

2011–2012财年出产24,439份。

2012–2013财年出产16,745份。

2013–2014财年出产10,300份。

2014–2015财年出产7454份。

2015–2016财年出产8943份。

三、岫岩玉

岫岩玉又称岫玉，因最早发现于辽宁省岫岩满族自治县而得名。岫玉广义上可以分为两类，一类是老玉，属透闪石玉，硬度在6以上，质地坚实凝重、色泽多样。老玉又分矿料和籽料，矿料产于细玉沟和小孤山矿，细玉沟矿2015年基本没有出料，小孤山矿出了几十吨。

籽料在当地称为河磨玉，目前有两处出产，以岫岩县与海城市交界处的小孤山为分水岭。山的南侧是偏岭地区，此处出产的河磨玉以黄白料为主。山的北侧小孤山镇至析木镇这一段，海城河流域的河床中所出产的河磨玉，以黄绿色为主，质地细润，外表通常包着一层表皮。

2015年，河磨玉开采量极少，大部分出在海城河一段，价格不等，质地一般的在几千元一千克（当地计量单位按市斤计算），质量好的已经达到几百万元一千克。

另一类是岫玉，属蛇纹石玉，质地坚实温润，细腻透明，颜色多样，有绿、黄绿、褐、红、黄、白、黄白、绿白、灰白、黑等色，其中以深绿、通透无瑕为上品。折射率1.57，硬度为3–6，密度为2.5克/厘米^3。岫玉在全国各地多处出产。

岫玉（蛇纹石）产量因各地统计差异较大，没有准确数据，每千克价格从50—10,000元。

四、独山玉

独山玉因产于南阳独山而得名，也称“南阳玉”或“河南玉”，独山位于南阳市东北。独山玉玉质坚韧致密，细腻柔润，色泽灿烂，有绿、蓝、黄、紫、红、白六种基本颜色，常交织在一起，硬度为6–7。2011年起，国家对独山玉矿采取统一管理方式，实行科学有序的保护性开发。

2015年独山玉产量在几十吨。每千克价格5000–50,000元。

五、南红玛瑙

玛瑙的一种，因产于南方而得名。质地细腻，油润度高，韧性较好，质地微透。 南红颜色依次以锦红、玫瑰红、柿子红为好，并以微透明为佳。

2015年南红整体产量仍然维持在上百吨左右，但大部分质地欠佳，价格不高，每千克在几百至几千元之间。优质的南红只有几吨，价格为每千克40万-80万元。价格较前一年略有上涨。

六、绿松石

2015年最火爆的玉器材料算是绿松石了，可谓一材独秀。

绿松石，又称“松石”。章鸿钊先生在其著作《石雅》中解释为：“此（指绿松石）或形似松球，色近松绿，故以为名”，是说绿松石因其天然产出常为结核状、球状，色如松树之绿，因而被称为“绿松石”。绿松石英文Turquoise，意为土耳其石，但土耳其并不产绿松石，传说古代波斯产的绿松石是经土耳其运进欧洲而得名。世界很多国家如中国、埃及、伊朗、美国、俄罗斯、智利、澳大利亚、秘鲁、南非等都有丰厚充足的矿藏储量。

中国是绿松石的主要产出国之一。湖北竹山县、郧西县、安徽马鞍山、陕西白河、河南淅川、新疆哈密、青海乌兰等地均有绿松石产出，其中湖北的优质绿松石世界著名。

绿松石属优质玉材，曾被誉为四大国石之一。中国开采利用绿松石的历史可

绿松石原石

以追溯到新石器时代，红山、龙山、良渚、大溪、马家窑、三星堆、二里头等文化遗址出土的不少礼器，都有绿松石踪影。春秋战国至秦汉时代，对绿松石的运用更为广泛，甚至成为外交结盟的国家礼品。中国清代更将其称为天国宝石，视为吉祥幸福的圣物。

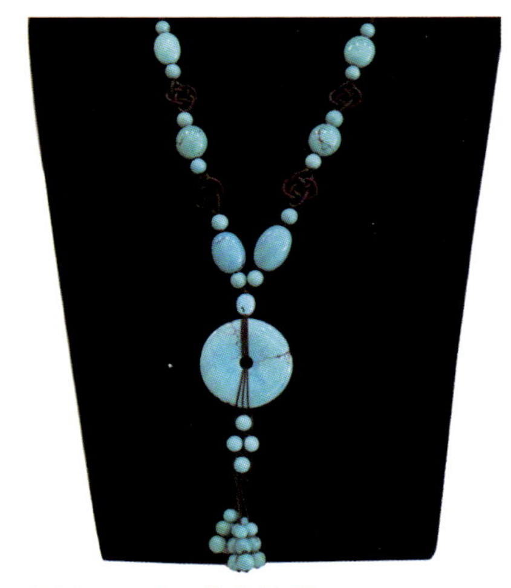
绿松石原矿无优化饰品

绿松石因所含元素的不同，颜色也有差异，氧化物中含铜时呈蓝色，含铁时呈绿色。其中以蓝色、深蓝色不透明或微透明，颜色均一，光泽柔和者质量最好。

绿松石质地细腻、柔和，硬度适中，色彩娇艳柔媚，但颜色、硬度、品质差异较大。通常分为四个品种，即瓷松、绿松、泡（面）松及铁线松等。

瓷松：是质地最硬的绿松石，硬度为5.5–6。因打出的断口近似贝壳状，抛光后的光泽质感均很似瓷器，故得名。通常颜色为纯正的天蓝色，是绿松石中最上品。

绿松：颜色从蓝绿到豆绿色，硬度在4.5–5.5，比瓷松略低。是一种中等质量的松石。

泡松：又称面松，呈淡蓝色到月白色，硬度在4.5以下，用小刀能刻划。因为这种绿松石软而疏松，只有较大块才有使用价值，为质量最次的松石。但在绿松石原料日益缺乏的今天，常采用注塑、注蜡以及染色等人工处理方法，改善其质量及外观，因而也可"废物利用"。

铁线松：绿松石中有黑色褐铁矿细脉呈网状分布，使蓝色或绿色绿松石呈现出黑色龟背纹、网纹或脉状纹的绿松石品种，被称为铁线松。其上的褐铁矿细脉被称为"铁线"。铁线纤细，黏结牢固，质坚硬，和松石形成一体，使松石上有如墨线勾画的自然图案，美观而独具一格。具美丽蜘蛛网纹的绿松石也可成为佳品。但若网纹为粘土质细脉组成，则称为泥线绿松石。

当然，为了改善一些品质较差的天然绿松石的外观、颜色，提高耐久度和使之易打磨抛光而不易破碎，通常采用注蜡、注胶等方法来改质天然绿松石。常用的优化方法有以下几种。

注蜡。因为绿松石是密度比较低的一种宝石，注蜡可以填补表面的微小气孔，避免绿松石在佩戴中遭受污染，这种是绿松石加工中很古老的一种工艺，

优化处理过的绿松石

过蜡以后绿松石颜色会自然变深，也更具观赏性，色泽纹理变得更清晰漂亮，这种工艺的绿松石多用于珠宝镶嵌使用。

注胶。绿松石的注胶处理方法一般有以下两种。浸胶。这种情况是绿松石的颜色够深，但硬度不够，或内有泥线，太软太松脆，不能直接加工，所以必须进行处理。做法是先除去绿松石内部的水分，再把绿松石浸泡在一种无色的环氧树脂里，等到绿松石完全吸收了树脂后捞出，进行加温，促使树脂固化。灌胶。如果绿松石矿石的颜色极淡、极为松软，可以像粉笔一样在地上划线，这种材料称为“白料”“泡料”或“面松”，这些“泡料”必须进行灌胶处理。灌胶过程与浸胶过程差不多，只不过把无色的浸胶树脂换成了有色的灌胶树脂，另外浸胶是在常温常压下进行的，而灌胶要将绿松石和树脂放在密封的压力罐内，用真空泵抽出空气，使其吃透树脂。这是目前用得最多的绿松石优化方法，市场上大约有五到六成左右的绿松石都经过灌胶处理。经过灌胶处理后的绿松石“泡料”，摇身一变，就成了色泽鲜艳、颜色均匀的高档绿松石了。

经过改善优化工序的绿松石，虽然还是绿松石成分，但优化过后，改变了其物理性能，所以不能说它是真正的绿松石了。他们和注胶的南红玛瑙、战国红玛瑙一样，时间久了会出现老化现象，所以这一类玉石宝石可以佩戴，却没有任何收藏价值。

近些年，湖北十堰出产绿松石的主要矿区已经被封闭，不能进行大规模的开采了，但零星的开采还有，这就导致绿松石的原料来源急剧减少，价格大幅提高，好一点的绿松石原料已经卖到上千元1克。2015年笔者到湖北十堰去调研，见到的红火景象，与白玉材料市场的下降形成强烈的反差，2015年疯狂的石头非绿松石莫属了。

学界心语

如何继续传承和弘扬博大精深的中国玉文化，如何进一步推动中国玉文化的深入研究和宣传普及工作，引导当代玉石行业健康有序地发展，是当代玉石界学人一直在思考，也一直在践行的主题。他们站在行业和文化的高度深研细究，大视野，微观察，为当代玉石行业把脉。理思路，找出路，为提振玉器市场献计。

“学界心语”篇即选取几位业内人士近期撰写的有思想、有观点、有内容、有理据、有影响的文章和大家共享。

关于当代玉雕艺术的美学探讨

张侨恩

绪言：美学的出处

在哲学的大殿堂中，真、善、美是三个颇为有分量的家族。从人类对自我的第一次探寻开始，对于感觉和情感的思考也与之伴生而来，而美学的希腊语“Asthetik”译为“对感官的感受”，由此可知，美学是哲学中的老资格成员了。德国哲学家鲍姆加登（Alexander Gottlieb Baumgarten，1714–1762年）于1750年首次提出了“美学”这个概念，从此美学正式确立为哲学的一个分支，自立了门户。有趣得很，跟哲学一样，从美学出现之日到今天，从西方到东方，对于什么是美学，各种美学论著、美学辞典、百科全书，不同时期的大美学家、大哲学家，都给了它不同的诠释和解读。我们对各种不同的定义进行归纳，总结为五大基本论点：美学是关于美的学科；美学是艺术哲学；美学是以审美经验为中心研究美和艺术的学科；美学是关于对美学词汇进行语言分析的学科；美学是关于审美价值的学科。

为什么对于美学的争论延续了整个人类文明的发展史，却至今难以下一个明确的定义呢？有人问圣·奥古斯汀：“时间究竟是什么？”他回答说：“你不问我，我本来很清楚，你问我，我反倒茫然了。”世间许多众所周知的问题皆如此问，最显著的就是“美”。如果你去鉴定一颗红宝石的红色，可以用光学分析仪分析出来，说它是光波的一定长度和速度刺激器官所生的色觉，这个红色，除了色盲，人人都觉得它是红色。非但如此，红到什么程度，也有标准可循。然而这颗红宝石美不美却是仁者见仁、智者见智，你说它美，我说它不美，你用什么精确客观的标准可以说服我呢？更何况人的美、风景的美、文章的美，这各种美的属性，没有什么精确的仪器可以鉴定，更无法给予一个明确的定义。究其原因，红是客观事实，美却是主观感受。“主观”是最难以界定的标准。不同地域、不同风俗、不同心理状态、不同职业身份、不同年龄层次，所感受的标准就完全不同。同样一块玉佩，玉器商人、考古学家、爱好珠宝玉石的女士，三人同时面对它，心理活动却截然不同。玉商难以避免地去看价格，考虑玉料、工艺的性价比，比较判断有没有利润。考古学家脑中马上浮现的是这件玉器的真假，是否符合年代规律，如是仿品，则考虑仿的水平如何。而爱好玉石的女士则在欣喜地观赏它的质地、颜色、工艺、纹饰、甚至已经考虑到佩戴效果。这三种态度分别代表了实用的、科学的、美感的态度。看似简单的概念，美学从这三种态度中把观念渐渐理清用了几千年。行至今日，美学家们同样把善与真从美学概念中理出，知道片面强调美，就走向了唯美主义；片面强调真，就走向了自然主义。通晓真、善、美各自的功用以及关系同样也用了几千年，而我们今天只需要站在康德、黑格尔、克罗齐这样的大哲学家、大美学家为我们垒砌的台阶之上继续往上走即可。

当今玉器美学的研究庆幸是站在这样的高度探索新的方向。之所以要在第一段把美学的出处交代给读者，意在与现在滥用的美学概念划清界限。国内某大学刚毕业的学生在自己的名片上印上“珠宝美学家”的名头，以此为例，当代中国突然涌现了成千上万的美学家。化妆师自称为造型美学家，裁缝叫服装美学家，美甲师、足底按摩师纷纷加入了“美学家”和“大师”的行列，而不管是什么方面、什么类型的专家学者，都纷纷要给美学下个定义，定个标准。这样的美学不禁让人汗颜。

本文中讲的真正的美学家是什么样的人？是那些在漫长的历史长河中，像黑暗中闪烁的星星一样，给予我们人类在美学及艺术的道路上以光明的人。就像我们说齐白石、黄悲鸿是绘画界的大师一样，他们在绘画上的继承和创新，为当代的绘画点燃了一盏时代的明灯。即使如今谁的名片上都可以印以“大师”名头，哪个机构都能评选出成千上万的“大师”，然而我们深知，真正的大师，有能力在其领域中承上启下，树立一代楷模，开启一代新风，让后人从此踏在全新的平台上进步。相同的，美学家研究艺术美、自然美之间的关系，研究崇高美与优美给我们带来的不同心灵感受，他们寻找美学中普遍的规律，用了几千年的时间分清真、善、美各自的在美学中的定位以及意义，他们一代一代的努力，使得艺术在光怪陆离的各种可能性中未曾偏离心灵的主流，奠定了艺术之花良性生长的土壤，并让艺术结出良善的果实始终滋养着人类的精神。

哲学界一向认为美是艺术国度中的概念。那么艺术的作用是什么？艺术可以传染情感，打破人与人之间的界限。艺术家是天生具有敏锐心灵的一批人，他们把我们从盲人摸象的世界中带出来，借由他们的眼睛，带着我们看这个世界。例如凡·高带我们看自然界中闪烁的阳光和微妙的阴影，拜伦让我们领略威尼斯的风光，郑板桥把竹的风骨与韵味展现给世人，莎士比亚捧给我们平凡世界中人性的庄严和灿烂……艺术就是艺术家眼中的世界，是人性中最原始、最普遍、最自然的需要。美的本质是什么？不过是一棵树摇动另一棵树，一朵云推动另一朵云，一个灵魂唤醒另一个灵魂。嗜美是一种天性，一种精神上的饥渴，它如真和善一样，是我们人性中一部分自由伸展的可能性。而我们则在美的感受中重新体悟了这个世界的真相。

这种启发对于道德有什么影响呢？它启发心智，伸展同情，使我们对这个世界的人情物理有着更为真确的认知。艺术美对人类的影响，就如一个最好的朋友言传身教。他热爱自然，便教会我们热爱山川日月；他对人类的苦难报以深刻的同情，我们便也体会到悲惨世界的生存真义；他细细描摹一朵花的优美，我们竟也在路上停下脚步静静欣赏一朵花的真相……无需在书本上苦读教条，也不用在老夫子的苦口婆心下感到枯燥乏味，美育本身就是最好的教育！1917年蔡元培在《新青年》杂志上发表了《以美育代宗教》一文，也是国内第一次提到“以美育代宗教”的说法。他认为：“美育者应用美学之理论于教育，以陶冶感情为目的者也。”更强调美育是一种重要的世界观教育。若真能如此，世界可能又将是另一个世界了吧！言归正传，了解了此“美学”非彼“美学”。我们就来探讨玉器美学研究的必要性。

一、 玉器美学研究的必要性

关于东西方对美理解的不同，仅从一个例子可见端倪。西方人偏爱璀璨夺目的宝石，东方人喜爱温润纯洁的玉石。绚烂夺目，极尽繁华的确是一种美的方向，也符合自然界的审美趋向；然而“清水出芙蓉，天然去雕饰”的返璞归真之美，更被国人所推崇。作为“玉石之邦”，玉对国人的影响，以及其无与伦比的地位已经有无数学者写过专业文章，这里无需赘述。值得一提的是，中国向来把“玉”作为美的理想，可以说一切艺术的美，以至于人格的美，都趋向于玉的美（宗白华《美学散步》）。

从艺术的角度来说，中国8000年玉器的演绎和变化，正是国人对美的理解和诠释。我们若要研究世界美学，东方美学是最重要的组成部分，我们若要研究东方美学，玉器美学是最为重要的组成部分。沿着东方美学的长河溯源而上，我们在玉器美学中可以发现神玉时代民族的根脉和文化起源；王玉时代所创造的文明和艺术；民玉时代，包括唐、宋、辽、金、元、明、清，玉器用它的美铸就了一个民族。今天，经济开放为当代玉器的发展安装了高速行进的车轮，玉行就像一台永动机，不断产生新的作品和新的创意。

然而在新作品、新创意的背后，却往往一半是繁荣，一半是没落，一半是前进，一半是倒退。东方人钟爱的璞玉有其大美的天然之态，玉雕师如同玉的再生父母，给予它天地人合一的形态，赋予它全新的灵魂，让其以更美的面貌千百年地活下去。然而令我们痛惜的是，当代玉雕的花园里良莠不齐，无数雷同的作品粗陋不堪，许多天然美女却被整成效颦东施，玉雕师本人的审美素养、艺术品位低下，导致其塑造的作品非但没有艺术品赏心悦目的功用，反而糟蹋了一块天生丽质的良玉。人们不禁要问，究竟什么可以保证玉行这台永动机良性有序地循环？什么可以让玉雕这门国宝级艺术在正确的道路上不断攀登？那么，让我们回归到“美”这个永恒的主题上来，她是站在艺术之巅的女神，无论艺术有多少路可以走，最终都将通向美这条心灵的家园。美，是艺术的初心，也将是艺术最终的归宿。从人类创造艺术以来，留存和不朽的，便是美的艺术。玉器美学的研究已经迫在眉睫，在美育缺乏的玉雕界，玉器美学的研究可以给予我们思考和指导，更给玉雕艺术的良性生长提供肥沃的土壤。

历史上最早的美学观点大部分是就诗歌、歌剧、音乐这几种艺术形式进行美学剖析，提炼出美学观点及要求，力求在这种文艺形式里提炼美的精华，以求达到一种更高的艺术水准。到了后期，开始在雕塑、绘画以及其他艺术领域进行了更详尽的探索。然而切不要因此就割裂了美学的历史，美学本是哲学分支，不孤立于某一特定的艺术形式，她最早并未从哲学中区分出来，而哲学研究和探讨的，一直是一种大宇宙观。本文力求通过雕塑、绘画、文学创作等各种艺术形态来阐述美学概念，最终结合当代玉雕的实例阐明美学观念，力求给读者以启发。我们将深入探索当代玉器美学中的艺术创作问题、东方美学对于玉器创作的影响，探讨玉器美学中美学分类，美与自然、社会之间的关系等等，希望借此给予当代玉雕的发展提供一种科学的精神和崭新的思路。这项研究何尝不是一种美育，愿百年前蔡公的精神，在我们的研究中得以发扬。

二、艺术创作的基本规律“合式”与当代玉雕的关系

正如阿拉伯数字从“1”开始，作为一切数字的基础，“合式”是美的基础。贺拉斯把美学中的符合常态定义为“合式”（decorum），翻译过来就是“妥帖得体”。常态不见得是美的，但不符合常态的却不美。人体态匀称是美，太肥或太瘦都不美；鼻子常态是从上到下逐渐变高，若上下一般则不美；山巍峨符合常态，人就对巍峨的山格外喜爱；水若不明媚清澈，浑浊肮脏则为不美……人们在心目中常有一个普遍定式（并非绝对），凡是一种形状或者性质已然普遍被接

受，就更符合常态和审美规律。“合式”这个概念是贯穿在美学三论《论诗艺》一书中的一条红线，这个概念认为艺术创作若要体现美感，首先应该恰如其分，符合逻辑与理性。例如《论诗艺》中开头就做了一个比喻：如果画家在马的身上画上人头，把不协调的形象胡乱拼凑在一起，那么无论如何都不能称为美的（《论诗艺》）。

贺拉斯则认为：“如果为了追求变化多彩而改动自然中本是融贯整一的题材，就像在树林里画一条海豚，在海浪里画条野猪，令人感到不自然。”好作品的源泉在于正确的思辨。在一个人物的塑造上，要秉持一致和合理性，不能开头是一个英雄，却在描写中不符合其身份。贺拉斯举了一个例子：塑造阿格硫斯，你就得把他写成是一个暴躁、残忍的凶猛人物，不承认一切法律，要凭武力解决问题。新古典主义的代表人物布瓦洛说：写阿伽门农，应把它写成骄横自私；写伊尼阿斯，要显出他敬畏神祇；写每个人都要抱着它的本性不离。美学家在“合式”这个概念上的严苛要求影响极为深远，它使得几千年的西方艺术没有走入荒谬扭曲、粗制滥造的歧途，由此而创造出了许多享誉世界的艺术作品。反思我们当代玉雕的创作，我们的创作是否符合了这最原始的、最基本的美学规律？例如林黛玉向来在人们心中有弱质芊芊的病态美，如果哪位创作者创造出了一位五大三粗的林黛玉，很难有人认为她美；相同的，玉雕创作中的观音形象端庄慈祥，若是创作出奸佞的表情，观者自然不会觉得作品美；关公题材的玉雕作品很多，然而有些玉雕匠人却把一个“斩颜良、诛文丑”“过五关、斩六将”的武圣关云长雕刻成了手无缚鸡之力的白面小生；塑造一只凶悍的老虎，竟然雕刻了一排整齐的切牙；弥勒佛穿金戴银抢了财神的饭碗……纵然当今中国的艺术创作，从上到下洋溢着一股高亢的创新热潮，然而胡编乱造、过度娱乐化在任何艺术创作中都是不可取的。倘若画家画一个农民形象，却给了他一双细皮嫩肉的手，或者一个大漠里生活的农妇，却有一张白皙的面庞，这样的作品，无论是玉雕还是绘画，都难以打动人心，更遑论走入美的殿堂。当今影视作品中手撕鬼子，弹弓射飞机等让人啼笑皆非的雷剧遭到观众的频频吐槽，美其名曰“创新”的背后是一种“无度”。题材的合理性，是对艺术创作的起步要求，它是美的最基本的要素。

题材的“合式”只是最基础的要求，玉雕艺术跟其他创作不同之处还在于，千变万化的玉料能否与艺术家所塑造的玉雕作品相契合。玉料的特质越是能够与题材两相“合式”，越是能够让观者体会玉雕之美。玉料本身不同于纸、铁、或者是泥巴等其他艺术媒介，世上没有一模一样的两块璞玉，玉料本身就具有其自己独特的美的语言。最好的和田玉我们叫它“羊脂白玉”，抚摸和观赏时，都仿佛一层似凝脂一样的东西从玉质里面渗出来，许多人把这种感觉比喻成“婴儿的肌肤”，或者是肤如凝脂的美人肌肤，中国人讲冰肌玉肤，雪肤玉貌，也正是由此而来。吴德昇先生的裸女系列正是巧妙地利用了和田玉的这种特征，通过细腻温润的玉质淋漓尽致地展现了女性肌肤的质感。于明先生曾经对玉这种材质的艺术表现力做过一系列分析，他认为：玉雕作品最佳的范本应该是“世无其二”的材质运用。如果一件作品完成后，观者认为玉质与作品结合到了最佳，料与工和谐到世界上任何其他材质都不可替代，那就达到了玉雕艺术的上乘。2015年苏州的玉雕大师杨曦创作了玉雕作品《流动乐章之“莲相”》。这件作品在抽象的镂空造型中营造虚幻的莲花姿态，又在流动的块面中镂雕出一朵洁白无瑕、清净若仙的莲花，虚实结合、亦真亦幻，让人难以忘怀。

杨曦：《流动乐章之“莲相”》

我们一方面惊叹于莲花被艺术呈现出如此美丽的姿态，另一方面也会被洁净温润的玉料所打动，白净无瑕、细腻温润的玉料与圣洁纯净的莲花结合得如此之好，仿佛世间再没有其他材质可以如同美玉一样能如此接近莲花的“真相”，造物主赋予一朵莲花生命的时候，它亭亭玉立地活着，含苞欲放的姿态，晶莹剔透充满水分和生命力的花瓣，那吐露芬芳的颤巍巍的柔嫩莲蕊，无一不让人产生美的感受。然而一朵塑料的莲花，无论多么逼真，始终无法给人以相同的感受，蓬勃的生命力仿佛为事物安置进了美的灵魂，艺术的终极追求也是这种比拟造物主的神手一般，带有生命力和灵魂的美。材质一旦带有了这种接近生命物质的特质，就极容易生出极为动人的艺术品来。无独有偶，倪伟滨先生也有一件以莲花为主题的俏雕佳作《清者永寿》，这件作品所运用的玉材却与润白细腻之臻品璞玉大相径庭，它是玉料的另一个特质的代表，极具特色的花浆绺裂与细腻玉质交杂错生。

大家欣赏《清者永寿》这件作品时，就会有另一种感受，同样是莲花之美，倪伟滨的舒卷莲叶上斑驳虫蛀，仿佛经历过风雨的摧残与岁月的磨砺，然而呼之欲出的两朵莲花却坚韧而俏丽，仍然生机勃发，半掩于莲叶后的莲茎劲拔有力，仿佛孕育着无限的生命力。一件玉料洁白细腻，用于表现洁净清莲的纯洁姿态，一件玉料沧桑斑驳，正好表现风雨过后，残叶劲荷的顽强姿态。玉料与工艺在表现上都体现出了其合理性，符合美学中的“合式”规律，因而成就了极为动人的佳作。玉料的这种特质十分迷人，若无灵心巧思，这不过是废料一块，若碰上鬼斧神工者灵心独运，则能化腐朽为神奇，靠人力为天地灵物塑造了全新的生命和面孔，当然这绝非简单的挖脏去绺，而是借物造物，易形俏雕，顺应造化成就其全新风貌。这种特质对于玉雕艺术家来说，就像面临一道谜一样的命题作文，解谜是一个过程，在框架里巧妙地完成全新的创造又是一个过程，所以“读玉”被列为玉雕大家所要具备的能力之一。“俏雕”是门大学问，它在物与人之间，对人力的要求更高，而佳作一旦完成，给予观者的审美感受也是双重的，一方面是对物的美的欣赏，另一方面也是被化腐朽为神奇的

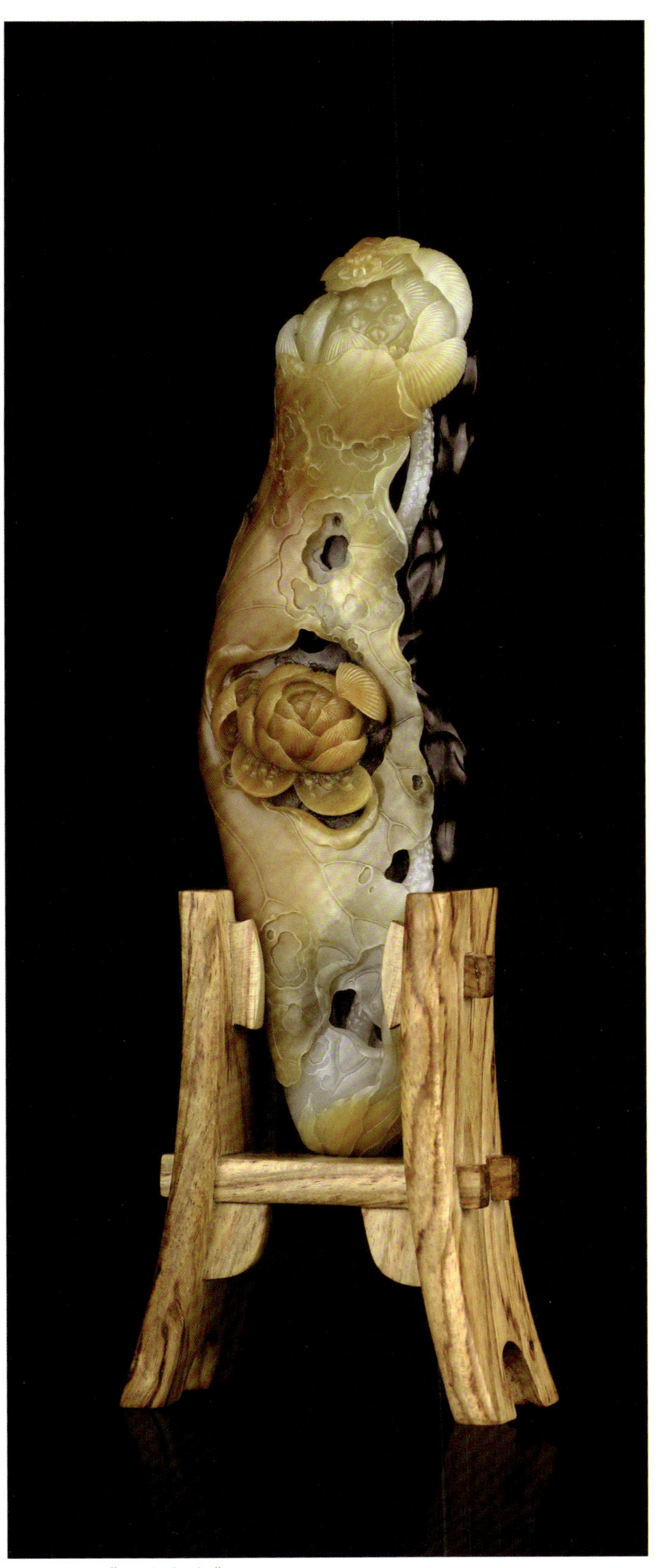

倪伟滨：《清者永寿》

巧思所撼动，同时，优秀的俏雕佳作也具备了“世无其二”的不可替代性。试想，倘若反其道而行之，用洁白润净的玉料表现历尽沧桑的残叶，花浆绺裂的玉料表现纯净圣洁的清莲，就如电视剧中在常年劳作的农家老妪却有一双白皙柔嫩的手，无论演技如何，观众无疑都要吐槽导演的疏忽了。

如果说《莲相》描绘的是莲花的圣洁之美，《清者永寿》所传达的就是莲花的君子之风，虽同是莲花题材，同为和田玉材质，但都因为艺术家独一无二的创作，有了其属于自己“合式”的美。借由艺术家的灵心妙手，我们感受到了莲花不同的“相”，既愉悦了眼睛，又陶冶了心灵，美的意义正是如此。

三、美的两大家族“优美与崇高”在玉雕中的应用

优美、壮美、娇美、柔美、俊美……如果我们要把美的成员们一一列数出来，恐怕太难了。美的家族成员众多，公认的分类方法也有几种，从玉雕这种艺术形态而言，最合适的分类是按照美的形态分为优美与崇高两大家族。

优美是美的一般形态，以和谐、一致、均衡、统一为特点。优美的本质是符合心理预期的和谐，它呈现出柔媚、优雅、清丽、安宁、明净等完善协调的形式，能给人以轻松、愉悦、心旷神怡的审美感受。优美有着与心灵节奏相合的韵律，对优美的受用是我们的天性，是我们对自身力量、生命本身的静态直观，体现为生理愉悦、情感松弛快适、心灵共鸣和谐，是“迟日江山丽，春风花草香”，也是“湖光秋月两相和，潭面无风镜未磨”。翟倚卫的作品《早春》选用新疆和田优质的带洒金皮籽料，优美的鼓形牌型左右对称，和田玉天然的黄皮被设计成了盛放的迎春花，视线透过一大簇生机盎然的花朵看去，一位美丽的少女撑

翟倚卫：《早春》

船划过水面，右下角飞过两只燕子与画面呼应，画面均衡唯美，洋溢着强烈的春天气息。这种美符合人的审美预期，让人心旷神怡、喜悦舒畅的美仿佛上帝赠与的礼物，它满足我们的嗜美天性，就像美味的食物会自然唤醒你的味蕾，这些优美的景象，为我们带来了心灵的愉悦。

自然界中并非总是这种和谐完善、让人愉悦的美。优美就像我们走在长长的台阶上，一级一级走上去，可以不看路，你知道下一步是多宽多长，每一级台阶都会是符合相同节奏的铺列。然而如果在秩序的台阶里，突然出现了一个线条扭曲、形状歪斜的台阶，从心理上你可能不会有相同的愉悦感，因为它不在你的预期范围之内，就像是本来和谐熟悉的音符中突然夹杂了一声高亢的噪音，原本沉浸在音乐中的观众都会惊恐地睁大眼睛。优美是符合内心预期的美，并非如同台阶和音律一样完全符合定式和常规，但却仍然要与我们人类内在的审美节奏相合。仿佛上帝在造万物时都倾向于造左右对称的样貌，无论是动物还是人类，哪怕是植物也要在一根叶脉上左右均衡地生出细小脉络，仿佛早已经安置于我们体内的审美天性，人类对这司空见惯的自然规律有别样的喜爱，所以对称与均衡赢得了大多数人的喜爱。而优美，就是那种内在均衡圆满，符合审美规律的美。优美是毋庸置疑的美，若要深究其引发我们心灵愉悦的根源，可以解释为优美是我们所熟知、可控、在心灵上可涵盖的一种美学现象。如果把心灵比喻成一位君王，优美就是他熟悉且爱恋的女人，这位女性的一举一动都在君王的可控范围内，同时，她又如此地贴合他的心意，让他感到安心和舒适。君王的力量在与她相处的过程中可以从容地自我照见，这才是我们愉快的根源。

然而就像我们的味蕾并不只嗜好甜蜜，也嗜好酸辣一般。美也并非只有直接满足内心的优美，还有更加复杂的崇高。 从语义上解释，崇高是全然伟大的东西。无论是力学上的大，还是数学上的大，总而言之，它与优美与心灵相合不同，崇高是超越我们感官尺度的心意能力的。当我们行走漫漫大漠黄沙中时，当我们仰望无边无垠的星空时，当我们在大海里面对着狂风巨浪时，当我们在火山喷发的现场时……内心充溢的绝对不会是愉悦的情绪，因为无法掌控，内心产生了恐慌和无力感。心灵的君王在全然伟大的面前，显然产生了害怕的情绪。然而，就像被食欲和偏爱支配无法客观地评判美食一样，人面对一种让自己感到恐惧的对象，甚至危及到自身安全的时候，是很难产生快感的。我们必须弄明白，美所能给予心灵的，是一种愉悦情绪。那么崇高如同猛烈的酸辣味，是有条件的美味。思想的君王看到一只巨大的猎豹，强大而暴虐，正冲向自己。心灵上产生了巨大的紧张情绪，然而突然发现，原来猎豹是被关在一个透明的笼子里，我们处在安全的位置。重压突然卸掉了，刚才的紧张情绪一扫而空，一种从重压中解放出来的愉快油然而生。取而代之的是一种赞叹，刚才越是危险，猎豹的力量越是强大，这种愉悦越是强烈。从心理上解读：你很强大，然而，我却不能被威胁。大自然的力量又让我们重新认识了自我。有人问世界上最大的是什么？有最妙的回答：想象力！的确，是借由想象，让我们内心对这种力量进行了涵盖。从数学上看，星空无限，然而在想象中，我们又想出更多的星云；黄沙漫漫，人在无数的黄沙中无比渺小，然而当我们把它想象成一个部分，是地球的一部分，地球是宇宙的一部分，而宇宙之外，甚至想象力还要涵盖，这一具有优越性的思想给了我们优越的内心，我们身处安全之处，不受这数量的威胁，再一次回转到愉悦的审美情感中，我们想到了：黄河落日圆，大漠孤烟直的壮美；狂风巨浪和火山喷发不再让内心感到恐惧，如果是在屏幕中观赏，我们只觉得场景如此宏大，壮哉！美哉！赞叹不已！身处危险时，生命的本能让我们恐惧，一旦处在安全的位置，这种伟大的力量却给予我们心灵的震撼和洗礼。

一枝劲箭伴随着风声射到一个人的眼睛一寸之处，一块危险的巨石正高耸在半空摇摇欲坠，一个巨浪正以滔天之势飞向天空……这些景象越可怕，在安全地带的我们越被这景象所吸引，这是力学概念里的崇高美，我们不得不提高我们的精神力量越过平常的尺度，超越自我的去运用我们的想象力，鼓足勇气去拼一下。在想象中，我们有力量战胜这些强大的力学现象，由此而衍生出一种欣喜雀跃的情绪，这也是一种审美的愉悦，尽管这种愉悦曾经迂回地让我们震撼惊恐过。于是我们看到武者在最后一秒钟抓住了这支箭，小小的人举起了比他大无数倍的巨石，而这巨浪之上，是一叶芦苇，芦苇之上，是达摩祖师。这些艺术作品，无论是影视上的还是雕刻中的，无一例外解析了力学上的崇高如何使人产生愉悦。邱启敬的玉雕作品《无常 · 水》是当中的佼佼者，青玉雕刻成翻滚的巨浪，以一种力学上的极致形态翻滚而来，深沉的青玉有着“黑云压城城欲摧”的气势，巨浪仿佛马上要冲下来，张牙舞爪的水花直冲而下。然而与之对立的是在淡绿色浅净的光晕里，佛无惧无忧的静立姿态。水的无常，巨大力量和动势，恰好衬托出佛静默的力量，在一动一静的巨大张力中，崇高美也油然而生。

东方美学中，对崇高美的塑造极其高明。太白有诗云：“日照香炉生紫烟，遥看瀑布挂前川。飞流直下三千尺，疑是银河落九天。”王国维在人间词话中说：太白纯以气象胜。此中气象，正是艺术家在想象力上原高于旁人，乃至心有山川日月犹在其上。内心无法把控一种美，就无法塑造这种美。东方的艺术家讲究留白，正是留白让无限大的想象力充斥着整个艺术作品，让我们得以插上想象

邱启敬：《无常·水》

的翅膀，窥见崇高之美的真意。明陆子冈曾受命在玉扳指上雕百骏图，他在小小的玉扳指上刻出高山峻岭和一个大开的城门，而只雕了三匹马，一匹驰骋城内，一匹向着城门飞奔，一匹则刚从山谷间露出马头，然其态势却如千百匹骏马欲从山谷间飞奔而出，此用尽留白之高妙。当代宋建国的《华夏之魂》也正是此中杰作。泰山玉制作的泰山景象峰峦叠嶂、危崖千仞、苍松巨石、云雾缭绕，有着五岳之尊的气势。既有秀丽的麓区、静谧的幽区、开阔的旷区、又有虚幻的妙区、奇绝的奥区。阴阳交错、虚实转换、环抱开合，借由云雾的影射，出神入化的玉雕技法，奉献给我们一个磅礴无匹的泰山全貌。

有人观北方山子，像看工笔画一样盯紧每一处细节，若发现一处不够精细，便仿佛发现错处一般认为“工艺不到位”。这如同在泰山面前研究石头结构的老学究一样，一片对艺术偏颇理解的叶子，竟然让人见不到一个磅礴雄伟的泰山。北方山子雕本就像写意画一样，功夫用在大意境和气魄上，以崇高美的姿态和奇伟的想象而征服世人，倘若这世上的人拿着工笔画的标准评判大写意，拿着小桥流水的标准衡量“千里冰封，万里雪飘”的北方风景，不得不说其一叶障目，不见森林了。云南的第一大湖叫“滇池”，第二大湖却叫“洱海”，原因是当年道路不通，大理当地没见过大海的人们认为这就是最大的海了，所以称其“洱海”，而昆明人见多识广，知道对于广大的海洋来说，昆明最大的湖也不过是自然界中的一个小池，所以叫“滇池”。虽为笑谈，但意蕴深长，这世上美分

宋建国：《华夏之魂》

千万种，描摹艺术的方法自然分千万种，倘若只拿一种标准衡量，岂不狭隘？当今普遍上海工艺细致，苏州工艺精巧，适合表达小桥流水人家的优美或人物的细腻动态，然北方工艺大气庄重，更适合刻画具有奇伟魅力和庄严雄浑的崇高之美。适合的工艺用于“合式”的刻画对象，才是玉雕艺术的上乘。倘若玉雕评论家自己都无法展阔眼界，不能以“合式”的标准衡量玉雕艺术品的工艺价值，总是拿着“唯精细论”标准看玉雕，无异于古时候道路不通，资讯不发达的古人看洱海世界最大一样，见识浅薄了些。愿看到此文的艺术创作者和玉雕评论家，以更包容的心态来看待玉雕艺术的创作，给予其更宽广的创作道路，艺术创作本各有其美，只要是“合式”的，就是最好的。

四、快适与优美在玉美学中的区别与相互作用

在美的概念中，优美极容易被快适所混淆。优美让人产生直接的心理愉悦，快适也是。在感觉里面使诸官能满意，这就是快适（康德《判断力批判》第三节）。然而快适与欲望直接连接，动物也有快适的感觉，但优美却只有人类能够体会。审美里，必须抛却欲念才能客观公正地产生真正意义上的审美。举例来说，台上两个女人比美，假设其中一位是某位评委的女儿，那他的评判则被判定为无效。原因他内心有了偏爱，偏爱是个性化的，不具有普遍的审美意义。一个正处在饥饿状态中的人去到超市里购物，免不了多买一些食物回来，一旦处于吃饱喝足的状态，他甚至看都不会看那些食物一眼。相同的，如果一件作品所作用的是感官而非心灵，那么它就并非优美而是快适了。优美并非要完全摒弃情感的因素，艺术家主观情感上有他自然而然的心理趋向，但这个因素是隐形的，弱化的，不应该左右审美感知。红楼梦中自然有些许情色描写，但却并非作用于官能，满足肉欲幻想，而作用于心灵，让我们产生心灵和情感的共鸣。吴德昇的裸

女系列作品，最大程度的发掘了玉料本身柔润光洁，接近人体皮肤的特性，当玉料一旦被塑造成女性身体的形象，尤其是象征女性特征的臀部和乳房被夸张地呈现出来时，我们在视觉和触觉上感到愉悦。究竟是满足官能的感受还是带给我们心灵的愉悦，只需拿断臂维纳斯的裸体形象来做个标尺，如果一件玉雕作品，如同维纳斯一般带给了我们更多心灵的愉悦，毋庸置疑的属于优美的艺术。聪明的艺术家懂得在快适与优美之间寻找最佳的平衡，就如同最好的服装设计师知道领口开在什么位置最佳，往上一分可能失去了性感，往下一分则又坠入庸俗，在高贵的单纯中自然地融入人天性中的倾向，是一种极高段位的能力。希腊的雕像以“高贵的单纯和静穆的伟大”来形容最好的艺术品，希腊雕像中许多健美的人体形象都赤身裸体，然却丝毫引不起欲念的参与，我们只为人体的健硕和美丽所震撼，尽管我们的天性让我们更加喜爱这些作品，但很显然，古希腊的艺术创作者深谙如何塑造一个优美或崇高的形象，他们作用的是心灵而非官能。

是否作用于官能的快适就无法与美并行？恰恰相反，快适可以为美锦上添花。粉雕玉琢的《击鼓童子》，半露出可爱光洁的小屁股，让人忍不住抚摸，更加引发了观者对这个形象的喜爱。这里合理的运用了快适的参与，加深了观者的愉悦情绪。吴德昇的作品《和谐》也是极好的例子，这件作品中的裸女柔弱地依偎在凶猛彪悍的野兽怀中，从美的角度来看，丰乳肥臀的裸女以侧身最美的女性曲线呈现给了观者，既含蓄又动人，强壮魁梧的野兽一改我们印象中凶残的形象，反而异常温柔地收起了

吴德昇：《和谐》

尖锐的利爪，温柔地呵护拥抱着怀中的娇弱女子。野兽强壮的肌肉、刚猛的身躯，与裸女丰腴圆润、姣美动人的形象形成了阳刚与阴柔的对比，然而野兽呵护的姿态，收起的利爪，又与美女放松的表情，安心的依偎两相融合，虽然我们也看到了凝若羊脂的和田籽玉把裸女的丰美身姿雕刻得动人之极，甚至裸女那纤纤玉足踏在野兽的雄伟阳具上也赫然在目，然而这些景象非但没有引发我们的欲望，反而加深了对作品所塑造的主题的理解，阴阳相合，刚柔并济，和谐的本意也呼之欲出。由此可见，恰到好处的快适，并不影响主题表达，反而因为贴近了人的感受，加深了心灵的愉悦。

五、善之于美在玉雕中的作用

在美学的大家族中，善是美的姐妹，但并非是美。因为善的存在，美在很长一段时间里面容模糊不清，很多人分不清美与善的区别。因为两者同样作用于心灵，同样引起了愉悦的让人喜爱和亲近的情绪。一件有着善的面容的艺术作品，会一样引起观者同情和温柔的情绪，产生启发心智，伸展同情，使我们对这个世界的人情物理有着更为真确的认知的作用。善与美太相近了，然而一个叫“善”，一个叫“美”，如何分清这对姐妹的身份？答案是：善是借由概念产生的好恶及感受，美却是自由审判，不借由任何概念的结果。举例来说：京派玉雕大师苏然有一件叫《俺爹俺娘》的玉雕作品，雕刻的是一对老夫妇皱纹满脸、饱经沧桑的面容。这件作品是当代玉雕中“浆石俏雕”的代表作之一，极为撼动人心。观者观看这件作品的时候，内心涌动着温柔感动的情绪。原因是它启发了共鸣，我们想到了自己的老父老母为自己操劳的一生。感恩他们、孝顺他们，让我们的内心涌动着这样的情绪。然而“孝”这个概念，正是一个植入概念，如果没有社会风俗和教化的熏陶，是否还会产生如此感受？一个西方人，从小接受的教育跟我们有所不同，一个母系氏族的摩梭族人（走婚制，无婚姻概念和父亲概念，只有母系氏族概念的民族），这三者之间由于风俗教化的不同，感受自然是不同的。然而美给我们的感受却是天性的、自由的、直接的，苗绣中的许多纹饰都是优美的花纹，借由细腻、特别的针法，给予我们一种美的享受，苗族人理解这些花纹的意义，喜爱他们，除了苗族人以外的民族和种族，都不明白这些花纹的意义，然而一样喜爱它们。因为这些纹饰极为优美流畅，色彩搭配和谐，针法细腻动人，从美感的角度而言，能够引发我们的愉悦情绪。判断艺术作品属于善或者属于美的范畴，只需要判断一下是否是直接的自由感受，而并非经由了概念。

苏然：《俺爹俺娘》

那么是否艺术作品美是上乘，善不及美呢？绝非如此。美与善在结果上讲作用于心灵极为相近，分析的意义在于弄清楚两者在心理过程中的区别，以便于更精准地认识“美”，善与美经常共生，甚至善会使得美的心灵感受更为强烈。例如东方人热爱梅兰竹菊四君子，梅的傲雪、兰的静美、竹的不屈、菊的坚贞，都是东方人植入的概念后引发的“善”，然而当共情作用一旦产生，本来就美丽的梅兰竹菊更加引发了人们的喜爱情绪。

让我们再举个例子，安徒生童话中的“白雪公主”十分美丽，而白雪公主的继母也同样是个美丽的女人，然而为什么人人对于白雪公主报以同情和喜爱，却厌恶那个美丽的王后？善会让美的感受加倍，同样恶会让美变丑。这里我们深层次地讨论了善的作用。意欲深层次地剖析玉的教化意义。

首先玉是美的，从康德的角度上来说，只要符合人的审美愉悦的事物，直观上有着自由审美感受，感觉到其美的事物就是纯美。玉无疑符合这一规律。任何一个人走在路上，哪怕是一个对玉毫无概念的欧洲人或印第安人，当他在一堆石子中看到一块光洁莹润，洁白无瑕的籽玉时，很难像面对普通石子一样把它踢开，因为它美。见过羊脂玉的人最懂得这种感受，一无所知的孩童也会不由得捡拾它并爱不释手。玉在手中的质感，更加引发了人的愉悦，这种作用于感官的愉悦，不妨说它是快适。此时它不光愉悦了眼睛（美），更通过触感愉悦了感官（快适），双重的愉悦同时作用于心灵，让我们感知到玉本身就是美的。然而我们伟大的哲学家孔子又给予了玉“仁、义、礼、智、信、乐、忠、天、地、德、道”十一德，《五经通义》诠释道：“温润而泽，有似于智；锐而不害，有似于仁；抑而不挠，有似于义；有瑕于内必见于外，有似于信；垂之如坠，有似于礼。”这样说来，所谓“仁、义、礼、智、信”君子五德，玉都具备了。“德”从美学上解析就是善，这里的善就如美人不仅具有纯美的外形，更具有善的德行，更加使得美的外形充满着光辉，加倍了观者的美的享受。刚才我们发现，一块尚未被雕琢的玉，竟然同时具备了快适、美、和善的三种直指心灵愉悦的感受，它能够从成千上万的材质中脱颖而出，被智慧的东方民族奉为至宝，从美学意义上一分析，则不足为奇了。

那么，就是这样天生丽质的美人胚子，无论是要妆点它还是要塑造它，都要超越其原本的美，若非如此，就是画蛇添足了。然中国人讲究“玉不琢不成器”，很明显这“成器”便在美学上提出了更高于其美质的更美要求。玉雕家们应该怎样做?

六、怎样创作出优秀的玉雕作品

（一）学习自然

笔者有一次去看一个玉雕作品展，同去的朋友频频撇嘴，他指着其中一件蜗牛的作品说：我小时候养过蜗牛，蜗牛的身子明明应该从壳里伸出来，为什么这件作品却像是一个完整的肉棍上顶着一个壳呢？我看了不禁也哑然失笑，很明显，这件作品不符合常态，人人都有眼睛、有心灵、有对基本事物常态的判断和标准，作品一旦完成，就需要面对人们对它理性的检验，即使我的朋友并不懂玉料和纹饰，单纯从符合自然规律这一点来说，此作已经落了下乘。十九世纪法国雕刻家罗丹在《艺术论》里说：“我在什么地方学雕刻？在森林里看树，在路上看云，在作业室里研究模型，我处处都在学。”法国古典派作家安格尔告诉自己的学徒，要想创作出好的作品的基本条件：“你须去临摹，像一个傻子去临摹，像一个恭顺的奴隶去临摹你眼睛所见到的。”

被誉为海派教父的玉界大家倪伟滨先生在创作玉雕作品《四世同堂》的时候，巧妙地把一块青花玉料俏色出了四只栩栩如生的蜗牛，最小的蜗牛赖在最老的蜗牛背上，爷孙俩互动，十分生动有趣。开始设计的时候是准备把玉石下方俏色成一块山石，但其好友贺林先生建议设计成一块更符合自然规律的朽木。玉石鉴赏家贺林先生小时候生活在江西老家，经常看到蜗牛从破败的树干中爬出来活动觅食，从小喜欢观察大自然的他认为阴暗潮湿的环境才是蜗牛的家。倪伟滨采纳了贺林的建议，雕刻了一段足以乱真的朽木，《四世同堂》因此成了一件让人拍案叫绝的俏色奇作。我曾参观上海雅园的治玉工作室，每一件作品的制作都伴随着数十张上百张照片，雕刻一只金蟾，干脆养了一缸在花园里，甚至玉雕机的池子里竟然有一只活蟾瞪着眼睛相陪。据说鹰、猴、各种昆虫植物，凡是能找来的都养来观察，倪伟滨先生为了雕刻好水花，在江边拍了几百张水面的照片，所以仔细观察雅园的作品，水花与云气当代难有人能出其右，更不用担心雅园的玉雕创作出现本段开头蜗牛事件的不合常态、不“合式”的问题。王国维在人间词话中云：自然中之物互相关系，互相限制。然其写之于文学及美术中也，必遗其关系限制之处。故虽写实家亦理想家也。又虽如何虚构之境，其材料必求知于自然，而其构造亦必从自然之法律。这也诠释了艺术创作首先要有合理性，对自然的深入细致的观察，才得到美感。

（二）严谨的艺术创作态度

真正的艺术创作往往看似随意，实则极为严谨。许多人以为齐白石的画是一挥而就、即兴而作，因为他画很多大写意。实际只需稍微留意齐白石的画稿就会发现，每一件作品的形态、大小、比例都是经过极为细致精确地考量和推敲的。美虽然难以定义，然人人皆可感受到它的存在，甚至大部分艺术家痴迷于寻找它的规律。例如画家达·芬奇认为最美的人颜面与身材的长度应为一比十；柏拉图认为最美的线形是直线和正圆；毕达哥拉斯认为对称是美的重要特质；至于人人皆知的黄金分割1:1.618更是经过了无数双眼睛的验证。每种艺术都有不胜枚举的技巧来追求最美的表现，实验美学的鼻祖斐西洛曾经做过关于黄金比例的实验，实验是这样的：集合228名男子和119名女子对不同长宽比的长方形进行选择，选出试验者认为最美的一个，每一次选择该长方形算1分，若同时选择两个则每个长方形得0.5分，若同时选择3个则为0.33分，余类推。最终的试验结果如下表1所示，大多数人喜欢长宽比为34:21的长方形，这恰是“黄金分割”的比例。斐西洛以后，韦特墨、安基耶、拉罗等人依法实验，所得的结果大致相同。这个著名的实验证明了美的确有规律可循，也从一个侧面证明了比例关系在审美上的重要性。

当今玉界文人牌第一人易少勇先生独创天蜀牌，以诗书画印入玉，作品极为动人。坊间文人牌不在少数，为什么天蜀牌得以独步？易少勇一年手不释玉仅能

斐西洛“黄金分割”美学试验

长方形长宽比	选取的数目		选取数的百分比（%）	
	男	女	男	女
1:1	6.25	4.0	2.74	3.36
6:5	0.5	0.33	0.22	0.27
5:4	7.0	0.0	3.07	0.00
4:3	4.5	4.0	1.97	3.36
29:20	13.33	13.5	5.85	11.35
3:2	50.91	20.5	22.33	17.22
34:21★（黄金分割比）	78.66	42.65	34.50	35.83
23:13	49.33	20.21	21.54	16.99
2:1	14.25	11.83	6.25	9.94
5:2	3.25	2.0	1.43	1.68
总数	228.00	119.00	100.00	100.00

创作三到四件天蜀牌，速度远远低于一般玉牌创作者。我们经常看到一款玉牌觉得相当美，但一旦看到天蜀牌就马上感觉到其间的差距，眼睛会不自觉地被天蜀牌所吸引，原因正是因为易少勇极其重视玉牌的比例关系。天蜀牌一旦进入制作阶段，速度并不慢，但在设计上却要花费数倍的时间及精力。每件玉牌的大小、厚薄、形状都不甚相同，玉质也有差别，如何拣择适合的诗文及书法是极其重要的问题。书法是框架中的绘画，像音乐、像舞蹈、也像优美的建筑。我们常常看到颜体想到富态的美人，看到瘦金体又忍不住夹紧了肩膀，商周的篆文、秦人的小篆、汉代的隶书、魏晋的行草等等，各有姿态及其风格，如何搭配最佳？字体的长短、大小、疏密、排叠、避就、穿插、应让、其韵、法、意、态都需精密的设计，更何况根据诗文搭配的画面是否适中有度，风姿宜人，与之相配的牌型、额首是否呼应，大小比例是否精准，这些都耗费了一个艺术家极大的心血。在比例关系上的用心，使得天蜀牌具备了极为符合审美规律的美感，美有时候是毫厘之间的较量，若宋玉赞美人：增之一分则太长，减之一分则太短；着粉则太白，施朱则太赤。美在这里，就是最为适度和恰当的比例关系。

（三）取自自然，高于自然

是不是自然主义者和写实主义者认为的，艺术家唯一成功的捷径就是模仿整个自然呢？如果艺术创作仅仅是模仿自然就可以获得美，那自然美一定超过艺术美，无论我们制造出如何逼真的一片叶子，它也不及真正的叶片那样生气蓬勃。

那怎么说服写实主义者呢？只需看一个例子：歌德和爱克曼曾有一次有趣的谈话。歌德有一次拿了一副荷兰画家吕邦斯（Rubens）的木刻画给爱克曼看，以下谈话内容摘录自《歌德谈话录》：

歌德：你看这画中的事物，像羊群、草车、马、回家的工人等等，光线从哪里来的？

爱克曼：光线从我们这边投影入画的层次中去的。回家的工人们都在丰满的光线里，这样产生的印象顶好。

歌德：你看这种好印象是怎样产生的？

爱克曼：因为背景阴暗，所以人物越加明显。

歌德：那阴暗的背景是怎样画出来的呢？

爱可曼：人物旁边有一丛树投射一片很浓的阴影，所以背景显得阴暗。呃，这倒有些奇怪，人物由我们这方投影到画的里层去的。而树林却由画的里层投影到我们这方来。光线是从两个相反的方向发出来。这种办法绝对地与自然相反了。

歌德微笑：要点就在这里。这些地方正显出吕邦斯是个大家，显出他的自由心灵能超越自然，使自然迁就他卓越的心灵。这两重光线实在是违背自然，你的话不错，但是它虽然是反乎自然，却也是超越自然。我说它是大画家的大胆的笔法，他用天才证明艺术不全受自然所定下的必然法则所奴役，但自有它的特殊法则。……艺术家对于自然有两重关系，他同时是自然的主人与奴隶。他是它的奴隶，因为他必须使用人世的工具，才能叫人懂得；他是它的主人，因为他奴使这些人世的工具，使他们效应于他的卓越的心裁。艺术家要使观众见到一种总印象，这种总印象在自然中寻不到，它是他心灵的产品，或者说，他的心被一股灵气所鼓动的结果。如果我们随意浏览这幅画，里面的一切事物都让我们觉得自然，觉得它仿佛是自然的拓本。这些美的画在自然中向来见不着，塞尚和劳冉的风景画也是如此，我们都觉得它自然，但是在自然中却找不到它们呢。

歌德这番话已经全然剖析了艺术和自然的关系。凡是真正的艺术都极自然，但都不是完全的自然的拓本。这也是真与美之间关系的最佳解释。

希腊晚期的雕塑作品《拉奥孔》一直被史上的美学家所推崇，正是因为在美与真中间，雕塑家给予了最佳的平衡。作者在塑造“拉奥孔”的时候尽量不把扭曲的、丑陋的一面尽情地表现出来，从而用一种相对克制的雕刻手法，把雕塑的美尽量地保留住，于是史诗中的大声嘶吼，在雕塑的呈现中是小口痛苦的呻吟，雕塑用隆起的肌肉表达一位英雄遭受磨难时的痛苦，却在表情上给予其痛苦面容下的最大美感。诗歌可以尽情描述，把幻想留给读者，凡是直观赋予形象的艺术却必须在真之外寻找美的平衡，以便最终达到心灵的共鸣。绘画之所以没有被照片所替代，正是因为照片不能完全反应事实的真相，有些互动与共鸣来自于人的心灵，当绘画还原了原本被照片稀释的美，加以艺术的裁剪，它更能够接近我们所能够理解和共鸣的真相，这就是为什么美学中向来认为艺术美要高于自然美。显然人力的加入让美更能成为美。更无需担心临摹会使得艺术家的作品千篇一律，同样是雨后莲花，周邦彦写：叶上初阳乾宿雨。水面清圆，一一风荷举。晏几道写：雨罢苹风吹碧涨。脉脉荷花，泪脸红相向。同样模仿石涛，傅抱石画风肆意，李可染画风严谨，两人性格不同，相同的画作，映照在内心的感受不同，再返照创作的艺术作品自然风格迥异。大可不必担心模仿会阻挡一个艺术家的脚步，艺术的可取之处就在于心灵的加入，一千个人有一千个哈姆雷特，相同的荷花，古今却未有相同的吟诵莲花的诗词，更未有完全相同的画作。

玉雕则更有双重不同，一则玉料本身都是独一无二，创作者需要随形就料进行设计，这已经有了心灵的参与；二则创作者的心灵映照不同，所做更是大相径庭。作为一个玉雕艺术家，需要深刻地认识到玉料之美，才能够读懂玉，完善玉。易少勇认为：只有蕴含生命香味的元素才配得上玉的气质，于是他刻画梅的孤傲、兰的静美、竹的劲节、菊的素贞、松的傲骨峥嵘、水仙的冰清玉洁……这些是人类公认的美的形态，是东方文化提炼出的善的精神，美与善的结合，给予了天蜀牌无与伦比的美；苏然认为：玉具有深厚的文化承载力，亦是美好和信仰

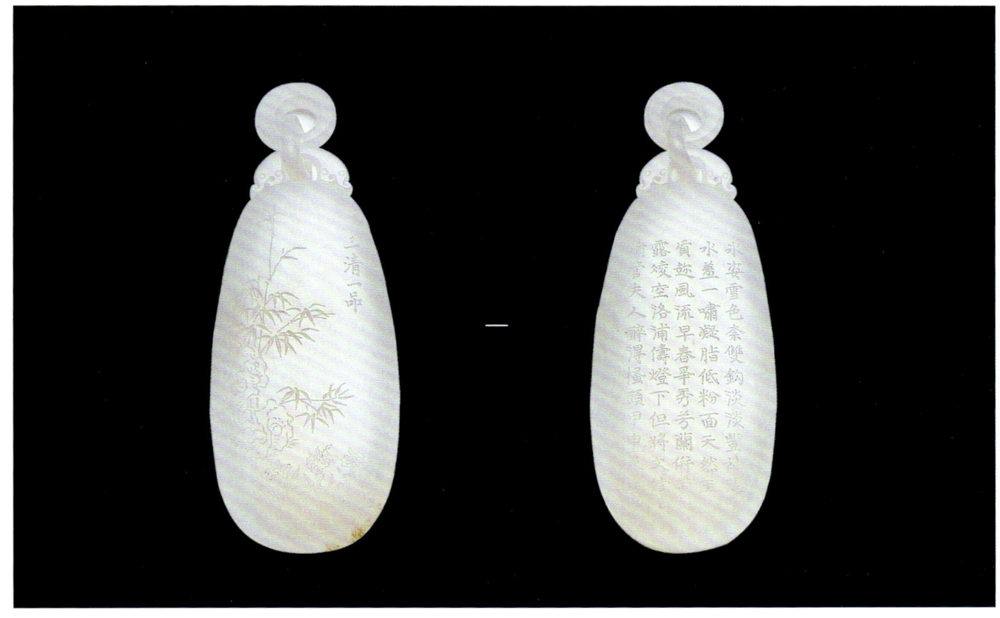

易少勇：《三清一品》

苏然：《三世佛》

的化身，于是她把自己的理想和心灵，融汇到自己的艺术作品中，创作了美与善相融合国学系列、佛学系列等圣洁超俗的玉雕作品；崔磊的性格喜动、张扬、热烈、外向，对他来说，张烈、繁缛、具有爆发力和感染力的作品才是其酣畅淋漓的创作核心，所以他的作品常常把玉的阳刚、张力表现得淋漓尽致……而杨曦则把他对江南风物之美的体悟，哪怕是一花之舒展，一叶之飘落，移情入怀，再凭借其成熟的，个性化的物质创造展现给观者。通过一片微小的落叶，可以唤醒我们深沉而又丰美的情感。一个热爱江南的赤子，把江南最美的景致奉献给了玉，而欣赏者，又从这诗情画意的玉雕作品中，以全新的角度体悟了江南之美。

（四）“眼中之竹，心中之竹，手中之竹”

有人把艺术创作的过程总结为眼中之竹，心中之竹，手中之竹。眼中之竹自然指的是罗丹所说的善于观察的眼睛，一切美都要通过目观耳听的世界寻得它的痕迹。心中之竹也好理解，胸有成竹指的就是这竹的形态已经无需经由眼睛早已印刻在心灵之中。手中之竹则是指掌握艺术创作媒介的能力。

1. 眼中之竹

心理学里有一个词叫做非注意性盲视（inattentional blindness），指的是人看不见自己不注意的事物。有一天倪伟滨先生吃蟹，突然掰出一个小小的大闸蟹的软组织，自言自语说：这多像一只蝴蝶！遂叫家人来洗净镶嵌。众人仔细观察，果然栩栩如生如一只小小的展翅白蝶。众人吃蟹何曾吃出一只蝴蝶来？偏偏蝴蝶就在那里，我们却得了“非注意性盲视”，坠入了熟视无睹的世界里。苏然有一件作品叫《玉璞神刀》，这件作品的原石曾是流落四处的一块璞玉，差点被人大刀斩断，截成三截，做成三块牌子。又差点被人抽筋扒皮，雕成红脸关公。此玉机缘巧合落到苏然手里，她一语道破：本就是一把玉刀，怎得要破坏！众人细看，果然是一块刀形璞玉。苏然之在刀背上浅浅勾勒出古刀背上神秘古朴的饕餮纹，便横空出世了一件“上古神器”，刀中仿佛蕴有千钧之力，让人感慨不已！刀本在哪里，只是惯性让我们看不到它的真相。这样的例子不胜枚举。玉雕中的俏雕，考验的就是作者的眼力，倘若没有一颗像孩子一样干净的童心，便看不到其中蕴含的山川日月，更看不到其中的大美。与和田玉打了一辈子交道的玉界泰斗蒋有儒先生，由于常年沉浸在大美的世界中，常常对艺术品提出一针见血的意见，仔细琢磨经常有种醍醐灌顶之感。美给予一个人的熏陶是润物细无声的，如若我们所不能及，则需在寻美的道路上继续前进。

2. 心中之竹

从古至今，每天在玉雕机前劳作的匠人很多，每个时代最好的玉雕艺术品却屈指可数。原因在哪里？雕刻家罗丹在雕刻艺术上所总结的几段话揭示了艺术的秘密：

> 世界中从不缺少美，而是缺少发现美的眼睛。——罗丹
>
> 在艺术者眼中，一切都是美的，因为他锐利的慧眼，注视到一切众生万物之核心；如能抉发其品性，就是透入外形触及内在的真，这种真就是美。——罗丹
>
> 生命之泉，是由内心飞涌的；生命之花，是自内而外开放的。同样，在美丽的雕刻中，常潜伏着强烈的内心颤动。这就是古代艺术的精密所在。——罗丹
>
> 最重要的是感受，爱憎、希冀、吟哦、生活。要做艺术家，先要从人做起。——罗丹

对应艺术的传递过程：事物的美——心灵感受到事物的美——通过艺术手法传递所感受到的美的形象——被懂得这种符号的人所看到——被同样感受过类似美的心灵所理解——对美强烈的共鸣。罗丹在这一过程中所强调的，是心灵感受事物的美这一环节。这与王国维在《人间词话》中的艺术主张异曲同

工：词以境界为最上。他说：境非独谓景物也，喜怒哀乐亦心中之一境界。故能写真景物真感情者，为之有境界，否则为之无境界。换言之，一个艺术家，若内心没有对美的强烈感受力，即使技巧再强大，也无法创造出打动人心的作品。这样一来，艺术产生的核心条件又回归到了心灵感受力上了。我们可以想一个问题，为什么会有艺术？创作艺术真正的原动力又来源于哪里？无论是文学创作、摄影、绘画、雕刻、作曲等等所有的艺术形式，其创作者的心理源头究竟是什么？回想一下，我们开始想写一首诗，我们有强烈的愿望想要画一幅画时的心境……艺术创作本身是一件煞费心血的事情，许多艺术家贫困潦倒，饥寒交迫，一生都未停止其追求的脚步，更有甚者燃烧了生命去点燃其艺术的火炬，何以每个时代都仍然有许多人在追求艺术的道路上前仆后继呢？艺术有时候是一种强烈的内心涌动，是一种如鲠在喉不吐不快的情感需要，而不是为赋新词强说愁。歌德因深爱一位女子不得而痛苦得想要自杀，当他突然听到耶路撒冷为失恋而自杀的消息，便有强烈的欲望让他花了两周的时间写了世界级的文学作品《少年维特之烦恼》，书写完毕，他自杀的念头也打消了，似乎在文学创作中，自己内心的苦闷和抑郁都得到了疏解。古今中外的大艺术家，无论是凡·高还是罗丹，无论是司马迁还是曹雪芹，都是因为极为特殊的环境反而激发了他们强烈的创作愿望。从亚里士多德到弗洛伊德，许多学者都认为艺术有净化心灵的作用，可以发泄情感、排解忧愁、慰情怡性，寻觅知音。所以中国的文人常常得意时居庙堂却少有佳作，失意时寄情山水，倒做得无数佳作得以传唱古今。崔磊早期为了坚持在玉雕创作上的创新而玉路坎坷，生活几度陷入困境，然而在无数质疑声中他仍然专注地投入创作，正如他所说：就像院中那株慢慢蓄积力量的青藤，每天伸张一根根青色的藤条从脚底爬到头顶，一个夏天过后，已经爬满屋顶。有一天听到“砰”的一声，眼看着碗口粗的排水管被拦腰缠断，爆发出了让人震惊的力量！这种内心涌动的力量让他创作出了玉雕

杨曦：《秋雨江南系列之——银杏》

界石破天惊的作品《神曲》。

《神曲》是崔磊在传统玉雕形制上突破及创新的玉雕作品。在高浮雕等传统玉雕技艺的基础上，大胆融入了前所未有的几何图形。在传统玉雕上，向来反对“尖”“方”“薄”“利”，但崔磊的“神曲”，却刚柔并济地融合了这些具有巨大冲击力的刚性线条！从美学的角度上来说，只要“合式”，创作没有绝对的禁忌。《神曲》雕刻的是充满力量与威严的菩萨，她的震慑力通过刚性线条表现就是“合式”的，因而也最终赢得了行业的高度认可！我们应该记住这种“砰”的声音，它是艺术家蓄积已久，不得不发的声音。我们平时在琐事缠身，疲于应付的时候都难以静下心来欣赏一下路过的美丽风景，更何况艺术创作。缪斯女神向来青睐专情的人，心灵要么被凡俗琐事填满，要么被情感填满，后者需要专注、投入，全副身心地沉浸其中。易少勇有句名言：躲进小楼成一统，管他春夏与秋冬。他为了专注地创作天蜀牌，作息时间调整到了中午起，凌晨工作，清晨睡眠。这种异于常人的作息在玉雕界屡见不鲜，实际上都是在追求适宜创作的内心世界。

崔磊：《神曲》

我有一日问一大和尚："常年吃素，不觉缺憾吗？"他说味蕾一旦清净，反而更加敏锐，失去何尝不是另一种得到呢？反观艺术创作又何尝不是如此，若在繁华喧嚣中享受五光十色的世界，就失去了清净的味蕾。若在鲜花掌声中接受毫无例外的赞美，就慢慢在平静无波中失却了艺术的创作激情。钢琴家李云迪在韩国的演奏会上频频失误，几乎断送了他的艺术生命。众人指出，这几年他所扮演的角色不再是一位钢琴家，而更像一位娱乐明星。那么玉雕界的艺术家们应该做何选择？无论是痛苦激发了创作的欲望，还是清净使得内心敏锐，感受、爱憎、希冀、吟哦、生活，无一不是自我的，真实的，未曾扭曲自己迎合别人的。如同那个"砰"的声音，一旦蓄积到一定的程度，缪斯女神便"砰"敲门而至了。

这里我们便可以谈到美学中最为重要的一个概念：美不仅在物，亦不仅在心，它在心与物的关系上面。美丽的事物、能够感受美的心灵，这两者微妙的平衡，就产生了美。美学研究史上唯物主义者和唯心主义者争论得不可开交，难点在于美的确是一种固有的存在，然而却的确需要心灵体悟才能感受到它（朱光潜《文艺心理学》）。康德超出了一般的美学家，因为他抓住了事情的核心，他知道美感是主观的，凭借感觉而不假概念的；但同时他又确认美不完全是主观的，仍然具有普遍性和必然性。依他看来，美必须借由心灵才能感觉到，但物也的确需要符合心理机能中的一个条件才能使心灵感觉到美。直到克罗齐时期才真正把美学中物与心两者的关系作为美的核心因素。如今我们可以顺手拈来的成熟观点，却不知在整个西方美学史上，花费了几千年才得到如此珍贵的结论。从这个观点出发再看艺术创作的过程就简单易懂多了：如果杨曦从未见到过美丽的莲花，哪怕他有惊天的才能也难以凭空造出一朵莲花的"相"来；世间哪怕有千万朵莲花，若不幸碰到熟视无睹的心灵，都不可能在他的心灵触发出美来。一旦两者具备，并且关系达到了微妙的平衡，我们便可以在美的世界里享受饕餮盛宴。

3. 掌握手中之竹

人人都有享受美的权利，但却非人人都能创造美。我们即使见到了莲花，也能够感受到莲花之美，但未必有能力画一朵莲花，我没有能力把自己所感受到的莲花美栩栩如生地画出来让另一个人也有同样的感受，但我可以写出莲花的美来让对方感受。原因在于画笔这种媒介我并没有掌握，而文学创作这个媒介我却有了驾驭的能力。相同的，传递美需要媒介，需要一种特别的符号，而接受这美的人，也要懂得这种符号。举一例来说：陶渊明的"采菊东篱下，悠然见南山”。有田园风光是物，有陶渊明的感觉是心，美物与灵心碰撞出了美的感受，一般人到这里就截止了，让美景陶冶心灵，欣赏享受或是告诉相熟的朋友这种感受。而陶渊明却有能力作出一首诗来，这说明他掌握了写诗的技巧，有能力把心中的形象通过诗再造出来。不懂汉字的人理解不了这些符号的意义，然而一旦懂诗词的人，就能看懂这符号的意思，这样还谈不到欣赏美，只有也曾感受过这种田园美的人，才能在此时引起强烈的共鸣，这种陶渊明所感受到的田园之美就被感受到了。跨越时空，两颗心灵会发生对美的感受的共振，这种传递的意趣就是艺术的意义，人的生命有限，艺术的生命却可以跨越时间和空间，被无数人所受用。

艺术的传递过程如图所示：事物的美——心灵感受到事物的美——通过艺术手法传递所感受到的美的形象——被懂得这种符号的人所看到——被同样感受过类似美的心灵所理解——对美强烈的共鸣。

媒介就像一条线，连接了物与心的关系。例如绘画的媒介是形状和色彩，画家需要常年锻炼筋骨的控制、对色彩和形状的把控才可以掌握绘画能力，音乐的媒介是声音，音乐家需要在气息与喉舌技巧上勤于练习，文学的媒介是语言文字，广泛的阅读以及大量的写作可以掌握其技巧。玉雕的媒介是玉石本身以及其雕刻的形象，只有能对雕刻工具熟练通达的运用，对玉性有着极其精准的把握时才能掌握这项技能。

要想通过双手再造竹子的美，必须有对媒介、对技巧的把握。于画家、雕

崔磊：《罗汉》

刻家而言，是筋肉力量的训练，于诗人、文学家而言，是文字能力的练习。曾有研究指出：一个人如果要掌握一项技能，成为专家，需要不间断地练习10000个小时。如果一个人每天练习5个小时，每年300天的话，那么需要7年的时间才能掌握这项技能。当代作家六六也曾经提到过这个理论，她说自己就是经过了7年的努力写作，才成为一名作家。比尔·盖茨也做了7年的程序员才对电脑如此精通。那么这在艺术上是否有效呢？不间断的训练的确可以获得相应的娴熟的技能，根据这个理论，一个玉雕创作者不间断地练习7年，是否也可以成功地掌握手中之竹？若在以前，答案应该未知，众所周知，比起其他艺术门类，玉雕素来以其难以掌握和对体力的绝对要求使得求学者望而却步。治玉不同于纸上作画，只需要不间断的练习。和田玉的莫氏硬度在6–6.5之间，翡翠在6.5–7之间，这个硬度在以前只能借助解玉砂一点一点地磨，一年四季离不开水，进度极其缓慢，对体力的要求更是极高。所以素有治玉“童子功”之说，因为这个原因，女性玉雕大师更是寥寥。然而随着时代的进步，如今情况有所不同。

北京轻工技师学院于2015年10月在北京隆安寺做了一个名为“燕京八绝”的作品展，引发了媒体的广泛关注和报道，其中最引人注目的就是玉雕系学生的作品。这些在学校里受过包括雕塑、书法、素描、雕刻等专业训练的学生，短短几年的时间，就做出了相当出色的玉雕作品，虽然细节部分不能完全尽如人意，但其发展潜力不能小觑。为何北京轻工技师学院如今短短几年就有如此佳绩？分析起来主要是以下两个因素：①时代的进步，使得玉雕工具从原来缓慢的解玉砂制玉进步到电动玉雕机，各种先进工具的使用，大大减轻了玉雕制作的困难，加快了玉雕制作的进度。这是艺术媒介本身的进步，是科技的力量。②学校有一套科学的教学系统，校企结合的办学思路，聘请了中央美院、清华美院等优秀教师授课，并且有经验丰富的玉雕大师亲自指导，比起传统的师带徒有着非常大的优势。在这个基础上，玉雕比起其他艺术门类，不再难以掌握，只要不断努力，专注练习，7年获得玉雕艺术“手中之竹”的能力，并非难事。只是，掌握是一回事，能否行至高处又是另外一回事。就像国画大师齐白石，从开始以画谋生以来，一生笔耕不辍，几乎没有节假日可言，唯有抗战时期滞留南京，听说至爱的母亲去世，心中悲痛不已，停画三天。艺术创作者若能有白石老人的精神，手中之竹必将出神入化。

七、小结

此文写到这里，关于美学在当代玉雕艺术上的基础问题可以做一个小结。

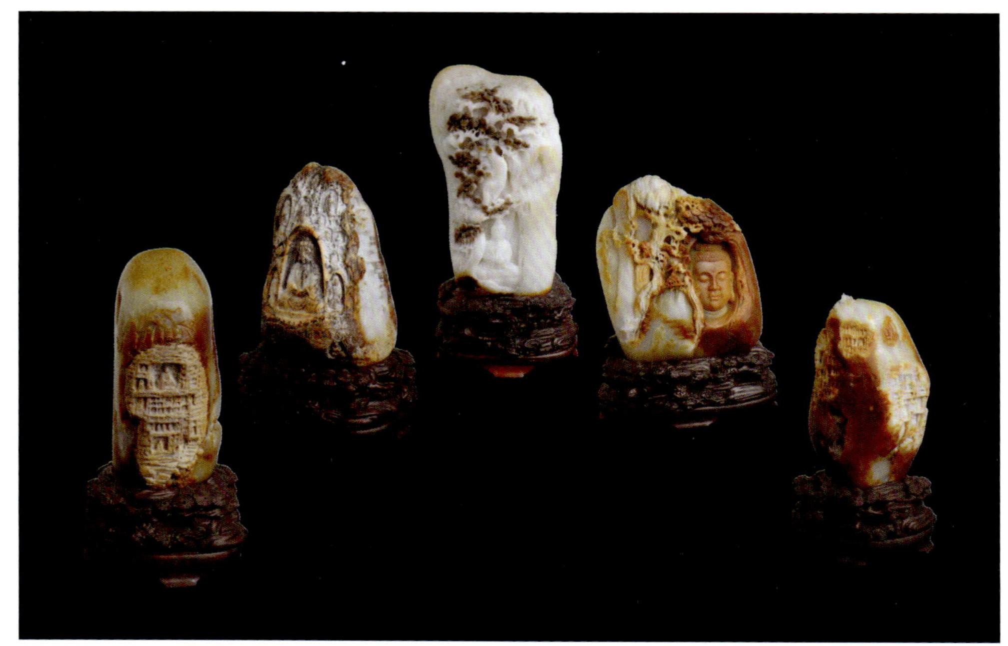

苏然：《石窟佛韵》

文中的第一部分，着重探讨了艺术创作中“合式”的问题，希望这份在美学史上影响最为深远的“合式”的要求，给诸多玉雕艺术创作者一个艺术创作的前提。同时我们分析了优美与崇高美的特点，同时结合当代玉雕创作的实例分析不同的美给予我们不同的心理认同和愉悦享受，便于读者在未来的创作和鉴赏中以美学的角度分析判断乃至拓展创作思路。最后我们分析了快适、善的相近概念对于美的影响，这里要再次说明的是，她们是美的姐妹，她们的加入，可以让玉雕的艺术之美更加动人，更能引发愉悦和感动的情绪，希望读者能够分辨其不同，在艺术创作中合理、有度地善加利用。

第二部分，是以美学的角度告诉读者如何创造出优秀的玉雕作品。四条要求，看似简单，然而都需要付出异于常人的精力。笔者认为，所谓艺术上的天才，绝大多数是因为以其毕生之力，掌握了眼中之竹、心中之竹和手中之竹，世上无难事，只怕有心人。我们身处最好的时代，政府和民众都以开放的态度来欢迎玉雕艺术家的创作。作为一名艺术家，只要在思考、在穷其一生不断创作和进步，就能让自己的艺术生命蓬勃生长，愿美在玉雕艺术中长存不朽！

当代中国玉雕技艺究竟向何处去?

吴 南

经过了20世纪90年代的衰退，21世纪初的转型和恢复，自2004年至2012年的发展兴盛，到2013年以后，玉雕技艺的发展再次面临停滞，并持续在低谷徘徊。市场的调整和不景气造成了各公司、工作室的生存困境，尤其是资金链的收紧或断裂，严重影响了正常的经营和生产。行业规模的收缩致使从业者规模大幅下降，很多从事中低端产品生产的从业者因挤出效应而被挤出市场。

从表象上看是市场的因素产生了严重影响，但究其内因，根源仍然是在广大从业者对于玉雕技艺的传承发展的认识的缺陷造成的困境，使自身不自觉陷入了由市场规律决定的紧缩调整之中而难以自拔。

一、当前普遍反映出注重材料质地、过度宣扬“玉文化”、忽视技艺的艺术性、文化性的认识偏离

自21世纪初借助市场经济转型的完成，以及文化创意产业和非物质文化遗产保护的兴起，玉雕产业快速复兴。当其时，行业内通过玉文化的宣传营造出良好的市场氛围。玉雕产品无论在普通大众消费市场，还是高档奢侈消费领域，抑或艺术品投资方面都吸引了较大规模的消费者群体。但是，在一片形势大好之时，行业内的从业者及相关的理论研究并没有及时完善对于玉雕技艺的认识和宣传，而是进一步强调玉料的“君子比德”“玉文化”种种，造成了玉雕技艺发展重心的偏移和失衡，与玉雕技艺传统的发展脉络之间的偏离日益增大。不论是行业的从业者还是市场的消费者都将关注的焦点集中于玉石材料，过分突出了玉石材料在玉雕技艺传承发展中的角色地位和影响作用，并逐步将其作为认识玉雕技艺的关键要素，甚至是决定要素，将“黄金有价玉无价”的内涵做出了片面的夸大，成为“材料决定论”的重要基础。与此同时，玉雕从业者的技艺价值却遭到了忽视，在产品定价中得不到客观和真实的体现。原本在传承中的重要因素渐渐沦为了材料红火的背景和配角。消费者对于一件玉雕作品的首要关注甚至是全部关注点都集中在了材料方面，对于技艺则不甚了

了，对技艺的认识多停留于形式的繁复而已，甚至对于行业内从业者技艺水平、风格特点根本没有了解，只要有个“大师”的名头即可，更是要靠鉴定证书才能反映“大师”带来的些许价值。材料价格的不断攀高已经严重挤压了技艺所产生的价值。“大师”的价值更多地体现在对材料真伪好坏的判别上，而非技艺水平。而对于形式主义内容的夸大也反映出玉雕从业者在技艺水平方面的短板，每年各类评奖的金奖作品中都有不少作品其实难副，而且其中不乏中国工艺美术大师的作品。不加强自身修养，只做表面功夫，背离了老一代老艺人们生命不息学习不止的谦谨传统。从而助长了浮躁之风，将玉雕技艺的当代发展误导向错误的方向。

二、认识玉雕技艺传统，成器才是完成玉的属性和意义的必要手段，玉材料的质地的意义只是基础，并非是玉雕技艺传承发展的主干

中国人对玉情有独钟并非只因其为石之美者，而是对其脱璞成器之后所具有的功能的期待。卞和之泣于荆山之下，非为其不宝，而痛惜其为宝之不用也。而现在大量的和田玉原料（尤其是籽料）被用作囤积居奇、推涨材料价格的财货，直令和氏之璧觍颜，又何言玉文化？

材料是玉雕技艺的作用对象，从业者运用技艺不仅展现出材料之美，同时将技艺之美、工艺文化物化于产品之中，赋予其文化意义和精神内涵，如“六瑞”“玉组佩”《大禹治水》《岱岳奇观》……单纯的材料并不能产生出丰富的内容和寓意。因此，材料作为传承技艺的基础，绝不是玉雕技艺发展围绕的核

玉组佩（三国）

《岱岳奇观》

心。对于材料的过度依赖，技艺便沦为了材料的奴隶，其传承也将趋于末路而失去其文化的意义。

梳理玉雕技艺的发展历史，玉文化的延传和体现无不是以玉器为载体。而之所以是玉器，正是通过人工技艺使玉石材料脱璞成器，具有了特定的文化属性和文化内涵，从而构成了玉文化的传统。正如《孟子》中语“玉不琢不成器”，对于玉雕技艺的传承和发展，玉石材料并非是其主干。材料的质地的意义只是形成玉文化和玉雕技艺发展的基础，而运用技艺使之成器，才是完成玉的属性和意义的必要手段。

三、玉雕技艺的传承和发展不能只看物质性的条件（如：生存环境、业态、从业人数、市场……），关键还要考察玉雕作品的水平，作品的工艺水平和艺术水平是技艺传承发展的真实反映

当代玉雕制作表面上的繁荣难掩其艺术性的下降，并且同质化的现象依然严重。例如，各地制作的观音几乎如出一辙：老妇的面容、臃肿的体态、失调的比例结构、僵化的姿态动作……而这些问题制作者却并未自觉，认为只要用优质玉料做了便能跻身于玉雕大师之列。

对于材料的执著造成对于技艺的忽视和人才培养的缺陷。急功近利、急于求成的心态造成了自身的困境。所谓的“玉厄”实质上是自我的扼杀。目前玉雕从业者规模在整个传统手工艺行业中首屈一指，但整体的素质却难堪传承之大计。大多数从业者并不能正确认识自身的能力和地位，盲目性阻碍了自身素质的提升，无法突破“创意素质”的瓶颈，难以将数量优势转化为质量的优势。能够成为真正意义上的玉雕技艺传承人只是极少部分，绝大部分的从业者仍然属于基础层面的工匠。相当数量的从业者试图寻找捷径绕过艰苦而漫长的学习、磨炼、积累的难关，但那只能是无根基的蜃景。

仅凭工艺运用的展示是不能全面、客观地认定对于技艺的有效传承的，必须要将其作品与历史上出现的最高水平的玉雕作品相比较，比较工艺水平和艺术水平，能够与之相当则可以作为有效传承，能够超越则是对技艺的发展。

四、纠正认识、强化基础建设、构建健康的产业生态，推动中国玉雕技艺的可持续发展

（一）走艺术化的道路

由于加工对象——玉石的特性（如质地、颜色、稀缺性等），使得人们为玉

雕制品赋予了更多精神层面的内涵与意义。早在新石器时代，玉雕制品即已呈现出从日常生活实用器具分化出来的趋势，主要用于装饰、仪典、观赏等，并发展形成独具特色的文化传统。在数千年的发展演化过程中，其象征性和艺术性已经完全取代了实用性。封建王朝统治的结束，使传统玉雕技艺从统治阶层的垄断回归到社会生活中。但随着现代工业、科技的迅速发展，层出不穷的新材料改变了社会大众的生活习惯与消费观，因此，平民化了的玉雕制品也不再具有实用的意义，其功能体现在美化生活、提升文化生活品质等方面。受到原材料属性、产品的功能性和文化内涵等多种要素的影响，决定了玉雕技艺艺术化发展的必然趋势。

治玉者在主观上要转换为艺术家的视角，不能再单纯以技巧的角度来品评。对于优质的材料，创思和技艺是点睛之笔，对于一般的材料，创思和技艺则是点金之笔。艺术创作客观上要求从业者转变自身的主观认识，提升文化修养，以艺术的审美观来指导工艺的实施，创造具有当代文化气质和精神风貌的艺术作品。

（二）客观认识材料的品质

材料的品质固然对作品的创作有着一定的影响，但能够点石成金才反映出治玉者非凡的技艺水平。近现代多位著名玉雕老艺人和大师也以众多创作诠释了技艺的意义，如潘秉衡的《蚌佛》《西厢待月》《雀屏中选》；王树森的《五鹅》；王仲元的《龙盘》……这些作品均非优质玉材，甚至是废料，但在这些老艺人的技艺的点化之下成为传世经典，令当今众多和田籽料、羊脂、高翠制品难望项背。

2014年3月，由马国钦先生主持编写的《新疆和田玉（白玉）子料分等定级标准及图例》一书的出版，不啻为当前盲目的玉雕行业注入了一剂镇静剂。其形式内容在于使玉料获得标准化的评价，但其更重要的意义在于通过对材料的量化，制约

潘秉衡：《西厢待月》

王仲元：《龙盘》

对玉石材料模糊、无序的价值评定，明晰玉石材料的定价，限制对玉石价格认识的过度膨胀，控制住材料价格，便能为技艺的发展与成长腾出足够的空间。

另外，目前已有多种玉石材料越来越多地出现在消费者视野之中，多元化和多样化同样有利于玉雕技艺的健康发展。

（三）回归技艺的传统

美的表现并非是凭空的主观臆造，它是人们对客观规律的认知和总结的反馈与抽象再现。作为一种客观存在，治玉者所要做的是去认识和发现美，而不是扮演创造者的角色，工艺之美同样是有其内在规律可循的。

1. 形而上的认识

“制器尚象”，成有形之器以辨无形之道，“尚象”作为一种表形，是制器的外在表现，而其中所蕴涵的本质则是通过制器过程中的取象赋形，完成对客观事物中存在的规律的探究和归纳。琢玉成器非为其为某种物，而是希望借助这样一种美好而耐久的材料制作成具有特定象征意义的器具，通过器的形与用向观者和用者传达自身对客观规律的理解。成器并非是琢玉的目的，而是作为一种手段或形式，人们在制器的过程中探索造物和功用的规律，将体验、总结和抽象的成果赋形表意于器，在用器的过程中通过功能之美感化他人。

尚材质之美以修君子之德，治玉是对玉的品质的彰显，通过提升材质之美，进一步强化功能之美，增加精神获得慰藉的满足感。使人的行为、应对环境的视角和心理都获得修正。

归纳抽象以寓恒于意，传统中的琢玉成器并不是对客观事物依样地描摹，而是将其中的义理抽象出来，如璧、琮、圭、琥、璋、璜，即是古人对客观事物抽象后的写意。制器采用夸张、写意的表现手法，追求得其神而忘其形的境界，艺

镂雕龙凤玉璧（战国）

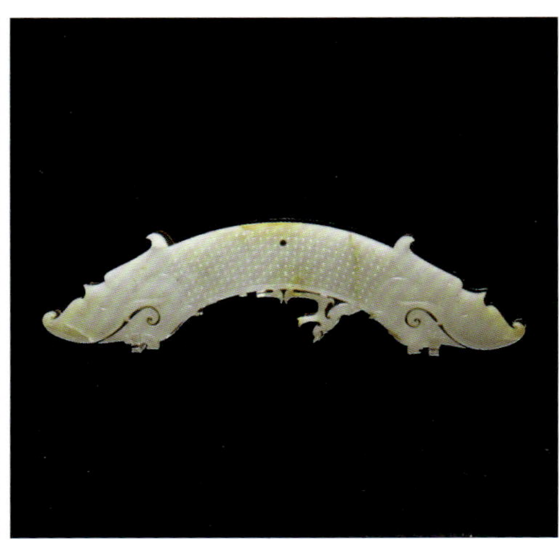
双龙首玉璜（汉）

术表现同样讲究气势和意韵。在古人的归纳总结中，表象的形是时刻在变化的，而内在的规律则是永恒的法则。因此对现实的形的如实刻画是浅薄的，只有对内涵的神与意的探寻才是深刻的、有意义的。

2. 造型的意义和规范

在中国的传统文化中，器物形制具有特定的内涵与法度，不仅具有实用功能，还负有象征意义，体现出中国人归纳形成的自然规律、精神寄托、道德礼仪等方面的文化理念。古人制罍象山，以寓大之雄壮；制爵象雀，而形小之轻灵。各种器物的造型经过数千年间不同时代人们的反复锤炼，已达成熟完善，现代人的创新应以领悟传统为基础，尊重其原有的功能和文化源流。

3. 表达文化个性

中国的传统文化与传统工艺互为增益，传统工艺的审美意识是受传统文化价值观所决定的，即便是传统工艺在现当代的发展，其艺术性的评价标准同样不能脱离基于哲学思辨的价值观的范畴，浑然天成、气韵生动的艺术效果和审美体验体现了历代中国人对道、德、意的求索。含蓄内敛、中正有序、道法自然……都是中国传统文化所秉持的鲜明个性，是传统工艺持续发展所依循的传统脉络，作为传统工艺的重要组成，玉雕技艺不能脱离开自身的文化传统，吸收和借鉴现代元素也是为彰显本民族文化个性服务的，如果偏执于技巧和异形，玉雕技艺的灵魂则将在离奇的样式和炫目的技巧中消磨、湮灭。

4. 文人趣味的艺术评价

文人趣味不仅对中国书画产生了深远的影响，同时，对取法绘画的玉雕工艺

唐代石雕菩萨像

唐代石雕菩萨像

《含香聚瑞》

《含香聚瑞》

商鼎

商鼎

商爵

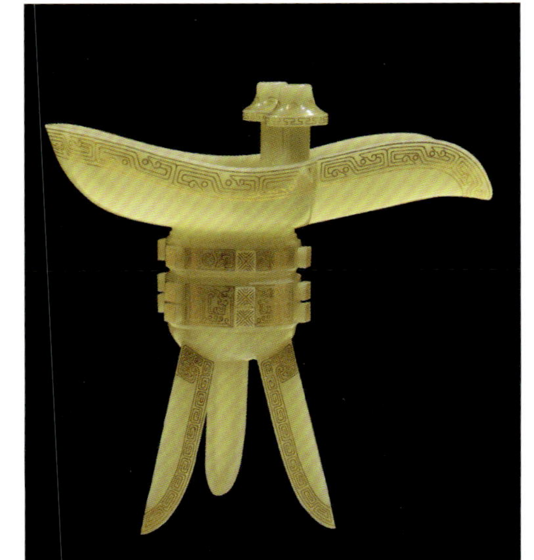

商爵

也产生着重要影响，品评绘画趣味高低的谢赫“六法”（气韵生动、骨法用笔、应物象形、随类赋彩、经营位置、传模移写），同样适用于玉雕的设计制作。诗画题材是玉雕艺术化过程中常见的内容形式，因而，注重韵味、气势、风骨、生动、意趣……的文人审美意识，成为衡量玉雕作品艺术水平的重要尺度。

如果不能遵循玉雕技艺的传统，所制成的作品不仅失去了艺术性，也不能表达应有的文化内涵，既不是对技艺的尊重和传承，又造成对材料的破坏和浪费。

（四）强化从业者素质的培养

人才的培养需要清晰、客观、全面地认识从业者素质的构成与发展。从业者素质的构成和发展包括通用素质、创意素质和传承素质三个层次。

1. 通用素质

（1）美术基础：平面和立体造型能力、绘画能力。

美术基础是从事设计的最基本的、工具性技能，是从业者能够在职业发展上取得进步、保持延续性的基础。

（2）专业手工技术：所从事专业的对材料加工、利用的工艺技术。

摆脱技术等同于艺术的观念，确认艺术和技术的主次关系。精细的工艺技巧只能是一种物质性手段，从业者必须懂得工艺的适度，工艺同样存在修养，工艺为文化服务，使工艺止于适度。

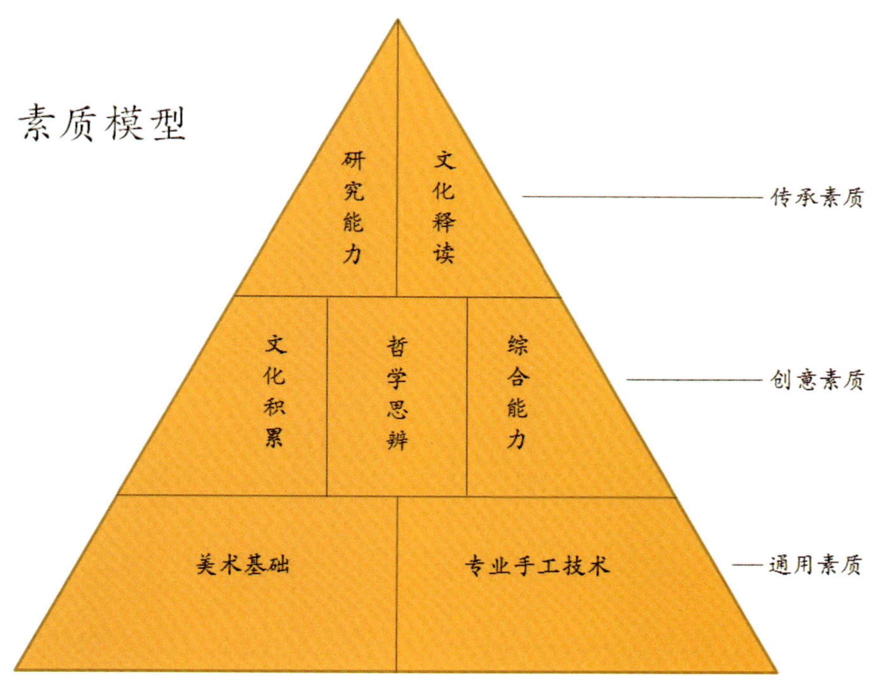

素质模型图

2. 创意素质

（1）文化积累：包含知识多元化和文化修养两方面。

知识多元化是从业者素质提高的重要途径。从业者需要增加自身的知识范围与知识种类，以加大个人的知识基础的面积，当基础面积增大后，知识积累的高度才可能持续向上增长。

知识多元化是拓展创意空间的重要手段。众所周知，我们被形象地告知：在自己周围画一个圆，圆之内是已知的，圆之外是未知的。同样的道理，圆之内是人的创意能力所及的空间。因此，随着知识面的扩大，从业者能力所及的创意空间也将越大。

现有的从业者表现出知识结构过于单一，认识上产生混淆——知识即文化，重知识、重技能，轻修养。但知识不过是文化之中的一小部分，文化还有更多的内容和形式，寓于社会生活的各个方面，需要从业者不断进行自身的体验和省思，文化修养对于创意设计的影响要远远大于来自知识的影响。

（2）哲学思辨。中国古代人的观念和行为中都贯穿着对于“道”的追求。“道”之为何？它不是一个玄之又玄的概念。道之生发，在于古人对事物、现象内在规律的疑问和思索；道之归结，在于古人对事物、现象内在规律的洞悉和释然。中国的文化传统和传统文化中贯通着哲学思辨，其起源和流传都是建立在哲学思辨的基础之上。对于传统文化的继承和文化传统的延续同样需要哲学思辨作为介质。中国的传统工艺本质上是哲学思辨的积累，功用、技艺、形制、材料、纹饰……所有这些都具有相应的哲学内涵。

目前很多从业者表现为做得多、想得少，缺乏思想必然导致创作设计空洞而无内涵，没有思考便没有对行为的反省、修正和试错体验的积累。盲目的、缺乏责任感的“创新”行为不断重复出现。当代的从业者与古代的手工艺人相比，掌握着全部创意设计的主动权，哲学思辨的过程也完全转移到了从业者身上，当代的从业者更应慎思而后谨行。

在为从业者开设的研修班、培训班的课程中同样应当增加哲学课程，并且作为一种持续的安排。因为随着年龄的增长从业者对哲学思想会产生不同的感悟，不断丰富从业者的思想，影响着从业者的个人修养。

（3）综合能力：将知识、思想和修养转化为创意设计的能力。

综合能力是通过不断的训练、实践积累形成的，是在对文化积累和哲学思辨进行运用过程中不断生发和提升的。设计应当体现设计者对文化的思考，产品的推广将因此而延伸为文化的推广，延伸为审美和价值观的推广。

3. 传承素质

传统工艺的传承在客观上要求保持传统工艺应有的文化风貌，不仅仅是工艺技术的延续，更重要的是如何将纯粹的文化精神传递给继承者。这种传承不只是停留在生活过程中的潜移默化，而是需要明确、清晰、充分、客观、正确的表述及完整而翔实的资料。首先对所从事的传统工艺进行系统、深入地研究和整理，对传统工艺所蕴涵的文化精神进行翔实、客观地阅读和理解，是对传统文化形成的文化传统的一种溯循。

目前，中国玉雕技艺的发展虽然面临巨大的阻滞，但同时也是退热祛躁、进行自我修正的良机。沉静的市场应当引发从业者、参与者的深刻反思，是否把握时机弥补缺陷尽快走出低谷，关键在于从业者，以及各类组织和行业领导者的态度。认真的学习、艰辛的磨砺、广泛的积累是不可逾越的基础阶段，大量的基础工作需要及时完善，不积跬步无以至千里，高原不起何来高峰？

综上所述，作为一项系统工程，突破行业发展的瓶颈亟须明确艺术化方向、使材料价格回复本位、创作回归技艺传统、强化人才培养，为中国玉雕技艺在当代的发展营造良好环境，使之沿着传统轨迹的延长线健康持续地传承。

坚持不懈 问玉和田

——浅谈和田玉籽料不同河段的不同特点

倪润杰

“世人爱玉，极言其品德，乃曰：仁、义、智、勇、信，此五德合儒家精义：仁、义、礼、智、信，为中华文化之要义。玉道馆从上至下，皆有心修身养德，不沽名，不钓誉。于内，情同一家，勤学不倦；于外，传承玉韵，力弘玉道。故眼界高标，即：无有欺瞒，包退包换。凡玉道馆所出，皆：莫失莫忘，仙寿恒昌。”——倪润杰《玉道十年》

徐州玉道馆董事长倪润杰先生

我出生在古都彭城，从小受父亲熏染，极为爱玉。自小11岁起在徐州博物馆长大，老师们看我年龄小都很喜欢我，直到17岁参军入伍才离开了博物馆。因博物馆馆长及很多老师是家父的挚交好友，所以在博物馆的7年中，虽然学得杂乱无章，但为我以后对和田玉的学习和研究打下了坚实的基础。

因为喜爱摩托车运动，自2005年开始，连续三年参加了环塔克拉玛干汽车摩托车越野拉力赛，与新疆结下了不解之缘。因为赛前的探路和训练，我对南疆的地理地貌非常熟悉，从北山便道到于田，从达里雅布依到传说中的绿玉河，从和田河一百公里到索阿昆六闸口的古城遗址，来来回回进进出出跑了无数遍。无论是训练还是比赛，参加环塔的那几年的我每天都在地狱似的无人区里与死神搏斗着，经常在戈壁沙漠从几十米高的沙堆上连人带车翻滚而下，从沙里挖出自己，挖出车。和田河吞噬了我……在爱玉人的心里，和田河美丽而神秘，在我的心里，和田河让我从屈服直到把他征服。连续三年的环塔比赛，摔了上千个跟头，无数次与死神擦肩而过，我最终捧回了HT6组第八名的成绩。在暗藏杀机的河床上翻滚挣扎的时候，大脑一片空白，肉身流血，无数次磕碰，内心越来越坚韧。我曾经像一块玉石，在和田河里翻滚、挣扎、承受……和田河中产籽玉，籽玉那沧桑和表里不一的那种美有着让人琢磨不透的神秘，就像我所理解的和田玉为什么能让我们炎黄子孙视为珍宝。他是我们民族的神韵和品德。外表柔润看似没有大起大落，但内在确是刚强坚韧的。我突然明白了玉的道……

和田河源于藏北高原，全长500多千米，河床宽一到二十多千米，流经阿克苏注入塔里木河，古老的河床见证了几千年来为玉生和为玉死的人……和田河现在已经是季节性河流了，每年的七八月份才会有水，从十月开始到严冬来临这短

徐州玉道馆馆长倪润杰（2012年摄于和田河总闸口）

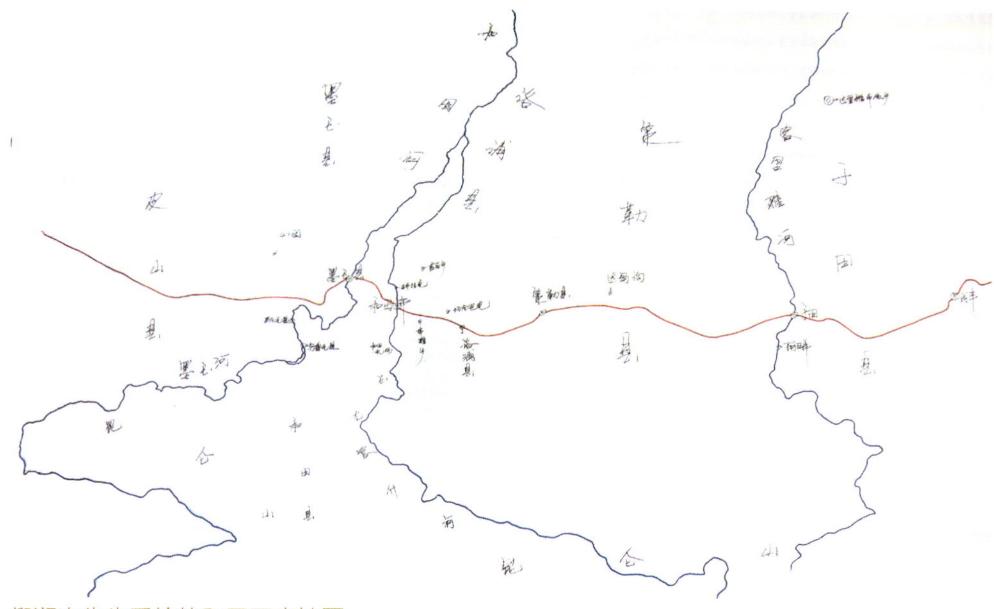

倪润杰先生手绘的和田玉产地图

短的两个多月是挖玉的季节。从2005年开始至今，每年我至少在和田地区要待上两到三个月，几乎每年都要深入到和田河流域的十几个乡去收料，在与这些乡的维吾尔族阿訇和阿吉的交流和交易中，逐渐学习摸索到了很多和田玉籽料原石在不同河段有着不同料种分布的特性。

倪润杰先生在第三届中国当代玉文化高层论坛现场讲座

从黑山山口一百公里到和田河索阿昆六道闸我按照海拔、水位的高低、新老河道的改道和料子的松紧、糯度、浓度、皮色等把和田玉籽料原石的产地大致分为六个段落。

第一段落（黑山山口一百公里到和田河总闸口）

第二段落（总闸口到飞机场、英阿瓦提）

第三段落（洛浦县上游，切尔巴克乡）

第四段落（吉雅乡、布雅乡）

第五段落（亚布拉克一杆旗大队）

第六段落（玛丽艳到索阿昆六道闸）

上面所说，纯属个人对籽料的一些琢磨。其实能用到这些的主要还是行业内像我这样自己亲自买料亲自放加工的人，哪个地段大概出什么样的石头，哪样的石头适合创作什么样题材的玉雕作品，从而对应哪些大师去设计制作，只有这样出来的玉雕作品才能真正称为传世佳作。

集天地之灵气、历亿万年生成的和田玉籽料，是自然界最美的石头，是不可多得、不能再生的，我们在珍惜玉的同时更要做到“懂玉，方能治玉”。不能为了投市场所好而不考虑石头本身的特性最适合做什么，拿到石头不由分说就切就磨，这是对玉石的不尊重，即便最终穷工极巧也最多呈现的是“工艺”，而与“艺术”无缘。我们要尽可能地去读懂玉料，如果这些“大地的舍利子”是有生命的，我们在创作的过程中一定要替它考虑：它想让我们把它雕琢成什么样子以示世人……理解了这其中的奥妙，无论是对石头本身，还是对题材创作的艺术家们，乃至对和田玉文化，都是一种尊重。

其实我收每一块石头的背后都有一段故事，在研究和摸索中，我还在不断地学习着，希望此文对大师们、玉友们有所帮助，诸位共勉之。

乾隆时期新疆贡玉开采研究

彭　芳

前言

新疆地区所产玉石，自古以来备受人们的喜爱与珍视，良玉质地温润细腻，具有极高的艺术价值、收藏价值和经济价值。清代玉器在继承历代帝王玉器传统的基础上，得到了空前的发展，是中国古代玉器最鼎盛的时期。清代玉石资源主要是通过上贡这一方式进入皇室，即贡玉。

清代新疆地区贡玉经历了不同的几个时期。从顺治朝一直到乾隆前期，已有新疆地区上贡玉石的记载。但这一时期官方没有掌握贡玉的开采与运输权限，对贡玉事项缺乏管理。乾隆二十四年（1759年）以后，逐渐产生并形成了一系列相应的规章制度。嘉庆时期，贡玉制度逐渐衰落，贡玉管理松懈。道光时期停止贡玉，并且从此再也没有恢复。

清代新疆地区从乾隆时期开始，玉石开采可分为四个时间阶段。文内对贡玉的开采时间、方法、人数等做出了梳理。

乾隆时期与贡玉相关的记载较为零散、不全面，但是可以通过整合这些历史记载，发现当时一些贡玉的情况。本文主要依托史料，研究乾隆时期新疆地区贡玉开采情况。

一、玉石开采权限与规定

从乾隆朝开始，清代新疆玉石的开采经历了四个阶段。

民间开采：乾隆初年——乾隆二十六年（1761年）。

官主民次：乾隆二十六年（1761年）——乾隆三十四年（1769年）。

官方开采：乾隆三十四年（1769年）——嘉庆四年（1799年）。

民主官次：嘉庆四年（1799年）——道光元年（1821年）。

（一）民间开采

乾隆初年到乾隆二十六年（1761年），玉石开采权限主要在当地人员手中。乾隆二十四年（1759年），商定和阗地区回民应交纳赋税，“所产玉石视现年采取所得交纳”[①]，和阗地区所产出的玉石被当做赋税规定下来，要根据每年采玉得到的数量上缴，这里只说明了和阗产出的玉石是赋税的一种，并没有说玉石是由官方还是民间开采，由于是上缴赋税，所以猜测是当地采玉纳贡，官方采玉尚未介入。

《莎车县志》记载，乾隆二十五年（1760年）七月的时候，“叶尔羌伯克等采玉呈献，拣选送京”[②]，可见采玉人是叶尔羌当地的官员伯克。对待此事，乾隆先是申饬当地官员要尽本职工作，后又传谕“嗣后除旧例照常贡玉外，回民等有求售及来献者，酌给价值，不可传知回众令其采办”[③]。也就是说，除照常贡玉外，还将赏赐向官方求售和进贡的回民，既然允许回民进献，就说明当时清廷一定是允许当地人采捞玉石的。另外乾隆又提到，不允许回众专门采办玉石作为进献，这就更说明了采捞玉石的就是当地回民。根据以上材料，可以推断，当时官方尚未介入玉石开采，官方对于开采玉石并没有什么限制，当地回民可以自由开采，开采的玉石要作为赋税上缴。

（二）官主民次

清政府官方开采玉石入贡始于乾隆二十六年（1761年），从这时开始，官方正式开始管理玉石开采权限，从此时到乾隆三十四年（1769年），以官方玉石开采为主，民间亦存在开采行为。徐松在《西域水道记》记载“乾隆二十六年（1761年），着令东西两河及哈朗圭山，每岁春秋二次采玉”[④]，这是可见的最早的乾隆时期官方在和阗地区开采玉石的记载。

乾隆三十四年（1769年），加强了中央对玉石开采权限的控制，禁止民间开采，玉石开采权限完全归官方所有，自此以后民间开采玉石属于私采一例，违禁犯法。《和田地区土地志》记载，乾隆四十三年（1778年）封锁了和阗地区“喀拉喀什、桑谷树雅、哈朗圭塔克等处产玉之地，禁止民间采捞”[⑤]，可见乾隆三十四年（1769年）之前，民间是允许在和阗地区的玉陇哈什、哈喇哈什等处开采玉石的。徐松在《西域水道记》中提到，同时期的规定为每年只在春秋两季在玉陇哈什河、哈朗圭处采捞玉石，可见这一时期的贡玉产地只有玉陇哈什河、哈朗圭两处。

---

①《清实录第一六册 高宗纯皇帝实录（八）》，中华书局影印本，1896年，卷602，第755-756页。

②莎车县地方志编纂委员会：《莎车县志》，新疆人民出版社，1996年，第23页。

③《清实录第一六册 高宗纯皇帝实录（八）》，中华书局影印本，1986年，卷617，第940页。

④（清）徐松：《西域水道记（外二种）》卷一，中华书局，2005年，第70页。

⑤和田地区土地志编纂委员会：《和田地区土地志》，新疆人民出版社，2009年，第336页。

（三）官方开采

乾隆四十三年（1778年）是乾隆皇帝对于私采玉石管理最为严格的一年。

乾隆四十三年（1778年）五月，叶尔羌办事大臣高朴上奏乾隆，以密尔岱山产玉地回民经常私采、难以防范为由，“请间年一次于密尔岱山开采玉石”①，以达到控制当地玉石资源的目的，该申请得到了乾隆的批准。但是，乾隆在四十三年十一月就高朴案一事对军机大臣的传谕中又说到，密尔岱山“久经封闭，严禁开采”②，也就是说，从乾隆四十三年（1778年）五月开始，密尔岱山就应解除锁禁，由官方间年开采，但是乾隆四十三年（1778年）五月刚刚解禁的密尔岱山仅开采一次，就在当年十一月又被封禁。

乾隆四十三年（1778年），乾隆下令将密尔岱山永远封禁开采。乾隆四十三年（1778年），叶尔羌办事大臣高朴被阿奇木伯克色提巴尔第举报，他控告高朴在密尔岱山开采玉石实际上是与商人串通，私采私贩。此案之后，乾隆立马特降谕旨，“将密尔岱山采玉之例，永行禁止，交色提巴尔第管理”③，然后在其设置卡伦驻兵看守，“丝毫不许夹带偷漏”④，“惟当令守卡兵丁严行稽查，一经盘获，即将人赃一并解送该管大臣处严行究治”⑤，让兵丁严查密尔岱山私采玉石的情况，一旦查获，即人赃一起交叶尔羌办事大臣严刑惩治。乾隆认为如果兵丁能够严格巡查盘问，私采之玉将不能够偷越。最后乾隆还特意传谕旨给永贵，让其根据当地的实际情况议定细微的条例，办理“防范偷采玉石，不致扰累俾回子等”事宜，以上可见乾隆对私采玉石案件的重视。

同年十一月，高朴一案后，乾隆对玉石的开采与私采还是心有担忧，“本想停止和阗采玉两年”⑥，这里所说的停止应当是封禁的意思，即官方开采与私自开采都禁止，但是乾隆又担心此事办事不力，还是有私采发生，双方都禁止的话其实是将玉留给了私采者，让他们获利尤重，“虽禁止亦属有名无实，则不

---

①《清实录第二二册　高宗纯皇帝实录（一四）》，中华书局影印本，1986年，卷1067，第272-273页。

②《清实录第二二册　高宗纯皇帝实录（一四）》，中华书局影印本，1986年，卷1067，第272-273页。

③《清实录第二二册　高宗纯皇帝实录（一四）》，中华书局影印本，1896年，卷1070，第354页。

④《清实录第二二册　高宗纯皇帝实录（一四）》，中华书局影印本，1896年，卷1071，第361页。

⑤《清实录第二二册　高宗纯皇帝实录（一四）》，中华书局影印本，1896年，卷1070，第344页。

⑥《清实录第二二册　高宗纯皇帝实录（一四）》，中华书局影印本，1896年，卷1070，第344页。

妨仍旧"[①]，所以最后还是决定仍然按旧例行事，官采不停。

乾隆四十八年（1783年），官方又重新开放了乾隆三十四年（1769年）锁禁的桑谷、树雅两处采玉地。徐松《西域水道记》载"四十八年增采桑谷、树雅"[②]。

乾隆五十二年（1787年），叶尔羌、和阗地区春季采贡玉停止，采玉时间变更为只在秋季采玉，采玉地点及其他并无变化。安放在故宫宁寿宫乐寿堂内的大禹治水图玉山，已有二百余年的历史。玉山背面便阴刻乾隆《题密勒塔山玉大禹治水图》御制诗，诗中揭示了乾隆停止春采的原因，"每岁春秋采玉，供役受赏踊跃，子来绝无劳怨之状，获此巨珍以传古王圣迹，非耳目华嚣之玩可比也，因即免其每岁春贡之玉，着为令典，以示体恤"[③]。又，《清高宗乾隆朝实录》载"谕而此时节次采运之玉亦足充用，嗣后每年春季停止采纳，惟秋季仍令采玉解运。自明年起即着为令，以示朕惠爱回民之意"[④]。可以看出，一是因为新疆地区上贡大玉做成了大禹治水图玉山，所以乾隆心里满意，于是准备停止春采，体恤回民。二是因为乾隆认为秋季所采贡玉已经足够使用，所以乾隆也借此机会表达体恤回众之心，免去春季贡玉。

（四）民主官次

嘉庆四年（1799年）到道光元年（1821年），官方开采时间变短，采玉地点缩减，采玉规模缩小，开采数量减少。

嘉庆四年（1799年），取消乾隆四十三年（1778年）禁止私采的条例，将原本用来防止民间私采及夹带玉石用的卡伦全部撤销，"于密尔岱、巴尔楚克地方各添设卡伦一处……一并裁汰"[⑤]。至此，曾经禁止的产玉区全部开放，官方放开玉石开采权限，民间可以自由采捞玉石。同时，嘉庆又下旨"命停止和阗产玉之哈拉哈什、桑谷、树雅、哈琅圭塔克四处开采"[⑥]，官方停止在和阗地区这四处产地采玉。徐松在《西域水道记》中记载嘉庆四年（1799年）"报可每秋于玉陇哈什采十五日，附叶尔羌玉以贡"，可见当时官方在和阗地区只在玉陇哈什

① 《清实录第二二册　高宗纯皇帝实录（一四）》，中华书局影印本，1896年，卷1070，第344页。

② （清）徐松：《西域水道记（外二种）》卷一，中华书局，2005年，第70页。

③ （清）爱新觉罗·弘历：《乾隆御制诗文全集》，中国人民大学出版社，2013年，五集，卷三十五。

④ 《清实录第二五册　高宗纯皇帝实录（一七）》，中华书局影印本，1896年，卷1292，第341页。

⑤ 《清实录第二八册　仁宗睿皇帝实录（一）》，中华书局影印本，1986年，卷45，第545页。

⑥ 《清实录第二八册　仁宗睿皇帝实录（一）》，中华书局影印本，1986年，卷45，第545页。

河一处采玉，开采时间为秋季十五天，另外还在叶尔羌地区采玉。《大清仁宗睿皇帝实录》记载了嘉庆十七年（1812年），嘉庆皇帝认为内廷积累的玉石数量太多，贡玉过程劳费太多，下谕旨“嗣后宜减其额，岁贡以二千斤为率”[①]，规定每年贡玉数量由4000斤减少至2000斤，因规定贡玉的数量减少，所以官方玉石开采数量也当减少。

到道光朝后，官方正式放弃所有玉石开采权限，停止所有官方开采玉石产业，不再干涉民间任何采捞玉行为。根据《大清宣宗成皇帝实录》记载，道光元年（1821年），“今查造办处所贮之玉尚多，足以敷用。着交和阗、叶尔羌办事大臣等，将此项每岁应进贡之玉，暂行停采”[②]，道光皇帝也以造办处收储的玉石够用为由，将每年进贡与开采玉石暂行停止，虽说是暂行停止，但从道光朝以后，官方玉石开采就再也没有恢复。

二、贡玉开采

（一）开采时间

乾隆时期的贡玉开采，可以简要概括为两个阶段，即春秋两季采玉和秋季一季采玉。

1.第一阶段

乾隆二十六年（1761年）——乾隆五十二年（1787年）。

采玉时间：春秋两季。

这一阶段采玉时间是一年两次，春季一次，秋季一次。

据所查资料可见，首先提到这一信息的是在徐松的《西域水道记》中，据《西域水道记》载：“乾隆二十六年（1761年）着令东西两河及哈朗圭山每岁春秋二次采玉。”[③]这一地区是在和阗附近，春季和秋季是当地采玉较为适宜的季节。据苏尔德《新疆回部志》所载：“每年春季山泻桃花水之前及秋季水落未冻之际，入河淘玉以为贡。”[④]春季时，三月春季桃花水下泻之前的时候，河床水位较低，同时气温亦不如冬季低，此时入河采玉较为适宜；秋季时，枯水期期间，同时河水未冻的时候，采玉较为适宜。

---

①《清实录第三一册 仁宗睿皇帝实录（四）》，中华书局影印本，1986年，卷258，第486-487页。

②《清实录第三三册 宣宗成皇帝实录（一）》，中华书局影印本，1986年，卷17，第313-314页。

③（清）徐松：《西域水道记（外二种）》卷一，中华书局，2005年，第70页。

④（清）苏尔德等：《新疆回部志》，《中国方志丛书》，成文出版社，1968年，卷4“赋役”。

采玉时间设在春秋二季，也与玉石产量有关。每年夏季，是当地径流充沛的时节，五六月份河水暴涨，将水中子玉冲出，水大则玉多，八月时河水退去，于是当地人就能开始采玉。“每岁五六月，大水暴涨，则玉随流而至。玉之多寡由水之大小，八月水退乃可取，彼人谓之捞玉。”①

同时，春秋二季时有时采玉会派遣伯克统领，清实录中记载：“春秋二季，派伯克前往采玉。”②

乾隆也在御制诗中提到春秋二季采玉的情节，《于阗采玉》诗中写道：“秋时河水涸，捞得璆琳多。”③“于阗采玉春复秋，用作正赋输皇州。”④

2.第二阶段

乾隆五十二年（1787年）——嘉庆四年（1799年）。

采玉时间：秋季。

自乾隆五十二年（1787年），采玉时间改为春季不采，只秋季采。“乙亥，停回民春季采玉，……嗣后每年春季，停止采纳，惟秋季仍令采玉解运，自明年起，即着为令。”⑤原因是一方面乾隆采到了九千余斤重的大玉做成了大禹治水图玉山“获此巨珍以传古王圣迹，非耳目华嚣之玩可比也”⑥，另一方面乾隆认为此时宫廷玉石储量充足，能满足需要，不需要每年进贡那么多玉石，“而此时节次采运之玉，亦足充用”⑦。并且，乾隆认为之前采玉回民尽职尽责，他怀着抚远爱民的心，减低他们的劳赋，以展现他爱民的形象。“该处回民，按季跟随大臣，无甚闲暇，俱各奋勉，既应酌量施恩，以纾其力。……以示朕惠爱回民之意。”⑧

直到嘉庆四年（1799年），和阗地区秋季采玉也被缩减了。在秋季只在玉质最好的玉龙喀什河采15天，采出的玉和叶尔羌的玉一起进贡。停止在哈拉哈什、

---

①（宋）欧阳修：《新五代史 第三册》，中华书局，1974年，第918页。

②《清实录第二二册 高宗纯皇帝实录（一四）》，中华书局影印本，1986年，卷1104，第781页。

③（清）爱新觉罗·弘历：《乾隆御制诗文全集》，中国人民大学出版社，2013年，三集，卷十二。

④（清）爱新觉罗·弘历：《乾隆御制诗文全集》，中国人民大学出版社，2013年，三集，卷四十七。

⑤《清实录第二五册 高宗纯皇帝实录（一七）》，中华书局影印本，1896年，卷1292，第341页。

⑥（清）爱新觉罗·弘历：《乾隆御制诗文全集》，中国人民大学出版社，2013年，五集，卷三十五。

⑦《清实录第二五册 高宗纯皇帝实录（一七）》，中华书局影印本，1896年，卷1292，第341页。

⑧《清实录第二五册 高宗纯皇帝实录（一七）》，中华书局影印本，1896年，卷1292，第341页。

桑谷、树雅、哈朗归山采玉。“嘉庆四年（1799年），叶尔羌办事疏言和阗采玉处五，惟玉陇哈什河产者良，其余哈喇哈什、桑谷、树雅、哈朗归山四处应停。报可每秋拴玉陇哈什采十五日，附叶尔羌玉以贡”①。

同时嘉庆四年（1799年），下发条令，民间可以采玉，玉石、玉器也批准在民间流通，撤销稽查玉石的全部关卡。“新疆玉石不论已未成器，概免治罪，民间玉料，既准流通该处（指和阗、叶尔羌），卡伦即成虚设亦如所请，一并裁汰”②。

（二）开采方式

1.子料

子料都在河中，故需捞玉。一般先由官员选择采玉营地，然后祭祀河伯，组织民工采玉，最后上交玉石。

（1）建立采玉营地。

采玉前需选择营地，以作为驻扎的场所，因为动辄几百人的采玉队，如果没有一个固定的场所，就不好管理。营地一般就设在采玉河流的两岸，靠河流较近，方便作业。“昔年采进贡玉，于河之南北岸，设立营帐”③。

有一些地区，形成了经常采玉的地点，营地也会设在那些地区。清代徐松在《西域水道记》中对叶尔羌经常设立营地的地点进行了记录，共有六营，这六营都是顺着托克布隆河而设。

第六营：设在叶尔羌城西南二百六十里的和什阿喇布庄，在托克布隆河南岸。

“和什阿喇布庄……庄在叶尔羌城西南二百六十里，是为采玉第六营，营在南岸”④。

第五营：设在喀崇庄南，托克布隆河北岸。喀崇庄位于和什阿喇布庄东北四十里。

“又东北流四十里，迳喀崇庄南是为第五营……营在北岸”⑤。

第四营：设在阿尔玛斯庄南与密尔岱泉水交汇处，托克布隆河北岸。阿尔玛斯庄位于喀崇庄东北六十里。

---

①（清）徐松：《西域水道记（外二种）》卷一，中华书局，2005年，第70、71页。
②《清实录第二八册 仁宗睿皇帝实录（一）》，中华书局影印本，1986年，卷45，第545页。
③钟广生：《西疆备乘》，1914年，卷2“矿产”。
④（清）徐松：《西域水道记（外二种）》卷一，中华书局，2005年，第57页。
⑤（清）徐松：《西域水道记（外二种）》卷一，中华书局，2005年，第57页。

“又东北流六十里，迳阿尔玛斯庄南有密尔岱泉水自南来会，是为第四营，二营在北岸……营在南岸”[①]。

第三营：设在塔尔哈奇庄北，在托克布隆河南岸。塔尔哈奇庄位于阿尔玛斯庄东北五十里。

“又东北流五十里，迳塔尔哈奇庄北是为第三营……营在南岸”[②]。

第二营：设在乌鲁克明庄北，在托克布隆河南岸。乌鲁克明庄位于塔尔哈奇庄东北三十里。

“又东北流三十里，迳乌鲁克明庄北是为第二营……营在南岸”[③]。

第一营：设在乌鲁克图必庄北，在托克布隆河南岸。乌鲁克图必庄在乌鲁克明庄东北三十里，在叶尔羌城西南七十里。

“又东北流三十里，迳乌鲁克图必庄北，是为第一营，三营在南岸，又东北七十里迳叶尔羌城南”[④]。

（2）采玉前后祭祀河神。

清代在新疆一直都有祭祀河神的传统，一般是山川一同祭祀。祭祀的时间在每年二月、八月，祭祀对象是乾隆年间写入“西域祀典”的26处山川，这称为岁祭，岁祭的方式有详细的记录：“伊犁每岁春秋二、八月初旬，择于惠远城东郊设坛，以太牢香帛致祭山河，凡七坛……黎明齐集……诣神位前排，三叩九跪礼。”[⑤]

除岁祭外，在临时情况下也会对山川神进行祭拜，如“叶尔羌河向不产玉……经前任大臣奏明拣采，然每年可贡者不过数十块，质尚逊于和阗，续经前任大臣采获白玉三块，于乾隆四十年（1775年）十二月致祭河神。”[⑥]叶尔羌河产玉较少，偶然一次采获了白玉三块，于是管理的大臣祭祀了河神，表达感谢和崇敬。

由以上可以看出，祭祀山川神是当时新疆普遍的行为。采子玉会踏足河流，所以采玉队在采玉前后都会祭祀河神，以求护佑。

采玉前祭祀河神时，当地协办官员会率领一名主事、两名笔帖式、两名侍卫，到河岸处，用少牢，即牺牲羊进行祭祀。“协办率主事一人，笔帖式、侍卫

① （清）徐松：《西域水道记（外二种）》卷一，中华书局，2005年，第57页。
② （清）徐松：《西域水道记（外二种）》卷一，中华书局，2005年，第57页。
③ （清）徐松：《西域水道记（外二种）》卷一，中华书局，2005年，第57页。
④ （清）徐松：《西域水道记（外二种）》卷一，中华书局，2005年，第57页。
⑤ （清）格琫额纂，吴丰培整理：《伊江汇览·坛庙》，《中国西北文献丛书续编·西北史地文献卷》第6册，第74页。
⑥ （清）徐松：《西域水道记（外二种）》卷一，中华书局，2005年，第58页。

各二人，诣河干祭以少牢，众伯克以回夫五百人来会”[①]。和使用太牢进行祭祀的岁祭比，采玉前使用少牢进行祭祀，也说明规格的确比岁祭要低。

对一个营地采玉完成后，并不立即进行祭祀，因采玉时“三日一移营”[②]，在《西域水道记》中并未记载移营后会祭祀。而在整个采玉行程结束后，采额量达标，就又会祭祀河神了。“入喀崇山谷采足额……乃告谢河伯”[③]

（3）采子玉的方法。

据传，民间采子玉有以夜月为宜的说法。明代时记录：“土人夜视月光盛处，入水采之，必得美玉。”[④]清代和宁也记录：“东有白玉河西有绿玉河，国人秋炎退时视月光采玉。”[⑤]但是，在晚上采玉能见度很低，适合采玉的春秋两季夜间气温、水温也低，是不适合采玉的。并且，夜间作业也不方便采玉队官员的管理，故这一说法应该不可信。但并未发现有明确说明白天采玉的材料。

采玉队会配置“主事一人，笔帖式、侍卫各二人”“回夫五百人”“十夫一温巴什”[⑥]，以及伯克数人。笔帖式是“办理文件、文书的人……掌管翻译满汉章奏文书、记录档案文书等事宜”[⑦]，可想笔帖式方便负责记录与采玉相关的事宜。“回夫”在这里应该指的就是“回兵”，因为统领这些回夫的“温巴什”在清代是指回兵的“十人长”，即十个回兵配置一个温巴什，温巴什即回兵小长官。回兵是清代新疆城市的固定防守力量。“清朝按照各城人口的多少，设有定额的回兵。由各城阿奇木伯克统辖，归各城的办事大臣或参赞大臣调遣”[⑧]。回兵有一套编制形式：“每十名设温巴什（十人长）一人，每百名设玉孜巴什（百人长）一人，五百人设总管一人，副总管二人，总管一般由四品伯克充任，副总管由五品伯克充任。”[⑨]这段材料告诉我们，温巴什所统领的十人，为回兵；四品伯克所统的五百人，也为回兵。那么清代徐松《西域水道记》中记载采玉时“众伯克以回夫五百人来会，十夫一温巴什领之”[⑩]的五百人回夫，就是回兵。可见这里记录的开采子料的就是官方力量。

---

①（清）徐松：《西域水道记（外二种）》卷一，中华书局，2005年，第57页。
②（清）徐松：《西域水道记（外二种）》卷一，中华书局，2005年，第57页。
③（清）徐松：《西域水道记（外二种）》卷一，中华书局，2005年，第57页。
④中国文史出版社：《二十五史 卷十三 明史（下）》，中国文史出版社，2003年，第1845页。
⑤（清）和宁：《新疆省三州辑略》，《中国方志丛书》，成文出版社，据嘉庆十年修旧抄本影印，第312页。
⑥（清）徐松：《西域水道记（外二种）》卷一，中华书局，2005年，第57页。
⑦万依：《故宫辞典》，文汇出版社，1996年，第547页。
⑧刘维新主编：《新疆民族辞典》，新疆人民出版社，1995年，第190页。
⑨刘维新主编：《新疆民族辞典》，新疆人民出版社，1995年，第190页。
⑩（清）徐松：《西域水道记（外二种）》卷一，中华书局，2005年，第57页。

采玉时，由温巴什带领手下人马，到岸边集结，一般是两到三位温巴什一组，回夫二十到三十人，温巴什“执旗于岸”，回夫执杖前行“役夫杖策”，逆水流方向前进寻找“泝流以采”[①]。由于河流中大小石子错落，子玉就在其中，所以为避免遗漏，采用了一套方法。先是两位温巴什分别在河两岸站好，以作监督。“远岸官一员守之，近河岸官一员守之”[②]，然后“派熟练回子或三十人一行，或二十人一行，截河并肩，赤脚踏石而步。遇有玉子，回子即脚踏知之，鞠躬拾起，岸上兵击锣一棒，官即过朱一点”[③]。可以看出，为避免采玉过程中对河流某些区域的疏漏，所以采用拉网式前进，并肩而行。回民赤脚，用脚来感知是否是玉石，这估计是因为光滑的玉石和粗糙的岩石触感差别极大，但是据亲历新疆考察，采玉的春秋两季，水温极低，脚部踩入触感会麻木，而且踩在低温的水中人也不能坚持太久，故是否赤脚下河捞玉，还有待研究。乾隆在御制诗中也记载了回民下水捞玉，不惧寒冷的情况：“曲躬逐逐求，宁虑涉寒波。”[④]或许当地人的确不惧严寒。在《清实录》中还提到另一种采子玉的方法，即“挖砂运石”，将河沙挖去，再搬运子料，这种方法效率应该很高，对大型的子料也更加适用。“自山河中设法起出玉石，……所派伯克等，带领回民，挖砂运石”[⑤]。

当回民发现玉石后，即会躬身取玉，每取一次，岸上的兵士就会敲锣，负责记录的官员会在记录簿上用朱笔点一点，用这些点来计数，待回民回岸后，依点数上收玉石。“回子出水，按点索其石子”[⑥]。

（4）采得的子玉的收纳。

子玉从河里采出后，视当季采量，如果采量还未达到要求，就会进山凿取山料。采集完毕的玉石，上交粮饷局。“发回夫五百泝流以采，不足额更入山凿取，然后纳玉于粮饷局”[⑦]。

2.山料玉

山料玉一般较大，在山崖里，需登至高山以工具凿之。

清人对密尔岱山采山玉有记述。时人认为，密尔岱山料玉较好的都在海拔

---

①（清）徐松：《西域水道记（外二种）》卷一，中华书局，2005年，第57页。

②（清）七十一：《西域闻见录》，桐辉朝阳氏版，清咸丰三年抄本，卷2“叶尔羌”。

③（清）七十一：《西域闻见录》，桐辉朝阳氏版，清咸丰三年抄本，卷2“叶尔羌”。

④（清）爱新觉罗·弘历：《乾隆御制诗文全集》，中国人民大学出版社，2013年，三集，卷十二。

⑤《清实录第一七册 高宗纯皇帝实录（九）》，中华书局影印本，1986年，卷691，第742页。

⑥（清）七十一：《西域闻见录》，桐辉朝阳氏，清咸丰三年抄本，卷2“叶尔羌”。

⑦钟广生：《西疆备乘》，1914年，卷2“矿产”。

较高的地区，一般的山料玉产区情况就是“石夹玉，玉夹石”[①]，而“欲求纯玉无瑕大至千万斤者，则在绝高峻峰之上”[②]。因当地土产牦牛惯于登山，“绝高峻峰之上，人不能到，土产牦牛惯于登陟”[③]，所以进山采玉时，回民一般乘牛车，牛车里会装上采玉用的工具，有巨钉、巨绳。作业时，会在山崖上悬绳凿玉。“回民必乘牦牛，挟大钉、巨绳以上。纳钉悬绳，然后凿玉”[④]。等玉石凿下，则等其自落，收取碎片，俗称礤子石。“任其自落而收取焉，俗谓之礤子石，又曰山石”[⑤]。如果要开凿大体量的山料，则会选择在山料玉即将掉落时用巨绳绑住，然后徐徐放下，防止玉料破碎。“欲采大器，……及将坠，系以巨绳徐徐而下，盖山峻，恐玉之卒然坠地裂也。”[⑥]采完后又乘牛车回，由于山料玉一般体量会较大，故也是选择牛车的原因。

（三）采玉人数

之前已经提到，清代徐松在《西域水道记》中记载采玉时“众伯克以回夫五百人来会”[⑦]，可见一次采玉作业会带五百人以上的团队。

清代王先谦在《东华续录》中记载：“有时玉人二三千同时作业，玉料重达万斤以上。”在《清实录高宗纯皇帝实录》中记载，乾隆四十三年（1778年），高朴“私行派拨三千余人，往密尔岱山采取玉石，……高朴复凑派二百余人，致令回子力不能支，各怀怨恨”[⑧]。

高朴私派三千人后，居然还额外又征发两百人，而额外增派这两百人后，当地民众渐觉力不能支，所以产生了民怨。由此观之，征发采玉回民，三千应该是一个上限，如果超过这一数量，则会开始影响当地的正常生产生活了。

小结

通过上面的阐述可以看出，从乾隆时期开始，官方对贡玉的控制与管理经历了四个阶段，一是民间开采阶段：乾隆初年——乾隆二十六年（1761年）；二是

---

①（清）七十一：《西域闻见录》，桐辉朝阳氏，清咸丰三年抄本，卷2“叶尔羌”。
②（清）七十一：《西域闻见录》，桐辉朝阳氏，清咸丰三年抄本，卷2“叶尔羌”。
③（清）七十一：《西域闻见录》，桐辉朝阳氏，清咸丰三年抄本，卷2“叶尔羌”。
④（清）姚元之：《竹叶亭杂记》，《清代史料笔记丛刊》，中华书局，1982年，卷3，第80页。
⑤（清）七十一：《西域闻见录》，桐辉朝阳氏，清咸丰三年抄本，卷2上“新纪略下”。
⑥（清）姚元之：《竹叶亭杂记》，《清代史料笔记丛刊》，中华书局，1982年，卷3，第80页。
⑦（清）徐松：《西域水道记（外二种）》卷一，中华书局，2005年，第57页。
⑧《清实录第二二册 高宗纯皇帝实录（一四）》，中华书局影印本，1986年，卷1070，第350页。

官主民次阶段：乾隆二十六年（1761年）——乾隆三十四年（1769年）；三是官方开采阶段：乾隆三十四年（1769年）——嘉庆四年（1799年）；四是民主官次阶段：嘉庆四年（1799年）——道光元年（1821年）。

每年贡玉的开采时间随时期变化有两种不同：一是春秋两季开采：乾隆二十六年（1761年）——乾隆五十二年（1787年）；二是只秋季一季开采：乾隆五十二年（1787年）——嘉庆四年（1799年）。开采子料都在河中，先由官员选择采玉营地，然后祭祀河伯，组织民工采玉，最后上交玉石。山料玉一般在山中开采，需登至高山以工具凿之。采玉作业的人数为五百人至三千人。

通过本文的梳理，能让我们对乾隆时期新疆贡玉开采状况有一个大致的了解，这对中国和田玉研究和中国玉文化研究都是有增益的。

玉器等级标准是专业化的必由之路

林 男

2015年10月，中国标准化协会传统工艺技术委员会成立全国玉器等级标准专家委员会，全面开展玉器等级标准的调研和编制工作。综合2015年在北京举办的《中国标准化协会传统工艺标准化论坛》和在苏州举办的《规范玉器标准——加强玉石文化产业健康发展研讨会》的各方面专家的意见，普遍认为玉器等级标准是玉器行业专业化的必由之路。

一、玉器行业的形势与方向

（一）关于玉器行业

目前绝大多数与玉器相关的行业名称是珠宝玉石首饰行业协会和工艺美术协会（学会），少数为玉石文化和玉雕行业的名称，这虽然与区域玉器行业相符合，但大多与传统的玉器行业不相适应。目前玉器行业分为以下三个方面。

1. 玉石材料

主要包括大专院校的宝玉石专业、地矿和国检等机构。以珠宝玉石首饰行业协会为代表，主体上作为首饰的一种材料，对玉石研究和推广、玉器的评奖和玉雕大师的评选等作出了贡献。

2. 古代玉器

主要包括博物馆、大学考古专业与考古所的研究者，古玉爱好者和收藏者等。近20年来，开创了玉学玉文化研究先河，以古代玉器为核心。以中国文物学会玉器专业委员会为代表，对建立和推进玉学玉文化，培育大量爱好者作出了贡献。

3. 当代玉雕

主要包括玉雕产业基地、各地玉石材料、成品市场中的创作者和经营者，广大的当代玉器爱好者和收藏者。这方面以工艺美术学会（协会）为代表，不少内涵也包含在珠宝玉石首饰行业协会中，在繁荣当代传统工艺等方面作出了贡献。

综上所述，作为传统文化艺术，可以建立独立的玉器行业的概念，在当下可以作为传统工艺的一个分支。首饰中一部分也属于玉器的范畴，与传统玉文化也一脉相承，与上述各行各业相互补充。玉器包含各种玉石材料、设计和雕琢工艺、文化艺术的承载和表达等三个方面，也可以按照玉石学、玉工艺学和玉器物学分别建立理论体系，每个学科都包括了从古到今的历史文化内涵。

（二）行业现状

玉器行业资源的大量开发，规模达到了前所未有的历史高位，可能浪费也很惊人，其基本情况如下：

1. 规模巨大

原材料开采、进口方面，截至2014年广义和田玉开采和进口连续三年均达到3000吨左右。和田玉的精华和田子料，大家都知道，早在2003–2006年间基本开采完毕，今年来数量一直不大。加工业方面，主要有苏州、上海、扬州、北京、乌鲁木齐、南阳、揭阳、徐州、岫岩等。还有合肥、杭州、南京等地都有玉石雕刻产业。产业能力是过去的上百倍。市场方面，全国有大型珠宝玉石市场300多家，购物中心3000多家，玉石店到底有多少难以计算，但确实很多，可能达3万家。加上网店可能是30万家。

2. 存在问题

行业存在的问题，在当下主要是过剩问题，与中国其他行业一样也是结构性过剩为主。根据行业规律，过剩一定会拼价格，导致各方面质量的下降。过剩在未来还会带来巨大的浪费。在创作方面，作品重复比例偏高，创新比例偏低，创新动力不足。在业态方面，真假好坏分不清、说不明；小而全的产业较多，没有建立产业共赢局面。在行业前景方面，存在前景不明、发展缓慢的问题。无论金融、电商还是拍卖、博览会，和田玉产业比例都很小，大部分情况是凑个数，被边缘化。没有形成注重长期、高效、有序、稳定发展的格局。

3. 原因

究其原因，在认识方面，整个社会对玉器的认识不足，包括从业人员和消费者。这是别的行业比较少见的情况。在玉石行业内，翡翠要比和田玉好得多。在教学研究方面，存在基础研究不足、针对行业需求的研究不足、研究单一性和不够系统以及教学培训不足等。体制内可能还开不出像样的和田玉课程，还没有像样的和田玉教材。在鉴定评价方面，没有权威和尺度，主要是没有玉器分级标准，没有权威的评价机构，当代玉器还没有成为稳定的收藏门类，主体上处于投资获利的阶段。

（三）玉石文化产业发展的需求及其方向

1. 行业的方向

传统工艺就是文化产业，就是民族文化，就是特色文化。玉文化应该是最有特色的文化了，应该成为中华文化复兴的核心内容之一。因为玉文化历史最为悠久，玉文化博大精深，是中华文明的象征和中华文化的核心代表。从产业特征看，既是传统产业，又是创新产业。从产业范围看，既是国内的，又是瞄向国际的。珠宝行业，要看外国人的脸色的，而在玉器行业，是中国人说了算的。这并不是不用考虑国际需求的特殊性，如何融入国际市场当然是个难题，融入的方式必须是以文化为根本，艺术为手段。

2. 产业发展的需求

玉石行业发展的金融化和网络化是必然趋势，也就是互联网+的具体应用。金融化和网络化首要条件是标准化、真实化。

3. 人才培养的需要

随着行业的快速膨胀，大量行外人员涌入玉器行业，但是社会培养玉器专业人才的学校还很少，甚至大多数学校对玉器还无从下手。目前，行业最需要下列三类人员：

作品设计师：设计是产业发展的瓶颈，也是作品创新的难题。

鉴定估价师：对价值的把握，是行业有序、健康发展的根本。

专业营销师：目前玉石行业的营销要么玉雕家自己，要么玉雕家的家属，还没有独立的职业经理人队伍。

这些人才的培养离不开一个根本，就是对玉器价值的判断，也是玉器分级标准的核心。

二、玉石行业发展的条件

（一）提高认识或者重新认识玉文化及其地位

在漫长的中华历史长河中，建立了灿烂的中国特有的玉器文化。但是，最有文化的玉器文化存在变异、遗忘的问题，也可能处于蜕变的阶段。玉器作为传统工艺，本质上是传统文化的体现，是一个突破的方向。因此，我们至少需要认识以下几点玉文化的特点：

1. 玉文化的博大精深

玉文化是中国文化的代表，没有哪个文化比玉文化更加能够代表中国文化。

也是我们中国文化不同于西方的本质内涵之一。所以，传承中国古代玉文化是永恒的主题之一。没有了文化的玉石和玉雕是一种浪费。偏离了中国玉文化的主轨道就是一条弯路。

2. 玉文化的普及

中国玉文化博大精深，是世界上最为发达的文化，是要承担宏伟大业的。提升大众欣赏水平是发展的根本动力和沃土，只有大众真正喜欢了和田玉，和田玉才能真正得到发展。这也是玉器行业发展的瓶颈。好在中央重视传统文化，中国标协还有了专门的传统工艺技术委员会，都是好的兆头。

3. 当代玉文化已经开始

每个时代都有代表时代的玉文化，这就是创新。什么是我们当代玉文化的精神内涵？有的说是和玉文化。当代玉文化可以从2008北京奥运会作为起点，无论是玉玺徽章还是金镶玉奖牌都是传统与当代接轨的典范，并且随着奥运会的举办走向了世界。殷志强先生认为2008北京奥运会玉文化事件是可以与春秋时期的和氏璧相提并论的玉文化盛事，也是当代玉文化的里程碑。

（二）正确的指导思想和方法论

玉器行业进入新一轮的繁荣期。不少学者甚至预言，这是新一个玉器高峰的到来。从各种条件看确实已经具备，但还是缺乏理论和艺术上的准备，需要形成非常明确的玉器文化特征。

1. 指导思想

国家对玉器行业是有很明确的指示的："一是发挥中国传统玉石文化的特色；二是尽量采用目前国际上普遍使用的、趋于统一的分类原则。"这给我们玉器行业指明了方向，既要发挥中国传统玉器文化特色，又要为打响国际市场做好学术上的准备。这才是我们的出路，就像"一带一路"战略一样，走向世界，输出文化和产品。

2. 三个维度来认识

文化的维度：文化传承与创新，既要有民族性，又要有世界性；中国玉文化有个非常了不起的特点是包容性，为我们提供了发展特色玉器文化提供了思路。同时，文化价值是玉器的核心价值。

科学的维度：科学是认识的工具、把传统概念赋予科学内涵，这样能够加强学科的基石，为全面发展、甚至走向世界奠定基础。比如玉石和玉器的分类，要以科学为主，传统为辅。同时，要挖掘玉器的科学价值。

经济的维度：赋予玉器经济价值，遵循经济规律，追求公平竞争，促进创新发展。

3. 新型玉器观

要形成“玉石材料+传统元素+艺术创新三位一体”的新型玉器观。

玉石材料：材料的独特性和多样性并存，材料具有很高的文化价值。古代的玉德学内涵，大部分是玉石材料的内涵和延伸，其中也包含不少科学的道理。比如和田玉折射率的黄金分割比例、独特的坚韧性、特殊的结构等。

传统要素：包括特殊的传统工艺，丰富的器形、纹饰、题材素材等，这是玉文化的营养元素，是文化沃土。只有根植沃土，当代玉文化才能根深叶茂，健康成长，并且不怕风吹雨打。

艺术创新：这是当代性特征，赋予作品具有当代艺术内涵和规律。这是时代性的要求。艺术是文化的组成部分，也是文化的体现方式。因此，当代玉雕一定要有艺术的高度和艺术的手法。艺术是对事物的根本性的表达，是艺术家内心的表白。

要说当代玉器的创作的难度就难在玉器历史过于丰富、玉石材料要么种类太多、要么价值太贵，造成艺术的施展难度。要真正做到“三位一体”是比较困难的，同时也是玉器价值潜力所在。

（三）玉器分级标准的可行性

1. 当代玉器行业已经有了量的发展

特别是2008年以来，玉石的主流和田玉经历了一个大的发展时期。大家对“规范行业行为、加快产业升级、促进健康发展”等需求基本形成了一个共识。真假好坏迫切需要标准；抵制低劣，提升审美风尚，鼓励艺术创新，产业提质升效，也是2025年中国制造4.0升级的组成部分；促进多元消费，行业繁荣，提升国际交流和影响力等。玉石标准化建设正好是玉石发展进入深水区，从粗放型到集约型的转变，这已经得到大多数有识之士的共识。

2. 玉石科学文化研究提供了基础

尽管和田玉的研究不尽如人意，但也积累了数以千计的相关论文。不少学者、专家和行家进行了探索、思考和实践。随着考古业的发展，以及20多年玉学玉文化的研究，成果也非常可观的。关键是如何整合这个科研、文化资源。从标准化出发，让更多的研究为行业服务。充分利用现有成果；整合研究力量，对有难度的课题，采用联合的方式进行重整；促进新的研究，对更加深入的研究、应用指明了方向，为今后标准的不断完善作准备。

3. 标准化事业的发展也提供了保障

改革开放特别是进入新世纪以来，我国标准化在保证产品和服务质量、促进经济提质增效、保障和改善民生、服务外交外贸等方面，发挥了越来越重要的作用，也为玉器标准提供了很好的基础。比如基础标准覆盖面较强，与玉器有关的诸如颜色、照明、标准名称代码等基础标准都已实施。相关的玉石首饰行业的国家标准也有20年的实践经验。比如《翡翠分级》《珠宝玉石名称及鉴定》和《玉器雕琢通用技术要求》等，还有大量的玉石地方标准可以参考和借用。

三、 玉器行业专业化之路

中国的各行各业都将进入专业化时代，特别是先进国家，不但需要专业化，而且相应的法规作为管束和仲裁的工具，以推进专业化的运作效率和水准，最终保障消费者和从业者的合法权益。玉器专业化的标志主要体现在鉴定、分级和估值体系的建立、运行和保障等方面。

（一）标准的突破

玉器等级标准是行业专业化建设的核心环节，是市场的定海神针。只有有了健康的市场，才会有行业的发展。

1. 我国自古对玉就有等级划分

玉石种类方面：许慎对玉不光有精辟的定义，实际上还有分级的内涵。比如玉为“石之美有五德者”，其他依次为“石之美次玉者”“石之美似玉者”和“石之美者”等不同的等级。

品质方面：据《周礼·考工记》记载：“天子用全，上公用駹，侯用瓚，伯用埒。”全为“纯玉也”，駹为“四玉一石”，瓚为“三玉二石”，埒为“玉石半，相埒也”。其中全、駹、瓚、埒代表了四个不同的品质等级。清晚鉴定大家唐荣祚把翡翠分为宝贵翠、佳品翠、上乘翠、无足取之翠及庸常之翠等五级。

器物方面：《周礼·春官》载：周制王执镇圭，公执桓圭，侯执信圭，伯执躬圭，子执谷璧，男执蒲璧。六瑞形制大小各异，以示爵位等级之差别。

2. 玉器等级标准的内容

玉器分级标准包括材料品质方面的质地、颜色、形态的不同等级；器物工艺方面的基本工艺、高级工艺、文化艺术的不同等级；器物类别方面的题材、用途、制作难度和损耗率等综合因素等级等。

3. 玉器等级标准的工具

制定玉器等级标准是非常困难的。就是相对简单的宝石，除了钻石以外，其他宝石的分级也并不是那么完美。翡翠无论是材质还是作品都要比和田玉来得简单些，分级标准发布6年来，使用情况还是不太普遍。所以我们制定玉器标准就必须提前考虑到实施的可能性，要加强研究，采用更加先进的技术、理念和方法，来实现玉器等级标准的推广。

定性还是定量？主观方法还是客观方法？我想，大家都希望有个客观为主的标准，能够定量分析最好。但从当下的实际看，主观方法会占很大的比例。所以，我想只要是有用的我们都要使用，只要可以实现的，尽量还是要定量化。所以，鉴定分级必须要采用仪器测量、目测、仪器辅助目测、标本比对、利用工具比对、综合判断等多种技术。就是钻石4C标准，在颜色、净度、切工三项也主要以目测为主。

（二）分级以鉴定为基础

1. 玉器的鉴定

鉴定是对玉石和玉器正确名称的界定，并且这个名称是与从业者或者制造者、经营者与消费者之间的认识统一的。比如，和田子料，是指产自和田地区的透闪石族玉，并且是子料产状，不是产自俄罗斯的子料，也不是人工制造出来的子料。鉴定就是要确定这件标称和田子料的玉石是否真的产自和田地区的闪石玉子料，也不是产自和田地区的蛇纹石子料。

自2003年以来，和田玉内涵的扩大，对大量消费者而言是不知情的。我们觉得玉石产地和玉器产地是制定标准需要考虑的主要因素之一。无论是原产地保护、文化传承，还是品质和特色等方面都与其他闪石玉有较大的差异。制定标准的出发点是为了保障消费者和从业者双方的权益，不能有意或者无意中产生不对称。

2. 分级的基础是鉴定

鉴定是对玉石或者玉器名称与内涵的认定。因此，玉石或者器物名称必须要规范和准确，否则就没有了鉴定的基础。一般来说，鉴定要比分级的发展要早，没有成熟的鉴定基础会对分级带来无法逾越的困难。这也是当前玉器等级标准的困难所在。

在和田玉的分类与命名方面，目前还没有公认的玉石分类体系。我们觉得应该根据文化传承、科学内涵和经济规律对玉石进行系统的分类。在科学分类的基础上给予玉石一个正确的学名。所谓学名就是具有明确、固定的科学、文化和经济内涵。分类与命名应该考虑科学上的化学成分和结构特征、产地和产状特征等；文化上的传统、产地、器形、主题等；玉石、玉器本身的品质特征、寓意特征等。

3. 鉴定区分度的选择

所有需要用来评价、描述玉器的指标都需要鉴定。从评价标准看，要创立玉石独立的标准，以区别于宝石的标准。目前，主流学术界仍然以宝石学的审美标准，这也是本标准的学术难点之一。

（三）分级以估值为服务对象

1. 估值及其用途

玉器估值就是用统一的标准和程序，对玉器价值的评价。专业估值是延续鉴定和分级的效能。主要在金融类的保险、抵押等，资产类的资产评估、资产分割等，交易类的参考价、拍卖估价、批发或者零售等。

2. 估值依据

市场价值的短期表现是比较直接和快速的。文化与科学价值将是长期校正作用，对价值的引导是理性、缓慢和间接的。从长期看，不同等级的玉石会有相对稳定的性价比例关系。这是需要经过大量估值实践、数据积累，并逐步建立指标与价值之间的关系模型。

3. 分级的目的是估值

分级不是机械地划分为三六九等，而是为估值服务，为行业服务，维护正确的行业价值观。指标的确立、区分度、侧重点和可行性都是需要考虑的。级别对价值的影响程度、影响模式也是分级必须要考虑的重要方面。

（四）政策配套、行业引导、学术先行

1. 政策配套

专业评估是具有法律效力的，可以作为法庭诉讼的主要依据。同时必须保持绝对的中立。同时，在政策方面要支持、扶持对专业化建设的保障。因此，没有政策、法规保障的专业化制度是没有意义的。最近国务院特别重视第三方评估，不再是政府“自拉自唱”。这应该是个好消息，大环境也在营造，我们要把握时机，顺势而为。

2. 学术先行

学术先行就是科研和教学要先行，研究要为行业服务，开发课程，培养人

才。同时，制定鉴定、分级标准，需要采用大量的研究成果，并且还远远不够，需要不断研究，才能不断完善标准。所以，要倡导行业与学术研究机构要联动，让研究更加有效。在研究方向方面，要注重科学与文化的结合，文化和科学齐飞，给传统玉器增添光彩。

3. 行业引导，达成共识

行业是沟通从业者、消费者的渠道，也有研究行业发展规律，促进行业健康发展的职责。积极参与标准建设，提出行业诉求，整合行业资源，推进标准建设。引导行业消费，发布价格指数和资讯，给消费者保驾护航。同时，行业可以承担标准化内容的推广、宣传和培训等工作，监督标准化要求的顺利实施。